JN232685

新版
市場経済
The Market Economy

歴史・思想・現在

山口重克 編

はしがき

　本書は，主として大学でこれから経済学を勉強しようとしている学生諸君を念頭に置き，市場経済の概略を知ってもらうことを目的にして作成したものである．同時に，しかし，市場経済の中で生活をしている一般の市民の方々にも読んで頂き，市場経済にたいして，どのようなスタンスをとって生きていくべきかを考える際の重要な参考の書にして頂けることを願っている．

　本書は，全体を3編に分けている．第I編は「市場経済の歴史」と題して，人類と市場経済の関わり方の歴史を原始・古代から20世紀のほぼ前半までについて概観している．第II編は「市場経済の思想」と題して，古来，市場経済のメリット・ディメリットについて，肯定的な立場から，あるいは批判的な立場から提起されてきたさまざまな議論の概略を，出来るだけ中立的な立場から紹介したものである．第III編は「市場経済の現在」と題し，労働・企業，農業，情報，金融，国家，世界経済，環境の7分野にわけて，市場経済の現状が持っているさまざまな問題点を解説した．

　本書の書名が『新版 市場経済』であることからお分かりのように，本書には前身がある．初版は1994年に出版された．その後，初版の第III編に農業と金融を追加した増補版を1997年に出版した．初版から10年経って，とくに「市場経済の現在」のところに多くの点で書き直しの必要が出てきていたことが改訂の主な理由である．この10年間の主要な変化を列挙してみるならば，バブル崩壊後の日本経済の停滞と日本型資本主義の優位性の見直し，日本の金融システムの激動，いわゆるIT革命とアメリカ経済の復活，アジアの急成長の継続とアジア通貨危機，アメリカ化としてのグローバリゼーションの進展，いわゆる9.11事件を契機とするアメリカの暴走，中国の「世界の工場」化と世界貿易の構造変化，環境問題の一層の深刻化と新しい取り組みの試行，等々であるが，今回の新版では，これらの諸変化を十分取り入れた改訂が出来たと思う．また，「市場経済の歴史」，「市場経済の思想」の部分についても，研究

の進展状況を出来る限り取り入れた．

　この間，旧版の第III編第3章の執筆者・杉浦克己が2001年8月7日に急逝した．多くの重要な仕事をし残した夭折であった．執筆者一同，この場を借りて心から哀悼の意を表したい．彼の担当箇所の改訂は，日頃職場で接することの多かった丸山真人にお願いした．

　名古屋大学出版会の三木信吾さんから本書の改訂の提案があったのは，2003年2月のことであったが，それから今日までの間，三木さんには実に懇切丁寧なお世話をいただいた．無精者の私としては異例とも思える短期間で改訂を実現できたのは，執筆者諸兄のご協力によるものであることは勿論であるが，三木さんの細やかなご配慮によるところ大である．ここに心からの謝意を表したい．

2004年7月25日

山　口　重　克

目　次

はしがき……i

序　論　市場経済と経済学 ———————————————— 1

=== 第Ⅰ編　市場経済の歴史 ===

第1章　原始および古代の経済 ———————————— 10
 1　経済の2つの意味……10
 2　非市場経済……14
 3　非市場交易……19
 4　市場の出現……22
 5　原始貨幣……26

第2章　商業の時代 ———————————————— 30
 1　市（いち）と商人……30
 2　信用と金融……36
 3　都市と農村……42
 4　市場経済と国家……45

第3章　資本による生産 ——————————————— 50
 1　資本主義以前……50
 2　綿業産業資本による生産編成……55
 3　資本主義の自律性の確立……61
 4　現代経済社会のあり方……65

第4章　大企業の出現と市場経済の転換 ——————— 68

1 市場経済転換の諸様相------ 68
2 産業構造の変化と大企業体制の成立------ 70
3 20世紀資本主義の多様な大企業体制------ 77
4 株式会社の普及と景気循環の変容------ 79
5 大衆社会の出現と国家の役割の増大------ 82

第II編　市場経済の思想

第1章　古代から古典派経済学へ ——————— 92

1 市場の興隆と古代の経済思想------ 92
2 中世の経済思想------ 98
3 重商主義と重農主義------ 102
4 古典派経済学------ 106

第2章　新古典派の市場観 ——————— 113

1 均衡化機構としての市場------ 114
2 財評価の指標としての価格------ 117
3 当事者行動の過程としての市場------ 123

第3章　歴史学派と制度学派 ——————— 129

1 歴史学派の登場------ 129
2 オーストリア学派と歴史学派の方法論争------ 131
3 経済の学から社会の学へ------ 133
4 アメリカの制度学派------ 135
5 新制度学派の登場------ 136

第4章　ケインズ派の市場観 ——————— 140

1 「ケインズ革命」までの諸潮流------ 140
2 「ケインズ革命」------ 145

3　新自由主義経済学の市場観······150

第5章　社会主義の経済思想とマルクス学派 ─────────── 161
　　　1　現実社会批判と理想の社会······161
　　　2　マルクスの社会主義経済思想······168

=== 第Ⅲ編　市場経済の現在 ===

第1章　市場経済と労働・企業 ──────────────── 174
　　　1　労働の諸問題······175
　　　2　所有と支配······187
　　　3　市場経済と豊かさ，そして自由······198

第2章　市場経済と現代農業 ───────────────── 204
　　　1　現代農業の特質······204
　　　2　貧困と食糧問題······209
　　　3　現代日本の農業と食料······213

第3章　市場経済と情報化 ────────────────── 221
　　　1　市場経済機構と情報······221
　　　2　情報化の進展······226
　　　3　情報化と市場メカニズム······237
　　　4　非市場領域と情報化······240

第4章　市場経済と金融 ─────────────────── 245
　　　1　現代金融の源流······246
　　　2　アメリカの金融システム······249
　　　3　日本の金融システム······255
　　　4　現代の国際金融······263

第 5 章　市場と国家 ── 274

 1 市場関係を支える非市場関係------ 274
 2 市場にとっての国家の積極的意義------ 277
 3 公共社会による市場と国家のガバナンス------ 285

第 6 章　市場と世界経済 ── 291

 1 世界経済の編成------ 292
 2 現代の世界経済------ 298
 3 現代世界経済の問題------ 307

第 7 章　地球環境と市場経済 ── 315

 1 環境破壊と市場経済------ 316
 2 環境保全型社会経済システムの創造------ 320
 3 デジタル経済の進展と持続可能な社会経済発展------ 327

人名索引------ 333
事項索引------ 336

序　論

市場経済と経済学

　市場経済　大抵の学問，とりわけ文科系の学問は，遠く古代のギリシア時代からすでにかなりの発達と完成を示していたといってよいが，経済学は17・18世紀頃から急速に発達したいわば新しい学問である．このことは経済学が資本主義的市場経済を対象とすることによってはじめて体系的な学問となることができたということによる．

　人間の生活には物質的な側面も精神的な側面もいろいろあるが，人間が自然に働きかけてそれを加工したものを生活用物資として取得・消費するという生活を物的基礎としているということはいうまでもないであろう．このような生活用物資の取得と消費のための人間活動，あるいはそのような活動にさいして取り結ぶ人間関係を経済活動，あるいは経済関係と呼び，略して経済と呼ぶことにするならば，経済は人類の発生以来どの時代にも，どの社会にも，いろいろな形をとりながら存在していたということができる．

　市場経済というのはそのうちのひとつの形の呼び名である．すなわち，人間が物を商品として交換し合ったり，貨幣で売買し合ったり，あるいはその貨幣の増殖を追求したりすることを通して，このような経済活動を行ない，経済関係を形成したりしているとき，そのような経済を市場経済と呼ぶのである．人によっては，あるいは場合によっては，商品経済とか貨幣経済といういい方を用いることもあるが，商品関係が多少とも広がれば貨幣が発生し，商品と貨幣があれば市場が形成されるのであるから，これらはほぼ同じような意味のものであると考えておいてよいだろう．貨幣が発生すれば，貨幣増殖を追求する資本が登場するということからすれば，同じようにして市場経済を資本経済と呼んでもよさそうであるが，そのようないい方はこれまでにはない．

ところで，このような市場経済も，人間の社会的な関係の内のごく局部的・部分的関係としては，やはり人類の歴史とともに旧くから存在していたということができるようである．すなわち，自然から取得される生活用物資の内のごく一部は，古代よりもずっと以前のいわゆる原始未開の時代から，商品の形態をとって人々の間で再配分され，消費されるということが行なわれていたと考えられている．そして時代とともにその範囲が，いわゆる共同体の内外で次第に拡大していくわけであるが，中世後半の15・16世紀になると，この市場経済関係は広範囲にわたって急激な外延的拡張を示すと同時に，生産そのものに質的な影響を与えるようになっていく．すなわち自分たちの消費のために生産したものの余剰が増大したことによって商品化部分が拡大するというよりも，最初から商品化を目的とした市場のための生産が次第に大きな部分を占めるようになる．そして，17・18世紀になると，とくにイギリスにおいて，生産の主体である労働者が，社会的・大量的に生産手段を所有しないいわゆる無産労働者となり，資本が彼らに賃金を支払って雇用し，彼らの生活用物資を商品として生産するという形で，生産の主体との関係にまで市場経済が浸透するという意味での市場経済の深化が進行することになったのである．それまでは資本は，主として商品を売買したり，貨幣を貸付けたりして貨殖を図っていたのであるが，そしてこのような資本による市場経済を，先にも述べたように一般には資本経済と呼ぶことはしていないのであるが，資本が生産主体との間に何らかの市場経済的な関係を結ぶことによって，生産それ自体を担当し，そうすることによって貨幣の増殖を追求するような市場経済関係が形成され，それが多少とも社会的生産に影響力のある経済システムとなったとき，それを通常は資本主義〔的市場〕経済，あるいは資本制経済と呼んでいるわけである．

資本主義的市場経済の推移　このような意味での資本主義的市場経済は17・18世紀のイギリスにおいて，当時の政治的権力から保護を受けたことによって急激な発展・拡充を示し，18世紀末から19世紀前半のイギリスにおいて，必ずしも政治的権力の保護を受けなくてもいわば自力によって資本蓄積を行ないうるくらいにまで成長をとげた．しかもこのような資本主義的な市場経

済システムは，イギリスより少し遅れて，ヨーロッパ大陸においても旧来の社会関係を徐々に解体し，さらにはアメリカ大陸や東洋にも進出して，やがては世界全体を一様に資本主義化するかのような勢いを示したのであった．

　最初にも述べたように，経済学はこの資本主義的市場経済の展開に対応してその理論的な体系化を進めていくことになったのである．すなわち，17・18世紀のいわゆる重商主義時代の経済学的な文献は商業や貿易，あるいは貨幣や金融および財政などに関する時論・便覧・政策論のようなものが多かったが，18世紀の中葉以降より次第にシステムとしての市場経済全般についての一般的・理論的考察がみられるようになり，19世紀後半にかけて，フランス，イギリス，オーストリア，スイスなどを中心に経済学のいわば純粋理論とでもいうべきいわゆる経済原論ないし基礎理論が確立するのである．

　その場合，これらの経済学の純粋理論は，古典派の経済理論にせよ，マルクスの古典派経済学批判にせよ，19世紀後半以降の近代理論にせよ，いずれも市場経済が全面的・一元的に人間の経済関係を処理しているような一種の純粋の資本主義的市場経済を対象として構成されているとみてよいだろう．研究方法を必ずしもそのようなものとして明確に意識していない場合もあるし，またいずれの経済理論にあっても市場経済が完全に全面化しているような対象をとるという方法が必ずしも徹底化していたとはいえないが，しかし，無意識であるにせよ，あるいは不徹底であるにせよ，大体そのようなものとして経済理論は構成されていたとみてよいだろう．したがってこのような純粋理論は，旧来の社会関係が解体し，市場経済関係が一元化・全面化するかのような勢いを示しつつあった当時の市場経済の発展傾向が極限まで進行した結果としてできあがった純粋な資本主義的市場経済を対象としたものという意味をもつものであったといえよう．

　しかし，その後の資本主義の発展の現実の事態は，周知のようにこのような世界的な全面化・一元化という推移を示さなかった．19世紀のイギリス自身の資本主義も，そこには非資本主義的関係はもちろん，種々の非市場経済的関係さえも残存し，いろいろな経済システムが混在している多元的な，混合的な市場経済であったが，19世紀後半以降の資本主義的市場経済の急激な世界的

展開においても，それは旧来の社会関係を解体して純粋な資本主義的市場経済関係に一元化するという過程としては進行しなかった．そこには旧来の諸制度や諸慣行が，解体されないだけでなく，経済的な関係を積極的に補完する役割を果たすものとして残ったし，さらには，必ずしも市場経済的とはいえない独占的組織を始めとするさまざまな集団や国家による競争阻害的な権力的規制が追加的に形成されるなどして，現実の資本主義は，純粋に資本主義的な市場経済的関係と非資本主義的な市場経済的関係と非市場経済的関係という三種の経済関係の合成的・混合的な資本主義として，国によって，時期によってさまざまな様相を展開したのである．

しかもそれは，やがて一様な，同質的な資本主義へ移っていく過程での一時的・過渡的多様性ではなく，たとえば数十年といった比較的長い期間にわたって固定的・持続的に存続する多様性だったのであり，持続的という意味で，これは資本主義の多様な類型の展開だったのである．そしてこの点は現代の資本主義においても変わりはない．すなわち，現代においても比較的長い期間にわたって持続している混合資本主義としての多様な類型が存在していると考えることができるのである．

こうして，日々現実に生起している個別的な具体的現象は，純粋に市場経済的な要因の他に，この類型的な混合資本主義の諸条件と，さらにそれより特殊的な，比較的短期間に発生・変化・消滅するような諸条件との合成によるものとみることができるのであり，このようにみるならば，現実は3種類の規定要因によって立体的・重層的に理解できることになる．

経済学の方法　このことを経済学の方法の問題として整理するならば次のようになるだろう．

一般に科学的な理論といわれているものは，経験的な事実としての対象から繰り返す関係という意味での法則的関係をとり出して，それを体系化して叙述したもののことであり，具体的な現実を理論的に分析するということは，このような意味での理論を基準にして分析するということであるといってよいだろう．この場合，具体的な現実というのは厳密には一回限りのものである．これ

は歴史的事実に限られることではなく，自然現象でもたとえば天候とか地震などをとればそうである．したがって，このような具体的現実を理論を基準にして分析するということは，具体的事実の中から繰り返す側面をとり出し，現実を繰り返す側面と繰り返さない側面との合成物として再構成することであるといってよい．そして上に述べたように，社会経済的現象の場合にはこの繰り返す側面を規定する要因に2種類あるということになる．すなわち，ひとつは，資本主義的市場経済である以上他の経済的な諸関係にたいして不断に一元化作用を及ぼしていると考えられる純粋に資本主義的な市場経済的要因であり，もうひとつは，比較的長期間持続してこの一元化作用に抵抗して作用すると考えられる非資本主義的ないし非市場経済的要因である．

比較的長期間持続するということは，その期間繰り返し作用しているということであるが，このような要因としては，たとえば，地理的条件としての気候とか地形とか資源の存在構造，文化的条件としての民族性とか宗教とか慣習など，あるいは制度や法律や国家の政策など，さらには技術や生産力の水準にもとづく産業構造や消費構造，等々が考えられる．この2種類の要因の合成が資本主義の多様な類型を産み出す．

純粋な資本主義的市場経済の要因だけから構成されている理論を経済学の原理論ないし経済原論と呼び，2種類の要因の合成によって構成する理論を類型論と呼ぶとすれば，理論を基準として現実分析を行なうということは，このように二段構えになっている2つの理論を基準にするということ，あるいは類型論はすでに原理論との合成の結果として構成されているということからいえば，直接的には類型論を基準にするということであるということができる．このように二段構えの理論を基準にして現実分析を行なう方法のことを経済学の方法論の三段階論という．

以上のような方法論の理解を助けるために，自然界における物体の落下運動を例にとって，それとのアナロジーで説明してみよう．自然界を物体が落下するという場合も，何を通過して落下して行くのかという周囲の条件の相違と物体の重量の相違の組み合わせによって，その落下はさまざまに相違する現象を呈するであろう．条件の相違の例としては，たとえば落体が通過する気体の種

類やその構成の相違とか液体の種類やその構成の相違があるし，落下の途中で何らかの固体と衝突して，抛物線を描いて落下するということもあろう．気体や液体もその温度の相違によって落体現象に相違を生ぜしめることもあろうし，それぞれに流れがある場合には，横に流れながら落下するという現象の相違が生じ，その形は流れの速度によっても規定されるであろう．このように個々に相違する具体的な落体現象を理論的に，つまり理論を基準にして，説明するということは，経済現象とのアナロジーでいえば，まず純粋な落体運動の法則を取り出し，それとそれに作用する他の諸物質についての諸法則ないし諸条件との合成として具体的現象を再構成するということになる．そして，純粋な落体運動の法則は，たとえば真空状態の実験装置を作って重力以外の諸要因の作用を除去することによって取り出されるのであり，経済学ではこれが先に述べた原理論に当たるわけである．いいかえれば，原理論は頭脳の中で不純な諸条件を除去し捨象した一種の実験室に当たるわけである．落体現象の場合には具体的諸要因についての持続的な組み合わせを類型化することに余り意味がないので，類型論に当たる領域を考える必要はなく，この点は経済現象の場合と異なるが，理論を基準にする現実分析ということの大体の意味はこのアナロジーで理解できるであろう．

本書の構成と狙い　以上が現実分析を最終的な目的とする経済学の方法ないし体系構成の概要であるが，本書ではこのような体系にそくして原理論・類型論・現実分析と説明していく本来の方法はとらないことにした．本書はこのような経済学の学習のための準備として役立つことを目標としている書物だからである．もちろん本書の執筆者たちはこれまでの原理論と類型論の諸研究の蓄積を踏まえて現実にアプローチをするという作業を長年にわたって試みてきている研究者たちであるが，入門的概説書としての本書では従来の諸研究の結果として得られた諸成果を前提にしながら，研究の手続き論としての方法論ないし二段構えになっている2つの理論の正面切った解説は省略し，とりあえず市場経済の概要を提示することにして，以下のような構成をとることにした．

　まず第I編で市場経済の歴史的展開の概要を解説する．市場経済は人類の歴

史とともに旧いといってもよいものなので，まず市場経済の一般的形成に先立つ原始および古代の経済を概観したうえで，資本主義的市場経済の生成の直前から現代までをとりあえず3つの時期に分けて，それぞれの基本的特徴を説明するという方法をとった．そしてその過程で，できるだけ原理論と類型論の基本的概念と主要な市場機構や組織・制度についても学習できるように工夫した．

第II編では古代から現代までの長い思想の歴史において市場経済にたいして提起されてきた批判的評価と肯定的評価を紹介する．他のすべての経済システムと同様，市場経済システムもメリットとディメリットの両面を持っていると考えられるし，本書の執筆者たちもそれぞれの価値観にもとづく市場経済観をもっている．しかし経済学そのものは対象にたいする価値判断をすべきではなく，読者が価値判断をするための材料を提供することに徹すべきだという立場から，本書では市場経済の歴史なり現状なりについて叙述する場合でも，執筆者が価値判断を述べることはできるだけ禁欲することにした．そしてその代わりにいろいろな時代の思想家や経済学者の市場経済観をできるだけ偏りのないように紹介して，読者の参考に供することにしたわけである．

第III編では，市場経済が現状においてどのような点で成功をおさめ，どのような点で失敗をおかしているかという問題に関する読者の判断の材料を提供するという観点から，成功とみるにせよ失敗とみるにせよ，検討しないですますわけにはいかないと考えられる現在のいくつかの論点をとりあげ，できるだけ日本の現状をも視野におさめることができるようにしながら，解説した．

本書によって経済学の入門者が，市場経済とはおおよそどのようなシステムであるかを知ることができ，そのメリットとディメリットをいろいろな側面から明らかにしてきた経済学にたいしてよりいっそうの興味をおぼえることができることを願っている．

（山口重克）

第Ⅰ編

市場経済の歴史

第1章

原始および古代の経済

　本章は，市場経済の一般的形成に先立つ時代において，市場経済を構成する諸要素がどのようにして出現し，統合化の方向に向かって動き出したのかを，原始および古代の経済を例にして具体的に説明することを目的としている．市場経済は，アダム・スミスが仮定したように，決して単線的な進化過程をへて発展してきたものではない．たとえば，物々交換の不便さから貨幣が発生するとか，分業の利益により市場が発達するというように，市場にはもともと進化の動力が内在的に備わっていたかのような説明を，今日でもしばしば経済学の教科書の中に見出すことができるが，これらはすべてフィクションとしての市場の歴史を前提しているにすぎない．本章では，原始および古代における人間の生命維持活動としての経済に光を当てることによって，こうしたフィクションの限界を明らかにし，歴史的現実における市場経済の生成過程のごく初期の段階に迫ってみることにしたい．

1——経済の2つの意味

　私たちは日常的に，経済という言葉を事実上2つの異なった意味で用いている．たとえば，経済は人々が生きていくために物を生産し分配し交換し消費することである，という場合，経済は人間の生存を直接あるいは間接に支える経験的な事実を包括する意味で使われている．これにたいし，限りのある資源を節約して無駄なく配分することが経済である，という場合，経済は目的にしたがって稀少資源を最適に配分する論理的な行為およびそのシステム全体を意味している．両者は実際には重なって現れることが多いが，厳密にはまったく別

個の歴史的起源をもっており，理論的にも区別されなければならないものである．

第1の意味での経済は，経済の実体＝実在的側面，あるいは単に経済の実体と呼ばれている．それは基本的に，人間が物的欲求を充足するために，自分自身とその仲間および自然環境とのあいだでとり結ぶ，制度化された相互作用の過程である（ポランニー，1980年）．ここで物的欲求という場合には，単に衣・食・住を直接満足させる物的手段だけではなく，精神的な要求を満たすための物的手段への欲求も含んでいる．たとえば，楽器を用いて音楽を演奏したり，礼拝堂に集って祈ったりすることは，楽器の生産や礼拝堂の建設によってはじめて可能になるので，楽器も礼拝堂も広い意味で物的欲求の対象である．

経済の実体＝実在的側面においては，人間と自然とのあいだの物質代謝それ自体とならんで，この過程を制度化するということが重要である．たとえば，ある農耕集落では，収穫物を村の中央にいったん集めたのち収穫祭をとおしてそれを村人のあいだで分配するというようなことが制度化されているであろう．また，農村と漁村とのあいだで，農産物と漁獲物とを贈与として互いにやり取りし合うということが制度化されている場合もあるだろう．生産物のやり取りだけではなく，労働や土地の提供についても同じように，それぞれの社会に固有の仕方で制度化されていると考えることができる．このような意味での経済は人類の誕生とともに古く，また，あらゆる社会に共通のものである．

第2の意味での経済は，経済の形式的側面，あるいは単に経済の形態と呼ばれている．新古典派経済学の標準的教科書で一般に扱われているのは，この意味での経済である．すなわち，経済とは，「諸目的に対し，それを達成するために必要な代替的諸用途を持った稀少な諸手段を，合理的に配分する人間の行動」（ロビンズ，1957年，25頁）である．

この定義にしたがえば，「諸目的」そのものは何でもよく，「節約」あるいは「最大化」のように，最小の支出で最大の目的を達成することをめざした選択的活動を，すべて経済と呼ぶことができる．したがって，たとえば，将棋やチェスのように，限られた駒を有効に利用して相手に勝とうとするゲームや，叙事詩のように，限られた言い回しを効率よく組み合わせて雄大な物語を展開

しようとする試みも，形式的には経済であるということになる．この意味での経済も，第1の意味の経済と同様，歴史的に古い起源を持っているといってよいが，それらが指示する内容は互いにまったく別のものであることは容易に理解されるであろう．

> *Column 1* 　カール・ポランニーの人と学問
>
> 　カール・ポランニー（Karl Polanyi）は，ユダヤ系ハンガリー人で鉄道技師の父とユダヤ系ロシア人の母の次男として，1886年にウィーンにて生まれた．ポランニー一家は1890年代にブダペストに移り住み，カールはブダペスト大学で法学と政治学を学ぶ．社会主義学生運動に関心を持つが，既存のマルクス主義とは一線を画す．学内反動派と対立して停学となり，コロスヴァール大学に移籍し，1909年に法学博士となる．この間，1908年にガリレイ・サークルを結成し，2千名の学生を組織して労働者教育にあたった．1912年に法廷弁護士資格を取得し，法律事務所で働く．オーストリア＝ハンガリー二重帝国の陸軍大尉として第1次世界大戦に従軍中，負傷．ウィーン郊外で療養しているときに，イロナ・ドゥチンスカ（Ilona Duczynska）と出会い，1923年に結婚した．1922年，社会主義経済計算論争に参加し，機能的社会主義を展開してミーゼスを批判．また，精力的にジャーナリストとしての活動を行なった．1933年，イギリスへ移住し，労働者教育協会講師，オックスフォード大学，ロンドン大学課外講座などを担当しつつ，イギリス経済史を研究．第2次大戦後は，活動拠点を北米に移し，ニューヨークのコロンビア大学を中心にして経済人類学の研究をすすめた．1964年，カナダのピカリング市にある自宅で死去．享年78歳．
>
> 　ポランニーの学問の特徴は，資本主義的な市場システムを特殊歴史的な存在として描き出すことにあり，その手段として経済史，経済人類学などを活用した．とりわけ，資本主義の本質を労働力の商品化に求めた視点は，カール・マルクスや宇野弘蔵と共通しており，マルクス経済学と相通じる点も多い．しかし，ポランニーが経済人類学の方法を用いて市場経済の相対化を図ろうとする場合，彼のイメージする市場像は新古典派のものに近い．これは，ポランニーが経済の意味を実体＝実在的なものと形式的なものとに分けるときに，主としてカール・メンガーに依拠したためであると思われる．主要著作は，『大転換』（1944年），『ダホメと奴隷貿易』（1966年），『原始経済・古代経済・現代経済』（1968年），『人間の経済』（1977年），そのほとんどは日本語に訳されている．1986年，ポランニー生誕百周年を記念して，モントリオールにカール・ポランニー政治経済研究所が設立され，ブダペストで記念コンファレンスが開催された．その後，2年ごとにコンファレンスが重ねられて今日に至っている．

このように，経済の形式的側面は論理的に同一の形式を持つすべての行為を無差別に包み込んでしまう可能性を持っており，実体＝実在的な意味での経済と重なるのはむしろ単なる偶然に過ぎないということもできる．実際，書店の経済関係コーナーには，実体＝実在的な経済とはほとんど無縁であるにもかかわらず『○○の経済学』などと銘打った打算と勝負のハウツー物があふれていることが多い．とはいうものの，学問としての経済学においては，事実上どの学派であっても，経済の実体＝実在的側面と形式的側面とが重なり合う場合を所与の前提として経済分析を進めるのが通例である．

　ところで，ある手段が稀少であるかどうかを決めるのは社会や文化である．たとえば，ある地域社会が珊瑚の海を自給目的で利用する場合，この海は魚や海藻の採集場としての意味を持つ．このような社会では，時に，魚や海藻の収穫が減少しても，それによって珊瑚礁の利用目的が変わることはないだろう．せいぜい，採集活動を縮小して魚や海藻が育つのを待つ，という変化が生じるだけである．したがって，この限りでは珊瑚の海は稀少資源とはならない．

　これにたいし，何らかの原因で状況に変化が生じたため，この社会の人々が市場への依存度を高めて自給生活を放棄し，貨幣収入を得るための手段として珊瑚の海を利用するに至ったとしよう．この場合には，目的―手段関係に大きな変化が生じることになる．人々は，海を埋め立てて土地を造成し，そこに工業団地をつくるのがよいか，空港を建設するのがよいか，あるいは珊瑚礁の一部を生かして観光公園にするのがよいか，選択を迫られることになる．こうして，「最大化」の計算がはじまり珊瑚の海は稀少資源化することになる．

　要するに，形式的な経済が実体＝実在的経済を包摂するのは，なんらかの社会的文化的作用の結果といってよいのである．とりわけ原始・古代の非市場経済の場合には，形式的意味と実体＝実在的意味での経済の重なりは狭く限定されている．したがって，非市場経済を対象としてあつかう場合には，経済を形式的意味においてではなく，実体＝実在的意味においてとらえることが重要である．以下における本章の叙述では，とくに断りのない限り，経済を実体＝実在的意味においてとらえていることに十分留意されたい．

2──非市場経済

　非市場経済といえば，ロビンソン・クルーソーに象徴される孤立した個人または閉鎖的な共同体によって営まれる自給自足経済，あるいは猟師や農民が貨幣という媒介物なしに行なう物々交換経済などを連想するのが一般的であろう．また人によっては国家の統制下で行なわれる配給経済や計画経済を思い浮かべるかもしれない．

　しかしながら，原始社会や古代社会における非市場経済は，決して単純な自給自足経済や物々交換経済であったわけではない．もちろん，原始・古代の経済にそのような側面がまったく存在しなかったのではないのだが，社会内部における財やサービスの生産・交換・分配に関しては，今日の市場経済に勝るとも劣らない精緻で複雑なシステムが存在していたのであった．ただそこでは市場が脇役に過ぎなかったということが今日とは決定的に異なる点なのである．では，市場に代わる基本的な社会的枠組みはいったい何だったのであろうか．以下，順を追ってみていくことにしよう．

1）互　酬

　まず，決まった相手との間で財やサービスのやり取りを繰り返し行なう互酬をとりあげよう．互酬は，原始社会で一般的にみることのできる資源配分のあり方のひとつである．互酬は互恵とか相互性とも呼ばれており，通常，贈与の応酬を繰り返すことになるので，贈与交換と呼ばれることもある．互酬が支配的である経済においては，一般に，社会を構成する下位集団（たとえば村内の集落とか親族組織など，社会の基礎的な構成要素）が対称的に配置されており，それぞれの下位集団で身分的に対応するもの同士をパートナーとして結んで，財やサービスが移動する．たとえば，先ほどあげたような農村と漁村とのあいだの贈与交換では，それぞれの集団に属する人々のあいだで取引相手があらかじめ定められており，定期的に贈与のやり取りが行なわれることが多い．この場合，贈与と返礼とは時期的にずれこむのが通例である．

互酬においては，贈与と返礼における財やサービスの1回ごとの等価性は必ずしも成り立たない．むしろ，互酬を長期的に継続することによってパートナーのあいだの公平が維持されるのである．また，贈与を上まわる返礼を行なうことによって，相手よりも優位に立とうとする贈与競争（ポトラッチ〔potlatch〕）がなされることもしばしばみられることである（モース，1973年）．

　互酬は，3つ以上の集団にまたがって行なわれることも多い．この拡張された互酬は2つのタイプに分けることができる．ひとつは，対称軸が複数存在し，平行に並んでいるような場合である．たとえば，原始農耕社会における親族集団のあいだでは，男が既婚姉妹の家族に援助を提供することが義務づけられていることが多い．このとき，彼が既婚であれば，妻の兄弟から援助を受けることができる．こうして，夫は自分の家の収穫物をその姉妹の家族に差し出しつつ，他方で妻の兄弟から彼らの収穫物を贈られることになる．

　もうひとつのタイプとしては，対称軸が放射状に配置されているような場合である．このとき，贈与と返礼は，円周上で互いに反対方向に循環運動を行なうことになる．有名な例として，マリノフスキーが調査を行なったトロブリアンド諸島のクラ（kula）交易がある（マリノフスキー，1980年）．環状に並んだ島々のあいだで行なわれるクラ交易では，各島の男たちは，円環の中央に向かって右隣の島に行き，そこのパートナーたちから首飾りを贈られる．時期を異にしてこのパートナーたちが自分たちの島にやってくると，男たちは彼らに腕輪を渡す．男たちは，左隣の島のパートナーたちとも立場を入れ換えて同様の互酬を行なう．結果として，腕輪は反時計回りに，首飾りは時計回りに循環する．クラ交易においては，このような儀礼的贈与交換に付随して生活物資のやり取りが行なわれる．

　なお，互酬は常に対等の立場で行なわれるとは限らない．たとえば，次に述べる再分配と組み合わされると，首長と成員との間の互酬は垂直的になり，形式的には互酬でありながら，機能上は再分配になっていることもある．また，与える物と受け取る物の等価性にこだわって打算的になれば，次第に市場交換に類似していくことになるだろう．さらに，少しの物しか与えずに多くを受け取ろうとすれば，略奪行為に近づくことになるだろう．逆に，無償の愛のよう

図1 互酬の基本パターン

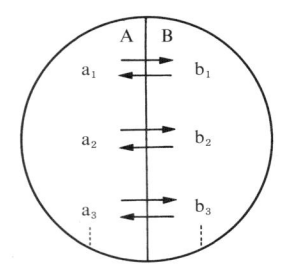

対称的な位置にある A, B 両集団の間で, 対応するパートナー同士の贈与のやりとりが行なわれる.

図2 再分配の基本パターン

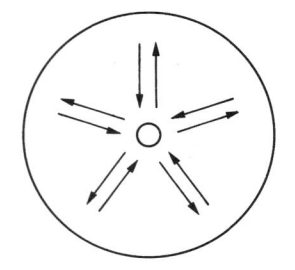

財・サービスは中心に向かって集められ, そこからふたたび分配される.

図3 婚姻を通して拡張される互酬パターン

妻の実家から婚家に向かって贈与が行なわれる. 婚姻により, 関係が拡大していく.

図4 クラ交易のパターン

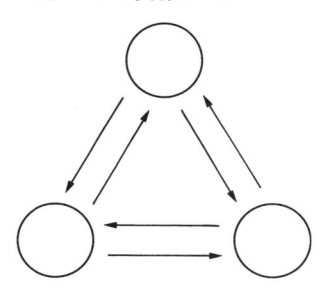

時計回りの方向に首飾りが, 反時計回りの方向に腕輪が贈与される.

に見返りを期待しない贈与もありうる．

　このように，互酬には実際上さまざまなタイプがあり，人類学者マーシャル・サーリンズは，互酬をプリズムにたとえて，一方の極には無償の贈与である「一般的互酬」，中間には濃淡の差を伴いつつ対価を期待する「平衡的互酬」，そして他方の極に市場交換や略奪を伴う「否定的互酬」を配置したのであった（サーリンズ，1984年）．ただし，「一般的互酬」に関しては，空間的な対称軸の代わりに，世代間に時間的な対称軸を想定して，世代を超えて拡張された互酬関係とみることも可能であろう．それはともかく，ここではひとまず「平衡的互酬」を基本的な互酬の特徴として理解しておけば十分である．

2）再分配

　再分配は，財やサービスが社会の中央に集められたのち，そこからふたたび分配されるような移動パターンを伴う．このような社会の前提は，穀物などの剰余生産物の存在と，それを管理する支配者の存在である．原始社会から古代社会への移行期には，集落の中心にそうした権力機構が形成されるのが常である．また，古代ギリシアにみられたような都市国家型社会においても，それ自体で自立していたわけではなく，たいていはその近郊に農村の存在を前提し，それらを支配することで経済を維持することができた．そうでない場合は後述のように，遠隔地貿易によって穀物を輸入しなければならなかった．

　一般に，再分配が支配的な経済では，社会の中心に権力機構が形成されている必要がある．たとえば，18世紀ダホメ王国のように，王によって支配されている内陸の農業社会のような場合，集落の成員は王のもとに収穫物を差し出すのであるが，王は収穫祭を通してこれをふたたび臣民のあいだに配分することになる．また，都市国家型社会においては，農村から搬入された穀物を「市場」を通して分配するのであるが，その「市場」は後述のように，商品交換の場というよりもむしろ穀物の再分配を実施する補助手段であった．なお，狩猟活動を中心とする原始社会においても，獲物の捕獲と分配は萌芽的な再分配パターンに従うことが多い．獲物は狩人集団の共同狩猟活動を通して捕えられ，その後に，集団の成員のあいだで分配される．

再分配に準ずる財やサービスの移動パターンを伴うものとして，伝統的な農家に代表される生産＝消費の場としての家経済（家政〔householding〕）をあげることができる．そのような家は，血のつながった家族だけではなく，使用人や家畜等からも構成されており，家のすべての成員の労働が家経済の維持のために支出される．成員の収入は一部をのぞいて家長のもとに集約され，そこからふたたび各成員のもとに分配される．このような家を単位とした再分配経済は，農業社会の比較的進歩した形態のもとでのみ一般化する（ブルンナー，1974年）．

3）交　換

　交換は，通常商品交換関係として行なわれる．商品交換は非市場経済においては社会の周辺部分に位置付けられる．原始社会であれば，互酬のルールから離れて自由に物品を交換できる機会としてとらえることができる．ただし，財とサービスの中心部分は互酬を通して取引されることに変わりはなく，限られた物品が限定された範囲内で交換されるに過ぎない．したがって，市場が社会の中心部分に登場することはまずありえない．

　また，古代的な農耕社会では，人の集まるところに小規模な市場が形成されることが多いが，ここで取引されるのは，たいてい単身者や旅行者向けの食品であったり，農家で自給できない道具であったりする．やはり，社会にとって必要な衣・食・住の基本財は生産＝消費の場である家経済において生産され消費されるのであって，地域市場では公共工事の労働者として町にやってきたり行商人として町に入ってきたりする単身者たちが，市場利用者の中心部分をなしている．さらに，古代都市国家では，後述するように市民は生活に必要な物資を地域市場で調達する必要があったが，その場合にも庶民の生活を守るための取引規制が都市国家によって厳格に定められており，商業利潤の発生機会が生じる余地はほとんどなかった．

　原始社会や古代社会において商品交換が生じるとすれば，それはむしろ社会の外部，つまり共同体と共同体のあいだにおいてであった．この点については，交易の項で改めて説明しよう．

4）労働と土地

　最後に，非市場経済では財やサービスが市場交換によらず互酬や再分配によって社会の中を移動する．こうした移動パターンが社会的に定着するのは，労働の支出や土地の利用そのものが対称軸あるいは中心点を持った社会によって規定されているためであるといってよい．すなわち，労働の支出も土地の利用も，血縁，地縁の網の目，あるいは首長と共同体成員との間の関係の中に埋め込まれており，容易には市場交換の対象となることがなかったのである．たとえば，中世の荘園に広くみられたような，農民の耕作地の定期的な割り替えなどは，土地利用が再分配的に行なわれた例とみることができるし，田植えや稲刈りなどの共同作業も，相互扶助，すなわち互酬的な行動としてとらえることができる．

　さらには，後述するように交易に携わる交易人たちですら，商人というより遠隔地間の財の再分配に携わる国家の官吏としての性格が強かったのである．その点では，軍属の商人や職人なども同様であり，彼らは兵士への必需品を配給したりサービスを提供したりするための再分配機構の一部分を構成していたのであった．

3 ── 非市場交易

　交易とは，その場で入手できない財を獲得するための方法である．単なる略奪と異なるのは，それが，双方向的であるとともに平和的かつ非強制的に行なわれる点である．制度的には，交易は異なる共同体に属する集団間における財の組織的な交換行為として定義される（ポランニー，1980年，159頁）．

1）沈黙交易

　われわれは，非市場経済といえば，ただちに閉鎖的な自給自足経済を想定しがちであるが，原始社会や古代社会の共同体は，多くの場合外に向かって開かれており，遠隔地交易も広く行なわれていた．その最も基本的な方法が沈黙交易であった．

沈黙交易といえば，ヘロドトスの『歴史』に出てくるカルタゴ人とリビア人の取引が有名である（ヘロドトス，1972年，110頁）．ヘロドトスはカルタゴ人の話として次のような事例を紹介している．すなわち，カルタゴ人が船でリビア人の住む国に到着すると，まず，積荷を下ろして波打ち際に並べて船に帰り，狼煙を上げる．リビア人は煙をみると海岸に来て商品の代金として黄金を置き，いったん商品の置かれている場から遠ざかる．するとカルタゴ人は下船してそれを調べ，黄金の量が商品の価値に釣合うとみれば，黄金を取って立ち去る．釣合わぬ時には再び船にもどり待機していると，住民が寄ってきて黄金を追加し，カルタゴ人が納得するまでそれを繰り返すというのである．

　ヘロドトスは，こうした交渉の繰り返しによって「等価交換」が平和的に実現する過程を強調しているのだが，本章での関心はむしろ，この交渉がまったく沈黙のうちに行なわれており，自ら所属する社会に相手方の文化が影響を与えないように，細心の注意が払われていた点にある．

2）管理交易と交易港

　古代的国家の間では，しばしば，管理交易形式の取引が行なわれた．管理交易は国家の間であらかじめ交易内容を細かく定めた上で国家的事業として行なわれる交易である．等価物や交換レートの規定にはじまり，交易される財の種類，数量，品質，交易方法，貯蔵や保管の場所，人員の管理などが条約の内容に盛り込まれた．

　管理交易の実施に当たっては，交易にたずさわる人々の財産，および，生命や身体の安全が確保されなければならない．また，輸送の便もはからなければならない．こうした観点から，交易当事者の間にあって中立的な部族的社会や小王国などが取引の場所として選ばれた．そのような場所を交易港という（ポランニー，1980年，182頁）．それは，必ずしも海の港に限られることなく，内陸地であっても条件がそろえば交易港として機能したのである．

　交易港には，外部からもたらされる異質の文化，規範，慣習等を，交易にたずさわる人員も含め，共同体の内部に取り込まないようにする役目が与えられていた．その意味で，交易港は，異質の文化を共同体内部に持ち込まないとい

う沈黙貿易以来の伝統を継承しつつ，交易を多角化するための重要な制度であった．

ところで，交易者の動機には大別して身分動機と利潤動機の2種類がある（ポランニー，1980年，164頁）．身分動機は，交易者がその社会的特権に基づいて，自己の属する社会への義務および奉仕として交易に従事する場合にあらわれる．他方，利潤動機は，交易者が社会的慣習に縛られることなく，商業取引から生じる利潤を求めて交易を行なう場合にあらわれる．

古代社会においては利潤動機が表面に出ることが少なかったが，その理由として次のようなことが考えられる．まず，交易者は，社会の成員としてその社会的責任を果たすことにたいし，主人・君主から報酬として財宝が贈られたり収入のある土地が与えられたりした．また管理交易の場合，交易の過程それ自体から生じる利得は，主人・君主から与えられる報酬に比べれば取るに足らず，その結果，社会的義務を放棄して利潤追求にはしる交易者は，社会の内部にとどまろうとする限り，貧しさに甘んじるほかなかったのである．したがって，商業的な利潤を得ようとする商人たちは，社会の外部に出て機会をうかがうことになる．

こうして，非市場経済においては，市場交換とは異質の取引パターンを伴い，商人とは異なった動機を持つ交易者によって担われる非市場交易が発達したのである．

3）贈与交易

すでに紹介したクラ交易も，互酬を基本とした贈与交易であり，儀礼的な贈与交換に付随して財のやり取りが行なわれた．ただし，この場合は異文化に属する共同体のあいだの交易というより，クラの価値観を共有する文化的に一体化した諸共同体間でなされる取引であるという点で，沈黙交易や管理交易から区別されることになる．また，対等な立場での交易ではなく，朝貢貿易のように中心地域と周辺地域とのあいだにおいて上下関係が固定化してくると，中心地域の文化が一方的に周辺地域に浸透していくことになる．

4 ── 市場の出現

　経済という語に2つの意味があるのと同じように，市場という語にも大きく分けて2つの概念がある（ポランニー，1980年，229頁）．まず，第1の概念は，物理的に現存するか入手可能な財をめぐって売り手集団と買い手集団とが出会い，慣習または法にしたがって交換を行なう場所としての市場である．また第2の概念は価格形成を行なうシステムとしての市場である．

　これら2つの概念は，明らかに一部で重なりつつそれぞれ異なった領域をカバーするものである．たとえば，中央卸売市場のように，競り人を介して売り手と買い手とが出会い，駆け引きの末に価格を決定するような場合には，これら2つの概念が重なって現れているといえよう．これにたいし，メキシコの各地にみられるメルカードのように，露天あるいは建物の中に設けられた公営市場では価格は公的に定められており，場所としての市場概念が単独で現れることが多い．他方，金融市場のように，目にみえない商品が電話やコンピュータを通して取り引きされる場合には，地球上の各地を結んで価格形成が行なわれ，システムとしての市場概念が単独で現れるといってよいだろう．

　歴史的には，場所としての市場概念が価格形成システムとしての市場概念に先行して現れる．

1）場所としての市場

　場所としての市場は，さらに，地域市場と外部市場の2つの類型に分けることができる．地域市場は地域での食糧の分配方式のひとつとして形成されたものであり，外部市場は遠隔地からの財の獲得と結びついて形成されたものである．以下，それぞれの類型ごとに説明しよう．

　①**地域市場**　もっとも古い地域市場のひとつとしては，古代アテネのアゴラの例が有名である．アゴラは市民の集会場であるとともに民衆に食糧を供給する場所でもあった．そこでは，新鮮な牛乳，卵，野菜，魚，肉，調理済みの食品などが小売りされた．これらは近隣からもたらされるもので，遠方から調達

される財は除かれた．アゴラに財を運び入れるのはしばしば女性であり，市場で食糧を求めるのは貧しい労働者や戻る家を持たない旅人などの庶民であった（ポランニー，1980年，233-234頁）．

地域市場はこのように，生鮮食料品を中心として，地域の産物を地域住民に販売することを目的として形成されたものであり，世界各地・各時代にわたって広く存在し，今日に至っている．上述のメルカードなどはその好例である．

②市場交易と外部市場　紀元前5世紀のアテネは，軍事力に支えられた海洋支配をもとに北東部トラキアとの間で管理交易を行なっていた．アテネの外港ピレウスに設けられた交易港はエムポリウム（emporium）とよばれ，管理交易を成功させるために重要な機能を果たした．エムポリウムには交易者たちを対象とした食糧品市場が設けられたが，内部市場であるアゴラとは制度的に分離されていた．この管理交易において，アテネは，アッティカの壺，アテネの金，ブロンズ製品等を輸出し，穀物を輸入した．輸入穀物はエムポリウムからさらにアゴラに運ばれ，そこで小売りされたのである．

紀元前4世紀，海洋支配力の低下したアテネは，エジプトから持ち込まれた市場要素を穀物交易に適用し，市場交易が開始されることになった．それとともに，ピレウスのエムポリウムは市場交易を行なう外部市場となった．ただし，管理交易時代の基本的特徴はそのまま残されることになった．すなわち，輸入穀物のうち3分の2は「エムポリウム監督官」によってアゴラに運び込まれることになっており，第三国への転売が制限されることによって，アテネ市内への穀物の安定供給がはかられた．同時に，アゴラでの取引を小規模なものに制限することで，外部から仲買商人が入るのを防いだ．さらに，平常時にはエムポリウム価格とアゴラ価格を一致させることによって利鞘が生じるのを防止した．また，逆に，輸入穀物の供給不足により価格が急激に上昇した場合には，アゴラ価格はエムポリウム価格から切り離され，「公正価格」に戻された（ポランニー，1980年，415-420頁）．

こうした，外部市場と地域市場との制度的区別は，両市場で取引する商人の出自の違いにも及んでいた．アゴラでの商品流通を担当したカペーロスは市民階層に属し，利潤追求によってではなくポリスへの貢献度によって名誉が与え

られた．これにたいし，エンポリウムでの取引にたずさわったエンポロスは，外国人または居留外人で地域市場への出入りは制限されていた（ポランニー，1980年，339-348頁）．

このように，場所としての市場は地域共同体の内部と外部で別々の経緯をたどることによって形成された．そして，外部市場と地域市場の制度的区別は，市場交易の影響が共同体の中におよぶのを最小限に食い止めることになったのである．いいかえれば，非市場経済の中に出現した市場はシステム化されることなく，個々の市場ごとに孤立したまま社会的に制御されていたのである．

2) システムとしての市場

個々の市場を制御する社会的な力が弱まると，システムとしての市場が立ち上がってくることになる．紀元前4世紀から紀元2世紀にかけての地中海世界は，まさにそうした事情のもとにあった（ポランニー，1980年，481頁）．だが，やがて，市場のシステム化が全面的な展開を始めるよりも早く，古代ヨーロッパは再分配を基本的な統合パターンとする中世ヨーロッパへと移行してゆく．

市場の発展は都市の発展を促す．中世ヨーロッパの商業都市もまた例外ではなかった．しかしながら，都市は市場を守る一方で市場の農村への拡大を阻止し，市場を都市の中に封じ込める場合もある．たとえば，ハンザ同盟は北海やバルト海諸都市の独占商人たちの自治団体であったが，それはドイツの商業取引を全国化するのではなく，むしろ内陸地を取引から引き離す役割を果たした．ポランニーが指摘するように，「ほかならぬ商業革命の時期を迎えるまでは，われわれの目に全国取引と映ったものは，実は，全国的なものではなく，自治都市の取引だった」（ポランニー，1975年，84頁）．中世ヨーロッパの経済は，都市における市場の発達を伴いながら，全体としては再分配と家政に基づいた農村共同体をその基本としていたのである．

ところで，システムとしての市場が発展するためには，相対的に独立した動きを示す外部市場や地域市場が統合される必要がある．そして，そのときにはじめて，個々の市場に何らかの仕方で依存していた実体＝実在としての経済がひとつの市場システムのもとに統合される条件が生まれるのである．しかしな

がら，このような意味での市場システムは現実には市場の自生的発展から導き出されたのではなかった．

変化は15世紀末から始まるヨーロッパ人による「大航海の時代」と，それに続く商業革命とともに生じた．すなわち，重商主義的な国家の成立とそれによる全国的市場の創設である．

すでに述べたように，場所としての市場は地域における食糧の分配を基本とした地域市場と，自給不可能な財を遠隔地から取り寄せる外部市場とから成り立っていた．いずれも地域経済の自立を維持し補足する補助的な位置づけが社会によってなされており，その限りで制度化されていた．ところが，15世紀末からの新しい動きは，地域経済の自立をめざすよりも商人的利益を追求するものであり，市場の意味を大きく変えてしまうものであった．

Column 2 ポランニーとブローデル

歴史学者フェルナン・ブローデルは，「私の考えでは，歴史的に見て，一定の地帯の市場間において，それが異なった法制・主権を横断して起こるだけにとりわけ特徴的である，価格の変動とその一致した動きがみられる時にはいつでも市場経済が存在すると考えなければならない．この意味では，……19・20世紀よりはるか以前に，市場経済は存在した」（ブローデル，1986年，281頁）とする立場から，ポランニーおよびその学派を批判している．

しかし，19世紀以前の歴史においてポランニーが強調しているのは，価格形成市場の不在ではなく，社会における市場の部分性であった．したがって，ブローデルの次の見解は，ポランニーの歴史観と必ずしも矛盾するものではない．すなわち，「市場経済の部分的性格は，実際，自給自足部門の大きさまたは生産の一部を商業流通からとり上げる国家権力に，あるいは価格の形成に多種多様な方法で人為的に介入することができる貨幣の力量そのものに同程度あるいはより多く帰することができる．……確実なこと，それは，ポランニーが好んで口にする非-市場の傍らに，昔から，つねに純粋に利潤追求を目的とする交換がいかに小規模ではあれ存在したということである」（同，281-282頁）．

ブローデルとポランニーとの相違は，むしろ次の点に求められるべきであろう．すなわち，前者は市場システムそれ自体を市場経済と呼んだのにたいし，後者は市場システムによって経済全体が統合される場合に限って市場経済という語を使用したのである．

地球規模での交易の拡大は，中世的世界を抜け出しつつあった国家の活動と無縁ではない．むしろ，国富の源泉を国の外に求めようとする重商主義的な考え方に沿って対外交易の拡大があった．重商主義国家はその初期においては，国富を蓄積する手段として，輸出によって外国から貨幣を獲得する一方，輸入を抑制して貨幣の国外への流出を防ぐという重金主義の立場に立っていた．しかし，これでは国内での生産に支障が生じることがわかり，しだいに，輸入原料を加工してその製品を輸出することにより差額を国富として蓄積する立場に移っていった．このように，重商主義国家は国富を蓄積する手段として外国との交易を利用し，その拡大を図ったのであった．

　市場はこうした対外交易を促進する形式として新たに位置づけられる．市場は，いまや経済自立の道具としてよりも，むしろ，そこから利潤を引き出す源泉として組織化される．市場交易のこのような新たな展開に伴って国内の市場も新しく組織される．すなわち，市場交易と直接結びついた全国的市場の形成である．そこでは，利潤動機に基づいた商人の活動が国富をもたらす主要な源泉として保護される．それとは対照的に，かつての交易者たちの身分動機は次第に影をひそめることになる．

　このようにして新たに生じた市場は，従来の外部市場や地域市場を解体したり，それらを自らのシステムの中に取り込むなどして膨張してゆく．そして，価格形成機構としての市場が一般化することになる．もっとも，こうした変化はただちに市場システムによる経済の統合を意味するものではない．たしかに，自給不可能な財に関して市場に依存していた諸地域の経済は，市場システムの形成によってこれまで以上に市場の影響を強く受けることになるが，この段階では，まだ，労働力の支出と土地の利用について大きな変化は起きていない．中世世界を生き延びた原始・古代の社会的遺制が完全に破壊されるためには，労働力と土地の商品化という近代的な出来事を待たねばならなかった．

5── 原始貨幣

　原始・古代社会における非市場経済の多様な展開は，貨幣の用法についても

非市場的な領域が広く存在することを示唆している．そのことを始めて明らかにしたのが 19 世紀の人類学者ハインリッヒ・シュルツである．シュルツによれば，貨幣には共同体内部で用いられる内部貨幣と共同体のあいだで用いられる外部貨幣の 2 類型が存在し，ともに起源を異にしており用法にも大きな違いがみられたという．この発見はマックス・ウェーバーにも大きな影響を与えている（ウェーバー，1954-55 年）．

まず，原始社会の内部で用いられた内部貨幣であるが，その主要な用途は社会的な支払であった．すなわち，婚礼や出産など種々の通過儀礼における贈与として，また，大工仕事や祭礼における神官への謝礼として，さらには罰金や贖罪などとして，内部貨幣は用いられた．現代的に解釈すればそれらはすべて何らかの「サービス」に対する「対価」であり，特に現代の貨幣と変わらないと感じられるかもしれない．しかし，それらはいずれも非市場的な文脈，すなわちパートナーとの互酬関係を緊密にし，社会関係を維持または修復するために支払われているのであり，こうして社会関係が安定化することによって経済関係も保たれたのである．たとえば大工仕事に関しては，内部貨幣とは別に，労働への直接の報酬として食物が別途支給されるというように．

しかも，内部貨幣において注意しておかねばならないことは，その価値が地域限定的であるということである．たとえば，ヤップ島の石貨は今でも上述のような支払手段として用いられているが，それはもともとパラオ島で切り出されたものであるにもかかわらず，パラオ島では流通しない．後述の外部貨幣とは異なり，商品価値があるから貨幣になるのではなく，支払手段として共同体内部を循環することによって社会的な価値を獲得することになるのである．シュルツ自身の説明によれば，内部貨幣はたいてい身体の一部としての装身具が支払手段化したものであり，もともと商品価値はないという．

他方，共同体のあいだで用いられた外部貨幣は，金銀などのように普遍的な使用価値を有した商品で，しかも取引に都合の良いものが選ばれて，主として交易の手段として使用された．このような貨幣の用法は通常交換手段と呼ばれるが，交換手段といえば，経済学の教科書に必ずといってよいほど出てくるのが，物品貨幣から金属貨幣，そして紙幣・電子貨幣へ，という貨幣の発展段階

説である．これは，物々交換の不便を解消するために何らかの商品がまず貨幣となり，次第に貨幣商品として都合の良いものが選ばれて結果的には金が一般的な貨幣の地位を獲得し，現代ではさらに紙幣から電子貨幣へと進化を遂げた，という作り話に基づいている．たいへんにわかりやすい説明なので，ともすればわれわれはそれが本当の歴史であるかのように錯覚しがちである．しかし，それは内部貨幣と外部貨幣の区別を完全に無視して作り上げられたフィクションに過ぎない．

たとえば，古代社会における管理交易において，穀物などの基本物資が他のさまざまな物資一式と交換される場合，銀などの共通の価値尺度を用いて取引が行なわれることがあったが，このような場合に価値尺度としての貨幣が実際に交換手段として用いられるとは限らなかった．また，さまざまな支払いの量を計る尺度としての貨幣と実際の支払手段としての貨幣とが異なる場合もあった．ホメロスの『オデュッセイア』では，オデュッセウスの妻に求婚した男性たちがオデュッセウスとの和解条件として，雄牛20頭に相当する価値を別の物品で支払うことが示唆されている．また，青銅や金による支払いも提案されている（ホメロス，1994年，255頁）．ここでは，雄牛が価値尺度であるのにたいし，青銅や金を含むその他の物品が支払手段である．

このように，原始・古代の経済においては，交換手段以外の貨幣の用法が交換手段とは独立して現れることが多い．しかも，それぞれの用法が別々の貨幣素材によって担われているのが普通である．われわれ現代人はそのことを忘れているので，つい，「雄牛20頭」という交換手段は不便極まりないに違いない，だから金貨幣に取って代わられたのだと，勝手に連想してしまうのである．現代貨幣が，交換手段，価値尺度，蓄蔵手段，支払手段のすべての用法を兼ね備えたものであるのにたいし，原始貨幣・古代貨幣は，そうした用法を部分的に担っているにすぎない．そこでカール・ポランニーはこのことを踏まえて，ドル紙幣のように汎用化した現代貨幣を全目的貨幣（または多目的貨幣），そして，多様な素材からなる原始貨幣や古代貨幣を特殊目的貨幣と呼んで区別した．

では，原始・古代の貨幣は，実際のところどのようにして現代貨幣に取って

代わられたのだろうか．論点を先取りすれば，結局のところ，原始・古代の遺制を含んだ中世的な共同体の崩壊とともに，労働力と土地が商品化されるのと同様の運命をたどり，外部貨幣が地域社会の内部にまで浸透し，次第に内部貨幣を淘汰して，貨幣のさまざまな機能を統合し，全目的貨幣（または多目的貨幣）として生き残ることになったのである．

† 参考文献

M. ウェーバー／黒正巌・青山秀夫訳『一般社会経済史要論』（上・下），岩波書店，1954-55年．
M. サーリンズ／山内昶訳『石器時代の経済学』法政大学出版局，1984年．
O. ブルンナー／石井紫郎他訳『ヨーロッパ その歴史と精神』岩波書店，1974年．
F. ブローデル／山本淳一訳『物質文明・経済・資本主義 15-18世紀』II-1，みすず書房，1986年．
ヘロドトス／松平千秋訳『歴史』（中），岩波文庫，1972年．
ホメロス／松平千秋訳『オデュッセイア』（下），岩波文庫，1994年．
K. ポラニー／吉沢英成他訳『大転換』東洋経済新報社，1975年．
K. ポランニー／玉野井芳郎他訳『人間の経済』I・II，岩波書店，1980年．
——／玉野井芳郎他編訳『経済の文明史』ちくま学芸文庫，2003年．
B. マリノフスキー／寺田和夫・増田義郎訳「西太平洋の遠洋航海者」『世界の名著71 マリノフスキー，レヴィ＝ストロース』中央公論社，1980年．
M. モース／有地亨他訳『社会学と人類学』I，弘文堂，1973年．
L. ロビンズ／辻六兵衛訳『経済学の本質と意義』東洋経済新報社，1957年．

（丸山真人）

第2章

商業の時代

　この章では中世における市場経済の展開を，(1)市(いち)と商人，(2)信用と金融，(3)都市と農村，(4)市場経済と国家，の4つの項目に分けてみていくことにする．ここで扱われる時期は，労働力の大量的商品化が始まる原始的蓄積期といわれている時期の直前までであり，要するに近代の資本主義的市場経済に先行してその生成を準備する時期である．地域としては主としてヨーロッパの事実を参考にするが，必ずしもヨーロッパに限るわけではない．ともかくここの意図はできるだけ地域の特殊性を除いて，この時期の市場経済の様相を一般的に明らかにすることにある．

1——市(いち)と商人

　一般的にいって，ある特定の地域には，そこにしか産出しないものもあるし，そこでは生産できないもの，あるいは生産が困難なものもある．いろいろな地域でそこの生産物に余剰が存在し，同時に他の地域の生産物にたいする需要が存在すると，そのようないくつもの地域の間でそれぞれの生産物の交換が生ずるであろうことは容易に推論できよう．
　もっとも個々の地域内のいくつかの生産物についての生産力が発展してきて，地域内で分業が発生し，いろいろな特殊な生産物が独立の専門的な生産者によって生産されるようになると，ひとつの地域の内部でも商品交換が行なわれる．
　たとえば，ひとつの農村の内部に，農民の他に鍛冶屋，仕立屋，靴屋，大工，パン屋，肉屋などがいたという事実が，欧州経済史の古典的な教科書の中

世末期（1381年）のイングランド東部の農村の例として紹介されているが，これらの生産者たちの生産物はこの農村の内部で商品として交換されたわけである．

　こうして形成された地方的な小さな市場の場合は，生産物はいろいろな生産物の間で直接に交換ないし売買されることが多かったであろう．この場合でも部分的には商人が売買を仲介することもあったであろうが，直接的に交換・売買が行なわれることにとくに問題はないといってよい．ところが，遠隔の特定の地域でしか生産されない生産物については逆に直接の交換・売買はまれで，商人が仲介する交換が大部分にならざるをえなかったであろう．

　ここで商人とはどのような活動をする者のことであるかを簡単に説明しておこう．

　商人は商品の供給者，たとえば売手としての生産者と，需要者，たとえば買手としての消費者との間に入って売買の仲介をするのであるが，そのさい商人は売手から安く買い，買手へ高く売ることによって自分の資本の増殖を図る．すなわち，売買価格差から売買活動に要した諸費用を差引いた額を利潤とし，その利潤と売買活動のために投じた諸資本の合計との比である利潤率を極大にしようとする活動を行なうのである．商人の売買活動はどのようなことから成っているかというと，たとえば商品についての知識や鑑定力の習得，商品の供給者や需要者についての情報の入手・分析・将来の予測，売手や買手との売買条件の商談・駆引き，計算・簿記，通信，商品の陳列・包装，梱包，保管，運搬などの諸活動であり，これらの諸活動のためにストックとしての資本の投下とフローとしての資本の支出が必要となるわけである．

　このような活動をする商人にはいろいろな類型があり，それに応じて商人によって形成される市場にもいろいろな類型がある．

　商人の最も基本的・原始的なものは行商人である．彼らは自分で仕入れ，自分で運搬しながら売り歩く．農漁民が自分の生産物を売り歩いたり，研ぎ屋などが自分の労働を売り歩いたりするのも行商ということがあるが，これは売買活動を兼業している小生産者であって，商人ではない．上述のように，仲介的であることが商人の要件である．商人が集団で隊商を組んでいる場合でも，仕

入れたものを移動しながら売り歩けばこれも行商人である．

　行商人が一定の場所に売り場を構えて定着すると商店主になる．店舗を持って店売りをしながら，同時に行商を続ける商人もいる．商店の最も原始的なものは横の仕切りがあるだけの露天のもの，あるいは屋根があるだけのものである．

　ある一定の場所に定期・不定期に，あるいは常設的に売場が設けられ，そこに多数の売手と買手が集ってきて売買取引が集中的に行なわれる場所が市（いち）である．市には単一の種類の商品が売買されるものもあるが，多くはいろいろな種類の商品を売買するのが普通であるといってよいだろう．

　市に集まる売手や買手には小生産者もいるし商人もいる．商人には行商人もいるし，小売商も卸売商もいる．個人的消費者に直接販売する商人をとくに小売商といい，それ以外の商人，つまり小生産者なり商人なりに販売する商人を卸売商という．これは商人からの買手の種類による分類である．小売商は相手が小規模で分散的であるのが普通であるから，商人の規模も小規模であることが多いが，もちろん例外はある．卸売商の場合は相手は小規模・分散的なものもあるが，大商人もいる．一般的には小さい地域内の商業は小規模であり，遠隔地間の商業は大規模で，大商人が担っていたと考えてよいであろうが，いずれにせよ規模の大小とか小売と卸売とか地域内と地域間といった区別は商業の類型を概念的に分類しているだけのことで，必ずしも商人自身にこのような分化が存在していたということではない．商人の類型としてはこの他に1種類の商品だけを専門的に扱う商人と多種類の商品をいわば多角的に扱う商人という区別もある．

　商人による商品の取引量が大きくなると，大商人でも商品の運搬・輸送を自分自身の業務として行なわないで，他の専門の運送業者に委託することが行なわれるようになる．また商品の供給（生産）と需要（消費）の事情は，とくにその時期・時点は本質的に違うので，取引量が大きくなってくると，商人のもとで仕入れと販売の間に大量の在荷の保管が発生することになり，これも他の専門の倉庫業者に委託することが行なわれるようになる．もちろん商人がこれらの仕事を兼業することも少なくないし，独立の倉庫業や運送業が起点になっ

て，逆に多様な売手に販売する卸売業の兼業が展開していく場合もある．

　商人たちが中核になって作られる市は，ごく一般的ないい方をすれば，もともとは何らかの異質な圏と圏——産業上の圏，政治上の圏，宗教上の圏など——の境目ないし接点のようなところという意味でのいわゆる交通の要衝に開設されたということができるであろう．いいかえれば，同質的な地域ないし圏の内部のいろいろなことを知りつくしている人たちの間だけの小規模で日常的な商品交換の場合には，市に類似したものが存在していたとしても，異圏間の商品交換の場としてのそれとは著しく異なったものであったと考えられる．圏内経済には互酬と再分配の原則が残存していて商品交換のあり方を規制しているので，たとえば売買価格なども自由に形成されるわけではなく，市が立ったとしてもそれはすぐれて共同体の集会とか祭礼と一体化した儀礼的行事のようなものとしてであったのではないかと考えられるのである．

　わが国の各地にある地名で，たとえば四日市とか五日市といったように市という字がついたものや，六日町とか十日町のように日付のついたものは，そこにかつて定期市があったことを示している．

　ヨーロッパの遠隔地間商人の市として最も有名なもののひとつはフランスのシャンパーニュの定期市であろう．これはフランドルとイタリアおよびフランスとスペインを結ぶ大商業路の中間に位置し，イタリア商人による東洋の香料やこしょうや絹などとヨーロッパ大陸の毛織物や皮革製品や保存食としての魚類や牛豚肉の加工品，あるいはワイン類などがそこで交易された．

　シャンパーニュのような大規模な定期市を大市というが，大市には部分的には農漁民やその他の手工業的小生産者も参加していたのであり，生鮮食品や低廉な日常生活品もそこで取引された．それらは，地域の日常生活に密着した部分で，それは市のいわば基層をなしてはいたが，市として重要だったのはいわば上層部分であり，それは大商人による奢侈的商品の地域間大型取引であった．

　遠隔地間交易を行なう大規模商業には陸路によるものと海路によるものとがあるが，この大規模商業に伴って発達した重要な機構の一つに取引所といわれているものがある．市場経済の進展と商品取引量の増大とともに大規模な卸売

商業のための商品の倉庫が大陸各地の交通の要衝や港湾に数多く作られたが，これがやがて単なる保管倉庫としての機能だけでなく，商業上の機能をもつことになる．すなわち，市とは逆に商品は動かないで，商人が倉庫のあるところに集ってきて，倉庫の中の商品を倉庫の前で「荷を開くことさえなく」取引し，商品の預かり証の受け渡しを行なった．商品の売買取引は商品の所有名義を移転する行為であって，必ずしも商品の場所的移転をともなうものではないことをこのことは示しているわけであるが，取引所というのは，この倉庫の前の取引よりさらに進んで，現実の商品がそこにあるかどうかということは必ずしも関係のないところで商人たちが集って取引のための会合を行なう場所のことである．それは広場でも街路でも寺院への階段の途中でもよかったのであり，固有の建物があるかどうかは重要ではない．商人たちはそこへ集まってさまざまな取引を行なうと同時に，さまざまな情報を交換したのであり，取引の有無にかかわらず，毎日そこへ顔を出して最新情報を入手することが大商人にとっての重要な仕事とさえ考えられたのであった．取引所で現物の商品を取引しようとする商人は見本を持参した．取引所での取引は商品取引だけでなく，手形交換や金融，保険などの取引も行なわれた．というよりもこれらの方が重要な取引内容であったといってもよいかもしれない．

　なお，ここでこの時期の商業の世界的な展開の状況を瞥見しておこう．ユーラシア大陸の陸路（河川路を含む）による遠隔地間商業は，すでに古代から中世にかけて，イスラム商人，インド商人，中国商人らに担われて中近東から中国奥地まで展開していた．また，北のノルマン商人はバルト海からカスピ海・黒海にいたる河川路を利用して，ロシアや小アジアや近東との交易を活発に行なっていた．中世の後半以降は，一方ではモンゴル帝国がいわゆるシルクロードに代表される大道路網を作り上げ，ユーラシア大陸内部の大交易網を作り上げていたし，他方では，ペルシャ湾からインド洋，南シナ海に至る海路を使ってイスラム商人や中国商人，インド商人が活発に遠隔地間商業を展開していた．また，数度にわたる十字軍の大遠征（11〜13世紀）による交通網の整備の影響もあって，地中海沿岸とその周辺の内陸部でイタリア商人による商業が発達し，それに伴ってヨーロッパ各地で都市とそのネットワークが形成された．

イタリア商人は，西はフランス地方との間で交易を展開し，東では主としてイスラム商人との取引を通してイタリアの毛織物，あるいは南ドイツの銀と東方の物産（特に胡椒，絹）を交易した．

　この地中海を中心に海路と陸路でユーラシア大陸に展開していたこのような世界商業は，15世紀末以降，新たな海路の開拓によってさらに飛躍的な発展を遂げることになった．15世紀半ば頃のオスマン帝国の成立によって，イタリア商人による南アジア方面への陸路の商業に困難が生じたことと，14世紀頃から航海に利用されるようになった羅針盤の発達とが相まって，新海路の開発が盛んに試みられることになり，いわゆる地理上の2大発見――イタリア人コロンブスの大西洋横断航海（1492年）とポルトガルの航海者ヴァスコ・ダ・ガマによるアフリカ南西端の喜望峰回りの新航路の開拓（1497年）――を起点として15世紀から17世紀にかけていわゆる大航海時代が展開されることになったのである．

　この大航海時代に生じた世界的規模の商業・貿易システムの大転換を商業革命という．

　新しく形成された貿易構造はいわゆる三角貿易である．16世紀前半，スペインとポルトガルがトルデシリャス条約（1494年）によって当時の世界の管轄権を分割し，ヴェルデ岬諸島の西約1800kmの子午線で線引きして，スペインはこの境界線の西，ポルトガルは東を支配することにしたが，その結果，スペインが中南米に広大な植民地を暴力的に建設し，そこで発見した大量の銀をヨーロッパに輸出する一方，この中南米にたいしてヨーロッパ各地の毛織物が輸出されるという貿易関係と，東の管轄権を得たポルトガルがアジアに侵出してヨーロッパとの香辛料貿易を支配し，ヨーロッパからはアジアにたいして中南米からの銀を輸出するという貿易関係を作り上げたのである．

　16世紀後半になるとイギリスがアメリカや太平洋に侵入を開始，17世紀前半以降はオランダも中南米やアジアに侵入し，17世紀後半以後はスペイン，ポルトガルが脱落して，イギリス，フランス，オランダの制海権と植民地の獲得競争の時代となる．

　また，当時の遠隔地商業では16世紀初めから奴隷の交易が行なわれており，

> **Column 1　コロンブスの大西洋横断航海**
>
> 　イタリア人コロンブスは，マルコ・ポーロの『東方見聞録』(1298 年)にある「黄金の島」ジパングに行く目的で，スペイン王からの資金を獲得し，西回りで行けばインドに到着するはずだと思ってスペインを出港(1492 年)したが，到着したのはカリブ海のバハマ諸島のグハナハニ島(今日のウォトリング島)であった．その後も 3 回航海し，その周辺でいくつかの新発見を行なったが，中南米におけるそれらの発見地をずっとインドの一部だと信じていた．その後，イタリアの探検家アメリゴ・ヴェスプッチが，スペインやポルトガルの遠征隊に加わって行なった 1501～02 年の航海で南アメリカ東岸を探検した結果，そこにある大陸をそれまで知られていなかった「新世界」だと考えることになってそう呼んだ．アメリカという名称は彼の名に由来する．
>
> 　なお，マルコ・ポーロは元朝のフビライ・ハンに外交官として仕え，のちに揚州の総督となったイタリア人で，ジパングとはポルトガル人が伝えた「日本」の発音だと考えられている．そうだとすると，日本の金の物語がアメリカ大陸発見の動力になったということになりそうである．
>
> （『世界史小辞典〔改訂新版〕』山川出版社，その他）

ヨーロッパ列強の植民地の経営にはアフリカから購入された奴隷の労働が使われていた点は，当時の世界商業の半面として重要である．

以上のような中世後半における世界的な遠隔地商業の展開によって，ヨーロッパにおける膨大な貨幣資本の蓄積とヨーロッパ諸国による植民地の拡張が進展し，次章で述べる封建社会の解体に伴う無産労働者の大量発生と一体となって，資本主義の産業的発展のための前提条件が準備されたのであった．

2──信用と金融

　商品の売買取引はかなり早い時期から現金による取引としてだけでなく，信用による取引としても行なわれていた．ここで現金というのは，実質的な有用性をもつある特殊な財貨が一般的な購買手段となっているいわゆる商品貨幣だけでなく，不換国家紙幣とか江戸時代の藩札などのように，実質的な有用性をもつ財貨とはいえないたとえば単なる紙切れが政治的あるいは軍事的権力によって制度的に一般的な購買力を与えられているいわゆる法制貨幣をも含むも

のとする．概していえば，権力圏としての地域の内部では法制貨幣が使われ易く，地域間では商品貨幣が使われ易いということがいえるであろうが，遠隔の地域間でも取引は必ずしも現金貨幣によらないで，信用によって行なわれることがしばしばであった．

信用による取引というのはこういう取引をいう．たとえば甲地のAという商人が乙地のBという商人から毛織物を購入するという取引を行なう場合に，売手Bによる毛織物の引渡しが買手Aによる現金の支払いと引換えに行なわれるのでなく，一定期間後の支払約束（手形）と引換えに行なわれるということがかなり古くから行なわれていた．いわゆる掛売り，掛買いであるが，このような取引関係は売手が買手の将来の支払の約束を信用することによって成立するのであるから，これを信用（による）取引というのである．

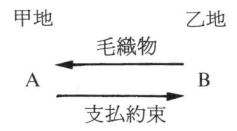

```
        甲地           乙地
            ←  毛織物
        A                  B
            ─→ 支払約束
```

この取引では一定期間後の支払期日に買手から売手に現金での支払が行なわれる．その限りではこれは現金によらない取引とはいえないが，しかし，このような取引関係の交錯によって債権・債務の相殺が可能になって現金の出動がなくてすむ場合が生じる．簡単な例によってこの点をみよう．たとえば先のAとBという2人の商人の間で，AがBに香辛料を信用で売るという取引が成立し，金額も支払期日もBからAに信用で売られる毛織物のそれと同一であるとする．その場合には両者の債権・債務は互いに相殺され，この取引は現金の受渡しなしで終結する．仮にAは甲地の居住者，Bは乙地の居住者で，Aが乙地のBにではなく，乙地のCに香辛料を信用で売る場合でも，金額と支払期日が同じであれば，AのCにたいする債権とBにたいする債務は相殺されうる．すなわち，BがAにたいする債権をCに提示し，CがAにたいする債務をBに支払うことによって決済する関係が成立すれば，現金は甲地と乙地の間では移動せず，甲地のAと乙地の2人の商人B，Cとの2つの取引は

乙地内の現金の1回の移動で処理される．このような関係の形成は基本的には次の2つの仕方によって行なわれる．すなわち，ひとつはAがBから信用で毛織物を購入するさいにAは自分の支払約束としてのいわゆる約束手形をBに渡すのではなく，CがAからの香辛料の購入のさいにAに振出したCの約束手形に裏書きをしてそれをBに渡すという仕方である．もうひとつはAがCにたいして香辛料の代金を支払うことを指図したいわゆる為替手形を振出し，Cにその支払の引受けをさせた上でそれをBに渡すという仕方である．この場合もちろん，この三者の関係において，たとえばCがBに羊毛を信用で販売しており，しかもCのBへのその債権の金額・満期日とCのAへの債務の金額・満期日，およびBのAへの債権の金額・満期日の三者が同一であれば，すなわち，3つの取引にそのような循環関係があれば，現金はまったく不要になるわけである．

　このような信用取引は大別して2つの意味をもっており，したがって2つの目的に利用される．ひとつは，手形による商品の売買は現金の出動を不要にする面をもっており，そのことは売買取引にともなう現金の出納・保管・両替・送金などのいわゆる貨幣取扱費用の軽減・節約を可能にするという点である．遠隔地間取引においてはとくに現金輸送の費用が大きな負担になるので，手形による取引は遠隔地間の送金のための手段として大いに利用された．

　もうひとつは，この取引は買手にとって支払い繰延べ，つまり事実上の借入れを意味し，したがって買手は自分の自由になる現金の規模以上の買付けを実現するための資金調達の手段としてこれを利用できるという点である．こうし

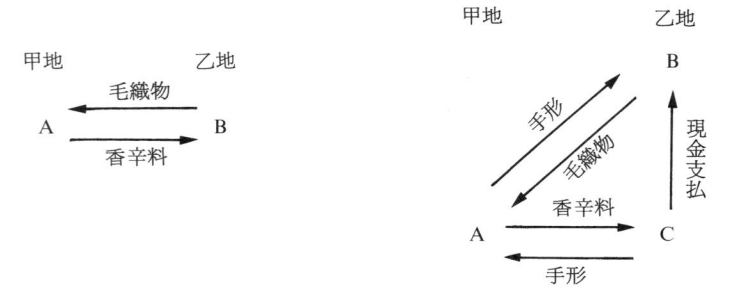

てまた売手にとってはこの取引は買手にたいする事実上の資金の提供・融通を意味することになるわけであり，商品を現金で販売する場合の価格よりも手形で販売する場合の価格を高くすることができれば，この取引は売手にとっては利殖の手段として利用できることになる．

しかも，このような信用取引を利用した利殖は，直接の売手にとって可能であるだけではない．この取引とは直接関係がない外部の卸売商や両替商などの富裕な商人ないし金持ちが直接の売手から手形を安く，つまり割引いて買取るとか，買手の債務の支払いの引受け（支払保証）をしてやって手数料を取るといった活動を行なうことによっても利殖の手段となったのである．

このような活動をする富裕な商人ないし金持ちは事実上の金融業者であるが，金融つまり資金の提供による利殖の方法はもちろんこのような商品の手形による売買の利用だけではない．大商人ないし金融業者は資金の需要者に直接に資金を融通するという活動も行なう．一方で資金の運用の委託を受け，他方でこれらの金融活動を専門的に行なうのが銀行業者ないし銀行家である．地主とか官僚などの小金持ちは金融業者に資金を提供してその利殖を委託する．大卸売商や大両替商などの大商人は金融業を兼業する場合もあるが，商人ないし事業家は一般的には資金の借手となるであろう．

ところで，手形による取引を送金に利用する場合と金融に利用する場合とは実際上は必ずしも明確に分離することができない．純粋に送金のためだけに手形による取引を利用する場合でも，信用関係を利用する限りではリスクをともなっている．それに隔地間の取引には商品の受渡しや決済に多かれ少なかれ時間がかかるわけであるから，このように現金を現送することによる決済の代わりに，手形を利用した決済に振替えるといういわゆる為替取引には利子に相当する利得ないし負担が発生せざるをえないことになる．

しかも，このような地域間の売手と買手の間の商品売買にともなう信用関係は，大両替商とか大卸売商などのように広い地域にわたって信用のあるものがそれを仲介することによってより円滑に形成され，取引当事者たちのいわゆる貨幣取扱費用の節約はいっそう促進されることになるのである．そしてこの場合には利子の問題は売買当事者間の商品の売買価格に埋没した形から仲介者と

の間の関係に転化した形をとることになる．

たとえば，甲地のAが乙地のBより毛織物を購入し，その代金を手形で送金する場合，前述したように何らかの相殺関係が成立するか，あるいはそれに代わる振替の関係が成立するかしない限り，代金はいずれは現金で現送されなければならない．いいかえれば手形を送金手段として利用し，現金の現送は最終的にもなくてすましたいということであれば，このような相殺ないし振替関係が成立しうることが見込まれる必要がある．しかし，商品の売買関係がどんなに交錯しても，売買当事者たちの間だけでこのような関係が成立するのはいわば偶然でしかなく，容易に期待できることではない．

ところが，ここに甲地，乙地にわたって手広く事業を行なっていて，AからもBからもその資金力を信用されている商人MがこのA・Bの決済関係を次のような仕方で仲介してくれるとする．たとえば，買手Aは甲地でMまたはMの代理人から甲地の通貨でBへの代金支払のための乙地通貨表示のMの約束手形を買い取り，これをBに送る．Bはこれを乙地でMまたはMの代理人に提示して，乙地の通貨で現金化する，という仕方である．送られる手形はAがMにたいして振出した為替手形をMが引受けたものでもよい．あるいはBがA宛に甲地通貨表示の為替手形を振り出し，Aの引受けを得たうえで，その手形をMに買い取ってもらうという仕方でもよい．その場合はMはそれを甲地へ送ってAに提示し，甲地の通貨に現金化する．ともかくこのようなMの仲介があれば，AB間の送金の振替は偶然への依存から多少とも解

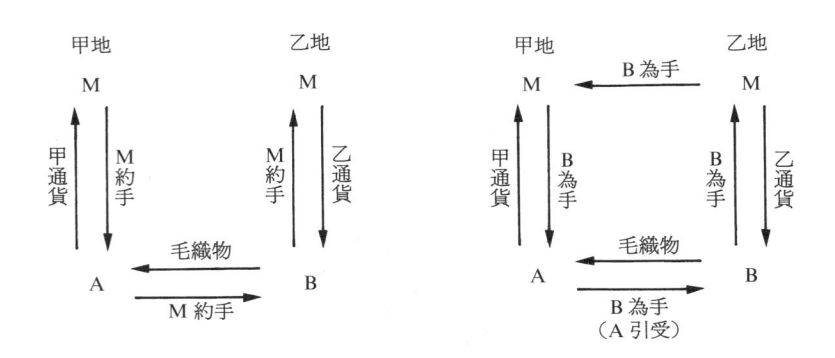

放されるし，それだけではなく，A・B以外の多くの売手・買手の振替関係がMの仲介を利用するということになると，Mのこのような仲介活動のコストが節減され，Mを中心にした振替関係はいっそう有利に，したがっていっそう円滑に形成されることになる．

　この時代の商人はこのような信用関係をとり結びながら事業を行なっていたのであり，とりわけ遠隔地商業にたずさわる商人にとっては信用の利用は不可避であった．とくに仲介を利用した債権・債務の有利な振替関係が可能となるためには，信用の広汎なネットワークの存在が必要であり，当時の世界的な商業において一族の金融業者が広汎な地域に散在して居住し，互いに代理人となりあう信用ネットワークを形成することがしばしばみられたのはそのためである．

　なお，遠隔地商業において，通貨の種類が異なる地域間の振替関係の場合は，先の例でもみたように異種通貨間の両替の問題が生じる．このような両替を含む手形の売買価格がいわゆる為替相場である．この価格を規定する要因と

Column 2　商業ネットワーク

　ブローデルは「商業的協力」という項で，商人という職業は信用できる部下と協力者のネットワークなしでは成り立たないものであることを述べ，大商人が世界中に碁盤の目のように商業的協力者の間のネットワークを張りめぐらしていた多くの例をあげている．この協力者ないし代理人として最も多いのは親族であるが，この同族間のネットワークがもちろん唯一ではない．ブローデルによれば，メディチ家は子会社のシステムを作りあげたし，アファイターディ家は現地の商会と共同経営の形をとる支店方式を選んだし，フッガー家は単なる使用人である駐在員を活用した．

　ブローデルはまた世界中に広がっているアルメニア商人とユダヤ商人のネットワークについてもいろいろな例をあげている．時代が少し下るせいか，彼は余り詳しくはとりあげていないが，ユダヤ人のネットワークとしては何といってもロスチャイルド家のそれが代表的なものといえよう．ロスチャイルド家の5人兄弟，すなわち長男アムシエル，2男サロモン，3男ネイサン，4男カール，5男ヤコブはそれぞれフランクフルト，ウィーン，ロンドン，ナポリ，パリに拠点をおいて緊密なネットワークを作りあげ，19世紀初頭以降長年にわたって国際的金融王国としてヨーロッパの政治と経済に絶大な影響力を行使したのであった．

しては，したがって送金費用の他に，資金の融通・調達についての需給関係に規定される割引料ないし引受料と，異種通貨の交換に関する需給関係に規定される両替料があるということになる．通貨が同一の地域内でも，送金を振替える為替取引はもちろん行なわれるが，この場合には異種通貨の交換の問題はないので，この場合の手形の売買価格を規定する要因には当然のことながら両替料は含まれないことになり，送金費用を別にすれば，資金の需給関係が基本的な要因をなすことになる．

3——都市と農村

都市を正確に定義することは困難であるが，都市が農村といわば表裏をなす非農業的な人間の集落であるということはいえよう．人間は，自然に存在している動植物を捕獲・採集して生命を維持するだけではなく，植物・動物を栽培・飼育する農業・牧畜業によって生命を維持することを知ったことによって，食糧を再生産して自給する唯一の動物として人間となったのであった．その意味で人間は，その歴史とともに古くから農村という農耕・牧畜集落を作って生活していたわけである．それにたいして都市は，人間の歴史のある時期から発生した非農業的な，つまり食糧を生産しない人間の集落である．したがってそこに居住する人間は食糧を外部の農村から調達しなければならない．

この調達の仕方はいろいろある．暴力的に略奪する場合もある．貢租としての権力的な調達が制度化されている場合もある．戦争の戦利品が分配され，それが農村に交易に出される場合もある．遠隔地からの特産品が交易に出されるとか，都市の職人の作った手工業品が食糧品との交易に出される場合もある．交易が行なわれる場合には，都市と農村の境界付近とか都市の中とかに市場ができることになる．

もっともこのことは，市場の生成は都市の存在に起因するということではない．市場は都市がなくても生成する．都市も市場の形成とは直接関係なく発生するが，いったん都市ができると，都市は市場の形成なしでは存続し成長することはできない．これはいいかえれば，都市は農村からの食糧の供給を継続的

に確保できる仕組みをもたなければ，継続的に存続できないということである．

　都市の起源は多様である．わが国には中世の都市について城下町・門前町・宿場町・港町・市場町といった分類論があるが，これは都市の起源ないし役割をよく類型化して表しているといえよう．

　都市をその起源ないし役割から分類した場合の第1のタイプは政治権力の所在地としての都市であり，したがって多くの場合そこは権力を防衛するための軍隊の所在地でもある．つまりそこには純然たる消費階層としての多数の官僚と軍兵が居住する．そしてその周辺に法律家・医者・教師・職人・芸人・娼婦などが居住し，彼らの生活に必要な諸物資を調達するための交易上の市場が形成されれば，商人・倉庫業者・輸送業者・通信業者なども居住することになり，それらのことがまた市場の展開を促進することになる．

　第2のタイプは権威ある神社・寺院・大聖堂・修道院といった宗教上の修行や参拝のための聖地の所在地としての都市である．そこには一群の神官・僧侶・尼僧らとそこに参集する多数の信者たちが居住していると同時に，第1のタイプの場合と同様，彼らの周辺に医者たちや商人たちといった諸々の職業の人間が居住することになり，それらのことがまた市場の展開を促進することになる．

　第3のタイプは交通や通商の要衝としての都市である．非市場経済の場合でも軍隊の出動・遠征や人的・物的貢租の輸送のために人間や物資が大量に隔地間を移動したのであって，それらの交通のための要衝には交通施設や倉庫，宿泊所，通信施設などが必要となる．したがってそこにこれらの交通・運輸にたずさわる多数の人間が参集し居住したわけであるが，そのことは同時にこれらの人たちの生活のための市場の形成をうながすことになり，こうしてそこにも諸々の職業の人たちが参集・居住し，それらのことがまた市場のいっそうの展開をうながすこととなる．

　このように非農業世界としての都市は，どのような起源によるものにせよ，その存続と発展のためには市場の助けを必要とし，都市の発展がまた逆に市場の発展をうながすというように，都市と市場は相互促進的に発展・拡大してい

く傾向をもっていたといえよう．もちろん都市の中には政治的・軍事的情勢の変化とか，交通手段の発達による交通の要衝の移動とか，さまざまな理由によって衰滅していったものもあるし，発展・膨張した都市といっても，中世のそれは人口規模でいえばせいぜい数十万人くらいのものが最大のもので，近代的ないわゆる大都市は産業革命以後の産物である．

しかし，それにしてもこの時期の都市の発展・膨張は旧来の伝統的な農業社会に大きな影響を与えた．農村は膨張する都市の必要とする食糧の供給源であっただけでなく，都市が必要とした多様な職業のための労働者の供給源でもあったのであり，都市の発展とともに多数の労働者が農村から都市に流出した．都市に居住する人たちは，職業的には役人や軍人，あるいは商人や銀行家たちのほか，運輸業や保管業やその他さまざまのいわゆるサービス業ないし第3次産業にたずさわる人たちが大部分であるが，物的生産に従事する人たちが皆無だったわけではない．彼らの一部は都市の形成とともに新しく発生した手工業の職人，とくに奢侈品的な工芸品を作る飾り職人などの細工師や指物師，彫刻師，陶工などであるが，日常的な生活用物資についても，たとえば衣では紡績，織布，染色，仕立て，刺繡などの職人，食では肉屋，パン屋，ケーキ

Column 3　江戸のファーストフード

都市に居住する人口のかなり大きな部分が単身生活者であり，それも男性の比重が高いということは中・近世でも変わりはなかったであろう．たとえば江戸では多分そのせいで外食産業がかなり早くから発達していた．

江戸の代表的なファーストフードは蕎麦切りである．江戸にそば屋ができたのは寛文年間のことといわれるが，江戸末期の万延年間には固定店舗のそば屋は 4,000 店近くあったという．そのほかに，おそらくそれ以上の移動店舗のものがあったのだから，江戸の人口を仮に 100 万人としてみると，大変な数である．これらのそば屋への原料供給者は関東一円と甲州，信州などの農民たちであった．

そば以外に当時の江戸で普及していた大衆用のファーストフードには天ぷらと寿司がある．天ぷらは江戸時代中期に屋台で提供される食品として登場し，普及したといわれる．寿司については，江戸の職人の仕事の合間のつまみ喰い用の外食として普及したようである．天ぷらや寿司の原魚供給者は江戸湊とその近辺の海の漁民たちであった．

(茂木信太郎『都市と食欲のものがたり』第一書林)

屋，種々の外食屋など，住については建築大工，瓦屋，鍛冶屋などといった多種多様な職人層がいた．これらの手工業のかなりの部分は農村で農業と一体化して営まれていたものや農村でもすでに分業化して独立に営まれていたものが，農村から分離して流出したもので，都市の形成・発展の影響として，農村での手工業のいわば空洞化現象が進行したのであった．もっとも場所により時期によっては，近郊の農村の労働力を利用するために手工業が逆に農村に大量に進出していくということもあった．

都市の発展・膨張は，このように物的にも人的にも後背地としての農村の存在を条件としてはじめて可能になるわけであるが，農村がこのような役割を果たすことができる背景には，農村における余剰の存在とその増加がなければならないわけであり，そのことは，当時の農村において農業生産力の顕著な上昇があったことを意味するわけである．いいかえれば，周辺の農村において農業生産力が停滞しているような都市は，都市自体の活力が失われて衰退していかざるをえないということにもなるのであった．

なお，経済的に，あるいは精神的によりよい生活があることを期待して農村から都市に流出してきた人たちの中には，夢が破れて浮浪者化した人も沢山いたし，犯罪者も増加した．また，農業がないということは人間生活と自然との間のリサイクル関係が簡単には成立しないということであるから，都市の人口が増大すると，糞尿とかゴミの処理が当時も大問題になった．当時の都市には，これらの問題もふくめて，現在の都市の多くの問題についてその原型を見出すことができるといえそうである．

4——市場経済と国家

国家それ自体の発生も都市の場合と同様に市場経済とは直接関係がない．両者は相互に独立の起源をもっているといってよいが，いったん成立すると相互に相手を利用し合って成長・拡大していった．本章で扱っている期間においても，国家には地域により時期によりいろいろな類型のものがあった．国家の歴史的形態としては分権的領邦国家，中央集権的王権国家，絶対主義国家，立憲

君主国家などの諸類型があったのであり，それぞれが市場経済との関係を異にしている．しかしここでは，それらを詳細に比較検討するということはしないで，全体に通じる両者の関係をごく一般的に考察するにとどめる．

　まず市場経済の側の国家の必要という点からみていこう．第1に，市場は物的富と貨幣的富が授受される場所であるから，秩序と安全が保障されていなければならない．もしそれらが強奪されるようなことがあれば，市場に参入しようとする人たちは減るであろうし，発生した損失は取引商品の価格を高める作用をし，市場の効用をそれだけ減殺することになろう．商人や小生産者たちが自分の負担で安全を確保しようとすれば，莫大な費用を必要とするであろう．したがって，もし市場の近くに強力な軍事力・警察力を備えた権力が存在するならば，それの助けを借りようとするのは自然の成り行きといってよい．

　第2に，商品や貨幣が市場に搬入されたり，市場から搬出されたりする道中の秩序と安全も重要である．とくに異国や異民族の遠隔地と取引を行なう場合には，行程が長いだけでなく，国家間や民族間の摩擦・対立の問題も加わる可能性があるので，危険度はいっそう大きく，場合によっては軍隊や軍艦などの軍事力による保護・護衛も必要になる．

　第3に，貨幣なり信用なりによる商品売買という取引行為は，以上のようないわば物理的な危険の問題をはらんでいるだけではなく，それ自体，人間の行為として本質的な不確かさ，あやうさをはらんでいるといってよい．いいかえれば，この取引は人間のある種の合理的良識にたいする信頼を前提にして成立しているようなところがあり，しかもこの前提には何ら確実な根拠はないのである．たとえば，商品の買手は貨幣を手放して商品を入手するが，そのことは，前にも述べたように，現物が物理的に受け渡しされることを必ずしも意味しない．それに仮に買手が現物を物理的に占有できている場合でも，その商品の所有権が買手のものであることを第三者に主張できるものは，売買の事実を示す領収書しかない．ということは，領収書を書いていない，つまり売っていないという主張が行なわれたり，逆に領収書が何枚も出て来たりした場合の処理をどうするかという問題があるということである．また，商品は倉庫の中にあるままで，サンプルなどによって所有名義が受渡しされる取引の場合は，何

らかの約定ないし契約が結ばれることになるであろうが，その場合はあとで現実に受渡しされる商品がサンプルと違うとか，商品の品質が約定と違うとか，損傷しているとかといったようなことが生じる可能性があるわけであり，その処理をどうするかという問題も生じるであろう．土地や労働力の売買の場合にはさらに，売買が行なわれたあとで土地の売手が立ち退かないで使用を続けているとか，労働力の売手が労働をしないといったことが生じた場合の処理の問題もある．信用による売買取引になるともっと厄介な問題が生じる．信用で売って商品を手放した売手の手もとにあるのは将来の支払の約束を記した紙片だけである．支払約束が履行されなかった場合にはその処理をどうするのかという問題が生じる．これらの諸問題は，訴訟が起こされ，裁判によって判決されるという形で処理されてきたわけであるが，判決の実行には強制力が必要である．もちろん，これらの裁判にせよ強制行為にせよ，商業世界の内部だけで行なわれることも，ある程度なら可能であるが，コストの点からいえば，国家権力を利用する方が安上がりになり，これらの点からも市場の成員たちにとって国家権力は便利な存在となる．

　次に国家の側からの市場の必要という問題をみよう．どのような国家にせよ，国家がその権力を維持するための諸事業——その最も重要なもののひとつは戦争であった——を行なうにはさまざまな経費の支出を必要とするのであるが，国家の外部で市場経済が発展していくにつれ，国家も市場経済にまきこまれて，その貨幣支出が増大し，国家はつねに貨幣不足に悩まされ続けたのであった．この経費を賄うための収入源は一般的には租税と借入れ（公債を含む）がその主要なものである．この時期の公租公課としては，地主や農民に課せられた地租と商人階級に課せられた流通税としての関税，通行税，取引税，物品税など，および特許制度ないし保護政策にともなう特許料や特権収入が重要であった．

　市場の側が求める秩序や安全を維持するためには費用支出が必要であるが，秩序や安全が維持できれば，市場に集まってくる人たちが増加して市場は盛況になり，取引高の増加に応じて市場が稼得し，蓄積する富も増加すると同時に，国家の側が徴収しうる種々の流通税も増大することになり，国家の収入は

> Column 4　徳政令からみた土地と人間の関係

　徳政令は奈良時代から始まり，鎌倉時代，室町時代，および江戸時代までの長きにわたり，朝廷や幕府によってしばしば発布された．これは他人に売却・質入れした土地の無償取戻し令であり，それまでの売買・貸借関係の取消しを認めるものである．また，高利貸である土倉が土一揆にとりかこまれて債務の破棄に同意して借用証や質物の返却に応じるいわゆる私徳政や，農村の自治的な共同体やその連合体が行なう在地徳政というものもあった．さらに，隠れた関係としてであるが，民間の社会では売買・貸借に苦しめられていた人々を救うための商返し（アキ）という一種の徳政の慣習が江戸時代の末くらいまで広く存在していたという研究もある．また，比較的最近の研究では，日本の古代・中世の土地の売買は有期的な，あるいは取戻し留保つきの売買が一般的だったという見解も提出されているようである．

　これは，市場経済の進展とともに，人間と土地の自然な結びつきにたいして，売買という人為的な，不自然な関係が入り込んできて，これを切り離そうとすると，それを取り消して元に戻そうとする力が繰り返し働くということであって，売買による近代的所有の確立には長い期間が必要だったことを物語るものであり，要するに土地の商品化の難しさの一端がここに示されているといってよいであろう．

　　　　　　（徳政の研究状況については，『中世の風景』（下），86-97頁を参照にした．）

　増大する．遠隔地交易の場合は，商人たちの利益は巨大であったが，危険も大きく，国家が多少ともその安全を保障しようとすると莫大な費用支出が必要となる．特許料や特権収入はとりわけこのような遠隔地交易を独占する権利の供与の見返りとして徴収される．国家はその権力によっていろいろな分野で規制とそれをクリアーすることができる特権を作り出し，それを販売するという営業活動を行なうことによって，財政赤字の補填の一助としたわけである．そしてこのような特権の創出と一部の人たちへのその供与，いいかえると残りの人たちの自由を制限することが，当時の状況では商業世界における貨幣財産の蓄積を促進したのであった．

　借入れによる資金調達も，しばらくの期間は借替えによって返済を繰延べることができるにしても，最終的には国家の債務は租税によって支払われるしかない．その意味で国家の借入れは租税を担保にしているわけである．そこで国によっては，富裕な商人や官僚や土地所有階級が資金を国家に先貸しをし，国

家の徴税の仕事を請負うことによってその債権を確保すると同時に，徴収する租税の大きな部分を手数料として取得して，巨大な富を蓄積するということも行なわれた．この場合には，租税の一部が商人や土地所有者や官僚たちの一部の富裕な階層に直接的に移転され，彼らをますます富裕にしたわけであるが，ともかくこのようにして国家の活動は財政上の収入と支出を通して国民経済の一部における巨大な貨幣財産の蓄積に寄与し，その過程の進行とともに国家の権力の相対的な低下とその近代化も進行して行くことになったのであった．

　以上の中世における市場経済についての説明は，主としてヨーロッパの事情を参考にしたが，ヨーロッパといってもいくつかのタイプがあり，地域によって状況は実に多様であると同時に，それらはたとえばイスラム世界の影響を受けたものであったり，中国や日本の中世の状況ともいろいろな点で類似していたりというぐあいに，世界的に共通な現象であるとみることができる面も沢山あるのである．ここの説明は，世界各地に共通に見出せるであろうと推測される問題をとりあげて，基本的な点だけを明らかにしようとしたために，説明が抽象的すぎたかと思われるので，具体的事実については本章末に掲げる参考文献などによって勉強を補っていただきたい．

† **参考文献**

F. ブローデル／村上光彦訳『日常性の構造』2，みすず書房，1985 年．
——／山本淳一訳『交換のはたらき』1・2，みすず書房，1986，88 年．
——／浜名優美訳『地中海』(全 5 巻) 藤原書店，2004 年．
J. R. ヒックス／新保博訳『経済史の理論』日本経済新聞社，1970 年．
阿部謹也・網野善彦・石井進・樺山紘一著『中世の風景』(上・下)，中公新書，1981 年．
伊原弘『中国中世都市紀行』中公新書，1988 年．
川勝平太『経済史入門』日経文庫，2003 年．
『世界史小辞典』(改訂新版) 山川出版社，2004 年．
藤田弘夫『都市の論理』中公新書，1993 年．
宮崎正勝『早わかり世界史』日本実業出版社，1998 年．
脇田晴子『室町時代』中公新書，1985 年．

〈山口重克〉

第3章

資本による生産

　資本主義社会の特質は，中枢の社会的生産が全面的に資本によって編成されていることにある．社会生活に必要な生活資料は資本の生産過程によって生産され，企業内の生産過程は市場における商品流通によって連結されている．資本による生産は利潤獲得のための手段であり，資本は生活資料を社会の必要量だけ生産するということに直接の関心をもっていない．資本の利潤率極大化行動の結果として各生活資料の生産量が調整されることになる．資本主義的生産様式の成立過程，産業資本による社会的生産の包摂とその編成のされ方の特殊歴史性を明らかにすることが，本章の課題である．

1 ―― 資本主義以前

1) 非資本主義の社会

　私たちが日々体験し生活している資本主義社会については，上記のように，一応の定義づけができる．そのことは，資本主義的な経済社会では，人々の経済行動が自己利益の極大化という単純な行動原理に一元化されている，あるいは一元化されつつあるということにもとづく．理論上の抽象操作を社会が行なっている側面があるのである．

　ひるがえって，資本主義以外の経済社会の組織原理を簡潔なことばで説明することができるだろうか．江戸時代の人々の生活，ウィリアム・テルのいるヨーロッパ中世の生活を想像することはできるが，経済社会の原理を一元的な論理で説明することは困難だ．どうしてだろうか．

　身分制度による支配・被支配関係，重層的な土地の利用関係（一地一主の近

代的土地所有権が成立していない），共同体的な相互扶助・相互規制の関係，宗教や血縁・地縁による規制——このような諸関係は経済社会に分かちがたく融合しており，経済社会はこのような多元的な諸関係に支えられて成立していたのである．非資本主義の社会で経済社会の原理がみえにくいのはこのような理由による．

資本主義社会にあってもこのような多元的な諸関係は存在するのであるが，市場的原理，商品経済的諸関係の優越はいうまでもないであろう（宗教や相互扶助を装った金めあての経済犯罪の多発をみられたい）．

経済学は現実の経済社会から商品経済的諸関係を抽象することによって成り立っているが（経済学の理論では商品経済的諸関係のみの体系化が行なわれるが，現状の分析では多かれ少なかれ非商品経済的諸関係による影響も分析の対象となる），そのことは英米型の資本主義が理想であるとか，市場化の進展が必然であること（市場化をともなうグローバル化が進む中で当然視されているが）を経済学が前提するということではない（コラム2を参照）．

資本主義社会が，人類社会の歴史上に特殊な市場的諸関係を主軸とする経済社会のあり方によって組織化されていることを確認しておこう（宇野，ウッドを参照）．

2）封建社会の経済構造

封建社会の経済生活は土地の所有・利用関係を基礎に営まれていた．封建的な身分制秩序に組み込まれていた農民（農奴）は自らの農地を保有，耕作する直接の生産者であったが，領主から賦役，貢租の義務を課されていた．農民の土地所有権は近代的な土地所有権（絶対的，排他的な使用，収益，処分の権能）ではなかったばかりか，むしろ，土地に緊縛された農民は，領主の財産ともみなされうる存在であった．農民の農業労働とその生産物に対する支配関係が，封建社会の「人の支配」を支えていたのである．

農民の生活の単位であった村落共同体（イギリスではマナ〔manor〕とよばれた）の農地は，耕地，荒蕪地，草地等からなり，耕地は，一般には，冬畑，夏畑，休閑地の3つに区分され，地力の維持のため各地片は3年に1度は休閑さ

れることになっていた（三圃制度）．耕地は簡単な犂き残しのみによって小区画に区分され（開放耕地制），各農民の耕作地は村落内に散在，混在し，年々，割り替えが行なわれた．また，草地，休閑地などを利用して家畜の放牧も行なわれた．森林，草地，河川など共有地の利用，播種，収穫の時期等については，農民は種々の規制に従わなければならなかった（村落共同体規制）．村落共同体は自給自足的な経済圏をなしており，封建社会においては，農民の経済生活は，共同体の生活一般の中に埋め込まれ（embedded）ていたといってよいのであり（ポラニー），農耕労働は農民の生活そのものであった．その労働は，時間的にも空間的にも生活場面から分離される賃労働とは異なる．農民の経済活動の様式は，共同体の生活原理に規定されていた．

3）封建社会と商品経済

　イギリスの封建制は11世紀のノルマン・コンケスト（Norman Conquest）において成立したとされるが，その支配秩序は商品経済の発達とともに弛緩しつつあった．封建社会における農民支配の一形態であった領主直営地での賦役（労働地代）は金納化がすすみ（一定額の貨幣地代のみを負担する謄本保有農の成立），封建支配層間における受封家臣の軍役提供も金納に代わる傾向がみられた．また，領主経済が商品経済にまきこまれると，外部市場への依存度が強まり，領主によって購入される奢侈的商品に比べて農作物の価格は低くとどまったので，領主による直接の農業経営は次第に不利となり，直営地の定期借地化が進行した（自己の保有地のほかに領主の直営地の一部をも借地する定期保有農の成立）．14世紀，ペストの流行によって人口の激減したイギリスでは，旧来の封建的支配の体制を維持することが困難となり，賦役の金納化と領主直営地の借地化が急速に進展し，15世紀半ば頃までには貨幣地代が一般化したといわれる．こうして，村落共同体における封建的土地所有関係は徐々に解体され，農民の地位は都市の自由土地保有者と大差のないものとなっていった．

　裁判，行政，課税上の自治権を認められ，封建社会の支配秩序の埒外にあった都市には，手工業者や，貿易商人など富裕な市民が集まり，12，13世紀頃には大きな社会勢力となっていた．このような中世都市は13世紀には200を

数えることができたという.

　マルクスがいうように,「商品交換は共同体の終わるところで, 諸共同体が他の諸共同体またはその成員と接触する点で始まる」のであるが, 商品経済の発達は村落共同体内部の経済関係にも影響を及ぼし, 旧来の封建的支配秩序の解体を促進することになった. 商品経済的諸関係の浸透, 普及によって, 一部農民は独立自営農（ヨーマン, yeoman）化し, 土地の売買, 借地化が広く行なわれるようになった結果, 農民の貧富の格差が拡大した. 富農層は細分されていた農地を統合, 集積した（農民囲い込み）. また, 15世紀半ば頃からは, 毛織物工業に羊毛を提供する牧羊業のために, 領主が農民の保有地を囲い込んだ（領主囲い込み）. モアの「羊が人間を食う」状態が現れたのである. 以上の農地の集積を第1次囲い込み運動（Enclosure）という. こうして形成された地主の農地の借地化の進展は, 地主, 資本主義的借地農（農業資本家）, 農業労働者, という資本主義的農業経営の三分制度の原型となった.

　一方, 毛織物工業においては, 織元が家内工業を支配するものとして行なわれるにせよ（問屋制家内工業）, あるいは, 独立手工業者が商人に製品を販売するものとして行なわれるにせよ, それを支配した資本の形態は商人資本であり, また「分業にもとづく協業」として行なわれたマニュファクチュア（manufacture）にあっても, それが手工業的技術に依拠していたために, 資本による労働の「実質的包摂」, 労働力の商品化は完成されなかったのである（マルクスは, 16世紀の半ばから18世紀の最後の3分の1期までを,「本来のマニュファクチュア時代」とよんでいる）.

4）資本の原始的蓄積

　貨幣資本の蓄積に加えて, マルクスのいわゆる「資本の原始的蓄積」（『資本論』第1巻第24章）の過程として, 農民を土地から分離し, 生産手段を所有しない「自由な」賃金労働者階級を創出することは, 産業資本が社会的生産を包摂する体制として資本主義が確立するための歴史的前提条件をなす. この条件は, 18世紀後半以降の第2次囲い込みを通じて実現された. 先に述べた富農や領主による第1次囲い込みは小規模なものにとどまり, 囲い込まれた農地は

全体の3％に満たないものであったが，第2次囲い込みにあっては，議会の個別的な立法措置にもとづいて広大な土地の囲い込みが実現し，開放耕地はほぼ1820年代までに消滅して，大規模な資本主義的農業経営が可能となった．囲い込み法の数の10年毎の推移をみると，1760年代385，70年代660，80年代246，90年代469，1800年代847，10年代853，20年代205であり，1800～10年代をピークとして，総面積700万エーカーの土地が囲い込まれ，ヨーマンはほとんど存在しなくなり，イギリスは「雇用労働者が土地を耕作し，借地農が経営する主として大地主の国」（ホブズボーム）となったのである．

　土地から暴力的に分離されて農村での生活の方途を奪われた農民は都市に流入し，賃金労働者階級の基層を形成した．1801年から51年まで50年間の都市人口は，ロンドンで96万人から236万人，リバプールで8万人から38万人，マンチェスターで8万人から30万人，グラスゴーで8万人から35万人に急増している．エンゲルスが報告しているように，こうした産業革命都市の労働者の居住区は，人口の急激な流入によってスラム化し，住民は劣悪な生活条件，健康状態のもとにおかれることになった．都市に流入した農民たちには，マルクスが「血の立法」とよんだ救貧法による厳しい取締りが行なわれた．1834年の新救貧法では，労働能力のないものへの救済を廃し，労役場での労働という「救貧」手段が強制されることとなった．賃金労働者階級の形成過程は法制的にも補完された．農村を逐われた人々の生活は村落共同体的な絆を喪失し，労働者は，労働力商品の売手として，法形式上は資本家と対等な契約当事者，商品の売買当事者として，「自由で平等な」個人として，資本主義社会に位置づけられることになった．

　イギリスでは議会の立法措置を通して行なわれた囲い込み，それによる広範な農民の土地からの分離と賃金労働者階級の形成，マルクスのいわゆる資本の原始的蓄積過程は，日本など後進国では多かれ少なかれ不徹底にしか実現されなかった．それは，ブルジョアジーによる政治権力の掌握が十分でなく，市民革命と近代産業の移植を同時的にまた急速に進めなければならなかったために，旧来の封建的な農村の経済構造を十分に解体することができなかったことによるのであり，むしろ，封建的な農村経済を温存し，殖産興業のために利用

することにもなったのである．日本においては，地租改正（1873年，地租改正条例）によって幕藩制的土地領有制は解体されたが，高率の金納地租が農民の生活を圧迫し，松方財政によるデフレ政策とも相俟って，多くの農民は土地を失ったにもかかわらず，農村に潜在的過剰人口として滞留し，工業労働者の低賃金を構造的に規定することになった．また，農村に形成された地主・小作関係における高率の小作料は，小作農の所得水準を低くおしとどめたから，日本資本主義は狭隘な国内市場という条件の下にその発展をはからねばならなかったのである．

2 ── 綿業産業資本による生産編成

1）産業革命

18世紀後半以降，新興の木綿工業が出発点となって，のちに産業革命（Industrial Revolution）とよばれることになる発明，改良，応用が進行した．

1733年，ケイによって発明された飛梭は60年代に普及し，綿布の生産が急増したが，そのことは綿糸の供給不足をもたらすことになった．これを契機に，紡績の分野における機械の発明，改良が相次いで行なわれた．ジェニー紡績機（ハーグリーブズ，1764年），水力紡績機（アークライト，1768年），ミュール紡績機（クロンプトン，1779年），自動ミュール紡績機（ロバーツ，1825年）等である．1820年代には，綿紡績の分野において，工場における大規模生産が実現した．また，織布の分野においても，蒸気力織機（カートライト，1791年）が発明され，手織機は1840年代までにほぼ完全に駆逐された．

このような，機械力の導入にもとづく技術の革新は，製鉄業，炭鉱業，交通業などにも及び，機械制大工業の時代を迎えるのである．

産業革命は，資本主義的商品経済の確立にとって次のような意義をもっている．機械制大工業は，「分業にもとづく協業」の生産力効果を機械力によって増幅させただけではなく，労働を部分化，単純化，標準化し，その結果，資本の生産過程における労働者の熟練への依存を消極化することを可能にし，労働の代替性を拡大して，広範な単純労働者からなる労働市場を形成することに

なった．産業革命は，労働力の商品化のための技術的な基礎をなし，資本家にとって，労働者の労働は，労働力商品として，生産手段とともに単なる生産の一要素にすぎないものとして扱われうることとなったのである．労働者は，労働力を販売して得た賃金で，資本家から生活資料を買うことによるほかには生活を維持できないのであり，労働者の経済生活は全面的に資本に依存せざるをえない．労働は実質的に産業資本に包摂され，資本＝賃労働関係の実質的な完成をみるわけである．ここに，産業資本のもとに商品による商品の全面的生産が確立する体制的条件が整えられた．

われわれは，資本主義的商品経済における労働のあり方を次のようにみることもできよう．労働の賃労働としての資本のもとへの包摂は，労働が賃金労働

Column 1　歴史の連続と不連続

いわゆる産業革命の時期を間において，それ以前の農村工業とそれ以後の機械制工業との関係はどのように捉えられるのか．歴史に完全な断絶が考えられないことはいうまでもないが，革命とは，歴史の流れを断絶させるような激変を意味するのであるから，産業革命を論ずることは，両者の間にある種の不連続性を認めることになる．

しかし，アシュトンは，この時期の経済過程の変化は急激なものではなく，資本主義的人間関係の体系の根源は 1760 年以前に見出されるから，産業革命ということばには，この連続性を見落とす危険が含まれると述べていたし，より積極的に，農村工業と工場制工業との間の連続性，両者の因果的関連を主張するプロト工業化論の立場もある．メンデルスに始まるプロト工業化（原基的工業化，工業化の第一局面）論では，産業革命以前に，内外市場への販売のための商品生産を目的とする農村家内工業が成立していたとし，独立の農民手工業者がプロレタリアートの母胎であり，食料市場が成立したことへの対応として商業的農業の展開がひき起こされたとして，工場制工業との連続性，因果性が強調されるのである．

ウッドは，資本主義的市場経済の特殊歴史性を強調して，人類にとって本来的萌芽としてあった商品交換が自然史的に成長して現代の市場社会が成立したとする見方を強く批判している．社会科学における歴史認識において完全な連続説は成り立つのであろうか．

本文で述べたように，われわれは産業革命を，労働力の商品化とそれにもとづく産業資本による社会的生産の編成の実現のための技術的基礎をなすものと考えるが，それは歴史における不連続性の過度の強調であろうか．

としてしか評価されえないという事態，労働が労働力商品の価格（賃金）を通してしか評価されえないという事態をもたらした．家事労働のような市場において評価されない労働（イリイチの「シャドウ・ワーク」）は無価値であるとするのは，資本主義のイデオロギーである．市場において労働力商品として売買され貨幣と交換されるか否かは，労働そのものの尊さや大切さとはまったく関係がない．なお，市場が社会的公正を実現するとは限らないことはいうまでもない．それは市場経済的公正にすぎないのである．

2）綿工業と産業資本

　必要な種類の生活資料と生産手段を必要な量だけ生産すること，そのために生産を社会的に編成し，必要な労働をさまざまな生産部面に社会的に配分することは，社会体制の如何にかかわらず，人間社会の存続のための必須の条件である（宇野弘蔵はこの条件を「経済原則」とよぶ）．

　資本主義的経済体制は，このような社会的生産編成の主体として，産業資本が基軸的産業部門を自らの運動の内部に包摂したときに確立するものといってよい（資本主義的経済体制では，生活資料の質と量は，利潤獲得のための効率性を極限まで追求する資本の行動によって規定される賃金の一定額の決定を通して，間接的に決定される．個々の資本はその生産過程を利潤獲得の手段のひとつとして選択したにすぎないのであるから，社会の存続，維持などということには無関心である．したがって，たとえば，高齢者や身障者にたいする福祉や，企業の生産を縮小し利潤を減らしてでも環境の保全をはかるなどということは，それが資本の利潤機会を提供するのでない限り困難であるし，資本にできない場合には，国家の政策によってでも実現するしかないのである．現今の動向をみるにつけ，福祉を営利企業に完全にゆだねてよいのだろうかとの思いを禁じえない）．

　イギリス資本主義は，綿工業を基軸産業として，19世紀中葉頃には，「最初の工業国家」（マサイアス），「工業的資本主義国」（ホブズボーム），そして「世界の工場」（チェンバーズ）として確立した．

　イギリス綿工業の規模の推移を，3年移動平均で，1820年，30年，45年，60年についてみると次のようであった（主として，エリソンの数値による）．綿

花消費量はそれぞれ，120，243，588，1023百万ポンド，綿糸生産量は，107，217，523，910百万ポンド，綿布生産量は，86，153，378，721百万ポンドであった．また，同じ年の紡錘数は，7，10，20，30百万錘，織布工場労働者数は，10，50，150，203千人で，いずれも，産業革命がほぼ完了した1830年代以降の増大が顕著である．こうして，1850年の1工場あたり生産規模は，紡織いずれかの専業工場および両者の兼業工場の双方を含めて，紡錘数で10857錘，織機数で128台，労働者数は171人，兼業工場のみの労働者数は322人に達していた．工場における機械制大工業が綿工業において成立したといってよいだろう（この労働者数は，今日では中小企業の規模であるが，同一作業場で多数の労働者による共同作業が行なわれたことは画期的であった）．

といっても，綿業工場の企業形態は，今日，広くみられるような株式会社ではなく，個人経営または少人数の合資組織が一般的であった（オウエンのニュー・ラナーク会社は，オウエンを含む5人による合資組織で，オウエンは配当の他に，経営者，管理者として年1000ポンドの報酬を受けた）．次章にみるように，19世紀末葉以降，重工業中心に発展した後発国のドイツとアメリカでは，巨大化した固定資本のための巨額の資本調達が必要であり，そのために株式会社形態が採用された．

基軸産業としての綿工業がイギリス経済に占める比重をみよう．

イギリスの輸出総額に占める綿製品の比率は，1810年40％，29年66％，50年46％であり，次いで比率の高い毛織物は同じ年に12％，10％，16％を占めたにすぎないから，綿工業はイギリス輸出産業の中枢をなしていたといってよい．19世紀後半以降，鉄鋼（鉄道資材を含む）輸出の比率が高くなるとはいえ，綿製品は，19世紀を通じて，イギリスの輸出品目のうち，第1位の地位を占め続けた．ちなみに，同時期のイギリスの主要な輸入品目は，原綿，穀物，砂糖，紅茶などであって，19世紀初頭ごろには，工業原材料，食料を輸入して，工業製品を輸出する加工型貿易構造が定着していたのである．

国勢調査によると，イギリス（イングランドとウェールズ）の人口は，1801年889万人，21年1200万人，41年1591万人と，19世紀前半に急増し，この50年ほどの期間に1人あたりの実質所得は倍増したとされるのであるが

（チェンバーズ）．このような国内市場の拡大にもかかわらず，イギリス綿工業の圧倒的な生産力は，後に述べるように広大な海外市場を必要としたのである．

次に，「世界の工場」としてのイギリスの世界経済における地位をみよう．世界の工業生産に占めるイギリスのシェアは，1840年45％，50年39％，60年36％，70年32％，80年28％，1900年18％であり，同年に，アメリカは，11, 15, 17, 23, 28, 31％，ドイツは，12, 15, 16, 13, 13, 16％であったから，1880年代にアメリカに逆転されるまで，文字どおり「世界の工場」の地位にとどまったのである（イギリス産業資本主義の確立期ともいうべき1861年には，世界の綿工業の工場内紡錘数の2/3をイギリスが占めていた）．また，世界貿易に占めるイギリスのシェアは，先と同じ年にそれぞれ，21, 21, 21, 22, 20, 19％，アメリカがそれぞれ，9, 10, 11, 8, 11, 12％，1937年においても，イギリスの14％に対し，アメリカは12％（以上，クチンスキー）であったから，世界貿易におけるイギリス資本主義の主導的地位は，第2次世界大戦まで維持されたのである．

3）パクス・ブリタニカ——イギリスによる世界市場編成

イギリス綿工業は，国内市場に加えて，海外の広大な消費市場に依存していた．イギリス綿工業の生産価額のうち，輸出額の比率は，1820年53％，30年56％，40年50％，50年61％，60年64％，70年67％，80年74％で，イギリス綿工業は輸出依存の性格を強めている．

イギリスは，自国の工業製品の輸出国，原材料，食料の輸入国，資本の輸出国として，後進農業国を植民地化，半植民地化して，パクス・ブリタニカ（Pax Britanica，イギリスによる平和）の体制に配置した．

各年次のイギリス綿布の輸出先の地域的分布を，ヨーロッパとアメリカへの輸出合計額と，アジアへの輸出額が，綿布輸出総額に占める比率についてみると，1820年60％（ヨーロッパとアメリカ）と6％（アジア），30年42％と13％，40年29％と22％，50年24％と31％，60年16％と43％，70年12％と43％，80年10％と54％であり，19世紀中葉を境に，ヨーロッパ・アメリカとアジア

地域の，イギリス綿布の輸出市場としての地位が逆転した．19世紀後半には，アジア市場はイギリス綿工業製品の不可欠な輸出市場として位置づけられた．

インドは，19世紀初頭には，イギリス東インド会社（1600年設立）の私領と化しており，会社はインド貿易と中国貿易の独占権を与えられていた．ところが，このような特許株式会社の重商主義的諸特権にたいしては，産業資本の成長につれて非難が高まり，インド貿易と中国貿易の東インド会社による独占権は，それぞれ1813年と33年に廃止された．1857年のセポイの乱を契機に，1858年インドの統治権は会社からインド大臣の手へ移り，東インド会社は解散し，ここにイギリスによるインドの直接統治が成立した（1877年ヴィクトリア女王はインド皇帝となる）．

このインドの直接統治の成立をもって，パクス・ブリタニカの体制的完成の指標と考えてよいように思われる．イギリスのインドへの綿布輸出量は，1840年145，50年314，60年825，70年923，80年1813百万ヤードと急増し，この間，イギリスの対インド輸出の過半を綿製品が占め続けたのである．インドの農村綿工業は，機械制大工業にもとづくイギリス綿製品の流入によって壊滅し，インドは，イギリス綿工業の原料供給国，製品輸入国として，イギリス帝国経済に組み込まれたのである．

イギリス綿工業にとって，アジア市場とくに植民地インド市場は不可欠であったが，ここで，イギリス，インド，中国の3国間の貿易関係を概観しておこう．19世紀中葉頃には，イギリスがインドと中国に綿製品を輸出し，インドが中国へアヘンを輸出し，中国はイギリスへ紅茶を輸出する関係にあり，（インドのイギリスへの紅茶の輸出が，中国による輸出にとって代わるのは，19世紀末葉以降である），インドのイギリスに対する輸入綿製品の代金支払いは，インドの中国へのアヘンの輸出代金が充てられた．すなわち，中国のイギリス商人は，輸入アヘンの代金としてインド商人のために銀を中国からロンドンへ送り，インド商人は輸入イギリス綿製品の代金としてロンドン宛に為替手形を振り出したのである（加藤祐三）．インドが，イギリスにたいする貿易赤字を，中国にたいする貿易黒字で支払うという関係は，19世紀を通して変化していない．

また，イギリスは，19世紀半ば以降，巨額の資本輸出を堆積し（コトレルを参照），原材料や食料輸入の増大による貿易収支の赤字を海外からの投資収益によってファイナンスすることができるようになる（宇野は，イギリス帝国主義を，海外投資に主導されドイツのように独占体の形成が明確でない特殊な帝国主義と規定する）．

　1870年において，イギリス資本主義は，工業製品の輸出，原料品の輸入のほぼ1/4を帝国市場に依存することになっていた．1876年のイギリスの植民地は2248万km^2に及び，パクス・ブリタニカの時代は，イギリス産業資本の圧倒的な生産力，市場支配力にもとづいて植民地後進国に従属的経済構造を強制する「自由貿易帝国主義」の時代でもあったのである．

3 ── 資本主義の自律性の確立

1）資本の自由主義 ── 産業資本と国家

　テューダー朝以来の重商主義的諸政策は，18世紀後半以降，産業資本の発展につれて順次改廃されることになった．エリザベス徒弟法は1814年に，航海条例（navigation acts）は1849年に廃止された．前者は，農村羊毛工業の商人資本による支配の解体を追認するものであり，後者は，オランダなど貿易上の競争国に対抗する必要から17世紀後半に制定されたものであったが，イギリス綿工業を基軸とする産業資本の確立は，もはやこのような法的保護政策を必要としなくなった．16世紀後半から設立されたレヴァント会社，東インド会社，ハドソン湾会社等の特許貿易会社も，イギリス工業製品の輸出と，原材料，食料の輸入を必要とした産業資本の利益に反するものとして，19世紀にはその存在意義をほとんど失っていた．

　1832年の選挙法改正で，新興ブルジョアジーに選挙権が与えられたが（労働者階級に選挙権が与えられたのは，1867年の選挙法改正においてであった），依然として旧地主階級は大きな政治勢力にとどまっており，旧地主階級の利益を代表する穀物法（Corn Laws）は残されたままであった．穀物法をめぐる攻防は，旧地主勢力と新興ブルジョアジー（および労働者階級）との利害対立を集

約するものといってよかった．穀物法は，国内の穀物価格が一定水準以下のとき，穀物の輸入禁止または重課によって穀物価格を維持し，地主の地代収入の確保をはかろうとするものであった．地主の利益は，安価な食料輸入を求めるブルジョアジーと労働者階級の利益と相反するものであった．ナポレオン戦争の終結に伴う穀物価格の下落に対処するため，議会内にいまだ大きな勢力を占めていた地主階級は，新たに1815年穀物法を制定し，自らの利益の擁護をはかった．安価な食料輸入を必要とした産業資本家と労働者階級は，1838年，反穀物法協会を設立して執拗に抵抗し，1846年，穀物法は遂に撤廃されることになった．

航海条例，穀物法の廃止とならんで関税改正が行なわれ，関税率の引下げ，課税品目の削減と輸入手続きの簡素化が実現された．1860年には，保護関税はほとんど撤廃され，イギリスはほぼ完全な自由貿易国となった．イギリスは，国内産業においては，綿工業を基軸とする産業資本による再生産構造を確立し，対外関係においても，イギリスを中心国とする世界市場編成を実現して，国内的にも対外的にも，産業資本の自由主義の体系，レッセ・フェール（laissez-faire）の体系を完成した．国家は，夜警国家として，経済的にはもはや消極的な役割しか果たすべきでないものとされた．

19世紀中葉のイギリス資本主義の確立に至る推移は，資本主義が封建的諸遺制を破壊しつつその自律性を確立する過程であった．資本主義は，経済社会を一元的に商品経済の論理にもとづいて編成する傾向を有していたのであって，イギリスは，資本家，労働者，地主の3大階級からなる宇野の「純粋資本主義社会」に近似しつつあったといってよいのである．純粋資本主義社会は，市場経済に固有の論理だけで，一社会の経済構造，物質代謝の全社会的構造を論理的に展開した市場経済社会の理論像であるが，それは，イギリス資本主義のこのような現実の純粋化の傾向を根拠として抽象されるのであって，単なる観念的な抽象によって得られたものではない．経済学の原理論は，ここにその理論的展開の基礎を与えられることになる．

2) 金融機構と景気循環

　1840年代頃までには，イギリス産業資本の蓄積構造に対応する，ほぼ次のような金融機構と資金循環の構造が形成された．ランカシャーなど綿工業地帯の地方銀行は，綿花輸入，綿製品販売によって振り出された為替手形を割引いたが，地方のみの資金量では割引き需要に応じることができず，この手形はロンドンで再割引きされた．ロンドンで手形再割引きにあたったのが，ビル・ブローカー，ビル・ディーラーであった．彼らは，銀行間の手形再割引きを通じて資金融通を仲介した（ロンドン割引き市場）．ロンドンの株式銀行は巨額の預金を集中し，それをマーチャント・バンカーによって引き受けられた為替手形の再割引きに運用し，貿易金融を仲介した．短期の遊休資金はビル・ブローカー，ビル・ディーラー向けのコール・ローンとして運用された．

　当初，政府の銀行として1694年に設立されたイングランド銀行（Bank of England）は，1810年，民間の手形割引き業務を減少させ，市場への関与を消極化させて，信用逼迫時の「最後の避難所たる貸手」として，銀行の銀行としての中央銀行の機能を明確化することになった．すなわち，信用逼迫時には，ビル・ブローカー，ビル・ディーラーが再割引きした手形をさらに割引きすることを通じて，イングランド銀行から資金が市場へ供給されたのである．産業資本の蓄積の動向を反映する資金の需給関係は，商業手形の割引き・再割引きの関係を通してロンドン金融市場へ集中され，イングランド銀行はイギリス産業資本にたいする最終的な信用供与者として中央銀行となったのである．

　1844年に制定されたピール条例（Peel's Bank Act）は，イングランド銀行による過剰な信用拡大によって恐慌が増幅されたとする見地から，イングランド銀行券の発行量を金準備の量によって制限し，銀行券発行をイングランド銀行に集中しようとするものであった．こうして，発券部におかれた1400万ポンド分の証券（保証準備）と金準備量（中央銀行の金準備量は，国際収支のバランスを直接に反映する）との合計額に等しいイングランド銀行券が発行されることになった．しかし，47年，57年，66年の恐慌時には，この条例によって，イングランド銀行の信用供与は制限されたから，通貨学派の思惑に反して，金融恐慌はかえって激化した．イングランド銀行は，銀行部の準備（イングラン

ド銀行券からなる）が枯渇すれば，それ以上の資金需要に応ずることはできなかったのである．発券部の金準備（プラス保証準備）に等しい銀行券を発行し，銀行部に還流，滞留している銀行券によってのみ，商業手形の再割引きに応じようというイングランド銀行の信用供与の方式が，産業資本の蓄積行動に適応できなかったのは当然であった．ピール条例は，制度上はすでに1816年に成立していたイギリスの金本位制度を追認するものであったが，皮肉なことに，イギリス産業資本の蓄積を制約することになったのである．

　イギリス資本主義は，1825，36，47，57，66年と循環性恐慌を体験しつつ発展した．これらの恐慌は，商人資本による投機や諸外国における攪乱要因を主因とする前期的な恐慌とは異なり，産業資本の蓄積行動にもとづく資本主義の運動法則の必然的な展開としての恐慌であった．ほぼ10年周期の規則的な景気循環過程が現れたことは，イギリス綿業産業資本が自律的な再生産構造を定着させたことを示すものであった．好況期の資本蓄積は，相対的過剰人口の吸収，綿花輸入の増大による貿易収支の赤字，金流出，利子率の急騰，金融逼迫，恐慌の勃発という経路をすすみ，不況期には固定資本の更新が強制され，相対的過剰人口を創出しつつ新たな好況期を展開することになったのである．イギリス綿業資本主義にとって，このような景気循環過程は，労働人口による資本蓄積への制約を相対的に解除しつつ生産力の発展を実現する自律的な成長過程にほかならなかったのである．

　これに対して後進国の金融機構は，イギリスのように，産業資本の蓄積を加速増幅する機構として，いわば産業資本の機能から自生的に派生する機構として完成されることにはならなかった．日本についてみると，明治政府は国立銀行条例（1872年）を制定して，銀行貸出しによって産業資金を創出し，殖産興業をはかろうとしたが，不換銀行券の増発にともなってインフレを発生させ，銀行券への信頼も維持されえなかったので，このような産業資金の創出政策は成功しなかった（国立銀行は153行が設立された）．政府は日本銀行条例（1882年）によって，銀行券の発行を日本銀行に独占させた（イギリスのように，発券銀行が競争を通じて淘汰されていく過程と対比されたい）．日本の銀行制度は，産業資本の遊休資金の融通機構として市場経済に位置づけられたのではなく，

> **Column 2　経済学は西欧中心主義か**
>
> 　われわれは，これまで主としてイギリスを素材に論じてきた．そのことは，けっしてアングロ・サクソン型の市場経済のあり方を理想とするとか，それを標榜すべきだということを主張するものではない．フランクは『リオリエント』の中で，従来の歴史記述，社会理論を西欧中心的であるとして，ウォーラーステイン等を批判している．全地球的な単一の世界システムを総体的に分析しなければならないというのである．このことは，西欧が最も発展した市場経済を実現したことが，経済学においてどのような意義をもつのかという問題である．
> 　現実の経済分析においては，本文でも論じたように，発展した資本主義を基礎に抽象した理論的枠組を分析用具とするほかなく，そのことを西欧中心主義というのは当たらない．経済学の理論領域は西欧中心主義的であるように思えるかもしれないが，グローバル化，東アジアの経済発展が進展する現在，経済学の理論抽象の基礎は米英に限定される必要はない．新たな市場機構の発展がみられればそこからの抽象によって理論的枠組の豊富化をはかり，資本主義的世界経済の段階規定と現状分析が行なわれるべきであろう．

政府によって，政策的な資金創出を行なう機関として設けられたものであった．国際金融業務を行なう横浜正金銀行（1880年），農業振興のための日本勧業銀行（1897年），工業金融のための日本興業銀行（1902年）等はいずれも，債券発行によって集めた資金を長期に貸付けることによって，殖産興業を金融面から支援する政策金融機関であった．日本資本主義の後進性から，イギリスのような産業資本の発展に適応した自生的な金融機構，金融市場は形成されなかったのである．

4──現代経済社会のあり方

　われわれの生活において，生活資料の獲得は，貨幣による購買を通して，いいかえれば，市場経済的諸関係を介して実現されるのが一般的となる．そこでは，生活の場面における多様な人間としてではなく，いわば経済人（ホモ・エコノミクス）として，一面的な行動原理に従うことが暗黙裡に強制される．資本主義が標榜する自由主義イデオロギーは，このような経済人的諸個人の，商

品の売り手または買い手としての契約の自由を基礎とする，市場経済の「自由」のイデオロギーが普遍化されたものである．

　市場経済の原理は，人間の生活と生活の間隙に成立する論理であるといってよいが，今日では，生活自体が市場経済に依存して維持されざるをえない状況が深化し，生活本来の原理は見失われつつあるといってよいように思われる．育児，教育，扶養，食事，情愛などまでも市場経済によって浸食されつつあるというのはいいすぎであろうか．資本主義的市場経済が，人類社会にとって，自然なものでも本来的なものでもないことは，ウッドのいうとおりである．

　工業生産を資本の生産過程に包摂したところに確立した資本主義的商品経済は，市場経済社会の最も発展したあり方である．今日の経済社会のあり方は，特殊商品経済的，特殊市場経済的な歴史性を有している．経済学は，この特殊な歴史性を明らかにすることをその主要な課題とする．経済学を学ぶことで，市場経済以外の経済社会のあり方の可能性について構想する手がかりを得ることができるであろう．

† **参考文献**

T. S. アシュトン／中川敬一郎訳『産業革命』岩波文庫，1973 年．
I. ウォーラーステイン／藤瀬浩司他訳『資本主義世界経済』Ⅰ，名古屋大学出版会，1987年．
E. M. ウッド／平子友長他訳『資本主義の起源』こぶし書房，2001 年．
宇野弘蔵『資本論の経済学』岩波新書，1969 年．
宇野弘蔵『経済政策論』改訂版，弘文堂，1971 年．
F. エンゲルス／一條和生他訳『イギリスにおける労働者階級の状態』（上・下），岩波文庫，1990 年．
R. オウエン／五島茂訳『オウエン自叙伝』岩波文庫，1961 年．
大内力『帝国主義論』（上）（『大内力経済学体系』第 4 巻）東京大学出版会，1985 年．
加藤祐三『イギリスとアジア』岩波新書，1980 年．
川島武宜『所有権法の理論』岩波書店，1949 年．
L. A. クラークソン／鈴木健夫訳『プロト工業化』早稲田大学出版部，1993 年．
P. L. コトレル／西村閑也訳『イギリスの海外投資』早稲田大学出版部，1992 年．
J. D. チェンバーズ／米川伸一他訳『世界の工場』岩波書店，1966 年．
戸原四郎『恐慌論』筑摩書房，1972 年．
A. G. フランク／山下範久訳『リオリエント』藤原書店，2000 年．

E. ホブズボーム／浜林正夫他訳『産業と帝国』未来社, 1984年.
K. ポラニー／吉沢英成他訳『大転換』東洋経済新報社, 1975年.
松井透『世界市場の形成』岩波書店, 1991年.
K. マルクス／向坂逸郎訳『資本論』(3), 岩波文庫, 1969年.
メンデルス他／篠塚信義編訳『西欧近代と農村工業』北海道大学図書刊行会, 1991年.
T. モア／平井正穂訳『ユートピア』岩波文庫, 1957年.
毛利健三『自由貿易帝国主義』東京大学出版会, 1978年.
Ellison, T., *The Cotton Trade of Great Britain*, 1886.
Kuczynski, J., *Studien zur Geschichte der Weltwirtschaft*, 1952.

(今東博文)

第4章

大企業の出現と市場経済の転換

　前章で，資本主義体制とは市場機構が社会編成の基軸になっている社会であるということをみてきた．しかし，資本主義は19世紀と20世紀の世紀交代期を境に大きく変容した．本章で，この市場経済の転換の足取りを追い，現代に通じる市場経済の特徴を描き出してみよう．

1── 市場経済転換の諸様相

　資本主義の確立した時期と比べると現代の資本主義は次のように大きく変容した．資本主義が確立した時代といえば，19世紀半ばのイギリスをみればよい．そこでは，産業の中心は綿工業であり，企業形態は個人企業中心，市場は競争的な市場であった．労働のあり方も，紡績工程の一部や機械工業では熟練労働を必要としていたが，綿工業の中心である紡績労働や織物労働では機械制大工業の採用によって単純労働化が進展した．資本家や地主と労働者との間には大きな貧富の差が存在し，また，国家が社会生活に占める役割も治安維持を中心とした小さなものだった．いいかえれば，市場機構を通して社会的生産を一元的に編成するという傾向が強まった時期であり，これは金本位制のもとほぼ10年周期で激烈な恐慌現象をはさんだ景気循環が規則的に生じたことによって示されている．

　これにたいして，現代では，産業は，重化学工業を基礎として自動車産業や電機産業などの諸産業が並立的に中心的地位を占めるという，いわば多軸的な構造になっており，また，企業の大半は株式会社という形態を採っていて，市場は，株式会社形態をとる大企業によって寡占ないし独占されるという姿が常

態になっている．労働のあり方も，かつては熟練労働を必要としていた産業にも，大量生産システムの導入が図られ，単純労働化の傾向は進んだが，その平均的な労働は，19世紀的な単純労働と比べ，より高度な質を有したものとなっている．また，企業の規模が大きくなり，ホワイトカラー層の増大がみられるなど，社会の中流化現象も進んだ．国家の役割も大きなものになり，福祉国家化と表現されるように，社会生活のいろいろな面で，その活動領域が広がってきている．要するに，現代は社会的生産を編成する関係として，市場機構以外の国家などによる非市場的機構が大きな意味をもつようになってきているのであり，これは管理通貨制度の採用や恐慌現象の消失などに端的に現れている．

このような変化は19世紀末を境にして起こった．もちろん，19世紀末に現代社会を特徴づけるさまざまの現象が今のような形で一挙に現れたのではないが，この時期に，それまでみられなかった現象が起こり，それを機に，資本主義が大きく変容したと考えられるのである．19世紀末に何が起こったのだろうか．

まず，19世紀半ば以降，製鋼技術の革新によって，良質の鋼が安価に生産されるようになり，それを基礎に，さまざまな分野で技術革新や，発明の波が押し寄せた，ということを指摘しなければならない．第1次大戦までの間に現れたものを列挙すると，蒸気エンジンの改良やガソリンエンジンの発明，自動車・飛行機の発明，電力の照明，通信，動力などさまざまな分野への実用化，化学工業の展開などなどがある．こうした技術革新の成果が製品となり，社会生活の隅々まで浸透するのはまだ先のことになるが，19世紀半ば以降，さまざまな分野でこのように産業革命以上に新たな技術が開発されたのである．

政治の分野に目を移すと，この時期は帝国主義の時代と呼ばれる．もちろん，大航海時代以降，資本主義の発展にともなって，ヨーロッパの国々は世界各地を植民地としてきた．しかし，19世紀の最後の四半世紀にアフリカ大陸の約80％が新たに植民地化されたということが雄弁に物語っているように，この時期，ヨーロッパ列強による文字どおりの世界分割が，イギリスとフランスの対抗を軸として，ロシアや新興勢力ドイツなどの勢力拡張の動きを交え，

進んでいったのである．この面からも新たな時代の始まりということができよう．

　こうした変化は，経済の面からみると，19世紀の後半にそれまでの現象とはきわめて異なる事態が生じたことによって特徴づけられる．というのは，1873年に世界的な恐慌が発生したが，それは，世界経済の中心であったイギリスの経済動向を主たる要因とはせず，また，イギリス国内では激烈な恐慌現象なしに，なし崩し的に不況になるという，それ以前の恐慌とはまったく性質を異にするものとなったのである．そして，その後，イギリスは，物価や利潤の低迷傾向が約四半世紀も続く「大不況」を経験した．当時の最先進国であり，世界経済で大きな地位を占めていたイギリスの「大不況」は遅れて資本主義化したドイツ，アメリカの経済発展にも深刻な影響を与えた．しかし，この間，産業の中心の綿工業から鉄鋼業への移行，株式会社形態の普及，企業合同の試みや競争的な市場の変化といった現代に通じる現象が，後発国ドイツ，アメリカを中心にして生じ，イギリスの経済的地位は，とりわけ産業面で，相対的に低下し出した．この時期に，世界経済のあり方が変化し始めたのである．

　このように世界経済の編成という観点からいえば，19世紀末はパクス・ブリタニカが崩れていく時期であり，その後，ヨーロッパ列強の帝国主義的対立を経て，パクス・アメリカーナが形成されていくということになる．これを市場と社会との関わりという観点からみれば，この時期を境にして，産業構造の変化などに基づいて，それまで市場の力の一方的な増大がみられていた傾向に歯止めがかかり，国家に代表されるような非市場的な力が増大する傾向がみられるようになったと考えられる．こうした観点から，19世紀末以降第2次世界大戦までの時期に明確に現れるようになった資本主義変容の方向性を，産業構造の変化と市場の変容，株式会社の普及と多様な大企業体制，大衆社会の出現と国家の役割の増大という側面から，明らかにしていこう．

2──産業構造の変化と大企業体制の成立

　国によって具体的な様相は異なるものの，「大不況」期以降，後発国ドイツ，

アメリカを中心に，産業構造の変化が市場の変容という現象，すなわち株式会社形態を採った大企業が合同運動を繰り広げ，市場への影響力，支配力を強めるという現象を伴って進展した．「大不況」期に基軸産業の地位についたと考えられる鉄鋼業を中心に，イギリス，ドイツ，アメリカにおける産業構造の変化と大企業体制の成立について簡単にみていこう．

　産業革命をいち早く経験したイギリスでは，綿工業の飛躍的な発展に伴い，綿工業のための機械産業やその素材を供給する製鉄業も発展し，19世紀になると鉄道網の発達による鉄の需要の伸びも加わって，鉄の生産は急速に増大した．その結果，19世紀後半には，基幹産業である繊維産業の全産業に占める比重は低下し始め，製鉄や機械産業の占める割合が大きくなった．「大不況」期には，繊維製品の輸出に占める割合は依然として過半を占めるほど高かったものの，生産額に占める産業の比重では，石炭・鉄鋼・金属・造船等の重工業と鉄道を含めた産業が繊維産業全体を上回るようになり，景気循環の動向に関しては，鉄鋼およびその関連産業が規定的な影響力を有するようになったのである．自動車や電機，化学工業などのいわゆる新産業についても，第1次世界大戦後には本格的な発展をみ，産業構造の変化が進んだ．

Column 1　パドル法と転炉法・平炉法

　伝統的な製鉄法は木炭を用いたものであったが，これに代え，石炭を用いた近代的製鉄法は，精錬工程におけるパドル炉の発明によって18世紀末に一応完成した．しかし，パドル（puddle）とは「こねる」という意味で，パドル法とは熟練工が半溶融状態の銑鉄を鉄の棒をつかってかき混ぜて精錬する方法である．パドル炉の規模は小さく，また，製鉄工程と，精錬，圧延工程とを一貫した機械体系として結合することも不可能であった．また，こうして精錬された鉄は含有炭素が異常に少なく，耐久性や強靭性に劣り，その後開発された製鋼法（転炉法，平炉法）によって精錬される鋼鉄とは区別して錬鉄と呼ばれる．転炉法は炉の底から高圧の空気を吹き込むことによって，平炉法は熱した空気と廃ガスを燃やし炉内の銑鉄と屑鉄を溶かすことによって，空気中の酸素で銑鉄の含有炭素を除去する方法であり，銑鉄を耐久性のある鋼に機械的に精錬する方法である．この製鋼法により，炉の大規模化が可能になり，また，製鉄，精錬，圧延工程を一貫した機械体系で結びつけることが可能となった．

ところで，「大不況」期以前の鉄の供給は小規模企業による錬鉄の生産によるものであった．「大不況」期に新たな製鋼法の採用による耐久性に富んだ鋼の生産が増大し，錬鉄との価格差の縮小，逆転が起こり，鉄鋼業は鋼生産を中心とした生産体制へとその構造転換が進んだのである．この構造転換は，一方で，大企業による鋼レール生産さらには造船などの国内需要向けの高級鋼の生産の増大，他方で，中小圧延企業による薄板，ブリキ板，線材などの軽鋼完成品の生産・輸出の増大という二面を呈しながら進展した．このように，イギリスの鉄鋼業の再編は，大企業と中小企業とが非競争的分業関係を形成する方向で進み，大企業が中小企業を合併・整理し，製鉄，精錬，圧延加工工程を一貫して行なう独占的大企業が成立するという方向では進まなかったのである．

また，「大不況」期には，産業企業にも株式会社が広く普及するようになり，鉄鋼業では大企業から中小企業にいたるまで株式形態がとられるようになった．しかし，企業が株式形態をとるようになっても，株式市場を通じた増資は活発ではなく，また，中小企業では，株式の公開すら行なわないものがほとんどであった．要するに，新たな設備投資は，主として，利潤の自己蓄積によって行なわれたのであり，また，既存設備をなるべく利用するような生産拡張が試みられたのである．このように，イギリスにおける鉄鋼業の再編過程は，緩やかな資本蓄積，独占体の不成立，既投下固定資本の温存傾向を特徴とし，生産力の飛躍的拡大は生じなかった．

「大不況」が終わるとイギリスにおいても鉄鋼業をはじめとするいくつかの産業で大企業を中心にした企業合同がみられたものの，ドイツ，アメリカにみられたような独占体は形成されず，鉄鋼業の再編過程でみられた資本蓄積の態様はその後のイギリスの経済成長を一貫して特徴づけるものとなったといえよう．新産業を例にとれば，その発展は第1次世界大戦までは本格的なものではなく，その間，染料などの化学工業製品，電機工業の主要部品であるマグネットあるいは自動車部品などは，ドイツ，アメリカからの輸入に依存していたのである．

後発国ドイツの資本主義化は，先進国イギリスと対抗しながら，その先進技術を導入しつつ進めていかなければならなかった．綿工業に関しては，イギリ

スの強い競争力,ドイツ国内の農民層の分解の不徹底による国内市場の限界などにより,産業資本の核として発展するということはなかった.19世紀の中葉にドイツでは鉄道建設がブームになり,それにともない鉄製品にたいする需要が増大した.ドイツではこの動きに対応して,一方で,鉄に高関税をかけるなどの保護政策がとられ,他方で,株式会社形式を利用した速やかな企業設立がみられ,重工業は急速に発展した.「大不況」期には,価格が低迷する中で,大企業は弱小企業を合併しながら,新たな製鋼法を積極的に採用し,また,この時期にはあまりうまく機能しなかったものの,価格協定(カルテル)が繰り返し試みられた.その結果,石炭業,製鋼業,完成品製造業をすべて兼営する混合企業が成長し,「大不況」後には,大企業の合併や,カルテル形成の試みは一段と活発になり,混合企業を中心とした製品販売シンジケート・大独占体が成立した.このように,イギリスの「大不況」の影響でその歩みは必ずしも順調ではなかったものの,鉄鋼業は着実に発展し,世紀交代期には大独占体の成立がみられ,鉄鋼の生産量も大きく伸びたのである.

　このようなドイツの大企業体制の成立には,企業の株式会社形式の採用,大陸型銀行への依存が重要な役割を果たした.大陸型の銀行というのは,資本証券発行などの証券取扱業務を兼営する銀行のことであるが,ドイツでは株式会社形式を採用した非発券銀行(信用銀行という)が,当座貸越という形式で,重化学工業を中心とした産業企業に,固定資本に投ずるための長期の信用を与えたのである.これは銀行の自己資本比率が高かったこと,また,信用を与えた企業の株式・社債を引き受け,発行するという,いわゆる資本の流動化が行なえることによって可能となったのである.

　銀行においても「大不況」期以降集中が進展した.すなわち,「大不況」期には既存銀行の半数が整理され,その後,産業企業と密接な関係にあった地方銀行がベルリンの資本市場で国際的な資本を扱えるベルリン大銀行の系列下に組み入れられることになったのである.かくて,ドイツでは,銀行が産業企業に長期の信用を与えたり,産業株式を引き受けたりするということを通して,産業企業と密接な関係を保ち,その結果,ベルリン大銀行群が巨大産業企業に強い影響力を持つようになり,そのイニシアティブの下,競争緩和などの目的

で独占体の形成が促されるという関係がみて取れるのである．このように，ドイツの大企業体制は巨大な銀行資本と巨大な産業企業との密接な関係の下に成立し，発展していったことをその特徴としているのである．

　アメリカの資本主義は，広大な辺境（フロンティア）を開拓し農地にしていく，いわゆる西漸運動によって国内市場が間歇的に躍進するという形で発展していった．こうした発展過程から，アメリカの資本主義は投機的性格を色濃く持つようになり，その大企業体制の成立にもそうした体質が反映されることになる．

　1865年に南北戦争が終了した後，最初の大陸横断鉄道が完成するなど，アメリカでは大鉄道建設ブームが起き，大規模な鉄需要が生じた．しかし，旧来のアメリカの鉄鋼業ではこれに対応できず，当初はイギリスから大量の鉄が輸入されたが，そのうちアメリカの鉄鋼生産量も緩やかに増大していった．1873年のニューヨーク資本市場をおそったパニックが「大不況」の発端となったが，このパニックにより大きな被害を被ったのは鉄道業であった．鉄道は激しい運賃切り下げの競争を余儀なくされ，コストを引き下げるために，耐久性の高い鋼を使用した設備の更新を行なわざるをえなくなった．このようにして，新たな製鋼法による鋼材の供給が要請されることになったのである．この時期，鉄鋼製品は価格が低迷しており，その関税は従量税であったので高率な関税が有効に機能したということもあって，アメリカの鉄鋼業はこうした需要に対応して，その生産量を増大させていった．70年代の後期には西部の食糧生産が増大し，80年代初頭には鉄道ブームによる短期の好況が生じたが，この好況後は，食糧・鉄道業の不振により物価が低迷するなど経済全般は不況基調で推移した．しかし，鋼板，ブリキその他の完成品の国内生産が増加したことなどにより鋼生産は増大した．大鉄鋼企業はこうした需要に対応するため，平炉を導入し，各種の完成品の分野に進出するようになったのである．その結果，さまざまな産業分野で新式の機械などの開発，導入が図られ，製品価格が低迷していたにもかかわらず，工業は生産量を伸ばし，とくに鉄鋼生産は著しく増大した．「大不況」下のこうした生産量の拡大は，高度な生産力を有した企業が生産を増大させ，劣等企業を淘汰しつつ進展したのである．

「大不況」期に資本は独占組織としてドイツのカルテルにあたるプールの形成を試みたが，多数の競争企業の存在などにより失敗し，より強固な独占体としてトラストの形成が試みられた．1882年に組織されたロックフェラーによるスタンダードオイルが最初のトラストである．これは，合同に参加する石油会社の所有者がそれぞれの株式を議決権とともに受託者（トラスティー）に譲り渡し，それと引き換えに配当請求権を保証したトラスト証券を受け取るという形で実現し，スタンダードオイルは精油量の90％以上を支配するようになったのである．

鉄道業における独占形成は次のように進展した．アメリカの鉄道ブームは投機的な性格が強く，狭い地域にいくつもの路線の敷設が計画され資本が募集されるというような杜撰な資本発行や鉄道会社間の激しい過当競争などが原因となって，株式市場はたびたび崩落した．その結果，投資銀行が介入して企業合同が進展するという形で地域独占の形成が進み，「大不況」が終わる1897年には6大鉄道グループが鉄道全長の34％を支配するようになり，その後の本格的な合同運動の結果，1903年にはその支配率は75％に達したのである．

世紀交代期に生じた本格的な企業合同を代表するのはUSスティール株式会社の成立である．自己金融で企業集中を進めるという特異な方法で，原料・半製品・完成品の一貫生産を行なう巨大製鋼会社として発展したカーネギー製鋼と，投機的な株式操作を通して企業合同を繰り返し，巨大企業に成長した2大製鋼会社，完成品部門のトラスト6社と鉄鉱山会社が合同し，1901年にUSスティール株式会社が成立した．同社は持株会社として，株式の所有を通じて傘下の企業を支配し，製鋼，圧延，完成品の各部門で6～8割，原料部門でも4割前後の生産支配率を達成し，鉄鋼生産量はドイツ，イギリスのそれぞれの全国生産量をはるかにしのぐという巨大な規模の企業になったのである．この合同では投資銀行モルガン商会がリーダーシップを取って，証券引受，資本発行のためのシンジケートをつくり，株式市場を混乱させずに，企業合同を実現した．このように，企業合同に際しては，有力投資銀行が証券引受シンジケートを組織し，実現するという場合が多くみられ，こうした関係のもと，投資銀行の役員が，産業企業の役員になるという例も多かった．しかし，投資銀行が

日常的に産業企業の経営に関わるという傾向は弱く，また，USスティールなどの巨大企業は，巨額な独占利潤を蓄積することが可能であり，企業合同などの場合を除いては，必ずしも金融機関からの強い影響力の下におかれるということはなかった．さらに，自己金融で巨大な企業になったフォード自動車のような例もみられる．このように，広大な国内市場が開けているアメリカにあっては，企業の資金力が脆弱で，かつ過当競争が特徴的であった段階では，投資銀行は企業合同を推進していく中心的役割を担うことになり，大企業体制が出現したのであるが，その後は，金融機関と産業との密接な関係の下に資本蓄積がはかられるという傾向は弱まったといえよう．

このような鉄鋼業の発展の結果，イギリスは銑鉄や鋼鉄の生産量で，1890年前後にアメリカに，やや遅れてドイツにも抜かれることになる．鉄鋼業だけでなく，ドイツでは19世紀後半に化学工業，電機産業が発展し，アメリカでは機械工業の展開がみられた．20世紀にはいると，アメリカでは，自動車生産という高度なアッセンブリー産業においても大量生産方式の採用が実現され，第1次世界大戦後にはいち早く，自動車の普及や電機産業の成長という現代に共通する産業構造が姿を現すようになった．かくて19世紀末に，鉄鋼業の飛躍的な発展がドイツやアメリカを中心にみられ，それを基礎に，化学工業，電機産業，自動車産業などの新産業がこれまたドイツやアメリカを中心に発展したのである．

以上のように大企業体制の成立を振り返ると，遅れて資本主義化し，急速に大企業体制が成立したドイツ，アメリカはイギリスの資本主義化とはかなり異なった道程を経たということが明確になるだろう．ドイツはその歴史的な経緯から，農民層の分解があまり進展しないまま，このような産業化の道を歩むことになった．また，もともと穀物を中心とした農業生産が大きな比重を占めていたアメリカでは，農業生産の増大と密接に結びついた鉄道業，さらには自動車産業の成長が市場経済の発展に大きく寄与したのであった．農民層の分解が市場経済の発展の前提をなしたイギリスとドイツ，アメリカではこうした大きな差異があったわけであり，また，このような前提条件の違いが，それぞれの国で大企業体制が異なる態様を示すことになった大きな要因であると考えられ

る．次節で多様な大企業体制についてまとめてみよう．

3——20世紀資本主義の多様な大企業体制

　前節でみたように，資本市場の整備，大企業体制の確立の具体的な過程は，各国固有の事情によって異なる道筋を描いた．とくに，資本市場の整備には，銀行など金融機関の果たす役割が重要になる場合が多かったが，その関わり方も国によって異なり，そのように異なった資本市場の整備に応じて，大企業体制の形成過程や態様も異なるものとなったのである．イギリス，ドイツ，アメリカの特色を再度確認することによって，その多様性を簡単に示してみよう．

　イギリスは，「大不況」期以降，産業の競争力が低下していったのと対照的に，国際金融の面で，その地位をますます高めていった．ロンドン資本市場は，「大不況」後の一時期をのぞいては，海外向け新資本発行が国内発行を絶えず大きく上回っていたということに象徴されるように，国内産業と直接結びつくのではなく，海外証券投資の場として特徴づけられる．早くから世界の工場・銀行の地位を占めていたイギリスでは，海外投資は盛んに行なわれてきたが，19世紀後半には海外投資額も利子収入も累積的に増大し，卓越した国際的金融力を発揮することになったのである．イギリスは，19世紀中葉までは，世界の工場・銀行としてその産業資本の蓄積が各国の景気循環を連動させていたのであるが，「大不況」期以降は，ロンドン金融市場が国際的に普及した金本位制の中心となることによって，その金融力を通して各国経済の景気循環を国際的に連動させる機能を果たすようになったと考えられる．「イギリス資本主義は，この海外投資の面において金融資本化を実現した」（宇野『経済政策論』251頁）といえよう．産業企業の側にも新たな設備投資を積極的に進めていこうとする動因が小さく，歴史的に形成されてきた海外投資で十分な利益が上がるという条件の下にあっては，資本市場の整備が国内の産業投資へ直接結びつく傾向は弱くなると考えられるのである．

　ドイツでは，独占的大企業体制が金融機関との密接な関連を保ちつつ成立したのであった．ヒルファディングはこうした事態をみて，「現実には産業資本

に転化されている銀行資本……を私は金融資本と名づけ」(『金融資本論』(中),1982年,97頁)るとしているが,このように銀行資本と産業企業の結合がドイツの独占的大企業体制の特色をなすといえよう.もちろんこのようなドイツ固有の事例をそのまま一般化することには問題がある.しかし,同書で論及されている論点を敷衍すると,株式会社の普及,金融機関の介入ないしは資本市場の利用による企業合同の展開,独占的大企業体制による競争的市場の変容という点が資本主義の変化を特徴づけるものとして浮かび上がることになり,このような観点から現代資本主義の特徴を捉えることは可能であるといえよう.

　アメリカでは,企業合同運動はプロモーターあるいは投資銀行による投機的な株式操作を通しながら進展したのであった.そして,独占的な大企業が成立すると,資本蓄積を主として自己金融で行なうようになる,あるいは,自己金融で大企業に成長する企業もあるなど,独占的大企業と金融機関との関係はドイツのように密接なものとはならないという特色があった.

　また,重化学工業や新産業の展開を生産現場という視点から捉えると,資本による労働編成の条件にも大きな変化が生じ,多様な労働編成が不可避となるということもいえよう.生産技術の進展に伴い,鉄鋼業や新産業などにあっては旧来必要とされた熟練作業が解体され,単純化されていくのであるが,その場合,その労働としては19世紀的な単純労働よりも高度な質を有する労働が要請されるのである.このため,基礎的な教育水準の向上も必要となり,その上で,作業ラインの中でさらにその質を高めていく,いわゆるOJTというような手法も,資本には必要となってくると考えられるのである.もちろん,新たな労働編成として,部品の標準化,作業のマニュアル化を押し進め,流れ作業によって自動車組立を行なう,いわゆるフォード・システムのような手法も開発された.これは,労働内容の単能化を極力押し進めることによって効率的な労働編成を実現するというものであって,新たな産業に19世紀的な単純労働による労働編成を適用したものであると考えることができよう.このように,現代は,技術の発展を基礎に,資本による労働の実質的包摂が広汎な産業分野で実現されていく傾向にあるといえるのであるが,その労働編成は,必ずしも市場原理になじまない関係を内部に取り込んで可能になるものや,労働編

成の手法を開発することによって市場原理による編成を実現したものなどがあり，そのあり方は多様化しているといえる．

このように，大企業体制の確立は資本市場の整備の違いや，労働編成のあり方などにより各国それぞれ異なる展開を示した．しかし，いずれにせよ，その後，現代を代表する主要な産業においては独占的な大企業が市場価格を規制する力をもつようになり，市場機構を通じた，資本による自律的な生産編成という枠組みは大きく変容することになったと考えられる．

これまでみてきたように，遅れて資本主義化したドイツ，アメリカにおいて，企業は早くから株式会社の形式をとり，そうした企業が合同などを行ないつつ，新たな産業構造を作り出していった．なぜ遅れて資本主義化した国が先進的な地位にあった国に追いつき，追い越すことになったのかということについては，後発利益など現在でもさまざまな議論がなされている．ただ，世紀交代期の転換については，企業形態の変化，より具体的にいえば，株式会社の普及が大きな要因となっていると考えることができる．というのは，大企業体制の成立には株式会社がふさわしいということが，一般的に論じられるからである．次節では，株式会社が大企業体制にふさわしいということ，また，その普及が資本による社会的生産編成の仕方を変化させるという点について，理論的な考察を加えてみよう．

4──株式会社の普及と景気循環の変容

企業が株式形態をとることによって，企業にはどのような利点が生じるのであろうか．第1に，株式が広く売買される証券市場が整備されるようになれば，証券市場を通した資本調達が可能になるということがあげられる．このような資本調達が可能な企業は，利潤の一部を蓄積して資本に追加する方法しかとれない個人企業に比べ，短時間で容易に資本を集めることが可能になる．また，このような資本調達によって，いわゆる創業者利得の取得や中小（大衆）株主からの資金獲得が可能になる点も重要であろう．第2に，企業が合同をめざす場合，株式会社は企業集中に適合的な形態であるという点があげられる．

すなわち，株式会社形態をとっていれば，企業の集中は，株式の取得によって容易に行なえることになる．かくて，株式会社という形態は，企業合同を通した大企業の成立，それら大企業による市場の寡占化・独占化にとって適合的なものであるといえよう．また，このような企業集中は，理論的には，株式の過半を所有すればその会社の支配権が得られることになるから，ピラミッド型の合併を行なえば，より少額な資本で大きな企業ないし企業集団を支配することができるということも意味している．実際上は，大量の株式が発行されるとともに，株主数も増大し，過半数よりはるかに少ない株式保有によって会社を支配することが可能になった．

企業がこのような特徴を有している株式会社形態をとり，そうした企業が集中などを通して市場を独占ないし寡占状態で支配するようになると，資本蓄積も個人企業による競争的市場の下におけるそれとは違ってくる．このような大企業体制においては，独占的な大企業と中小企業との二重構造が存在するということも重要であるので，これを前提にして，この問題を簡単に考察してみよう．

まず，このような大企業にあっては，株式発行増資による資本調達が容易に達成できるという点からすれば，既設下資本の償却・回収が必ずしも再投資の前提条件にはならなくなり，なし崩しに生産方法を改善することが可能になると考えられる．個人企業の場合であれば，更新投資による新技術の広範な採用は景気循環の不況局面において，価格競争戦の結果，はじめて強制されると考えられるが，株式会社形式をとる場合は，好況局面にあっても，そのような新規投資がしやすくなると考えられる．このような理由から，大企業による市場の寡占化・独占化が実現されている場合は，好況期には，大企業は既設の設備の一部を稼働させながら新規の設備投資を進め，なし崩し的に生産技術を更新することによって，生産コストの低下を実現し，独占価格の下方硬直性という条件の下，より有利な独占利潤を安定的に確保することができるようになると考えられるのである．設備投資は波及効果が大きいので，投資が投資を呼ぶという景気拡張を実現させ，商品市場もこのような内部的な拡張によって，十分な広がりを持つと考えられる．労働力の吸収も緩やかであると考えられるの

で，こうした蓄積は長期に及ぶ可能性があり，いわゆる大型好況が出現することにもなる．

他方，こうした独占体制の外側にある企業では，独占企業の製品価格が相対的に低下しないということなどから，好況期にあっても，十分な利潤を得るとは限らず，資金面の制約などもあって，新技術の採用も大企業ほどには十分に進まないと考えられる．このように，好況は独占部門と非独占部門との間の不均衡状態を内包したまま進展するが，やがて，好況の進展による雇用の増加は労働力不足を招き，不況へと転ずることになる．ただし，大企業による独占体制の下では，この転換は，非独占部門の不振，ないしは株式市場の崩落などのさまざまな経過をとることになり，激烈な恐慌を必ずしも伴うとは限らなくなると考えられる．というのは，企業の資金調達の方法も多様化し，激烈な恐慌の直接的きっかけとなる銀行信用の役割が相対的に低下していると考えられるからである．

ひとたび不況になると，独占的な大企業は，利潤率の急激な低落を回避するために，生産制限をすることによって市場への商品供給量を調節し，商品価格の維持につとめるようになるであろう．しかし，その結果，市場は累積的に小さくなっていくであろう．非独占部門では資本の破壊が起こるが，大企業の製品価格が低下しないことなどによって，新技術採用による低コスト化への誘因は弱くなるであろうし，また，大企業にあっても，生産力が劣り不況期には操業できないような過剰設備に対しては，合併の促進などによって，遊休化させる傾向が強まり，それを廃棄して最新の技術水準の設備投資を行なうという傾向は弱まると考えられる．かくて，個人企業を主体とした景気循環にあっては，不況過程における過剰資本の整理の進捗，新生産技術の採用という産業資本の蓄積過程の内に好況への反転が想定されうるが，このように大企業が主体となった場合は，不況から好況への反転が，産業資本の資本蓄積過程の内部要因によって規定されるとは想定しにくくなるのである．要するに，不況は長期化・深刻化する傾向を帯びるといえよう．このような大企業体制における不況期の資本蓄積の特質から，不況からの反転は，何らかの形で市場が拡張するというような外部要因に強く依存するようになると考えられる．戦争や戦争準備

のための大量の軍事物資の需要であるとか，大衆消費の拡大であるとか，財政による需要の喚起とかが重要性を持つようになるゆえんである．

　以上，要するに，資本市場が整備され，それを前提として，大企業体制が確立し，市場が独占・寡占状態になれば，資本蓄積の過程も変容し，大型好況が出現する可能性もあるが，ひとたび不況に転ずると，不況は長期化・深刻化する可能性があるということ，また，資本蓄積の自律性が損なわれ，外的な要因が大きな比重を占めるようになるということが，一般的に明らかになったといえよう．これを資本蓄積という側面からみれば，景気循環を規定する資本の側の力が弱まり，資本をとりまく外的な関係の重要性が増大したということができる．市場関係をとりまく外的条件としては，大衆社会の出現，国家の役割の増大という問題が重要である．次節で検討してみよう．

5──大衆社会の出現と国家の役割の増大

　19世紀のヨーロッパでは，資本主義化の進展は資本家と労働者の二大階級からなる階級社会を出現させるような様相を呈した．小工業者・小商人・手工業者・農民という中間層（旧中間層）は分解していくとみられていたのである．しかし，そのような傾向が最も強く作用したと考えられるイギリスでも，19世紀後半には，農業人口の急激な減少がみられたものの，第3次産業就業者の増大がみられるとともに，公務員・専門職などの中流階級の増大もみられ，また，産業化の進展によって，上に厚く下に薄いという傾向はあるものの，生活水準の全般的な上昇も生じた．大まかにいえば，新たな中間層（ホワイトカラー）の増大と労働者階級の生活水準の上昇という傾向が検出できると考えてよいであろう．このような全般的な時代の変化の中，1851年のロンドン万国博覧会をきっかけとしたレジャーとしての旅行の大衆への普及や大衆向け娯楽週刊誌の隆盛，スタンプ税廃止後の新聞の発行部数の増加に象徴されるマス・メディアの発達などをきっかけとして，大衆社会の到来が喧伝されるようになった．もちろん，このような傾向にもかかわらず，19世紀末にイギリスの大都市で行なわれた調査によれば，都市生活者の中で普通の生活を営むこ

とのできない貧困層が約3割を占めていたという点は重要である．深刻な貧困問題は，さまざまな社会主義的運動を昂揚させ，19世紀末にはそれまでの熟練工を中心とした組合運動とは異なる，非熟練労働者の組織化が急速に進むことにもなり，20世紀初頭には「イギリス労働党」が成立し，下層階級の発言権も増大することになった．

ドイツにおいては，後発国として農民層の分解が不徹底なまま，重化学工業化が進んだ結果，旧中間層である農民や都市手工業者などが広範に残存した．これらの層は失業者を吸収し，また安価な労働力商品の供給源にもなる，いわゆる失業の緩衝器として作用したのであるが，国民的な統合の担い手として19世紀末以降社会政策の対象となり，保護されるようになった．また，産業化が重化学工業を中心に進展したことにより，世紀交代期には新中間層も増大し，1882年から四半世紀の間に工業のホワイトカラーが6倍，商業のホワイトカラーが2.6倍になったといわれている．

このような大衆社会化現象がいち早く明確な形で現れたのは第1次世界大戦後のアメリカであろう．第1次世界大戦中にヨーロッパ各国は大きな被害を被ったが，アメリカは戦禍を被らなかったばかりか，戦時需要に応えることによって，戦前の新たな体制下での成長を飛躍的に高めたのである．大戦後は戦

Column 2 　ホワイトカラー

　ホワイトカラーとは外に出られる服装のまま働いている人というその外観的特徴から名づけられたものであり，資本家的活動に属する，あるいはそれを補助するものと位置づけられる，専門的・技術的職業，管理的職業，事務的職業，販売的職業に従事する雇用従業者層を指している．大企業体制の発展に伴いこの新中間階層の増大が各国で観察されるようになり，その捉え方が問題となったのである．被雇用者としては賃金労働者と同じ立場であるが，職務内容，収入水準，学歴，昇進の見込み，生活様式，さらには社会的威信の認識などで賃金労働者より優位の立場にあるという点で特有の層をなすとされている．新中間層が増大し，職務範囲も広がると，その中では分化が進み，内部は多様化した．また，高学歴化や労働条件の改善という賃金労働者の地位上昇によってそれとの境も曖昧になってきている．このような変化を踏まえ，新中間層の問題も，資本による労度編成の変化という観点から捉え返す必要があるといえよう．

後恐慌による経済調整を経た後，アメリカはいわゆる「黄金の20年代」を経験し，自動車や電化製品の急速な普及がみられたのである．

このような大衆社会の出現は，一般に，資本主義を変容させた最大要因のひとつであると論じられている．しかし，そこで論じられていることがらについては整理する必要がある．たとえば大衆社会を消費の面から捉え，耐久消費財が一般に普及するいわゆる大衆消費社会の成立に重要な意味を見出す議論もある．だが，このように生活のさまざまな分野に資本によって大量に生産される商品が入り込むようになったということを指摘することは，それだけでは，生

Column 3 労働運動・社会主義運動

19世紀初頭の資本主義の確立期には，一方で，産業革命の進展が熟練労働者の職場を奪い，他方で，団結禁止などの政治的な弾圧政策が強化される中で，機械打ち壊し運動（ラッダイト運動）に代表される，激しく，しかし，短期的な運動が繰り広げられた．19世紀半ばにかけては，社会主義という新しい社会を作ろうという運動が，オーエン，フーリエ，サン・シモンなどによって起こされ，また，イギリスでは普通選挙権を要求する運動（チャーチスト運動）も広範な盛り上がりをみせた．しかし，こうした運動は具体的な成果を上げられなかった．マルクスとエンゲルスは，オーエンらの社会主義を空想的社会主義と批判し，人類史や資本主義についての理論的分析に基づく科学的社会主義に裏付けられた社会主義を，労働者の大衆運動によって実現することを提唱した．他方，フェビアン協会に参加したウェブ夫妻は議会を通じ労働者階級の権利を拡大することによって社会改革を進める運動を推進した．前者の流れは，国際的な労働運動の組織化（第1，第2インターナショナル）やドイツにおける社会民主党の結成を実現し，また，後者の流れはイギリスで労働党の活動を活性化させることになり，労働者階級の政治的な力は増大した．ロシア革命以後，マルクス主義を旗頭とする社会主義運動は，ソ連を中心に主として後発国や第三世界で広がりをみせたが，先進資本主義においては，大衆社会化の進展に即応し，議会を通じた労働者の権利拡張という運動が主流となった．これは，先進資本主義国では，社会保障など福祉政策によって，社会主義の理念とされていたものが部分的に実現されたことが大きく影響しているといえよう．今日，20世紀末のソ連・東欧の崩壊あるいは先進諸国の労働組合組織率の低下など，労働運動・社会主義運動は転換点を迎えているが，これは，20世紀資本主義と表現することができる19世紀末〜1970年代にかけての資本主義体制が，21世紀にかけて大きな転換期にさしかかっていることによると考えられる．

活のあらゆる局面が商品経済の網の目の中に取り込まれるようになったということを，すなわち，資本による社会的生産編成がより稠密に行なわれるようになったということを指摘しているに過ぎないのであって，それでは，資本主義が変容した意味を明らかにしたことにはならないであろう．では大衆社会の出現はどのような点で資本主義的生産編成に重要な変化をもたらしたと考えることができるであろうか．

　第1には，さまざまな商品を資本家的大量生産で供給しようとする場合，そのための労働編成には市場原理で一元的に処理できない要素を取り込む必要が生じてくるという点である．19世紀中葉の資本家的生産では，旧来の熟練労働が労働編成に必要である例が多かったが，機械体系の発展によって旧来の熟練労働は解体し，市場原理による労働編成が実現されるような様相を呈していた．しかし，既にみたように，重化学工業や新産業では，大量生産システムの開発などによる旧来の熟練作業の解体は進んだが，同時に平均的労働の質の高度化が要請されることになり，資本による労働編成の場面でも市場原理になじまない手法を取り込むことが必要となる場合も生じるようになったのである．たとえば，資本は労働者の自主性を部分的に認めることによって，効率的な労働編成を実現するという試みを行なうことにもなるが，当然，そのような編成は労働の側の発言権の増大につながることになり，なんらかの市場原理になじまない関係を導入しなければ，効率的な編成が不可能になることが予想されるのである．また，大企業体制の下では，企業規模の巨大化や，企業形態の変化によって，ホワイトカラーの増大傾向が引き起こされたと考えられるのであるが，こうした層に対する資本家的な編成も，同様な困難を内包していると考えられる．

　第2には，生産設備の巨大化によって，生産設備の稼働率を一定程度確保しなければならないという問題が発生するという点である．耐久消費財などを大量生産体制で供給し，その需要の大きな部分が，大衆（労働者）の消費によるものになるというような関係が成立すると，その消費動向が生産設備の稼働率に，ひいては資本の利潤率に大きな影響を与えることになると考えられる．こうして，大衆の消費動向が資本の蓄積動向に大きな影響力を持つようになると

考えられるのである．

　このように，資本主義の変容に伴って生じた大衆社会化現象は，第1次世界大戦を契機に飛躍的に進展した．第1次世界大戦は初めての総動員戦争として遂行されたのであり，労働者階級を動員するために資本には一定の譲歩が迫られることになった．また，社会主義国ソビエト・ロシアの成立によってヨーロッパ各国の労働運動は昂揚し，それ以降の資本主義体制は，敗戦国ドイツに典型的にみられるように，労働者の要求を一定程度受け入れなければ維持できなくなるようになったのである．そこでは国家が国民統合を実現していく主体として大きな役割を果たすようになった．このように，いわゆる国家レベルでの組織化が進展することによって，資本と労働の関係も和解できない階級対立関係ではなく，調整しうる利害対立関係という外見を呈することになり，また，労働者の状態の改善によって労働者と新中間層との境が曖昧になり，大衆社会化現象の本格的な進展がみられることになったといえよう．

　次いで，国家の役割の増大という問題を，管理通貨制度の導入と福祉国家化の進展という側面からみてみよう．

　管理通貨制度というのは，従来，その発行が本位貨幣に裏付けられていた中央銀行券を不換化し，通貨発行を中央銀行や財政当局の管理下におこうとするものである．歴史的な経緯を簡単にたどれば，第1次世界大戦前は，兌換通貨としてのポンドが基軸通貨となって，国際的な金本位制度を支えていたのであるが，大戦後，一時期旧体制への復帰が試みられたものの，1929年アメリカの株式崩落に始まる世界的な恐慌の広がりの中，1931年にポンドは金離脱に追い込まれ，それ以降管理通貨制度の時代となったのである．

　管理通貨制度においては，通貨当局は金準備の裏付けがなくても，通貨を発行することができるようになり，そのことによって，金融政策や財政政策の裁量の余地が増大することになる．単純化すれば，景気動向に応じて金融政策や財政政策を実施することができるようになるし，緩やかな通貨供給の拡大を継続することにより，景気刺激策もとれるようになるのである．ここに，国家は市場を構成する要因のひとつである需要量を間接的にコントロールする力を有することになったといってよいであろう．先に考察した大企業体制における資

本蓄積の特質からいっても，国家がそのような力を発揮することによって資本蓄積が促されるというシステムは大企業体制に適合的なものであると考えられるのである．

　国家が市場システムに大規模に介入する代表的な例として，1930年代にアメリカで行なわれたニューディール政策があげられる．世界大恐慌の中で，アメリカの不況は悪化するばかりであった．そこで，伝統的な手法に代わって，国内物価引き上げと大規模なスペンディング・ポリシーを柱とした，景気回復政策が採られたのである．やがて，政府支出による失業対策のための事業の拡大，失業扶助金交付を主内容とするスペンディング・ポリシーにその重点を移すことになるが，これは政府支出がポンプの呼び水となって，投資の拡大を促すことを目的とした有効需要拡大政策である．アメリカの本格的な景気の回復は第2次世界大戦の戦時需要を待たねばならなかったことから，この政策の直接的な効果についてはさまざまな評価がなされている．しかし，国家の市場への直接的な介入は，第2次世界大戦後，IMF体制という国際的な管理通貨体制の下，どの資本主義国でもとられるようになったのである．

　しかし，もちろん国家は市場を自由にコントロールすることができるようになったのではない．それを端的に示すのは，通貨管理制度はそれ自体に通貨の対外的・対内的価値を安定させる仕組みをもっていないということである．たとえば，通貨価値は為替相場として日々示されることになるが，これを安定させるためには何らかの人為的な手段を講じなければならず，しかも，国際的に移動する資金量が増大するにつれ，これは一国の金融的・財政的手段では統御できなくなるのである．実際，大戦間期の1930年代は国家間の協調体制が成立しなかったので，為替相場の安定は各国の為替平衡勘定を通じて行なわれるにとどまり，結局，為替は安定せず，世界経済はブロック化という状態に追い込まれたのであった．また，第2次世界大戦後，1971年のニクソンショック（ドルショック）までは，アメリカ経済の圧倒的な優位を背景に固定為替を維持するシステムが機能したが，アメリカの経済的地位の低下，規制が困難なユーロダラーなどの国際資金量の増大などによって，変動相場制の時代となった．1990年代半ば以降，ロシアの市場経済化の失敗に端を発した国際金融危

機,東アジア各国をおそったアジア金融危機が立て続けに起こったことが明白に示しているように,今日,国際的な金融の不安定性はきわめて高くなっているといえよう.こうした現象の根底には管理通貨制度という制度自体の持つ脆弱性という問題があるといえるのである.

さて,次に福祉国家化を考えてみよう.ヨーロッパ各国では第1次大戦を経て,福祉国家化は飛躍的に進展したといえよう.財政支出をみると,大戦をきっかけに大幅に増大し,社会費支出も一段と増えたのであるが,社会費の内容構成も大戦後は年金,社会保障などが大幅に増え,戦前とまったく異なる支出構成になっているのである.ここに,福祉国家化の歩みが本格化したといってよい.

福祉国家とは福祉政策を国の政策の中心としている国家であるといえるであろう.福祉政策とは,社会保険や公的扶助などを制定し,また,累進課税制度を採用することによって,平等化,生活安定,弱者救済を実現しようとする政策であるということができる.このような政策目標が資本の利害と対立することは容易にみて取れるであろう.では,資本主義国家でありながら,このような福祉政策を中心的課題とせざるをえなくなったのはなぜだろうか.これは,直接的には,福祉国家化の歴史が示しているように,総動員戦としての大戦の過程を経て,とくに労働者階級の体制内化が急務になり,また,社会主義との対抗ということからも,福祉政策を採らざるをえなくなったということができる.しかし,その底流には,今までみてきたような資本主義の変容自体がこのような国家の変容をもたらしたということができる.つまり,生産力の発展が労働者の地位を高めるという底流があり,資本はこれを前提にして社会編成をせざるをえなくなってきたのである.国家が多様な層を含んだ大衆との利害調整を引き受け,福祉政策の展開という形でそれぞれの譲歩を引き出すという方式は,資本にとって好都合であるともいえる.資本主義の枠内では,福祉政策は,資本の利潤が確保され,一定の経済成長が実現されなければ実現できないのであるから,資本は福祉政策の展開という形で国家に利害調整を委ねることを通して,利潤と成長とを絶えずリンクさせることが可能となるからである.

実際には,労働者の権利を大幅に認めることができるほどに資本の側の体制

が整備されるのは第2次世界大戦後のことであった．20世紀末には世界的に福祉の見直し・縮小が進んでいるが，しかし，今日の財政構造も基本的には第2次世界大戦以降継続しているものとみてよく，19世紀の小さな国家に逆戻りしているわけではない．国家のあり方の見直しはこれからも進むと思われるが，19世紀末以降に変容してきた資本主義にとって，資本が労働側に対して一定の譲歩をしながら，効率的な編成を実現していくという仕組みは必然的なものと考えられるのであり，そのことから，国家なり公共団体が国民あるいは市民を統合しつつ，階級的な利害対立を調整し，福祉的な政策をとることは必然的なことであると考えられよう．

† 参考文献

石崎昭彦『アメリカ金融資本の成立』東京大学出版会，1962年．
宇野弘蔵『経済政策論　改訂版』弘文堂，1971年．
宇野弘蔵監修『講座帝国主義の研究4　イギリス資本主義』森恒夫執筆，青木書店，1975年．
大内力『国家独占資本主義』東京大学出版会，1970年．
大内力・戸原四郎・大内秀明『経済学概論』東京大学出版会，1966年．
金子勝『市場と制度の政治経済学』東京大学出版会，1997年．
工藤章編『20世紀資本主義 II』東京大学出版会，1995年．
桜井毅・山口重克・侘美光彦・伊藤誠編『経済学 II』有斐閣，1980年．
戸原四郎『ドイツ金融資本の成立過程』東京大学出版会，1960年．
橋本寿朗編『20世紀資本主義 I』東京大学出版会，1995年．
馬場宏二『新資本主義論』名古屋大学出版会，1997年．
林健久『福祉国家の財政学』有斐閣，1992年．
Hilferding, R., *Das Finanzkapital*, Dietz Verlag, 1955（岡崎次郎訳『金融資本論』岩波文庫，改版(上)(下)，1982年）．

（菅原陽心）

第II編

市場経済の思想

第1章

古代から古典派経済学へ

1——市場の興隆と古代の経済思想

1）家と国家と市場

　経済という語の起源は，エコノミアないしオイコノミアの日本語訳であるが，そもそも，古代中国の書物には，『荘子』のなかに「経世」という言葉がみられ，世の中を治めるという意味で使われている．またほぼ同じ意味で熟語として「済民」という言葉も定着しており，世の中を単に治めるのではなく，民を救済するという政治の理想が含意された用語であって，この「経世」と「済民」という二語を結合した「経世済民」という熟語は古くから頻繁に使用されていたようである．それを省略して「経済」（漢字の簡略化で濟は済と書かれるにいたる）というのも，相当に古くからみられ，たとえば漢籍のひとつである『文中子』には「経済の道」という用語法がみられる．

　しかしながら，古典古代のギリシア時代に使われたオイコノミアは，オイコスという語を語源としており，オイコスとはギリシア語で「家」を意味していた．その当時の「家」には多数の奴隷や従者が，その家の主人のもとで労働する人間集団として抱えこまれていたので，現代の少人数の，もっぱら消費生活が中心の家族とは活動の内容を異にし，むしろ家族で農業や工業を営む大家族を想定したほうがよかろう．そこでは奴隷は人間でありながらも場合によっては商品として奴隷市場で売買される存在であった．当時は，奴隷は「モノいう家畜」として主人とその周辺の人間に利用される関係にあったわけである．

　このようにみてくると，洋の東西を問わず，経済の学は，いかにすれば自分

自身のオイコス（家としての共同体）を繁栄させることができるか，という意味での「家政学」として，あるいはもう少し大きな人間集団としての共同体をいかにうまく発展させるか，という意味での「国政学」として，つまり経営技術の学としてその第一歩を刻んだといえる．

たとえば，クセノフォンは『オイコノミクス』と題した書を残し，オイコスの経営法について論じているが，そのような研究が必要になった背景には，単純な自給自足の経済が背後に退き，経済という人間の集団の欲望充足行動に貨幣の要因，交換の要因が絡まりつつあったという事情があろう．ところで，この奴隷の発生は都市国家ポリスの政治のありかたと密接に関連している．古代ギリシアはオイコスという共同体を経済の基本単位としつつも，最大の政治的共同体の単位は都市＝ポリスという国家であって，状況次第では，今日のヨーロッパの諸国が連帯してより大きなヨーロッパ共同体を形成しているように，ポリスの連合・共同体をつくることもあった．そもそも共同体が他の共同体に武力で戦争を仕掛ける最大の要因は，物的な財の奪取と人的な資源の確保にあったと思われる．武力が強いポリス共同体は，戦争によって他の共同体の

Column 1　ポリス国家に従属する市場

竹内靖雄の『市場の経済思想』（創文社，1991年）によれば，まずポリスの本質は「オイコスの長である男性市民の連合体であり，〔政治の〕ゲームが戦争の形をとるに至ればそのまま戦闘集団に転化する性質のもの」（193頁），とされ，同時にこの戦争は「資源，労働力（奴隷），さらには収奪可能な従属経済圏を獲得するための経済ゲーム」でもあった．しかし，たとえば奴隷や資源は商品として市場で買うことが可能であるわけで，そのような方法は交換ゲームと呼んでもよい．ところが，このような商品を買い求める交換ゲームは，伝統的共同体の諸関係を突き崩して，致富を目的としたマネー・ゲーム型交換行動に自生的に発展してしまうという秘められたパワーを有している．実際には，「大規模なマネー・ゲームのプレーヤーはポリス間の貿易に従事する商人であり，彼らはしばしばポリスの構成員ではない『外国人』であった」し，また「現実のポリスは私有と市場を否定した共産主義体制ではなく，自給自足型オイコノミアと市場システムとの『混合経済体制』であった．そこではマネー・ゲームが目的化され，社会全体がビジネス社会化するようなことはなかった」のだとされる．

人々から有用とおぼしき品々を略奪し，生き残った敗北共同体の人々を自分の共同体の最下層の構成メンバーである奴隷として取り込むこと，それによって有用物の生産をおこなっていたのである．

アテネというポリス共同体は周辺の支配地から財宝や奴隷を集中するように

Column 2　商人の「商」の由来

　日本語で，「あきなう」という場合，商品を売買すること，その売買から利益を得ることを意味し，「商う」と書く．むかし，日本が律令制の古代国家であったころ，伊勢街道に沿って毎年の秋のある時期に，伊勢の大市が開かれる慣習があった．近在遠路の人々が重い荷を背負って，毎年恒例の市に集まってきた．物品同士の交換もあれば貨幣をつかった交換も併用されていたと想像される．そこで一説によれば，秋に荷を担う，という言葉を語源として，日本語の「あきなう」という動詞ができたともいわれる．その漢字表記が「商う」となるのは，中国の故事来歴による．

　そのむかし，夏という国が人々の信望をあつめ，古代中国の中原地方をまとめていた．しかし，禹が舜から禅譲されて17代458年続いた夏も，暴君の夏桀が，中原の黄河右岸の商という地方で，夏の臣下であり人望を集めていた湯王に武力で滅亡させられる．そして湯王はあらたに商という地方の亳（はく）に都を開く．この王朝は，後に，王朝後半の200年あまり，殷墟として発掘された都に遷都しているから，殷という国名で親しまれてきたが，正式には「商」と呼ぶ王朝であったことがわかってきた．「商」は紀元前の1550年頃，湯王が建国し，約500年続いた統一王朝であった．この商の王国も暴君が最後に登場し，周の武王により滅亡する．「商」の紂王がその最後の暴君であるが，滅亡後も一族郎党は生き延びることができた．捕虜になって奴隷となることもなく，一族が完全に消滅もせず，商の人たちは離散しても生きた．この商の一族の延命は，共同体的アウタルキー経済ではない市場経済的な人間の生き方を中国や朝鮮にも，一説によれば日本にも，もたらすことになる．当然だが，交易そのものの起源は，はるかに古い．しかし彼らはもともと移動して交易を得意とした一族だったといわれ，都は交易の市場であった．その一族が，中原から追放されたのであった．

　これにたいして，賈（こ）という漢字は，夏に通じるという説もあるが，この賈も，日本語で「あきなう」と読ませる．商人が旅による行商人であるのにたいし，こちらは店を開いてあきなう，という意味である．商の先代王朝の夏にも，夏人・賈人という呼称があるが，彼らには，夏の人という意味のほかに，商売をする人という意味がある．夏王国も洛陽の盆地にあり，中国の南北を繋ぐ交通の要所であったため，市場経済が王朝の繁栄と都市の勃興をもたらしたものと思われる．

なる．人々は，自分自身が必要以上の財宝や奴隷を所有すると，それを交換に提供してもよいと考える．強いアテネを中心に財宝と奴隷があつまり，富裕化したアテネ市民や外国からの移住者によって奴隷の売買や物産の売買などの交換活動が活発になされ，売買を専業とする商業もさかんに行なわれるようになる．そこで哲学者・思想家たちは，「都市国家の結集，秩序，および端正簡素を尊ぶという旧い伝統を犠牲にしてまで，外国商人によってもたらされた新しい営利精神を受け入れなければならないのだろうか」（エミール・ジャム『経済思想史』（上）23-24 頁），という共同体と市場のせめぎあいという困難な問題に直面するのである．そこで多数のソフィストたちは，過去の共同体的因習からの訣別を望み，「個人的な致富の追求からなる動機の美徳を宣揚し……国際商業の発展をも望んだ」（同上）とされる．

2）プラトンの思想

これにたいして，プラトン（Platon；B. C. 427-347）は市場経済における個人の利益の追求行為について，批判的思想を展開する．つまりプラトンは都市国家共同体の美徳を賛美し，「個人的致富の追求は道徳的屈従の源泉」（同上）であると否定する．けれども共同体至上主義としての共産主義の美徳が宣揚されるのも国家の上層の指導的権力者についてのみであって，共産主義の理想的原理で経済全体が構築されるとはさすがのプラトンも考えてなかったようである．なぜならば，集団全体の共同利益のためという意識でもって，個人個人の経済活動が首尾よく展開されると断定するだけの根拠がプラトンの眼前にあったわけではないからである．個人の自由な経済活動を否定するのではなく，むしろ経済活動を展開すべき大衆は自由な個人の欲望充足を基本に据えなければ動かないと捉えていた．そのためには市場での個人の行動を背徳として全面的に抑え込むことは得策ではない．

なにが問題であったかというと，プラトンの場合，政治家の汚職，蓄財であった．それさえなければ理想ポリス共同体だと考えたプラトンは，ポリス共同体の指導者が自分の致富に走る動機を分析する．なぜ富を追求するか，それは自分の子供や身内に利益をあたえようとするからである．すなわち，政治家

にとっては，家族の存在が腐敗の原因だとみなしたプラトンは，支配的身分の人間は，自分たちの集団だけで厳格な共同生活をおくるべきだと考えた．これはいわば，指導者が自分の利益や自分の家族の利益という動機を捨てるためには，指導者自身が家族を解体し，より大きな別の共同体であるポリスの一員としてのみ生活すればよいだろうという提言であったとみてよい．これは，貴族たる者は全体を優先すべしという思想といえよう．さらにプラトンにあっては，大衆の活動そのものも，各個人の自由がなければ動かないと直観されてはいたが，そこにも集団主義・全体主義は影響を及ぼしており，庶民のレベルでも，個人的な富の保有にたいする制限や言論の自由への制限は想定されていたようである．

3) アリストテレスの思想

　アリストテレス（Aristoteles ; B. C. 384-322）は，これにたいし，家族の問題，私有財産の問題などでプラトンの思想に反論を行なっている．家族は，アリストテレスにとっては，奴隷の存在と同様に現実の存在であり，否定の対象ではなかった．ただし，奴隷を承認するか否かは，家族の問題とは異なる倫理観の問題でもあった．シュンペーターの言葉を借りれば，「この必須の〔奴隷〕制度が社会批判家たちの弾劾の的となっていた……．アリストテレスはこの問題を……一つの原則を想定するという方法で，解決せんとした．この原則とは，……人間の『生まれながらの』不平等を述べたものにほかならなかった」（『経済分析の歴史』）．また個人の財産を個人が専属的に享受することは「悪」ではなくて「善」であるという思想をアリストテレスは，「人が或る物を自分の物だと感じるとき，はかりしれないほどの大きな楽しみがある」（ガルブレイス『経済学の歴史』）という自然思想で肯定し，有用物の共有は人間から寛大さを奪い取るものだと批判する．また家族と致富については，「人間に一般的利益よりも自分個人の，あるいは家族の利益を追求することを諦めさせることは，決してできないであろう．それに，致富の願望は濫用に陥りやすいけれども，個人の活動のすぐれた刺激剤」（エミール・ジャム，前掲書，25-26頁）だとして容認する思想を展開する．つまり，ポリスのなかに自己の家族の利益を追求す

る市場経済がはいることは必然だと彼は考えたとみてよいだろう．

　ところで，アリストテレスの市場経済にたいする思想は，流通の正義，交換の正義が如何にして保たれるか，すなわち，個々の商品の価格はいかなる量が「正義」であるのかという問題に向けられている．この点については，市場経済での独占は交換の「等量性（Equivalence）」が保てないので「不正義」であるとされている．

　さらに，アリストテレスの正義の規準は自然的であるかどうか，に求められる．この場合の自然的かどうかは社会科学によって判断される問題ではなくて，彼の気持ちのありかたひとつに懸かっている．その自然的なものの代表例は，奴隷を利用した生活物資の生産や，奴隷の主人への労務の提供などである．これにたいして自然的でないものは，利子の存在と，度を過ぎた商売であった．

　アリストテレスは中世の思想に影響を残すが，それはプラトンの共産主義を批判したからという点よりも，やはり彼自身の，過剰な市場経済を警戒する思想が中世にも受け入れられたからだとみるべきであろう．その場合には，自然的かどうかという問題が思想の規準となる．このとき，アリストテレスは，奴隷からの収奪が自然的な経済の範疇にはいる理由は，人間には生まれながらにして不平等はつきものであるからだと考えた．これにたいし，生産がなされないような商売から得られる利潤と，貨幣の貸付によって得られる利子については，生産的ではない，それゆえに自然的ではないという論理をたてて非難したわけである．この自然的かどうかという問題は，中世思想にも生き残ったばかりでなく，経済学の確立時期にも登場する概念となる．

4）クセノフォンの思想──市場の繁栄と平和

　最後に，経済の繁栄と平和がいかに係わるのかについてのクセノフォンの思想に着目しよう．彼のアテネ都市国家の財政改善を論じた文章のなかに，アテネという都市国家の繁栄の理由として，農業の優秀性と商業の専門的分業，銀の産出と公共事業などが列挙されるばかりでなく，「いちばん長い期間にわたって平和を保った国がいちばん栄えることは確実である．そして，あらゆる

国家のうちで，アテネは平和時に繁栄するのに適した特質を持っている」というくだりがある．この部分に着目して，いかに強国といえども平和を維持しなければ人々の経済は豊かにならないと警鐘をならしたのはガルブレイスであった．

ごく一般的にいって，いかなる共同体であれ，平和的な市場経済によるコミュニケーションによって交換のルールで共同体同士が結ばれることが人の幸福にとって最善であるといえよう．このことは，共同体の内部でも，共同体相互間でも，およそ人間と人間の自由と平等を重んじた接し方が仮にあるとすれば，暴力に依存しないような市場での交換行動こそがそのような人間行動のひとつであるということを示している．しかしながら，また市場は極端な個人のエゴイスティックな競争行動を許容する側面があり，そのような非情な競争原理のもとでは，弱者が悲惨な状況におかれてしまうこともありうるので，共同体に固有な協力・相互扶助・集団性などの美徳と共存できる市場でなければならない．共同体の美徳と市場の自由さと平和維持機能という両面の長所を生かしきる方法は，共同体の内部にも外部にも暴力を発生させないことであり，共同体と調和のとれた市場経済の繁栄がそれを可能ならしめるといえよう．

2 ── 中世の経済思想
キリスト教とイスラーム教

ここでとりあげる中世の経済思想としてのキリスト教とイスラーム教は，中世においてだけ人々をとらえたのではない．それらは現代の人々の思想でもあるばかりでなく，また人類の勃興の起源にまでさかのぼることができる思想として世界的な宗教となった．これらの宗教の教典である『聖書』や『クルアーン（コーラン）』に記された市場経済にたいする思想は，市場経済一般を否定もしないかわりに，人間の伝統的な集団の文化や意識をも変質させ，壊してしまうような市場経済一般の潜在的な共同体分解能力を肯定することもない．それはどちらかといえば，共同体に従属的であるかぎりでの市場経済の容認ないし利用の思想であったとみることができる．

1）キリスト教

　『旧約聖書』のなかの「出エジプト記」では，イスラエルの民の指導者モーセは，神の御宣託であるということで，「あなたが，共にいるわたしの民の貧しい者に金を貸すときは，これにたいして金貸しのようになってはならない．これから利子を取ってはならない．もし隣人の上着を質に取るならば，日の入るまでにそれを返さなければならない．これは彼の身を覆う，ただひとつの物，彼の膚のための着物だからである．……わたしは憐れみ深いからである」という言葉を戒律のひとつとして伝えている．

　すでに，当時から商人や金貸しが活躍していたということを前提にして，人々に利子を払えない貧しい人々から利子を取る行為は，「いかがなものか」と道徳的反省をせまっているのである．さらに，金貸しは，担保や質草を確保するであろう．上着しかない人間が金貸しにそれを担保に提供して金を借りても，貸したほうが夜になる前に返却しなければならない．これは，人間と人間の関係が市場経済のルールだけで完結しえないし，してはならないということを神の言葉として諭しているわけである．市場経済に欠けているのは，利他心ないし他人の状況を憐れむ慈悲の精神，友愛の精神だと宗教的指導者は知っていたのである．

　これにたいし，イエス（Jesus；0?-30?）自身の残した多くのたとえ話にも，市場の経済と人間の友愛がいかに関係しうるかという問題をあつかったものがある．賃金というのは労働力の商品化の産物であるから社会主義の理想社会では廃止されるべきだというのが，賃金にたいする社会主義者の思想であるといえるが，イエスは賃金という形にも友愛の感情を移入しうるとみたのであろうか．『新約聖書』には，ともあれ，労働者の賃金にまつわるものがある．

　イエスの生きた時代では，他人のために働きたい人々は，人々が集まる市場に立ち尽くして，雇う側の主人が声を掛けるまで待つという習わしがあった．そこで主人は彼と話し合って労働内容と報酬としての賃金の額を契約し，彼を自分の農場なり職場に派遣する，ないしは連れて行くというのが，賃金による日雇いの雇用形態であったらしい．これは現代のアフリカの都市でも，専門の職種毎に職を求める人々が通りの場所を決めて，場合によっては一日中，立ち

100 ──── 第Ⅱ編　市場経済の思想

尽くすということがあり，今でもイエスの時代と同じリクルートのかたちが生きているようである．たとえば，ペンキ職人は，刷毛を持ってある通りに集まり，大工で労働したい人々は別の通りに立つ，という具合である．失業者というのは，ずっと職をさがして「いちば（市場）」に立っている人であり，その意味では中国語でいう待業者のことである．このような背景のなかで，「マタイによる福音書」の「天国は，ある家の主人が，自分の葡萄園に労働者を雇うために，夜が明けると同時に，出かけて行くようなものである」という書き出しではじまる話を取り上げなければならない．イエスは，天国では，葡萄農園の主人は，夕方になるまで職を待って市場に佇んでいた人がいたとしたら，仮に過剰な働き手かもしれぬが，そうであるとしても，一日の最後の1時間だけでも自分の葡萄園で働いてもらい，朝早くから農業労働者として働いていた人々と同じ1デナリの賃金を支払うのだ，これが天国の流儀だ，しかも朝からずっと一日中働いていた人々は後回しにして，ほとんど一日のあいだ，いちばの通りに立ち尽くした1時間だけの労働者から順番に1デナリの賃金を渡すのだ，これが天国の流儀であると説教しているのである．

　天国のあり方の譬（たと）えの話として，イエスは利己心で動く市場経済の原則をひとまず認めながら，つまり商品としての葡萄の生産に他人の労働を賃金と交換につかうという市場経済にもとづく人間の経済活動を大枠として肯定しながら，その市場経済に友愛の精神を，あるいは他人を救済し援助するという相互扶助の精神を加えることで修正してみせた．わかりやすい経済の政策でいえば，失業救済のための雇用創造政策とでもいおうか．失業させるよりは雇用を優先し，賃金を真っ先に払い，有効な需要をつくり，彼らの生活を支えるのである．ただしイエスの譬え話の場合は，弱者へのいたわりが最も優先することになっている．

2) イスラーム教

　おなじ世界宗教でも，砂漠の遊牧民にたいする戒律宗教としてのイスラームは，信者のモスレムたる者の人間としての行動規範を個人の良心に依存させないでアラーの神の道徳律そのものに依拠させようとする宗教思想である．神の

戒律に人間を従属させることで，家族や地域や国家のそれぞれの共同体レベルの団結を強固にしようという発想である．あるいは，モスレムはこの厳しい宗教的行動規範を共有することによって，アラーとその言葉の伝達者であるムハンマド（Mohammed；571-632）を頂点にいただく大きな宗教的人間集団としての共同体を形成しているとみてもよい．

　『クルアーン（コーラン）』のなかから市場経済を容認し，肯定する思想を読み取ることは比較的容易である．いや容易であるばかりか，商人は積極的な神の救護者として重要な地位が与えられているのである．そこには，利子を得ることへの懐疑もさほどは大きくなく，相手の窮状にたいする同情を優先して，自分の利潤を犠牲にせよという良心への訴えもみられない．しかし，商人もその家族や部族などのさまざまな共同体に従属するかぎりで存在しうるという共同体を基本とする考え方には，キリスト教やほかの世界宗教との相違はない．

　具体的にみると，『イスラームと資本主義』の著者であるロダンソンは，「経済活動，利潤の追求，商業，したがってまた市場のための生産は，伝承によっても『クルアーン（コーラン）』によっても，おなじような温かな目で見守られている」と指摘する．原典からの言葉としては，「商人たちは……地上での神の忠実な管財人である」，「許された仕事から利益をあげるなら，お前の行動はジハードであり，この利益をお前の家族や隣人のために使うなら，サダカをしたことになる．まことに，商売で合法的に手に入れた1デルハム（銀貨）は，他のことでもうけた10デルハムにまさるだろう」，という部分が紹介されている．宗教的なさまざまな禁制品，たとえば葡萄酒や豚を商うこととか，水のような万人の共有物を商品にすることを禁じるといった宗教的な掟（タブー，共同体の禁止事項）が幾つか存在するものの，預言者ムハンマド自身が商人であったこと，商人なくして人々の豊かな物質的な生活も維持できなかったといった現実なども影響して，天国でも商人になりたいとムハンマドはいっているのである．

　因みに，ジハードというのは，神の大義のための神聖な戦争や不撓不屈の努力に相当する宗教的行為のことであり，サダカというのは，信仰にもとづく慈善行為，弱者救済のことである．

3 ── 重商主義と重農主義

1）重商主義──商業の興隆の時代と思想

　ヨーロッパ世界では，中世の時代は，実際に5世紀ごろから14世紀ぐらいまでは，商人の活動が異邦人の活動として限定されたり，あるいは中世の共同体のなかで規制されたりしていた．しかし，市場経済はいたるところで復興してくる．いいかえれば，中世都市の勃興とともに遠隔地貿易や日常的な商品売買がさかんになってくるのである．歴史的にみれば，西ローマ帝国の滅亡以後，アラビア人が地中海交易を支配する．それ以来，農奴のアウタルキー（自給自足の経済）が基本となったが，商業は連綿と継続していた．ジャムのいうように，ヨーロッパから金貨が一時的に消え去ったというのは，農業中心の社会になったということの比喩として，割り引いて理解しなければならない．

　11世紀は復興の時代であり，神聖帝国やフランク王国という大帝国が形成され，12世紀には帝国から特権を得た帝国自由都市が都市工業をマイスターによって復活させる．そして13世紀は，ジャムによれば，「経済復興の時代」とされる．中世の大建造ブームが到来するのである．自治都市の城壁が建造され，都市の中心地には壮大華麗なキリスト教の大聖堂がつくられる．数百年規模の建築が開始された背景には，地中海貿易をはじめ，ヨーロッパ全土で市場経済が活発になってきたことがある．このような市場経済のヨーロッパ的復興に直面して，それがまた学問の対象となる．

　ここでいう学問とは，分析のことではなく，市場経済における道徳的正義とはなにか，人間の行為に必要な規範はどうあるべきか，という思想上の問題を解決することであった．13世紀にトマス・アクィナス（Saint Thomas Aquinas；1225-1274）は『神学大全』を著し，キリスト教の価値観に合致する市場経済の倫理観を示す．労働意欲と私有財産の関係を配慮して彼は，私有財産を自然法に新たに加えられた人間の理性の産物と捉え，市場経済の基礎となる個人の私有財産を共同体の権利留保のもとに基本的に承認する．同胞が最終的に処分しうるという共同体の上位主体の設定はあるものの，商業利潤の正常な範囲で

Column 3 「バブル」の由来と重商主義

　1990年以降の日本経済は、「バブルがはじけた」という表現で形容される．その内容は土地の投機の崩壊、株の投機の失敗、土地の価格の暴落、株価の暴落など、あるいは銀行からの融資の不良貸し付けの露呈などであるが、この「バブル」という言葉の由来は、17・18世紀の重商主義時代の株式会社設立ブームとその終焉のある有名な「南海の泡沫」という事件による．もともと商人は連合して共同事業をおこなっていた．中世のギルドという組合も商人や職人の組織であったが、もっと冒険的事業を短期に限っておこなうために貨幣を拠出しあい、商人が仲間の組織を臨時につくるということが以前からあった．15世紀にはイギリス商人がヨーロッパ大陸で布を販売するマーチャント・アドヴェンチャラーズという連合がすでにあった．それが、国王の認可を得て、貿易の独占をそれぞれの地域でおこなうために、会社がつくられるようになり、徐々にその貿易のカムパニーは永続組織をめざすように変化する．1602年に設立されたオランダの東インド会社と1600年にできたイギリスの東インド会社が代表的である．新大陸の東「インド」地方とオランダの貿易はこの会社だけの事業であって、独占的に商売をしてもよいという権利を国王からもらい、国王には勅許料を納めるという関係であったが、国が異なれば独占の権利を主張できないので、戦艦を備えて武装し、その国を代表して戦争もするという具合であった．1700年代の初めには、そのような会社の株式がロンドンで活発に取引される株式市場ブームが到来する．そのなかには、多少いい加減な会社が評判だけ吹聴されて、株式の価格がどんどん上昇するものもあった．ロンドンではそれが「南海会社」という名前であったが、この会社は南海貿易の実績はほとんどないにもかかわらず、株価がつりあがる．人々は正式名称のSouth Sea Companyと呼ばずに、まるで泡のように南の海に消える宿命にある会社だという意味で、South Sea "Bubble" Companyと揶揄し、株を投げ売りした．この株価暴落で株式投機のブームは終焉を迎える．実際には1720年の12月に「南海会社」株は、121ポンドとなり、その年の8月までのピークである1050ポンドに比較すると、まさにバブルが弾けたような株価の大暴落となったのである．

　その後、その反動でイギリスでは、株式会社が容易に設立されることはバブルの助長につながるということで厳しく制限されるようになり、イギリス資本主義社会は個人の企業家ないし個人と個人の連合であるパートナーシップの企業形態を基本にする産業資本の時代が来る．これにたいして株式会社に過剰な拒否反応をする必然性をもたなかったドイツでは、比較的自由に株式会社の設立が可能で、産業資本家の組織としての大きな株式会社が早くから定着するのである．

の承認とならんで土地の私有権が認められたことは市場経済の存在が道徳の問題としてもキリスト教の規範に合致してきたことを意味した．しかし，利子を貸付金とともに取ることは否定された．家を貸して家賃を取るのは，家の使用に対する代価だから許される．しかし，貨幣は使えば誰かの手に渡って，同じ貨幣片はもどってこない．つまり消費される．所有権を一旦放棄しなければ貨幣の貸借は成立しない．したがって，ある特定の貨幣の使用の権利を売って，家賃のように利子を取るということにはならないからだ，と理屈が付けられた．しかし，利子を禁じる根本の理由は隣人愛のキリスト教的倫理観にあることはトマス・アクィナスも認めている．

このような中世的気質と縁を切る考えが重商主義思想である．まず，群小の封建領主が没落し，ヴェネチアのような海洋商業都市国家や自由都市，スペインやポルトガルといった官僚と軍隊に支えられた強大な国家が台頭してくる．そして新大陸の発見と大航海の時代がヨーロッパ社会に大量の銀や金をもたらすのである．

商業，とりわけ外国との商業で貿易差額を獲得すること，これこそが自国の富を増大させる方法である，というのが重商主義の理論であった．そのためには，金銀の流入を図り，輸出を奨励し，輸入を制限するために高い関税を掛けて，できるかぎり国家統制しようというのがその理論による重商主義政策であった．これにたいして金や銀の貴金属こそが富の実体，本当の姿であり，とりわけ貴金属の蓄積を重要視しようという考えは，重金主義といって区別される．

高く売れればそれだけ利潤がおおきくなる．それは良いことだ，という思想であったから，いくらが自然価格で正当な価格であるかという倫理的関心は稀薄になる．と同時に，利子を否定する理論が，別の理論によって否定されるようになる．すなわち，貨幣を借りて商売などで儲けることがあるではないか，儲けることができたのは金貸しが貨幣を貸し付けたからではないか，公平の観点からいっても儲けの一部が利子として貸し手にわたるのは理にかなっているのだと．また，貸し手のリスクが利子として借り手によって払われるべきだ，ともいわれた．カトリックもプロテスタントも教会側は教義としても利子を容

認するようになる．

　理論といえるのか，経験的にそうだというだけなのか，あるいは誤謬なのか，こんにちまで経済学の話題のひとつになっている貨幣数量説は，この時代のジャン・ボダン（J. Bodan；1530-1596）によってとりあげられている．彼の理論は，ある一定の取引量が与えられた場合，そこでは商品の価格全体は社会全体への貨幣の供給量に直接的に比例して変動する，という単純な数量説である．彼の同時代にその典型的な現象がみられた．すなわち，スペインのアンダルシア地方での物価騰貴が紹介され，1500年から1600年までの百年間に，物価は5倍になったのだが，その原因は新大陸からもたらされた大量の新産金と新産銀であると分析された．金や銀はやがて国境を越えてヨーロッパの全土に拡大する．その貨幣数量増大に応じて，商品の価格は上昇したとされた．世界史のなかでいわれる商業革命ないし価格革命の話である．しかし，厳密には，どの商品も一様に価格が上昇したとは考えられない．個々の商取引毎に価格は決定されるのであり，そこには，社会全体で貨幣の供給量がどれだけ増加したから特にどうなるという直接の因果関係はない．ただ，自分が売った商品が思ったより高値で売れたので，自分が欲しい商品が，多少の高値でも購入できる，したがって価格は上昇しうる，という個別の交換主体のビヘイヴィアに即した分析が可能となるということはいえよう．

　さて，重商主義を代表する経済学者といえば，ロンドンで東インド会社の社員であったトマス・マンである．彼はイギリスという国を会社にたとえて，収入と支出の差が会社の利益であると同様に，輸入より輸出が超過すればそれだけポケットに金貨が残るではないかと考えて，貿易差額を大きくするさまざまなテクニックを教示している．

2) フランスの重農主義

　イギリスの思想が商業や工業の優位性を信頼して貿易の黒字幅を拡大できるとしたのにたいして，大陸のフランスでは，一国の富は農民が土地を耕すことによって生まれるという重農主義思想が発展する．そこでは，自然的なものは何かというアリストテレス以来，ローマ人にも継承され，思想的に生きつづけ

た自然法の考え方が基礎に据えられた．生活の基本は農業にありと確信されるには理由があった．もちろんフランスには農業に生きる農民や大地主がおおきな比重で存在していたというばかりではない．工業が盛んになったところで，それは農業や牧畜によってもたらされた財を加工するだけではないか．商業はといえば，農産品や工業製品を右から左に流通させるだけではないのか．農業で食料や原料がもたらされなければ何もはじまらないではないか．加工は新たなものを生み出す農業的な自然に依拠した生産とは違う活動とされた．工業は非生産と分類されたのである．

アダム・スミスにも影響をあたえた朝廷の医師，フランソワ・ケネーは，一国のなかで財がどのように生産され，流通し，消費され，そして人々の間を貨幣がどのように循環してゆくのか，あたかも人体解剖のように『経済表』によって示した．国の経済を貨幣と財の交換により巨視的に分析しえたわけである．と同時に，売買の自由も自然な動機であって，政治の力でねじ曲げてはならないという「自由放任」の思想・知恵が重農主義思想の産物として登場してくる．それは，古典派の経済学の思想とも共鳴して，"レッセ・フェール"（自由放任）としてその時代の思想的潮流を形成するのである．

4── 古典派経済学

1）アダム・スミスの分業と交換にたいする評価

アダム・スミス（Adam Smith；1723-1790）は，『国富論』において，交換とか分業とかは勃興しつつある新たな社会の基本現象だとみて，物的にはまずしかった封建時代から，大量に物量のあふれる富裕な時代への変化を歓迎している．「よく統治された社会では，人民の最下層にまで広く富裕がゆきわたるが，そうした富裕をひきおこすのは，分業の結果として生じる，さまざまな技術による生産物の巨大な増加にほかならない」と．分業の発展は人々に豊かさをもたらし，具体的には自分自身の必要部分を超えた剰余部分の生産物を他人の財貨と「交換することができる」ようになる．このような市場での交換がなされることで，「豊かさが一般に社会の種々の階級のすべてにゆきわたる」のであ

ると，交換の効用・分業の効用をスミスは評価する．

　またスミスは，「分業は，もともと，それによって生じる社会全般の富裕を予見し意図した人間の知恵の所産ではない．分業は，その有用性に無頓着な，人間の本性上のある性向，すなわち，ある物を他の物と取引し，交易し，交換しようとする性向の，緩慢で漸進的ではあるが，必然的な帰結なのだ」，と考えていた．また，このような人間の交換を求める性向は，「すべての人間に共通なもので，他のどんな動物にも見出されない」人間にだけの固有な性質だとした．

　人間は群れる，群れのなかで役割を分担するという人間以外のある種の動物たちと共通な性格をもっている．社会をつくるということは人間が群れるということにほかならない．群れを共同体と定義してもよかろう．しかし人間には，人間にだけにみられる特徴があるとスミスは考えたのであって，それは交易・交換つまり市場経済をもつことだとされた．

　分業は，商品と商品の交換を前提にする社会的分業と，たんなる作業の分担としての工場内分業ないし共同体内分業に区別されるが，スミスの場合は，交換をキー・ワードにして，職業の分化としての分業も，マニュファクチュアの作業場内部の分業も，交換が目的のように説明される．しかし，アウタルキーとしての自給自足の人間の集団経済でも，仕事や労働の分担としての分業があって，その分業は市場経済でみられる交換を必ずしも必要としないという点がスミスの分析には欠落している．たとえば，自給自足でなくても，家族共同体のなかではさまざまな家事が分担されているが，その分業は交換概念とは無縁である．共同体の内部では，分業は労働の効率を高めるとはいえても，交換をもたらすとはいえない．交換は，共同体の外でも内でも，人間同士がそれぞれの剰余の財貨を取り替えるという行為なのであって，分業と必ずしも直結する概念ではない．

　スミスは動物なり人間なりが貨幣を媒介にしないで協力して生きるという群れの生存形態，換言すれば共同体の生存形態があることを理論の次元では明らかに見落としてしまっている．それは，人間は市場経済をとおして交換をおこない，それによって分業するから，各人それぞれの専門の有用性を交換によっ

て全員が享受できる，という限りでは誤りではない．そして人間の共同体の場合は，多かれ少なかれ市場経済的要因が補完的に作用しているということも正しい．むしろ市場経済でまかなえない人間生活の部分が共同体原理で補われて，人間社会の全体構成があるともいえる．しかしスミスが，動物とりわけ犬を対象に分析した部分で，動物には「交易し，交換しようという力や性向が欠けている」から「どの動物も個々独立に自給し自衛しなければならない」というのは，今日の動物行動学の発展によって，修正されるべきだろう．なぜならば，群れる，集団を形成するという点でいえば，人間も犬も群れるという事実があるからである．犬は，シェパードもマスチフも雑多な犬同士が共同体を形成し，おたがいの長所を集団でいかして生存する事実もあるのであり，人間であってもサルの集団であっても共同体的生存形態を生存の第一の基礎としているのである．それゆえ，「群れる」という共同体の延長に，人間の共同体の場合では，共同体で消費される生活物資を多様化させるために，交換があとから派生した，とみるのが共同体と交換との関係の理解のしかたとしては妥当であろう．

2）スミスの「自然」概念と予定調和の思想

　ところで，このようなスミスの市場経済の思想の特徴は，純粋な市場経済が発展した人間社会の唯一の構成原理として理想化されているところにある．市場経済はそれだけの内在的要因で人間社会に自然の調和という理想状況をもたらす，これがスミスの思想の根幹だといってよいであろう．自然というのは，スミスの理論では，アリストテレスの肯定的理想的なものという抽象的概念よりは多少具体的で，『国富論』のなかでは，「普通，それが相場になっている」ような市場経済の自然な状態のこととされ，その自然な比率は自然率とか平均の率ともいわれるが，「およそ一つの社会，一つの地域には，労働と資本の異なる用途ごとに，賃金ならびに利潤についての通常率または平均率というものがある」，「この率は，一つにはその社会の一般的事情によって……おのずから規制されている」，「どんな商品でも，それがふつうに売られる現実の価格は，その市場価格とよばれる．市場価格は，自然価格を上回るか，下回るか，ちょ

うどそれと一致するか，のいずれかである」というように説明されている．

ひとつの社会に自然な比率が存在しうるのはどうしてか．スミスはそれを競争の効用だとする．市場に必要な分だけ商品が供給されなければ，欲望を充足しようにもできない人々は，「もっと多くを支払ってもよい」と思う．高値がつくと，競争がはじまって，その不足商品の高値を当て込んで追加供給生産をする産業資本家が現れる．過剰な供給になれば，当然に市場ではその商品は値崩れしてしまう．スミスは，競争の実践により商品の価格には変動がでるとし，「それゆえ，自然価格というのは，いわば中心価格（central price）であって，そこに向けてすべての商品の価格がたえずひきつけられるものなのである」と説明している．われわれは，スミスのこの競争理論をうけて初めて，『国富論』第Ⅳ編第2章での，有名な「見えざる手」の説明を理解することができる．

経済人が市場経済の登場人物なのだが，「かれは，普通，社会公共の利益を増進しようなどと意図しているわけでもないし，また，自分が社会の利益をどれだけ増進しているのかも知っているわけではない．……産業を運営するのは，自分自身の利得のためなのである．だが，こうすることによって，かれは，……見えざる手に導かれて自分では意図してもいなかった一目的を促進することになる．……自分自身の利益を追求するほうが，はるかに有効に社会の利益を増進することがしばしばある」，と主張した．社会の利益だ国家の利益だと市場経済を操作しようとするのは愚行である．市場経済は，その競争の効用によって，立派に理想の予定調和を達成しうるだけの機能をもっている．これがスミスの自由放任の思想であった．

では，貧富の差という市場経済のもたらす不平等の問題はどうなるのか．『国富論』では，貧困の問題はあるにはあるが，市場経済がもたらす固有な貧困の存在という発想はない．当時は，農民の農村からの流出と都市住民であった徒弟や職人たちの没落，工場労働者になることへの拒否などの社会事情により浮浪者が大量発生した時代であった．そこで救貧法が制定されていた．しかし，それは分業の自由な発展を阻害する徒弟法や旧慣習などとともに，人間の移動や活動の自由にたいするさまざまな規制を市場経済に残すことになった．

したがって，規制を撤廃すべきだという自由放任の思想は，産業の発展と自由競争が貫徹すれば問題はなくなるだろう，貧困はイギリスのなかから消滅するだろうという，市場経済にたいする楽観思想であったとみてよいだろう．失業についても同様で，人間の財産は労働できることなのだから，自由にストックと労働者が移動できることが重要であるとスミスは考えたのであった．市場経済の自由活動が確保されさえすればよいというわけであって，その自由が確保されたのちの失業や貧困の問題は，そもそも，観察しうる現象としてスミスの視野に入ってこなかったのである．

3）スミスの「経済人」と道徳

ところで，スミスが「経済人」というとき，他人の立場を考慮するという，あるいは自分の行為が他人にも共感を得るという，道徳や倫理，ないしは個人の社会の構成員としての良心の重要性が強調されている．1759年に刊行された『道徳感情論』では，そのような倫理意識に裏打ちされた，各個人の自由な経済人としての利己心による経済的行為が，自由に，国家やその他の共同体的規制を受けずに展開されるとき，かりに富者が貪欲なことをしたとしても，結果は，「富者は貧者と等量しか消費せず」，ということになる．つまり，個人の利己の欲は，自由競争のなかでひとつの秩序に収斂してしまうと考えられた．スミスの思想は，「かれらは，見えざる手に導かれて，土地がその居住者のあいだに均等に分割されていたならばなされていたであろうと思われるような，生活必需品の均等な配分を行なうようになるのである」という理想としての市場経済での平等実現であったし，それは可能とされた．しかし，現実は依然として自由の下の不平等が，あるいは富の偏在が継続する．市場経済にたいする悲観的評価はそこから発生してきたのである．

4）リカードの市場経済にたいする思想

スミスの楽観的な市場経済評価にたいして，リカード（David Ricardo；1772-1823）は，より客観的に市場経済が全面的展開をした場合の社会のもつシステムの性格を研究した．その結果，幾つかの悲観的材料を理論としての命題のな

かに発見するのである．典型的な議論は，収穫逓減の法則であろう．人口が増大してゆき，小麦の生産が拡大される必要がでる．しかし，優等地はすでに耕作されていて，未耕地は相対的に劣等の土地である．そこで，劣等の土地での生産物に平均利潤が与えられなければ，そこで誰も生産しないから，生産費用が大きい小麦に平均利潤が加味された，より高い小麦価格となる．このように農産物が蓄積の進行とともに上昇していけば，地代の比率が上がる．賃金で，生活に必要な小麦を買うのであるから，その賃金も価格上昇に比例して上昇しなければならない．そうすれば，資本家の手元に残る利潤の量は減少するわけであって，利潤率は傾向的に低下するし，産業資本家が窮地に陥る事態——たとえば，恐慌——が発生しよう．

論理としては，ほぼ完全であるように思われる．まず，予定調和ではなくて恐慌が発生するのだというリカードの理解は，スミスの楽観思想にたいしては，リカードの悲観思想と呼んでもよかろう．このような市場経済にたいする悲観論は，マルサスの人口論とともに，収穫逓減法則にも由来する思想である．

しかしながら，賃金で労働者が購入するのは工業生産物もある．また農業での技術革新もありうる．あらたに発見された土地も肥沃かもしれない．地主が大量の工業製品を買う可能性も高い．すなわち，演繹の方法で正しいとされても，演繹の前提が不十分な仮定だったり，生産の技術や需要の相互関連などの考慮が不足していれば，一見したところ完全な理論——演繹的な論理の展開——でも，意味をなさなくなる場合だって存在するのである．論理の落とし穴は，経済学の前提を理解する場合の落とし穴としてもいたるところに散らばっているのである．

† 参考文献

エミール・ジャム／久保田明光・山川義雄訳『経済思想史』(上)，岩波書店，1965年．
大塚久雄『株式会社発生史論』岩波書店，1955年．
岡田英弘『倭国—東アジア世界の中で—』中央公論社，1977年．
J. K. ガルブレイス／鈴木哲太郎訳『経済学の歴史』ダイヤモンド社，1988年．

J. A. シュンペーター／東畑精一訳『経済分析の歴史』岩波書店，1955年（全7冊，頁は通し頁）(Schumpeter, J. A., *History of Economic Analysis,* New York, 1954).

『聖書』（旧約聖書・新約聖書），日本聖書協会（1955年改訂版），1972年.

竹内靖雄『市場の経済思想』創文社，1991年.

M. ロダンソン／山内昶訳『イスラームと資本主義』岩波書店，1978年.

（松尾秀雄）

第 2 章

新古典派の市場観

　後世から振り返ってみる時，1870年代以降しだいに顕著となってきた古典派経済学への異議申し立て，すなわちいわゆる「限界革命 (marginal revolution)」は，ジェヴォンズ (W. S. Jevons; 1835-82)，メンガー (C. Menger; 1840-1921)，ワルラス (L. Walras; 1834-1910) の 3 人をその代表者として行なわれた．その代表的著作は，ジェヴォンズ『経済学の理論』(1871)，メンガー『国民経済学原理』(1871)，ワルラス『純粋経済学要論』(1874-77) である．そして今日なお，その特徴として，経済学への数学的手法の導入が強調されることがある．

　しかし，経済的諸関係のうち，数量的関係，とくになめらかに変化する連続的諸変量の関数関係として表現しうるものについては，つねにその変化率ないし微分を問題にしうるのであるから，市場観をめぐる立場のいかんを問わず，それらの市場観を支える経済理論のなかに，微分ないしその逆演算としての積分等の数学的手法を導入することは，可能であるのみならず，むしろ自然なことといってよい．

　むしろ，彼らの特徴は，古典派が市場経済を「生産のアングルから認識していたのに対して……交換のアングルから……認識しようとした」(須藤修) 点にある．その際に彼らは，「財の最終効用度 (the final degree of utility)」(ジェヴォンズ)，「稀少性 (rareté)」(ワルラス)，「限界効用 (Grenznutzen)」(メンガーの内容にたいしてのちにウィーザーが命名したもの) とその呼び方こそことなれ，共通して今日のいわゆる限界効用 (marginal utility) ——交換を通じて取得する，もしくは消費する財の最終 1 単位のもたらす効用——の役割を重視した．また，市場における個別経済主体の分散的な意思決定，あるいは彼らの

利己心にもとづく競争によって，社会的な資源の最適配分が達成されると考えた．

ただし，三者の市場観にはかなりの相違がみられる．たとえばM.ブラウグは，この三者の関係を「イギリスとアメリカにおける限界効用革命，オーストリアにおける主観主義的革命，スイスとイタリアにおける一般均衡論的革命」の「三つどもえの『革命』」（コリソン・ブラック他編『経済学と限界革命』）と表現している．ここでは，「限界革命」に始まる新古典派の市場観を，均衡化機構としての市場，選択基準を与えるものとしての市場，プロセスとしての市場の三面に分けて整理しておくことにしよう．

1――均衡化機構としての市場

市場を，多数の経済主体間の相互依存関係によって形づくられるある種のネットワークとして捉える見方は，古くから存在していたが，ワルラスに始まる一般均衡理論は，消費財や生産要素などの価格と取引数量が市場で相互依存的かつ同時的に決まることを連立方程式体系を用いて定式化した．

一般均衡理論の創始者ワルラスの経済学体系は，純粋経済学，応用経済学，社会経済学の3部門からなる．彼はまず，「稀少なもの，すなわち一方においてわれわれにとって効用があり，他方において限られた量しか獲得できないもの」を「社会的富」と定義し，この社会的富について行なわれる売買の現象の観点から社会的富の本質を考慮するものを純粋経済学，有利であるか不利であるかという「利益」の観点から社会的富の経済的生産を考察するものを応用経済学，また「公平または公正」の観点から社会的富の人々の間への分配を考察するものを社会経済学と呼んだ（久武雅夫訳『純粋経済学要論』岩波書店，1983年）．

このなかで，ワルラスの一般均衡論的な市場像が最も端的にあらわれているのは，「純粋経済学」の中の交換理論である．ワルラスは，交換機構の理論をまず2商品市場の事例について，ついで多数商品市場の事例について展開している．以下では多数商品交換の一般均衡をみよう．

ここではn人の個人が，m種類の財のそれぞれをなにがしかずつ携えて市場に現れる．交換は競売人を仲介して行なわれると想定される．競売人はある特定の財をニュメレール（numéraire，価値尺度財）にとり，各財の価格をニュメレールとの交換比率として提示する．各個人はこの提示された価格の組をもとにして，自らの各種の財の初期賦存量（保有量）の組み替えを行なう．すなわち，それらの一部を手放し，その代価として得られる範囲で別の財を入手する．各人は自らの「有効効用」（ある商品の消費によって充足された欲望の総和で，ジェヴォンズのいわゆる「総効用」と同義）を最大にするように，各財の需要量と供給量とを決める．交換後の数量が初期保有量を上回るときの差額が需要量であり，交換後の数量が初期保有量を下回るときの差額が供給量である．

ここでの価格形成について，ワルラスは，「理論的」または「数学的」な解法と，「経験的」または「実際的」な解法との2つの解法を試みる．

まず，「理論的」な方法では，実質的には，市場の一般均衡は，次の2つの条件が満たされるときに成立することが示される．その第1の条件は，各人の主体的均衡が成立していることである．すなわち，各人が供給価額と需要価額が等しいという予算制約条件の下で効用を最大化していることであり，このとき各人について任意の2財の限界効用の比率はその2財の価格の比率に等しくなる．第2の条件は市場均衡の条件であり，各財について市場全体の「総有効需要」と「総有効供給」とが一致していることである．ワルラスは，これら2つの条件が満たされているとき，市場の一般均衡が成立し，また，すべての市場を同時に均衡させる価格である均衡価格が存在することを「証明」した（ただし，ワルラスのオリジナルな「証明」は，たんに未知数の数と方程式の数が一致することを確認するにとどまるという難点を含んでおり，経済的に意味のある正の価格ベクトルの存在証明は，後年，不動点定理を利用したアロー（K. J. Arrow）・ドゥブリュー（G. Debreu）らの証明，あるいはスカーフ（H. Scarf）のアルゴリズム法による証明によって行なわれた）．

ワルラスの第2の解法は，「模索（tâtonnement，タトンマン）」の理論であり，財の超過需要（超過供給）などが存在する不均衡状態から出発して，均衡が，現実的には市場で競争機構を通してどのように達成されてゆくかを解明しよう

とするものである．この問題は，価格が均衡値から乖離したときに再び均衡値に戻ることができるかどうかという，均衡の安定条件の問題である．ワルラスは，交換は，超過需要（超過供給）がゼロになって初めて行なわれ，それまで何度でも値付けが繰り返されるといういわゆる予備的模索を仮定した上で，超過需要のある財の価格は上がり，超過供給のある財の価格は下がるということから，均衡の安定性を証明しようとした（この証明は，後に「粗代替性」の概念を用いてより厳密に行なわれた）．

　以上のような交換経済の一般均衡を考察したあとで，ワルラスは，体系の中に生産を導入し，理論の一般化を図るが，それらの全体を通じて，ワルラスの市場においては，各経済主体がいわゆるプライス・テイカーとして行動すること（各経済主体の行動が財やサービスの市場価格にほとんど影響しないこと），いいかえれば，情報が完全であること，あらゆる取引が自由であり，かつそのコストがゼロであることが前提されている．ワルラス体系においては，つねに証券取引所のような「競争の観点からみてもっともよく組織された市場」が仮定されているのであるが，このことは，パリの証券取引所が，彼の市場理解のいわば原像となっていることと関連している．もっとも，このために他方では，不均衡のうちに行なわれた交換と生産の重要性が，ワルラス経済学ないし新古典派経済学においては無視されてしまうという問題も生じた（T. Negishi, *History of Economic Theory*, 1989）．

　ともあれ，ワルラスは，経済諸変数の同時連関的（共時的）相互依存性に着目し，静態的で，自立的調整機能を備えた競争的市場モデルを構築し，以後の新古典派に共通する市場理解の枠組みを与えたのであった．

　なお，以上のワルラスの展開のうち，個別経済主体の主体的均衡条件に関して「稀少性」を実体視しこれを交換価値の原因とすることは，市場の一般均衡を説明するためには必ずしも必要なことではない．この点はパレート（V. Pareto；1848-1923）によって批判された．パレートは，個々人の活動を促す諸力を「嗜好（goût）」，また体系に課された諸制約を「障害（obstacles）」と呼び，経済均衡は「嗜好と障害との対抗」から生じるとした．彼は「かりに生産を所与として嗜好だけをとりあげれば，交換価値を決めるのは嗜好だけということ

になる．……他方障害（生産）の立場から思考するとすれば，価値の原因は生産費ということになろう」と述べ，価値の問題をも関数的な相互依存関係による説明へと徹底化させた（*Manuale di economia politica*, 1906. ただし引用は *Manuel d'économie politique*, 1966 による）．

このような一般均衡理論的市場理解は，その創始者たちにあってはさまざまの留保を伴っていたにもかかわらず，生産を含めた一般均衡体系に拡張されるに従って，次第に，市場での自由な取引にすべてをゆだねておけば，最適の経済状態が達成され，かつそれは安定的であるという一種の市場礼讃的な見方を生むこととなった．

2── 財評価の指標としての価格

市場経済に限らず，およそ社会的再生産が多かれ少なかれその構成員間の分業によって行なわれている経済においては，何をどれだけつくるか，またどのようにしてつくるかを何らかの方法で決定する必要があるが，そのためには，生産の技術的連関（生産可能性集合）が与えられただけでは，必ずしも十分ではない．古典派経済学にたいする限界革命の革新的意義として，客観的価値論（費用価値説ないし労働価値説）から主観的価値論（効用価値説）への転換がしばしば指摘されるが，上述の点に鑑みれば，むしろその意義は，「必要な第2の方程式を提供した」（シャックル）ことにあるといってよい．限界革命の遂行者およびその継承者たちは，このような財にたいする個人的評価の指標としての価格，あるいは社会的需要の「集計機構」としての市場の意義を重視し，それらをいくつかの方法で基礎づけようとした．これには，大別して，基数的効用説と序数的効用説がある．

1）基数的効用（cardinal utility）説

ジェヴォンズやワルラスは，市場において消費者がその所得の範囲で財の値段をつける時に，財および用益をどのように評価するかを問題にしたが，ベンタム（E. Bentham）の功利主義の強い影響の下に，快楽と苦痛は数量化できる

ものと考え，交換における価値の理論を「快楽と苦痛の計算」によって基礎づけようとしたのが，ジェヴォンズである．

ジェヴォンズは，ベンタムにしたがって快楽と苦痛を人間行動の主動因とみなした上で，経済学で取り扱うのはその「最下級の感情」であると限定する．また，ベンタムに倣って，快楽または苦痛の大きさを規定する要因として，「強度」，「持続」，「確実性または不確実性」，「近さまたは遠さ」の4つを挙げた上で，「人間の要求に対するその関係から起こる物の状況」を「効用」と呼び，物の効用の大きさは，それが個人のなかに生ぜしめる快楽の純量によって測定されるとした．彼は，財全体の消費から生じる「全部効用（total utiliy）」とその「最終効用度」，すなわち限界効用とを区別し，いくつかの命題，たとえば，ある財をいくつかの用途に配分するとき，各用途の限界効用が等しくなるときに全部効用は最大化されるとの命題，等を導出する（寺尾琢磨改訳『経済学の理論』日本経済評論社，1981年）．

さらにジェヴォンズは，「取引団体（trading body）」——買手または売手の団体で，単独の個人であったり，一大陸の全住民であったりする——という概念を提示し，完全競争および当事者の完全な知識を前提にして，次のような交換の理論を展開した．

いま，団体Aの穀物の初期保有量をa，団体Bの牛肉の初期保有量をbとし，両団体の間で穀物x単位と牛肉y単位との交換が行なわれたとする．同質の財について，同一市場，同一瞬間には2つの異なる価格はありえない（一物一価の法則．なおジェヴォンズはこれを「無差別の法則」と呼んでいる）とすると，$dy/dx = y/x$である．

ここで，Aにとっての穀物の限界効用を$\phi_1(a-x)$，牛肉の限界効用を$\psi_1(y)$とすると，取引は限界的損失が限界的利得に等しいところまで行なわれるから，$\phi_1(a-x)dx = \psi_1(y)dy$，または，$\phi_1(a-x)/\psi_1(y) = dy/dx$である．同様に，Bにとっての穀物の限界効用を$\phi_2(x)$，牛肉の限界効用を$\psi_2(b-y)$とすると，$\phi_2(x)dx = \psi_2(b-y)dy$，または，$\phi_2(x)/\psi_2(b-y) = dy/dx$である．したがって「無差別の法則」より，$\phi_1(a-x)/\psi_1(y) = y/x = \phi_2(x)/\psi_2(b-y)$となる．このようにしてジェヴォンズは，「任意の2財の交換比率は交換終了後

に消費に利用しうる財の最終効用度の比率と反比例する」という,彼が「交換の全理論……の要石」とよぶ命題を導出した.

以上のように,ジェヴォンズは,経済学を「快楽と苦痛の微積分学」あるいは「効用と自利の力学」として定式化しようと試みたが,その結果,市場は,快楽と苦痛とを計算しつつ効用極大化を求めて活動する諸個人が織りなす世界として捉えられることとなった.このような人間関係は,エッジワース(F. Y. Edgeworth ; 1845-1926) の経済理論における「人間を快楽機械と見做そうとする考え方」(*Mathematical Psychics*, 1881) へと連なっている.

なお,このような基数的効用の概念は,財にたいする個人的評価の指標としては,次項でみる序数的効用の概念に取って代わられることになるが,これにたいして,「最適所得分配,社会厚生関数の構築,価格形成における諸個人の評価の相対的重要度などの分配に関する問題を扱う際には,このような基数的効用と効用の個人間比較が不可欠となる」(根岸隆『古典派経済学と近代経済学』岩波書店).かくして基数的効用概念を方法的基礎としつつ,一定の価値前提を明示した上で社会組織の成果を評価しようとしたのが,ピグー(A. C. Pigou ; 1877-1959) によって体系化された(旧)厚生経済学である.この旧厚生経済学は,ベンタムの功利主義に本来含まれていた「最大多数の最大幸福」という倫理的側面と,分析手法としての限界効用理論とが結びついたものと観ることができる.

以上のように,価格を人々による財評価の指標として理解し,市場をそのような価格を形成するひとつの社会的装置とみる市場観のひとつの極限は,次のようなヴィーザーの市場理解のなかに見出すことができる.彼は,私有財産制度下で,数多くの主体が経済的利益を求めて相互に交換を行なう経済を「社会経済」,他方,私有財産や人間の不完全性による多くの問題が存在しない経済を「単純経済」と呼び,「単純経済」においては財にたいする社会的評価として「自然価値」が存在し,「社会経済」においてはそれから偏倚した「交換価値」が社会的に妥当するとした(大山千代雄訳『自然価値論』有斐閣,1937年,および,*Social Economics*, 1927).シュンペーターは,ヴィーザーの所説を評して,「経済行動に関する一般的論理を展開しようとする試みは自動的に社会主

義経済の理論をうみだす」と述べており（シュンペーター／東畑精一訳『経済分析の歴史』岩波書店），また，これを受けてヴィーザーを市場的社会主義者の先駆者であったとする評価もある（根岸隆『経済学のタイム・トンネル』日本評論社，1984年）．

なお，基数的効用は，やや異なる問題視角から，フォン・ノイマン（J. von Neumann；1903-57）およびモルゲンシュテルン（O. Morgenstern；1902-77）による期待効用理論が展開された際に，新たな装いを纏って再登場することになる．

2）序数的効用（ordinal utility）説

上にみた基数的効用理論は，経験科学の立場からすると，効用の可測性という重大な限界にぶつかっていた．これにたいして，単調変換を用いて効用の基数的可測性の必要性を回避したのがパレートである．

彼はまず，あらゆる経済的・非経済的源泉から生じる満足を「効用」，純粋に経済的源泉から生じる満足を「オフェリミテ（ophélimité）」（パレートによるギリシア語からの造語）と呼ぶ．さらにオフェリミテには，個人のオフェリミテと集合体（社会）にとってのオフェリミテがあるとされる．その上で彼は，ある個人にたいして与えられた2種類以上の財の組合わせの集合において，その個人にとって選好上無差別な財の組合わせの系列を「無差別系列」または「無差別曲線」と定義した．たとえば，ある消費者にとって「パン1 kgとワイン1 kgの組合わせ」（m）と「パン0.6 kgとワイン1.8 kgの組合わせ」（n）と「パン1.6 kgとワイン0.7 kgの組合わせ」（s）が選択上無差別ならば，その消費者にとって（m），（n），（s）は同一のオフェリミテをもつ財の組合わせであり，このような組合わせの系列ないし曲線が「無差別系列」または「無差別曲線」である．いまこれにたいして「パン1.1 kgとワイン1.1 kgの組合わせ」（m'）があるとすると，その消費者は（m）よりも（m'）を選好するであろう．そこで選択が無差別な組合わせ（m），（n），（s）には同じ指標（たとえば1）を与え，より選好される別の組合わせ（m'）にはより大きい指標（たとえば1.1）を与えることによって，この消費者の選好の順序を示すひとつの関数を得ることができる（*Manuel*, Chap. 3, §§ 52-56）．こうしてパレートは，基数的な

効用関数のかわりに,序数的効用の仮定にもとづく指標関数(functions-indices)を用いた.このような「選択理論」を導入することによって,パレートは,その難点を指摘されていた基数的効用概念なしに消費者行動の理論を展開した.ただし,この序数的効用関数は,これを単調増加関数によって変換(いわゆる単調変換)しても,もとの選好順序は保存され,したがって変換された関数もまた,その個人の序数的効用関数としての要件をみたすことにも表れているように,その絶対値には意味がなく,したがってそれらを加算することはできない.このため,序数的効用関数の導入によって,効用の個人間比較の途はその限りでは閉ざされることとなった.

ところで,パレートのいまひとつの貢献は,市場におけるひとつの効率性の概念を提示したことである.すなわち彼は,「集合体のオフェリミテ」についてであるが,その極大点を「この位置からほんの僅か動いても,ある個人の享受するオフェリミテの増大と,他の諸個人のオフェリミテの減少……に必ずなる」ような位置と規定した.この概念は,市場におけるある種の効率的状態にも適用することができる.このように,ある個人の状態を改善しようとすれば,必ず他の誰かの状態を悪化させてしまう状態を,彼の名に因んで「パレート効率的(Pareto efficient)」と呼ぶ(なおこの概念は,いわゆるエッジワースのボックス・ダイアグラムにおける「契約曲線」上のすべての点に当てはまる).

このような序数的効用理論は,今日のいわゆるミクロ経済学の方法的基礎をなしており,これによって,一般均衡理論における価格体系やパレート効率的資源配分が考察されている.さらに,この序数的効用概念にもとづいて(旧)厚生経済学を再建しようとするものとして,新厚生経済学が登場した.なお,このように諸個人の効用を序数的な選好順序に置き換えるという方法上の変化は,各人の選好順序をなんらかの方法によって統合することによって,社会全体としての選好順序を構成することができるかどうかという新たな問題領域を生んだ.この問題に対して,アローが独創的な分析を展開し,その後,社会選択理論(社会的決定理論)として研究が進められている.

さて,以上のような論理構成の厳密化は,一方では確かに,基数的効用概念の持つ方法的難点を解消することに成功しえたのであるが,他方ではしかし,

効用の個人間比較を排除することを通して，その体系から所得分配をめぐる問題群を除外することとなり，旧厚生経済学がもっていた，福祉の個人間比較のための客観的基礎を探ろうとする方向性をその限りでは放棄することとなった．かくして序数的効用理論にもとづく新古典派の市場は，市場をある一定の条件の下で資源の効率的配分を行なう装置と捉える見方へと自己限定する傾向を持つこととなった．

ただし，以上のような新古典派の市場理解は多少両義的でもあって，他面では，完全競争均衡成立の条件を考究することを通じて，それらの条件が充たされない場合には，市場機構は効率的な資源配分をもたらさないことを明らかにした．これを市場の失敗（market failure）という．その代表的なものとして通常挙げられるものとしては，独占の存在，収穫逓増（費用逓減），外部性，公共財がある．ここでは最後の2つについてごく簡単に補足しておこう．

外部性（externalities）とは，本来はマーシャル（A. Marshall；1842-1924）が同一産業部門内の企業間における技術的な相互影響について導入した概念であるが，後に，複数の経済主体間における価格関係を経由しない経済的影響という意味にまで拡張された．このうち，ある主体が市場を介さずに他の主体に便益を与えることを「外部経済（external economies）」，反対に損失を与えることを「外部不経済（external diseconomies）」という．後者の典型的な例が，公害や環境汚染であるが，これらは通常の財（Goods）にたいして，マイナスの財としてバッズ（Bads）と呼ばれる．また，公共財（public goods）とは，複数の消費者が便益を享受する一方，特定の消費者を排除することが困難な財をいう．灯台や警察のサーヴィス，美しい景観などがその例である．この場合，誰がどれだけの便益を得ているかを特定することが困難であるとともに，かりに特定できたとしても対価を支払わない人を排除できないため，市場が成立しない．

これらのケースは，あくまで新古典派的市場理解の枠内にとどまっているとはいえ，無限定的な市場礼讃的立場にたいして，一定の反省を促すものとなっている．

3ーー当事者行動の過程としての市場

　ジェヴォンズ，ワルラスとともに限界革命の代表者と一般にいわれるメンガーは，近年そのような評価が変わりつつある．「オーストリアの経済学者のなかで，最も限界主義者ではない」（シュトライスラー）との評価さえみられる．これは，メンガーによる市場の考察の焦点が，個々人の意識的な経済活動とその制約諸条件とが織りなす力動的な「世界連関」にあったからである．
　すなわちメンガーは，まず，ある特定の自然的・文化的環境のなかにある諸個人が，自らの生活と福祉を維持する上で持たざるをえない「必要」を主観的な側面から捉えて「欲望（Bedürfnis）」とした上で，ある個人が自らの欲望充足のために必要とする財の数量をその「需求（Bedarf）」と呼ぶ．個々人の生活と福祉にたいする配慮（Sorge）は，したがってその需求の充足にたいする配慮となるが，このような配慮は，短期間についてのみならず将来のためにもなされるから，自己の欲望充足にたいする人間の配慮は，財需求の充足にたいする「先慮（Vorsorge）」としてあらわれる（安井琢磨訳『国民経済学原理』日本評論社，1937年）．
　ところで，このような需求とわれわれが支配可能な財数量とは，通常一致しない．需求が支配可能な財数量より多い場合には，なんらかの欲望は不満足のまま残されることになる．このように需求よりも支配可能な財数量が少ない財を「経済財」，また反対に需求が支配可能な財数量よりも少ない財を「非経済財」とメンガーは呼び，財の支配量を最も合目的的な方法で欲望充足にあてようとする人間行為の総体を「人間の経済」と名づけている．
　「人間が欲望充足のために先慮的行為を展開するに当たってその基底となる諸条件を取り扱う」メンガーの経済理論は，完全市場の概念を前提として出発するワルラスやジェヴォンズのそれと異なり，現実的な不完全市場を前提として出発し，情報の不完全性，時間的要素およびそれに伴う不確実性を重視する．ここで展開されている市場は，それぞれの主観的評価をもつ各経済主体が「価格闘争（Preiskampf）」を繰りひろげる場であり，そのなかには孤立的交換

（双方独占），独占取引（供給独占），双方的競争（自由競争）が含まれている（なお，このように独占理論，寡占理論を展開しつつ完全競争の意味を明らかにした先駆者としてはクールノー〔A. A. Cournot ; 1801-77〕がある）．また一意的な均衡価格を導き出すワルラスやジェヴォンズと異なり，メンガーにあっては，商品の売れやすさ，すなわち「商品の売却力（Absatzfähigkeit der Waren）」の大小とその原因が問題として取り上げられているだけでなく，価格形成がおこなわれる場合にも，決まるのは価格のある上限と下限の間にはさまれた範囲であり，その限界の範囲内で価格は交渉の過程で決定されるものとして理解されている．メンガーの市場像は，当事主体の交渉力をはじめとする活動性，ならびにそれらが相互に織りなす，変動しかつ変化しうる過程としての市場の性格を重視するものといってよい．

このように，需給の不均衡をも問題とする視座，独占理論を一般理論として体系内に導入していること，個人にとって利用可能な情報の不完全性，財の時間的次元とそれに伴う不確実性の強調，交換に伴う費用（流通費用もしくは取引費用）の明示的な導入など，メンガーの体系には，限界概念の徹底化を図る一般均衡理論の枠組みには収まりきれない諸々の考え方が含まれている．

このようなメンガーに始まるオーストリア学派は，ベーム-バヴェルク（E. von Böhm-Bawerk ; 1851-1914），ヴィーザー（F. von Wieser ; 1851-1926），ミーゼス（L. von Mises ; 1881-1973）らによって受け継がれてゆくが，当事主体の主観的意識の強調，市場経済への確信的信頼等の点で，メンガーの大きな影響を認めることができるのはハイエク（F. A. Hayek ; 1899-1992）である．

ハイエクは，「主観主義」あるいは「方法論的個人主義」の立場から，新古典派の「完全競争」モデルとそれを通して得られる市場理解にたいして根源的な批判を加える．ハイエクによれば，「完全競争」は，(1)「比較的小さい売手や買手の多数……によって供給され需要されるような均質な商品」，(2)「市場への自由な参入，そして，価格や資源の動きに対するその他の束縛のないこと」，(3)「市場におけるすべての参加者が，関連のある諸要因について完全知識をそなえていること」を前提しているが，この第3の条件が決定的に問題であると指摘する．たとえば，ある消費財市場を考えたとき，生産者が「その商

品が生産されうる最低費用を知っている」とか「消費者の意向と欲望について生産者たちが完全情報をえている」とかというような想定は「本来所与の事実と見做されえないのであって，むしろ競争の過程によって解かれるべき問題と見做されなければならない」という．このようなハイエクの理解の背景には，彼の「知識」，「競争」，「市場」等をめぐる一連の考察がある．

ハイエクは，知識を，「科学的知識」のような「一般的知識」と，「時と場所の特殊事情についての知識」との2つの種類のものに区別し，市場で活動する諸個人のもつ知識は後者の種類の知識，すなわち「現場の人」の「彼に直接かかわる周辺の事実についての，限定されてはいるがよく通じている知識」である点を強調する．

市場における競争は，このように「分散化された知識」をもつ諸個人が，彼の周辺の事実を超える知識を発見してゆくプロセスである．また，「市場の成員たちの局限された個々の視野が，数多くの媒介を通して，関係ある情報がすべての人に伝達されるのに十分なだけ重なり合っている」ために「全体がひとつの市場として働く」こととなってゆく．このように競争は，「本質的に意見の形成過程」であり，情報を広めることによって市場の「統一性と連関性を創り出す」，本質的に「動態的過程」であるとハイエクは理解する．

かくしてハイエクによれば，市場という経済システム，あるいは「市場秩序 (market order)」は，人為的に設計されたものではなく，「自生的秩序 (spontaneous order)」である．その核となる「価格システム」は，「分割された知識を基礎としつつ，資源の調整された利用を可能とする」「情報伝達のための機構」，あるいは発見的プロセスのための「制度的仕組み」であり，「分散化された知識」しか持たない「目的独立的」な諸個人の「手段連関的」な「競争的努力」によって，「市場関係のネットワーク」が形成されるとする．このような市場のあり方を，ハイエクは，理性によって設計された（「設計主義的」な）ものとしての，彼のいわゆる「経済」と区別して，「カタラクシー (catallaxy)」と呼ぶ．このようにハイエクの理解には，市場にたいする多少過度の信頼も見受けられるが，ともあれ，ここに，今日における方法論的個人主義の市場像のひとつの到達点がある．

ちなみに，とりわけ1970年代以降のミクロ経済学において活発化するいくつかの研究分野，たとえば，情報の非対称性が存在する場合などの不完全情報下での市場構造の分析（アカロフ〔G. A. Akerlof; 1940- 〕の「品質の悪い中古車（lemons）市場」の例など），あるいは収穫逓増（increasing returns）または費用逓減（decreasing cost）下での「市場均衡」の分析などは，新古典派の一意均衡的な市場観とその諸前提にたいする反省であるとともに，当事者行動のプロセスの定式化を通して市場の機能なり意味なりを明らかにしようとする点で，ハイエクの市場観とゆるやかに呼応するものと観ることができる．

　なお，これらの市場観の展開には，分析手法としてのゲーム理論が深く関わっている．

　(i)フォン・ノイマンとモルゲンシュテルンの『ゲームの理論と経済行動』（1944年）によってその体系が確立したゲーム理論は，当初，人々が市場や組織において自らの利得を最大化しようと「経済合理性」を追求したときに，どこに行き着くかを問題にするものであったが，ここではいわゆる「囚人のジレンマ」などは扱われていたものの，人々が社会的相互依存状況のなかにあって，お互いの行動を読み合いつつ戦略的に行動するという側面は，かならずしも十分に考慮されていたわけではなかった．また反対に，「戦略的な行動の読み合い」をゲームに導入すると，じつはそれと同じ構造の問題がすでに伝統的な寡占理論にあることが広く知られていたのであるが，そこでは，戦略的行動には，いろいろな「解」があって，それらを統一的に捉える理論はないとされていたのであった．

　(ii)このような状況は，1980年代になって，人々の戦略的行動を正面から取り扱う「非協力ゲーム（noncooperative game）」のアプローチが盛んとなるに従って，大きく転換していくことになる．ここでは，与えられたゲームの中での人々の戦略的な行動を分析するには，ただ1つの均衡概念，ナッシュ均衡をもとにして統一的に説明するのが妥当である，とされた．ここでナッシュ均衡とは，非協力n人ゲームにおいて，他のプレーヤーの戦略が与えられた場合に，残る1人のプレーヤーが，自己の戦略集合から利得を最大にする戦略を選ぶとき，彼の行動は最適応答（optimal response）の状態にあるが，これがすべ

てのプレーヤーについて成り立っているときの戦略の組をいう．これによってゲーム理論は，市場，組織，契約，社会習慣などの，さまざまな経済取引の形態を，統一的な土俵の上で比較・分析する方向へと，ミクロ経済理論を導くことになった．

(iii) さらに，1990年代以降になると，生物学で始まったメイナード-スミス（『進化とゲーム理論』1982年）などの研究の影響もあって，ゲーム理論は，それまでの分析の枠組みを超えて，人間のもつ必ずしも合理的でない側面，すなわち「限定合理性（bounded rationality）」の面を明示的に取り扱うようになった．もっとも，「進化と学習のゲーム理論」の名の下に，試行錯誤による行動の調整過程等が分析された1990年代前半には，どちらかといえば，最終的に合理的行動に行き着くための条件は何かという点などに力点が置かれていたが，1990年代後半以降になると，より進んで，人間の「非合理的な」行動には一定のクセやパターンのあることが認識されるようになり，これらの要因を積極的に考慮に入れた行動経済学・心理経済学の枠組みのなかで，市場を理解しようとする動きが広がってきている．また，これらの理論が想定している状況を，実験室内に被験者を集めて再現し，被験者たちに適切なインセンティブを与えつつ，これらの理論を検証しようとする実験経済学（experimental economics）も，カーネマン（D. Kahneman ; 1934- ）らによって試みられるようになった．

近年のこのようなゲーム理論の展開は，当事者行動のプロセスとして市場経済を理解しようとする流れの今日的な現れのひとつであるが，同時にまたそこに，新制度学派ないし進化経済学などと，ゆるやかに共振しつつ重なり合う部分をみて取ることもできるであろう．

† 参考文献

井上義朗『市場経済学の源流』中公新書, 1993年.
根井雅弘『マーシャルからケインズへ』名古屋大学出版会, 1989年.
須藤修「経済学と生活世界」『思想』第712号, 1983年.
T. W. ハチスン／長守善他訳『近代経済学説史』上巻, 東洋経済新報社, 1957年.

R. D. C. ブラック／岡田純一他訳『経済学と限界革命』日本経済新聞社，1975 年．
E. カウダー／斧田好雄訳『限界効用理論の歴史』嵯峨野書院，1979 年．
D. P. オブライエン他編／井上琢智他訳『近代経済学の開拓者』昭和堂，1986 年．
根岸隆『経済学の歴史』（第 2 版）東洋経済新報社，1997 年．
佐伯啓思・間宮陽介・宮本光晴『命題コレクション　経済学』筑摩書房，1990 年．
松嶋敦茂『経済から社会へ』みすず書房，1985 年．
F. A. ハイエク／田中真晴・田中秀夫編訳『市場・知識・自由』ミネルヴァ書房，1986 年．
F. A. ハイエク／篠塚慎吾訳『法と立法と自由 II』春秋社，1987 年．
八木紀一郎『オーストリア経済思想史研究』名古屋大学出版会，1988 年．
小谷清『現代日本の市場主義と設計主義』日本評論社，2004 年．
佐伯胖『「きめ方」の論理』東京大学出版会，1980 年．
佐々木宏夫『情報の経済学』日本評論社，1991 年．
梶井厚志・松井彰彦『ミクロ経済学　戦略的アプローチ』日本評論社，2000 年．
M. H. マッカーティ／田中浩子訳『ノーベル賞経済学者に学ぶ現代経済思想』日経 BP 社，2002 年．
岩井克人・伊藤元重編『現代の経済理論』東京大学出版会，1994 年．
今井晴雄・岡田章編『ゲーム理論の新展開』勁草書房，2002 年．
佐伯胖・亀田哲也編『進化ゲームとその展開』共立出版，2002 年．
小野善康他編『現代経済学の潮流 2003』東洋経済新報社，2003 年．
金森久雄・荒憲治郎・森口親司編『有斐閣経済辞典（第 4 版）』2002 年．
D. フリードマン・S. サンダー／川越敏司他訳『実験経済学の原理と方法』同文舘出版，1999 年．

（渡辺裕一）

第 3 章

歴史学派と制度学派

1——歴史学派の登場
自由貿易政策か保護貿易政策か

　アダム・スミスの市場経済にたいする万能論的な考え方や楽観主義，小さな政府と自由放任主義などのイギリス的な古典経済学は，ヨーロッパの大陸とりわけドイツでは歓迎されなかった．なぜならば，ドイツには政策を議論する官房学の伝統が存在していたという事情に加えて，イギリスのように自由貿易で世界を席巻出来るような資本主義経済の高度な生産力的背景もそなわっていなかったのである．自由貿易の政策は，後進国ドイツにとっては，イギリスとの競争にハンディ・キャップなしで臨むようなものだったのであり，ドイツ国内産業の育成という観点からは受容するわけにはいかなかったのである．このようなドイツ固有の資本主義社会としての後進性という事情のもとで，歴史学派と総称される学問の潮流が台頭することになる．

　一般に歴史学派の創始者として，スミスの自由放任主義という見解に対立するような保護貿易主義を展開したのが，フリードリヒ・リスト（Friedrich List；1789-1846）であった．リストの主著は，『政治経済学の国民的体系』（1841年）である．その著書のなかで彼は，国家の内と外の問題を区別して，自由な経済活動の問題を論じた．すなわち，「〔古典派の〕理論は自由貿易の原理を採るべきだと指し示していた．この原理はわたしには合理的に思われたし，フランスの諸州間の関税の撤廃や島国イギリスでの三王国の合併の効果をみるならば，それは経験によっても確認ずみのことであった．しかし，大陸制度の驚くべき効果とその撤廃の破壊的帰結とは当時まだ眼前にあって，とうていみのがすこ

とはできなかった」といって，彼は，自由貿易の原理に従うのが「真理なのは，それが国内諸州相互で自由貿易の原理に従う場合と同様であるようなときにかぎられる」と主張するのであった．彼は，要約すれば，プロイセン国家を中心とした大ドイツを形成するためには，国内の原理として自由貿易，対外的な原理としては自国産業保護のための保護貿易という使い分けを主張していたのである．

　自由貿易が行なわれれば，人間集団と人間集団との壁がなくなる．リストはまずイギリスやフランス，それにドイツという地域のなかでさらに小国に分立して政治的に対立し，相互に関税を掛け合うという愚を非難した．ある場合には，自由貿易は正しい原理であると．おそらくそこにはスミス的な分業の展開にもとづく市場経済の高度な発展が可能となろう．あたかも今日のヨーロッパが自由な経済活動の保障によって，ひとつの共同体を構築しようとしているのと同様である．だが，国民国家が存在しなければならないと考えたリストは，市場経済的分業体制の確立は一国の内部でこそ必要で，イギリスとドイツの国

Column　歴史学派の発展段階説

　リストは，野蛮の時代から始まる，5段階発展理論を提唱している．人類は，どの国民・民族でも，野蛮─牧畜─農業─農業と工業─農業と工業と商業，の5段階で歴史的に発展するというのがリストの考えた段階である．その後，この段階的発展の考え方は，さまざまなバリエーションをもたらすことになる．ヒルデブラントは，3段階説であり，自然経済─貨幣経済─信用経済，の順番で経済は発展するとした．これにたいして，シュモラーは，4段階説を採り，村落経済─都市経済─領域経済─国民経済，というように発展すると整理した．また，ビュッヒャーは，3段階規定であり，封鎖的家族経済─都市経済─国民経済，の段階規定を残した．このような歴史学派の段階についての議論は，学派の最後をかざるゾンバルト（W. Sombart；1863-1941）の試みで幕となる．彼は，個人経済─過渡的経済─社会経済という3段階理論を唱えた．また資本主義社会の発展段階も想定され，前資本主義─初期資本主義─高度（近代）資本主義という区分も行なっている．マルクスも，その意味では，生産様式に着目した発展段階論者であったとみてよいだろうし，制度学派にしても，近代化推進を図る論者にしても，進歩史観をとっている限り多かれ少なかれ，歴史の発展段階論者であるといえよう．

際分業はドイツの工業における後進性を改善しないで固定化するものであるとして拒否したのである．

　ここで市場経済における国家の問題が，市場経済のコスモポリタン的普遍性を遮断する機構として浮かびあがる．すなわち，保護主義の理論は，国家の存在理由の正当性を主張することから開始される．「わたしの提示する体系の〔古典〕学派との特徴的な相違として，国民国家（Nationalität）をあげる．個人と人類との中間項としての国民国家の本質の上に，わたしの全建築は基礎をおいている」，「わたしはここではただひとつ，ドイツの国民的利益の促進だけを眼中においた」，とリストは主張する．つまり，ドイツの将来の生産力が十全に発揮されるためには，臨時の措置としての関税障壁が有効だと主張された．つまり，「リストは歴史学派の方式にしたがって，あらゆる国家の歴史を相継ぐ4つの段階，すなわち牧畜段階，農業段階，農・工段階，農・工・商段階に区別して……保護主義は，あらゆる国家が工業段階に移行しようとする場合に必要」（ジャム『経済思想史』223頁）な政治的対応だとして，理由づけを行なおうとしたのである．

2── オーストリア学派と歴史学派の方法論争
シュモラーとメンガー

　1871年に，純粋理論の方法をカール・メンガーは，「人間の経済の複雑な諸現象を，しっかりとした観察によって行きつきうる最も単純な諸要素に還元し，この諸要素にそれらの性質にふさわしい度量をあたえ，そしてこの度量を保持しながら，どのようにして複雑な諸現象がそれらの諸要素から合法則的に展開して来るかを再度研究する」（『一般理論経済学─遺稿による「経済学原理」第2版─』）ことが純粋な経済学の理論を作り上げる方法であるとした．また，論理の展開の仕方としては，リカードが示したように，ある仮定を設定し，その仮定のなかに含まれている諸要因から論理的に必然的に導かれる結論なるものを経済学の理論としての結論とするものであったといえよう．

　人間の複雑な行為が精確に分析され，そして，数量定義がそこにおいて可能だとしたら，人間の経済行為に法則が発見されても当然であろうし，経済学と

しての方法は確立したとみなしうる．しかし，メンガーのこの方法論と純粋理論の展開は，シュモラーなどの後期の歴史学派から反発されるのである．すなわち，メンガーが人間の度量標準とした要因は複数の諸要因でなくて，単一の要因，すなわち人間の利己心——自分自身の欲望充足の追求——のみではなかったのか，と．メンガーの想定する人間は，現実から遊離したスミスのいうような「経済人」を人間としてしまっており，それは「虚構に立脚するもの」（八木紀一郎『オーストリア経済思想史研究』46頁）ではなかったか，と．

歴史学派にとって共通の人間理解は，人間を純粋に「経済人」と仮定することへの懐疑を基本として，人間社会なり人間にとっては，市場経済という要因は絶対的要因ではありえず，いくつもの要因のなかの相対的要因のひとつにすぎない，という理解だったわけである．

シュモラーは，「経済生活の心理的基礎なるものは，国民ごと時代ごとに変化する」（八木，同上書，47頁）のだから，メンガーのように普遍的な絶対的条件を与件にすべきではない，という書評をメンガーに向けた．つまり，歴史学派と後のアメリカで発展する制度学派に共通する見方というのは，人間はある制度のもとで，あるいはある歴史状況のもとで行動しているのであって，経済学の法則というものは，それらに影響された多様な現実の歴史的な固有の現象となるのだから，歴史的手法・統計的手法・制度的な分析の手法などを無視すべきでない，というものである．要するに，ジャムの言葉で歴史学派の特徴をまとめれば，「歴史学派は人間活動を決定するきわめて多様な動機を明るみに出そうと努めた．すなわち，富に対する願望はもちろんのこと，それと同時に，虚栄，成功と行為の喜び，さらにいっそう利害にとらわれない憐憫の情，奉仕の喜び，進歩に対する愛着などの動機をさえも明るみに出そうと努めた」ものだったといえる．

したがって，彼らの方法はまず，歴史的事実の蒐集と統計や日常の事実の観察から出発しなければならなかった．ところが，学問であるかぎり，事実を羅列してもどうにもならないのである．そこから共通する法則を発見しなければならない．それゆえ彼らは歴史の発展には規則性があるという洞察のもとで，「歴史的発展法則」こそが，それぞれの国民国家の社会としての共通法則だと

して発見しようと努めたのである．けれども，そのような歴史の発展の法則が
どの社会でも共通する発展段階の規定として妥当しうるかといえば，そこにも
固有の発展があるだけであって，普遍的理論という地位は確立されえないとい
うべきであろう．

　ところで，歴史学派に批判されたはずのメンガー自身は，人間活動の多様な
性質に注目するようになる．そして，1889年の時点では，「われわれが国民経
済とよぶものは，自然人の諸経済の単なる集合ではなく，それらがさまざまな
形で結びあわされ，多様に段階づけられた組織体である．個別経済，家族経
済，また諸種の現象形態や段階における公共経済は，各種の経済活動主体の多
数の例をわれわれに提供する．これらの経済活動主体の経済的目標も手段もま
た少なからず多様性を示している」(『ウィーン新聞』3月7・8日付，八木，同上
書，55頁より）と，市場経済の単純な一面性だけを前提にする理論の限界に関
心を寄せるようになるわけである．

3 ── 経済の学から社会の学へ
マックス・ウェーバーの思想

　ウェーバー（Max Weber；1864-1920）の理論は，歴史学派と限界効用学派
（オーストリア学派）との方法上の対立を克服する目的でつくられた．しかし
ながら，彼は，ウェーバー研究者であるシュルフター（W. Schluchter）も紹介
しているように，自分自身は「歴史学派の申し子」であると考えていたのであ
る．

　ウェーバーの生きた時代は，社会科学において価値判断をくだすということ
と，経済学の理論の客観性をいかに保つべきかということが論争されていた
20世紀の初めであった．たとえば1909年のウィーンでの社会政策学会では，
経済学者は自分たちの分析を超えて，良いか悪いかの価値判断をなす資格があ
るか否かの激論がたたかわされた．いわば，純粋理論派のオーストリア学派か
らのカウンター・パンチであって，歴史学派の学問では，学問と善悪の価値判
断が混同されているではないか，と指摘されはじめていたのである．

　そのような価値判断論争にウェーバーは，学問にとっての必要な態度とは価

値判断から自由であること，あるいは解放されていること，すなわち「価値自由」（Wertfreiheit；freedom from evaluation）であることを主張したのである．つまり，社会科学にとって重要なのは，価値の判断を抜いた，抽象性の高い，客観的な「概念」が確立されることであって，その理論的な概念なるものによって，複雑で微妙に異なる現実の諸現象から理念型（Idealtypus），つまり抽象的典型としてのタイプ・類型が引き出されなくてはならない，と考えたのである．

具体例を資本主義という概念に沿ってみよう．ウェーバー研究の成果によれば，資本主義といっても，いくつかの理念的なタイプに区別することが重要であるとされる．たとえば「政治的資本主義」概念と「経済的資本主義」概念の区別がみられる．シュルフターの整理によれば，「政治的資本主義は……古代にも近代にも，東洋にも西洋にも，世界中のいたるところに，いつの時代にも存在した」資本主義だとされる．伝統と合理性が概念を分ける規準に用いられ，権力を利用した利潤獲得は「政治的資本主義」概念に対応し，合理性の高い，商人による商品売買を利用した利潤獲得の場合は，「経済的資本主義」概念に対応するとされる．そして，より根本的には，経済の原理には2つの異なる原理があることによって，市場の経済類型となるか，オイコスのような経済類型となるかに分かれる．前者の原理は営利原理であって，後者のそれは家計原理だと考えられたのである．しかし，純粋にひとつの原理が社会を覆い尽くすとは，ウェーバーは考えていなかったとシュルフターはいう．せいぜいのところ，どちらの原理が優勢かという区別しかできないであろうし，「ウェーバーはオイコスと市場の相補性から出発している」と指摘している．たとえば，シュルフターは，営利原理と家計原理が共存しつつ社会を構成するというとき，オイコスの主人同士が，市場でそれぞれの剰余を商品として交換する，ないしは貨幣で買ったり，貨幣にたいして売ったりする，という市場的な事実を念頭においているのだろうし，オイコスの内部では，奴隷に命令したり，自家生産の財を共同体的に消費するという，独自の家計的かつ伝統的な世界の展開を念頭においているのであろう．市場は伝統的共同体の生存と繁栄のためにあり，家のメンバーは市場の行動主体となっているのである．しかしながら，

中世は，古代に栄えた市場や都市が退化し，かわりにムラや家族，荘園といったオイコス的世界が農村化したヨーロッパに広まった時代であった．ウェーバー的な概念でこれを表現すれば，「古代末期に変化するのは，都市の相対的地位と営利原理にたいする家計原理の相対的優位（の確立という変化）」（『現世支配の合理主義』320頁）ということになる．都市の市場が衰退し，農村のアウタルキー的側面が出てくる．とはいっても，穀物の市場は商人によってヨーロッパのなかにネットワークとしてあったのであり，都市の市場も没落と新興があったにせよ，ヨーロッパばかりでなく世界全体を見渡しても継続しつづけるのである．

4 ── アメリカの制度学派
ヴェブレンの経済思想について

　経済学における思想的な立場は，市場経済の光と影のどちらの部分をみるべきかでたえず揺れてきたといっても過言ではない．さしずめ，光の部分に脚光をあてた理論の代表格は，古典派と限界主義学派であろう．影の部分に注目した経済学は，薄い影ないし灰色の評価を示した理論としての歴史学派と，市場経済に人類の未来はないのではないかと考えた．いわば暗黒の評価をくだした理論としての社会主義理論に分かれるであろう．新興資本主義社会の上昇気運のなかにあったアメリカでは，ウィーンから分家した限界理論による新古典派経済学が隆盛をみる．ところが，1920年ごろには，限界主義の経済学にたいする「激しい反対」を秘めた理論が登場する．ソースタイン・ヴェブレンによって創設された制度学派がそれであった．

　ガルブレイス（J. K. Galbraith；1908- ）は，現代の制度学派に連なる人脈を代表するアメリカの著名な経済学者であるが，ヴェブレンの思想を次のように簡潔に要約してみせる．すなわち，「古典派経済学における経済人，すなわち慎重に計算して快楽の極大化を追求する経済人は虚構であって，人間の動機はもっとさまざまである．経済理論は，『おざなりの儀礼』の練習みたいなものであり，永遠・静的な傾向を有し，普遍的・継続的な妥当性を持つという点で宗教と同様であるが，生きた経済は，誰も知ってのとおり進化する．経済制度

は変化するものであり，経済学の主題も変化するし，また変化すべきである．変化と調子を合わせたときにのみ理解が可能なのである」（『経済学の歴史』），と．

ヴェブレン自身は，経済学は，「進化論的経済学」でなければならず，進化の「過程それ自体を基準として記述される経済制度の累積的継起の理論でなければならない」と述べている．

そこで，マルクスの階級闘争による社会の進化理論との関係が問題となる．ヴェブレンとマルクスの違いは，暴力的な人間行動を社会の進化にとって必要かつ不可欠とみるかどうかにかかるようである．まず，「将来にかんして，必然的に唯一の方向を予言することは，ダーウィン主義に立つ限り不可能」なことだとされ，マルクスのような「強力への訴えは，それに引き続いて，あらゆる特権機構，支配，服従を伴う強制的なコントロールをもたらす，と感じられているから」，ますます疑問になってくるとした．また，資本主義社会については，資本家が資本を所有して，その所有を基礎に，財産の原理で資本を支配するという私有財産の制度としての資本主義社会は，時代の進化とともに過去のものになったという理解を示す．なぜならば，経済における個人の時代は「手工業」の時代だったのであり，機械の時代は集団の人間が活動する時代だから，「不在所有者制（absentee ownership）」というべきだとされたのである．

5 ── 新制度学派の登場

経済学で想定する経済活動の主体について，アダム・スミスの想定以後，経済学の主流に継承されたように，個人としてのホモ・エコノミクス（経済人）であると仮定することは，必ずしも十分ではないとする認識が徐々に大勢を占めるようになった．しかし，理論における個人と集団の取り扱いは，じつは難問のひとつなのである．

たとえば世界の中で経済学の主流を占めているのは，新古典派の経済理論であるといってよいが，そこでは3種類の経済主体が想定される．すなわち，家計・企業・政府の3類型が活動主体であると設定される．では，個人と集団は

どのように理論的に処理されているかというと，たとえばこの主体はすべて経済人としての側面を併せ持っていて，自分の満足最大を行動原理にしているかのようである．

　新制度学派は，人間集団の諸類型のうち，企業という組織がなぜ出来上がったのかを経済理論を駆使して説明した注目すべき学問集団である．

　そのさい，人間はどのような行動原理にしたがうのか，という根本からの問いかけをおこなった．ホジソンによれば，「新制度派経済学は社会制度の起源を説明するさいに，特定の行動主体が特定のコンテクストのなかに置かれていることを前提しなければならなくなっていることを示している．……彼らの相互作用を支配する特定の行動ルールが仮定されている．制度がそこから現れるべき最初の仮想的な『自然状態』それ自体のなかに，すでに多数の重要なルールや制度，そして文化的社会的規範が想定されていることが忘れられているのである」（ホジソン『現代制度派経済学宣言』iv頁）とされる．

　したがって，いちがいに人間の行動原理を市場原理のみに単純化するのは問題であるということになるが，新制度学派は，その点は踏まえた上で，規範としての合理的市場原理を論理において仮定をして，その土俵で企業を説く．ルールや制度をどのように設定するか，複雑な問題もあろうが，「合理的最適化」（同上）の行動原則のもとで企業の必然性を説こう，だからまだわれわれ新制度学派は，「人間の行動と制度についての完全な説明」（同上）をしたことにはならないのだ，と限定するのである．

　複雑で多面的な行動の問題を除外すると，人間の行動は費用を最小にして成果を最大にしようとすると仮定できる．そのときの費用概念に，取引相手をみつけ出すコスト，運搬に必要なコストなどに代表される，取引費用という考え方を導入してくる．

　人と人とが取引するとき，合理的な選択肢として，取引費用を節約して取引をしたい．これはすでにマルクスが『資本論』で分析している流通費用論ないし商業資本論とおなじ内容となるが，新制度学派は，微妙に問題設定がずれているのである．

　「企業自体のなかで価格機構が資源配分に用いられない」（同上，213頁）の

はなぜか，このように問題を提起して，論理を進めるのである．ここまでは，新古典派と同様のルールなり制度を前提している．資源の最適な配分は価格機構以外にありえない．これが出発点にある仮定であった．しかし，企業の内部で，価格機構は作用していない．これはなぜか，このように問うたのである．価格機構というのは，工場のなかでの労働者も，原料を買い，製品を売ってもよいではないか，それこそが市場が作用するということだ，という理解である．ところが労働者は製品を生産工程に従って加工するだけで，売買はしていない．コースは，この問題に以下のような解答を与えた．

「明らかなように，市場を利用するよりも少ない費用で同一の成果を達成できる代替的な経済組織があれば，この組織のもとで生産物の価値はより大きくできるだろう．……市場取引を介した生産の組織化を代替するもの，その代表的なものが企業である」（コース『企業・市場・法』132頁），と．この叙述は市場の関係だけで人間の社会構造を分析しようとすることが不可能であるという発見という意味では大きな意味をもつ．取引費用の導入で，じつは市場での人間行動分析にも深みが増す．この広大な市場で一番安く売ってくれる相手は誰なのか．このことは，完全情報や情報の偏在・非対称性の議論をするまでもなく，市場調査自体が限界を有するものだということを示す．新制度学派の人々は，「情報費用」と命名して，費用が掛かるという設定をし，さらに取引には「運輸費用」なども必要とされる．しかし，市場を媒介に生産の組織が可能なのかといえば，取引の連鎖だけで組織ができるとはいえないだろう．あくまでも，市場は自由な主体の交換の場なのであって，組織とは異なる．また，費用節約の目的で企業という組織を代替的に使う，という発想にも問題が残る．「合理的最適化」行動原則は市場から抽象された人間行動のひとつの行動様式にすぎない．どこから企業という組織が発生したのか，そこがまだ説明されているわけではないのである．もともと人間の協同作業の本質は市場的な結び方をしないという共同体的な設定が制度やルールの与件の次元で必要とされるのである．

　新古典派の手法に準じつつも，まがりなりにも企業という組織体の成立に証明の対象を拡大したことが新制度学派の問題提起の意義であり，同時に共同体

という人間本来の姿を叙述の前提に据えなかったのが問題点であるといえよう．

† 参考文献

エミール・ジャム／久保田明光・山川義雄訳『経済思想史』岩波書店, 1965年.
J. K. ガルブレイス／鈴木哲太郎訳『経済学の歴史』ダイヤモンド社, 1988年.
八木紀一郎『オーストリア経済思想史研究』名古屋大学出版会, 1988年.
List, Friedrich, *Das nationale System der politischen Ökonomie,* 1841, Berlin（小林昇訳『経済学の国民的体系』岩波書店, 1970年）.
Menger, Carl, *Grundsatze der Volkswirtschaftslehre,* Zweite Aufgabe, 1923, Wien, Leipzig.
Schluchter, Wolfgang, *Religion und Lebensführung,* Band 1, 1988, Frankfurt am Main.
——, *Rationalismus der Weltbeherrschung. Studien zu Max Weber,* 1980, Frankfurt am Main（米沢和彦・嘉目克彦訳『現世支配の合理主義』未来社, 1984年）.
Veblen, T., *The Place of Science in Modern Civilisation and Other Essays,* 1919. なお, ヴェブレンの経済思想は, 松尾博『ヴェブレンの人と思想』ミネルヴァ書房, 1965年, を参考にした.
——, *Absentee Ownership and Business Enterprise in Recent Times,* Ch. VI, The Captain of Industry, 1920.

（松尾秀雄）

第4章

ケインズ派の市場観

　第2章でみた新古典派の理論の中心は，いわゆるミクロ分析——すなわち，個々の主体の行動に即して経済を分析し，これらを合計したものとして一社会の経済を把握する——というものであったが，これにたいして，20世紀に入ると，「貯蓄」や「投資」など，一社会全体について集計した概念の間の関係を解明しようとする，いわゆるマクロ分析が登場してくる．その確立を示すものが，ケインズ（J. M. Keynes；1883-1946）の *The General Theory of Employment, Interest, and Money*, 1936（塩野谷祐一訳『雇用・利子および貨幣の一般理論』東洋経済新報社，1983年）である．本章では，「ケインズ革命」にいたるいくつかの経済分析の流れをみた上で，ケインズおよびケインズ派の市場観を概観し，次いでケインズ理論への批判として現れたマネタリストなど新自由主義経済学の市場理解を略述する．

1 ——「ケインズ革命」までの諸潮流

　「ケインズ革命」は，それまでの新古典派の市場理解に大きな変更を迫るものであったが，このケインズ理論には，いくつかの先行者たちがあった．それらの中で，ここでは，貨幣的均衡の理論，不完全雇用理論の萌芽，実証的マクロ分析の先行者たち，をみておくことにしよう．

1）貨幣的均衡の理論
　第2章第1節でみたワルラスの「模索過程」にも顕れているように，新古典派の経済システムにおいては，貨幣はいわばヴェールのようなものであり，そ

れは産出量や雇用量などの実物的な関係にたいして，本質的にはなんら影響を及ぼさないものとして導入されていた．このような貨幣機能の理解の仕方を，「貨幣ヴェール観」もしくは「貨幣の中立性（neutrality of money）」という．このような理解は，貨幣の機能を主として交換手段機能（流通手段機能）において捉えるものであるといってよい．しかし貨幣は，このようないわば受動的な機能を果たすだけでなく，とりわけ価値保蔵機能（蓄蔵手段機能）を通じて，実物経済のあり方にたいしていわば能動的に作用する側面をもあわせ持っている．現実の市場経済にみられる種々の変動は，まさにこのような貨幣の機能に深く関わるものといってよい．それゆえ，そのような貨幣の積極的な作用をふまえて市場システムを理解しようとする，いわゆる貨幣的均衡の理論，ないし貨幣的景気循環理論が展開されることとなった．その代表的論者が，ヴィクセル（K. Wicksell；1851-1926）である．

ヴィクセルは，まず，市場経済システムを3つの段階，すなわち，信用の授受のない「純粋な現金経済」，個人間で商品信用ないし貨幣貸付が行なわれる「単純な信用」経済，銀行の介在する「純粋な信用経済」または「組織された信用経済」に区分する．そして，この「純粋な信用経済」においては，銀行による信用供与はすべて預金設定によって行なわれ，かつ銀行は，数量的に設定できる利子率で顧客にたいしてどれだけでも信用を供与しうるものと仮定する．

ヴィクセルの市場理解の特徴は，彼が，利子率を「貨幣利子率」と「自然利子率」の2つに区別した上で，両者の一致または乖離が，物価の安定または変動を生み出すとしている点にある．彼は，貸手または銀行による貸付利率である「貨幣利子率」にたいして，「自然利子率」を，当初「実物資本（Realkapital）が実物のまま貸付けられる場合に，需要と供給とによって決定されるはずの利子率」と定義した（北野熊喜男改訳『利子と物価』日本経済評論社，1984年）．この「自然利子率」は，のちに「新たに形成される資本の予想収益に多かれ少なかれ相応する利子率」，すなわち（貨幣額で測られた）予想資本収益率という定義に置き換えられた（堀経夫他訳『国民経済学講義第二巻』高陽書院，1939年）が，その上で，「単純な信用経済」においては，2つの利子率の乖離

は一時的であり，（一般物価の変動を介することなしに）均等化するものとした．

これにたいして「組織された信用，とくに銀行の活動を加えると」貨幣利子率と資本収益率との均等関係は成立せず，2つの利子率は，価格変動という連結環を介してのみ関連すると説く．この「組織された信用経済」において，ヴィクセルは，「貨幣的均衡」状態を，以下の3つの形で定義し，それらは互いに同値であるとした．すなわち，(1)貨幣利子率が自然利子率に等しい状態，(2)新資本財の需要と供給が一致する（または粗投資と貯蓄が一致する）状態，(3)両利子率が一般物価水準にたいして中立的で，物価変動を引き起こさない状態，である．このことから，もし貨幣利子率が自然利子率と一致している場合には，経済はそのままの状態にとどまり続け，物価水準，投資，生産等は安定的に推移するとした．

これにたいして，もし自然利子率が何らかの理由で貨幣利子率より高くなると，累積的な不均衡過程が発生する．すなわち，企業者の下では超過利潤が発生し，このため企業者は銀行からの借入（受信）を増大させ投資を拡大する．他方，貯蓄活動が抑制され，消費支出が増大することもあって，生産財ならびに消費財の価格は上昇する．企業者はいっそう高い価格が持続することを期待してさらに投資を増大させる．このような上昇過程は累積的に進行し，銀行が慣習または「常規（Routine）」によって貨幣利子率を引き上げて自然利子率と一致させることがなければ，この過程はそれ自体としては停止しないとした．これがヴィクセル的累積過程（cumulative process）である．なお，以上のプロセスは，物価の下降局面においても同様に対称的に進行するものとされている．ただし，以上のモデルにおいて，依然として完全雇用状態が想定されているという点では，ヴィクセルのモデルはなお新古典派的市場理解の枠組みの中にとどまるものであった．

このようなヴィクセルの市場観は，ミュルダール（K. G. Myrdal；1898-1987），リンダール（E. R. Lindahl；1891-1960），オリーン（B. G. Ohlin；1899-1979）らのいわゆるストックホルム学派（北欧学派）により，不均衡分析を含む動学的研究として継承されてゆく．とりわけミュルダールは，動学的分析に

おいては，収益，費用，所得等々の用語は「期首から定義されるか期末において定義されるかによって重大な差異を齎す」として，当該期間の期首において定義される諸量は，予想，推定，計画に関する「事前的（ex ante）」なものであり，当該期間の期末においてなされた測定に従って定義される諸量は，実現された結果すなわち「事後的（ex post）」なものであるという区分を経済理論に明示的に導入し（傍島省三訳『貨幣的均衡論』実業之日本社，1943年），市場経済における「予想」要因の重要性を強調した．

2）不完全競争理論

1873年に始まり1896年頃まで続いた「大不況（Great Depression）」は，資本主義の2つの段階を分かつ分水嶺となり，以後，独占化ないし寡占化の現象を顕在化させたが，それらの工業部門のいくつかで観察された，規模に関する収穫逓増現象（ある生産要素を追加的に増やしていくとき，それによって得られる産出量の増加分が次第に増えていくこと）は，新古典派の完全競争モデルに問題を投げかけることとなった．これは，企業において収穫逓増（費用逓減）が存在するのであれば，自由競争は必ず独占へと至るはずであり，収穫逓増と完全競争とは両立しないという問題である．この「収穫逓増下の競争の謎」にたいして，マーシャルは，外部経済の概念を用いた説明を試みたが，これにたいする1926年のスラッファ（P. Sraffa；1898-1983）による批判に端を発して始まったのが，いわゆるケンブリッジ費用論争である．この中からロビンソン（J. Robinson；1903-83）の『不完全競争の経済学』（1933年）が生まれ，また時を同じくしてアメリカではチェンバレン（E. H. Chamberlin；1899-1967）によって『独占的競争の理論』（1933年）が発表された．このような不完全競争あるいは独占的競争モデルの展開は，市場経済が必ずしも完全競争へ至るわけではないことを明示するとともに，不完全競争においては，企業の「均衡産出量」は，収益が極大化する「最適規模」の場合の産出量よりも小さいことを明らかにしたが，このことは，市場均衡が必ずしも完全雇用均衡ではないこと，あるいは「均衡」概念がただひとつとは限らないことを示唆し，市場の理解の仕方を新古典派の枠組みから解き放つ動きを促すこととなった．

3）マクロ・モデルの構築とマクロ・データの整備

　市場経済を巨視的に捉えるという方法自体は，経済学にとって必ずしも新しいことではないが，たんなる仮設的な数値例によるモデルではなく，統計的データにある程度裏打ちされた操作性のあるモデルを通して，現実の市場経済を理解するという方法の展開は，比較的近時のことに属する．このことの背景には，新古典派の市場理解の要をなす「価格」についての情報は，アトミスティックな個別主体にとっても入手が比較的容易であるのにたいして，マクロ分析における主要な経済的変量は，「雇用量」にせよ「産出量」にせよ，多かれ少なかれ公的機関による情報収集を必要とするということもあった．これについては，すでにマーシャルが，その『経済学原理』（1890年）において，「国民所得（national income）もしくは国民分配分（national dividend）」等の集計的概念を用いるとともに，経済現象の理解を助長するためには，一群の統計データが必要であることを指摘しており，これを承けてボーレイ（A. L. Bowley；1869-1957）は，国民所得推計の研究を進めたが，それは『1924年の国民所得』（1927年，スタンプとの共著）として結実し，さらにこのような動きは第2次世界大戦中に行なわれたストーン（J. R. N. Stone；1913-91）らによるイギリスの国民所得の最初の公式推計へと連なっていくことになる．

　他方また，1920年代には，景気循環の実証研究が活発化し，ミッチェル（W. C. Mitchel；1874-1948）らによる研究（これは今日の全米経済研究所〔National Bureau of Economic Research, NBER〕へと継承されている）やハーバード委員会による景気動向指数（diffusion index, DI）の開発，国際連盟でのティンベルヘン（J. Tinbergen；1903-94）らによる計量経済学的な景気循環の分析などにみられるように，マクロ・モデルの構築とともにマクロ・データの整備が始められた．

　これらによって集計的諸変数間の相互関係を明らかにするマクロ経済学の基礎が，次第に築かれていったのである．

2 ――「ケインズ革命」

　1929年ニューヨーク・ウォール街の株価暴落に始まる世界大恐慌は，物価のスパイラルな下落と高い失業率の続く，広く深く長い恐慌であったが，このような現実は，従来の新古典派の主張する市場の自動回復機能ないし自動調整機能にたいする重大な疑念を生むこととなった．これにたいし，新たな「不完全雇用下の均衡」モデルを提示することによって失業と不況の原因を明らかにし，それによって政府による市場介入政策を根拠づけようとしたのが，ケインズであった．以下ではまず，世界大恐慌の発生以前から存在していたケインズの経済管理の思想を確認し，次いで『一般理論』の成立とともに確立したケインズのマクロ理論の描く市場像を概観した上で，ケインズ理論のアメリカとイギリスにおける受容の流れをごく簡単にみることにする．

1）ケインズにおける経済管理の思想

　大恐慌発生以前におけるケインズの資本主義観ないし市場観は，『自由放任の終焉』(1926年) に端的に表れている．この中で彼は，「世界は，私的利害と社会的利害とがつねに一致するように天上から統治されているわけではない．世界は，現実のうえでも，両者が一致するようにこの地上で管理されている (managed) わけでもない」とした上で，「多くの場合，管理 (control) と組織の単位の理想的な規模は，個人と近代的国家の中間のどこかにある」として，大学，イングランド銀行，ロンドン港湾当局などのような「半自治的組織 (semi-autonomous bodies)」による「分権的自治 (separate autonomies)」を望ましいものとして評価する．他方，彼はまた，当時の株式会社の動向，すなわち，資本の所有者である株主が経営からほとんど分離されるという，いわゆる資本と経営の分離または所有と経営の分離に注目しつつ，大企業が自らを社会化 (socialise) しつつあることを指摘している．ただし，ケインズ自身は，鉄道などの大企業の国有化には批判的で，「半自治的な法人 (semi-autonomous corporation)」を選ぶべきだとする．

その上で彼は,「国家のなすべきことで最も重要なことは, 私的個人がすでに達成しつつある諸活動に関連するものではなく, 個人が担当できる範囲外にあり, もしも国家が実行を決意しないとすれば, 誰一人として実行することのできない決意に関連するものでなければならない」として, 政府による経済政策で重要なものの例として, 次の3つを挙げる. 第1に,「現代における最大の経済悪は, 危険, 不確実性, 無知に原因するところが多」く, またこれがもととなって「労働者の失業, ないし合理的な事業期待の破綻, 能率と生産の減退」がもたらされており, これらに関する治療法として,「中央機関が通貨および信用を慎重に管理すること」, および「事業状況に関する情報を大規模に収集し, 普及させること」, 第2に, 社会全体としての望ましい貯蓄の規模, およびそれが外国に流出する規模, あるいは貯蓄を国民的にみて最も生産的な径路に配分することについて調整を行なうこと, 第3に, 適切な人口の規模についての国民的政策, である.

これらによってケインズは,「集団行動を媒介して, 現代資本主義の運営技術を可能なかぎり改善すること」を意図するが, これらの改善と「資本主義の本質的特徴と思われるもの——すなわち, 個人の金儲け本能, および貨幣愛本能 (money-making and money-loving instincts) に強く訴えて, それをもっぱら経済機構を動かす主導的推進力とすること——との間に, 重大な矛盾をひき起こしそうなものは何も存在しない」という. ケインズは, 資本主義は「それ自体としてみるかぎり, 多くの点で, きわめて好ましくないもの」であるが,「賢明に管理されるかぎり, おそらくいままでに現れたいかなる他の制度よりも, いっそう有効に経済目的を達成するのに役立ちうるものである」と観ている.

このように1920年代から存在していたケインズの経済管理ないし市場管理の思想は, 1929年に始まる世界大恐慌を経てさらに深化し, 1934年に発表した「豊富の中の貧困——経済は自己調整的か」においては,「経済は自己調整的ではない, したがって意図的な管理 (purposive direction) なしには, われわれの現実の貧困をわれわれの潜在的な豊富に転換することはできない」との理解が示されることになる (*The Collected Writings of John Maynard Keynes*, Vol. XIII).

2）『一般理論』によるマクロ経済学の確立

　大恐慌による大量失業の発生にたいして，完全雇用を前提する従来の新古典派理論は，基本的には，人々は賃金が安いから働かないのであって主体的には納得しているという「自発的失業（voluntary unemployment）」，あるいは産業構造転換等による「摩擦的失業（frictional unemployment）」しか説明原理を持たなかった．これにたいして，『一般理論』においてケインズは，(1)資源も労働力も遊休しており，不完全雇用（underemployment）の状態にあること，(2)技術に変化のないこと，(3)市場は競争的で，産業間の不均衡は調整されること，等を前提に，なにゆえ，「非自発的失業（involuntary unemployment）」が生じるかを解明しようとした．

　彼のモデルは，財市場（生産物市場）の均衡式，貨幣市場（金融市場）の均衡式，および労働市場の均衡式からなる．ただし，各市場における需給が，財市場では価格によって，労働市場では実質賃金率によって，金融市場では利子率によって決まるという新古典派の市場理解とは異なり，ケインズは，3つの市場における需給が，相互に入り組んだいわば立体的な構造的連関をもって決まるものと理解した．

　このうち，貨幣市場に関しては，まず，人々が貨幣を保有する動機を，所得（Y）の大きさに依存する「取引動機」および「予備的動機」と，名目利子率（i）に依存する「投機的動機」に分けた上で，人々の貨幣需要（M^d）をこれらの動機によるものの合計として捉え（$L_1(Y)+L_2(i)=L(i, Y)$），これと「中央銀行によって決定される貨幣量」（M）とが均衡するものとした（$M=L(i, Y)$）．人々が金融資産のうちどれだけを貨幣の形で持とうとするかによって利子率が決まるとする説を，「流動性選好説（liquidity preference theory）」という．なお，このような流動性選好が存在するのは，将来の利子率について不確実性があるためである．

　次に労働市場に関しては，完全雇用状態のみを考える新古典派と異なり，労働供給（N）は，不完全雇用下では賃金率が一定のまま（名目賃金をWとして，$W=\overline{W}$）労働需要（N^d）に応じて変化し，完全雇用状態になると新古典派の労働市場モデルが妥当するものとした．したがって，不完全雇用下で雇用量

を決めるのは，労働の需要関数，すなわち生産（産出量）の水準である．こうしてケインズは，不完全雇用の場合，雇用量は財市場を介して決定されると考えた．

この財市場において，ケインズは，「総需要関数」（企業者がある量の雇用を行なうことによって受け取ることができると期待する売上金額）と「総供給関数」（ある量の雇用から生ずる産出物の総供給価格）とが一致する点を「有効需要 (effective demand)」と定義し，この水準が雇用量を決定するとした．これがいわゆる「有効需要の原理」である．また，この有効需要は，消費と投資とからなり，このうち投資（I）は，名目利子率と資本の限界効率（m）によって決まり（$I=I(m, i)$)，また消費（C）は，所得と人々が所得のうちどれだけの割合を消費するかという限界消費性向（marginal propencity to consume, $c=\Delta C/\Delta Y$）の大きさとに依存して決まる（$C=C(c, Y)$）とした．ここで「資本の限界効率（marginal efficiency of capital）」は，ある資本資産から，その存続期間を通じて得られると期待される収益の流列の現在価値を，その資本資産の供給価格とちょうど等しくさせるような割引率，と定義されており，これは，予想あるいは「長期期待の状態」に関わるだけに，高度に不安定的なものと理解されている．ともあれ，このように財市場において（$Y=C+I$, $C=C(c, Y)$ をみたすように）国民所得が決まり，またそれによって労働市場において雇用量（N）が決まる（$Y=PF(N)$, $F'(N^d)=W/P$, ただしPは物価水準）とした．

ただし，以上のモデルについて注意すべきは，ケインズが市場経済における不確定性を非常に重視していることであり，そのことはとりわけ，流動性選好および資本の限界効率の概念に表れている．したがって，ケインズは，上述の諸変数の相互連関を，決して確定的な関数関係として捉えてはいない．ちなみにシャックル（G. L. S. Shackle）は，「現実の経済は均衡へ向かう傾向をもった静穏な経済ではない．企業は不確実性の暗闇にもまれ，手探りで道を切り拓いていかなければならない．このような経済はカレイドスコープ（万華鏡）のように，一事が変化すれば万事が変化する転変極まりない経済である」として，経済をこのように捉える経済学を「カレイディクス（Kaleidics）」と呼んでい

るが，このような市場理解は，まさにケインズによる市場理解の一面の本質を捉えたものといってよい．

さて，このようなモデルによってケインズは，非自発的失業は，有効需要が少なく，そのために一社会の産出量水準が低いために生じるとする．この有効需要の構成要素のうち，消費は比較的に安定しているため，有効需要を増大させるためには投資の役割が重要であるとして，失業を減少させるため，すなわち投資を増大させるためには，第1に利子率の引下げによって民間の投資を刺激すること，第2に政府が進んで公共投資を行ない，民間投資の不足を補うこと，第3に，長期的には所得を平等化すること，すなわち所得を豊かな，消費性向の低い人から，貧しい，消費性向の高い人に移転することによって，社会の平均的消費性向を高めることが必要であると主張した．とりわけこの第2の点は，当時支配的であった説，すなわち，公共事業支出は，民間投資を公共投資に振り替えるだけで，景気循環対策としては効果がないという「大蔵省見解（Treasury View）」と鋭く対立するものであった．

さて，このような『一般理論』の体系に結晶しているケインズの市場観の特徴は，およそ次のように整理できよう．第1は，新古典派においては，市場参加者は市場取引に関する情報を完全に与えられており（完全情報），将来の出来事についての不確実性がない（もしくはそれとほぼ同値の，市場は合理的期待にもとづいて働く）という，いわば予定調和的な市場観がとられているのにたいして，人々は経済活動に関する情報を不完全にしか保有しておらず（不完全情報），将来の出来事については不確実性が存在するという事実を重視する市場観がとられていることである．いいかえれば，新古典派の，市場における不均衡はコストをかけることなく，また瞬時に（調整速度無限大で），均衡化されるという市場観にたいして，人々は「血気（animal spirit）」と慣性によって行動するという，一方では（期待や変化の役割を重視する）不安定的な，他方では逆に粘着的な（調整速度が有限の）市場観がとられていることである．第2は，新古典派で前提されていた「供給はそれみずからの需要を創造する」といういわゆるセイ法則（Say's Law）が否定され，これに代わって「有効需要の原理」が置かれることによって，市場の自動回復機能ないし自動調整機能が否定され

たことである．第3は，従来のいわゆる夜警国家観，すなわち政府の市場への介入はできる限り少ないほうが望ましいとする考え方にたいして，政府による市場への介入が必要なものとして是認されていることである．ただしケインズは，あくまでも個人主義的自由主義の立場から，市場の望ましくない動きを制御するためにのみ，それらを部分的に是認するのであるから，その意味では，彼は，市場を否定しているのではなく，市場に修正を加えることを条件としてこれを肯定する，いわば改良主義派ないし修正派の立場をとっているものというべきであろう．

3）新古典派総合とポスト・ケインジアン

　第2次世界大戦後の先進資本主義国においては，このようなケインズ的な財政金融政策がとられるとともに，比較的安定的な成長がみられた．このような流れのなかで，失業が存在する間は財政金融政策によって総需要をコントロールし，経済が完全雇用水準に導かれた後は，経済を市場の伸縮的価値機構に委ね，「微調整（fine tuning）」を行なうことによって，完全雇用と経済成長をともに維持することが可能であるとする市場観が定着した．これが，かつてサムエルソン（P. A. Samuelson; 1915- ）が提唱した「新古典派総合（neo-classical synthesis）」であり，このようないわば新古典派ケインジアンが，先進諸国において主流派となっていった．

　これにたいして，イギリスにおいては，ケンブリッジを中心に，ロビンソン（J. Robinson; 1903-83），カルドア（N. Kaldor; 1908-86），パシネッティ（L. L. Pasinetti; 1930- ）らのいわゆるポスト・ケインジアンのグループが生まれ，そこではケインズ理論においていくぶん後景に退いていた分配理論を再び経済理論の中に積極的に組み込むなど，多様な展開が試みられつつある．

3——新自由主義経済学の市場観

　第2次世界大戦後，先進資本主義諸国においては，新古典派ケインジアンが主流派となるとともに，高度成長がみられ，ほぼ完全雇用が達成されたが，そ

れと同時に1960年代以降，次第にインフレーションが加速化してゆく．さらに，1973年と1979年の2度の石油ショックは，先進国におけるインフレと不況の並存，すなわちスタグフレーションを顕在化させたが，このような経済の変貌をケインズ派経済学は十分に説明できなくなった，あるいはケインジアンの処方箋は功を奏さなくなったとして，マネタリズム，合理的期待学派，サプライサイド経済学などの新自由主義経済学が台頭することとなった．

これらの諸学派にほぼ共通する特徴は，次の諸点である．第1に，ケインジアンが市場機構は本来「安定的」ではなく，（少なくとも1つの市場で需給の不一致を残したままであるという意味で）「不均衡」を常態とするものと認識するのにたいして，市場機構をミクロ的にだけでなくマクロ的にも需給均衡的なものとして捉えようとすることである．第2に，ケインジアン経済学が市場経済にたいする政府の積極的介入を正当化して「大きな政府」を是認するのにたいして，政府の役割は公共財の提供などに限定して，できる限り「小さい政府」を目指すべきだとすることである．第3に，ケインジアンが政府の「裁量的」金融・財政政策による有効需要管理政策を主張するのにたいして，それらは短期的には市場機構のもつ自動安定化機能をかえって阻害し，長期的にはなんら有効な効果をあたえないとの理由から，一定の「ルール」に基づいた政策を主張することである．

ただし，以上のマネタリストおよび合理的期待学派においては，手法の一部を含め，なおいくつかの点で，ケインズ派との間にあていど共通の理解もみられないわけではなかったが，1980年代半ば以降，先進諸国における基軸的産業の転換とそれに伴う世界市場構造の大きな変化，ならびにソヴィエト連邦をはじめとする「社会主義国家」の崩壊が起こると，新自由主義経済学は，市場それ自体の動きをあらゆる時点でよしとする，強い市場肯定の見方へと，急速に傾斜してゆく．すなわち，先進諸国における情報通信技術（information and communication technologies, ICTs）など新たな基軸産業の展開とともに，とりわけ東アジア・東南アジアにおいては急速な経済成長がみられ，これにたいしてヨーロッパの経済統合の動きが加速された結果，1990年代の世界経済においては，北米，EU，日本を含む東および東南アジアの3極構造が形成され

る一方,各先進諸国内では,第2次世界大戦後の社会を特徴づけていた福祉国家の枠組みが,大きな変容を迫られるなかで,新自由主義の流れに立つ経済学は,「新しい古典派経済学」の名の下に,実物的景気循環理論などによって市場肯定の議論を展開していくこととなる.

以下では,まず,このような新自由主義経済学のうち,マネタリストと合理的期待形成学派の市場観を整理し,次いで,すでに後者のなかに存在しつつも1980年代以降急速にその性格を際立たせてきた「新しい古典派経済学」,およびこれに対応する形で形成された「新しいケインズ派経済学」の市場観を対比的にみた上で,最後に付論的に,近年の数理モデルにおけるいくつかの注目すべき手法の発展と,それらの経済モデルへの若干の適用例について述べることにする.

1) マネタリスト

「マネタリズム」という呼称は,1968年にブルンナー (K. Brunner) によって初めて用いられたが,この用語の定義は必ずしも明確ではない.マネタリスト (マークI) の代表者フリードマン (M. Friedman ; 1912-) によりつつ,マネタリストの基本的命題を整理すれば,およそ次のようになるであろう.第1に,貨幣供給量の変化率が名目所得に及ぼす影響が支配的であるとすること,ならびにその伝達機構を定式化すること,第2に,「期待を考慮したフィリップス曲線」によって,失業とインフレーションとの間の長期的なトレード・オフを否定し,「自然失業率仮説」を提唱すること,第3に,ケインジアンの積極的な安定化政策を否定し,「通貨供給ルール」による金融政策を提唱すること,である.以下,これらを順にみていこう.

(i) フリードマンはまず,貨幣を個人の保有する富の一構成要素と捉える.富は,貨幣以外に債券,株式,物的財,人的資本など,それぞれ危険 (リスク) も収益率も異なるさまざまなものによって構成されるが,各個人は自らにとって最適の組合わせを決定するものとして,各個人の貨幣需要関数が定式化される.その上でフリードマンは,貨幣供給量と名目所得との間の相関関係の実証的分析を通じて,貨幣需要関数の安定性 (より正確には,貨幣需要と,そのいく

つかの決定要因との間には安定的な関数関係があること）を主張した．また，このような貨幣需要関数を前提として，何らかの理由で貨幣供給量が人々の望む水準以上に増加すると，人々はやがて自分達が望んでいる以上の貨幣を保有していることに気付き，それらの貨幣をより有用と考える資産に転換しはじめ，その結果名目所得と物価の上昇が起こるとして，いわゆる「伝達機構（transmission mechanism）」を定式化した（保坂直達訳『インフレーションと失業』マグロウヒル，1978 年）．このことから，持続的インフレーションは拡張的な貨幣供給によって引き起こされるとする，マネタリストの理解が導かれる．このようなマネタリストの立場は，「貨幣が重要である（Money does matter）」というフレーズに端的に表現されている．

(ii)ところで，ケインジアンの体系にたいするマネタリストの批判は，フィリップス曲線（Fhillips curve）をめぐっても展開された．フィリップス曲線とは，賃金上昇率（または物価上昇率）と失業率との間の負の相関関係をいう（なお，物価上昇率と失業率との間の関係を，とくに「準フィリップス曲線」と呼ぶことがある．また，物価上昇率が失業率を決定するという因果関係で理解された「準フィリップス曲線」を，発見者〔I. Fisher；1867-1947〕の名に因んで「フィッシャー曲線」と呼ぶ）．グラフでは，縦軸に賃金上昇率（または物価上昇率），横軸に失業率をとると，第 1 象限から第 4 象限にかけて右下がりで，原点にたいして凸の曲線として描かれる．このフィリップス曲線は，当初，失業率を低く保とうとする限りインフレの発生はやむを得ないものであるという，ケインズ政策を正当化するものとして理解されていた．しかし，1970 年代以降，高失業率と高インフレ率の並存（スタグフレーション）という現実によって，フィリップス曲線の安定性は疑問視されるようになる．

これにたいしてフリードマンは，労働者がもつ「インフレ期待」が重要な役割を果たすとして，これを織り込んだ「期待によって調整されたフィリップス曲線」を用いて，「自然失業率仮説（natural rate of unemployment hypothesis）」を提示した（なお，この仮説は最初フェルプス〔E. S. Phelps〕によって提示されたが，後にフリードマンによって「自然失業率仮説」と命名された）．

いま，物価水準が安定している下で，通貨当局が貨幣供給量を増大させたと

する．当初は，労働者は名目賃金の上昇を知って労働供給を増やし，他方企業も自らの生産物価格の上昇を知って雇用を拡大する（縦軸に「現実のインフレ率」，横軸に失業率をとったグラフで表現すれば，ある1つの予想インフレ率〔たとえば0％〕にたいして一本の「短期のフィリップス曲線」が描かれ，経済は当初はこの曲線に沿って左上へ移動する）．

しかし，やがて労働者は一般物価の上昇に気付き，より高い名目賃金を求め始める（グラフでは，先ほどの短期フィリップス曲線から，上昇した期待インフレ率〔たとえばα％〕に対応して上方にシフトして描かれた別の短期フィリップス曲線へと，経済は移動する）．こうして，人々がインフレーションを正しく認識するようになり，現実の物価上昇率と予想物価上昇率とが一致すると，失業率は，その経済の実物的，制度的要因によって決定される自然率にまで戻る．このことからフリードマンは，長期的には失業率は物価上昇率（または名目賃金の上昇率）とは無関係に一定となるとして，この一定の失業率を「自然失業率」と名づけ，また，グラフ上で垂直になるフィリップス曲線を「長期フィリップス曲線」と呼んだ．かくして彼は，失業とインフレーションとの間には，短期的には人々の「貨幣錯覚」のためにトレード・オフ（一方が減少すれば他方が増大するという関係）が存在するが，長期的にはトレード・オフは存在しないと主張した（新飯田宏訳『インフレーションと金融政策』日本経済新聞社，1972年）．

なお，以上のマネタリスト・マークIの展開においては，将来の価格を予想する際に，主として「適応的期待（adaptive expectation）」仮説が採られている．これは，1956年にケーガン（P. Cagan）によって導入されたもので，今期において次期について予想される期待物価上昇率（$_tp_{t+1}$）は，今期における現実の物価上昇率（p_t）と，前期において今期について予想された期待物価上昇率（$_{t-1}p_t$）との誤差に比例して修正されるとする考え方である（$_tp_{t+1}=a(p_t-{}_{t-1}p_t)+{}_{t-1}p_t$，$0<a<1$．なおこのaを調整係数と呼ぶ）．このような期待の定式化はまた，間接的に，（たとえば，価格は瞬時に調整され，実物的諸変数は粘着的に，より時間をかけて調整されるというような）貨幣的な調整（価格調整）と実物的な調整との調整速度の違いによって市場システムの動態過程を記述す

るモデルの構築を，活発化させることとなった．

(ii)以上のような「自然失業率仮説」によって，ケインジアンの総需要拡大政策が長期的には無効であるとしたフリードマンは，他方，経済変動にたいする短期的な安定化政策の有効性にも異を唱える．この背景には，先にみた「伝達機構」をめぐる理解が存在している．すなわちフリードマンは，貨幣的変化が雇用量などに影響を及ぼすまでには，「認知ラグ（recognition lag）」，「決定ラグ（decision lag）」ないし「実行ラグ（action lag）」，「政策効果ラグ（lag in effect of monetary policy）」といった，「長くかつ可変的な」調整ラグが存在しているが，これらは予想不可能であるため，その規模とタイミングが適切であるべき安定化政策は，むしろ経済変動を拡大する惧れが大きいとした．かくしてフリードマンは，通貨当局は，「裁量」的政策を排除し，貨幣供給の増加率を「ルール」によって一定に維持して物価水準の安定性を第一義にすべきであると主張した．これがいわゆるフリードマンのk％ルールである．このような彼の主張の背後には，民間部門の合理性および市場の本来的な安定性にたいする信頼，あるいはそれと表裏をなす政府介入にたいする嫌悪が存在している．

2）合理的期待学派

前項でみたマネタリスト・マークIによるマクロ経済政策効果の否定論は，どちらかといえば長期についての議論であり，短期的効果についてはやや曖昧なものであった．これにたいし，「合理的期待仮説」を導入することによって，マクロ経済政策の雇用量等への短期的影響をも否定しようとしたのが，いわゆる「合理的期待学派」ないし「新しい古典派経済学（new classical economics, NCE）」である．なお，トービン（J. Tobin）は，合理的期待仮説を組み込んだ新しいマネタリストを，フリードマンらの旧来のマネタリストと区別して「マネタリスト・マークII」と呼んだが，ここでは，「合理的期待学派」として整理しておく．

さて，合理的期待仮説（rational expectation hypothesis）とは，合理的な経済人が，入手可能なあらゆる情報を利用しつつ，経済の実態的構造に即して将来についての期待（予想）を形成するとすれば，そのような将来の市場状況につ

いての主観的な確率分布は，実際に実現する客観的な確率分布と完全に一致し，継続的かつ体系的（システマティック）な誤りは生じない，という仮説である．これは，新古典派的な「『完全予見（perfect foresight）』の仮説に統計的意思決定論の装いをまとわせたもの」（岩井克人）で，本来は1961年にムース（J. F. Muth）によりミクロ分析の領域において導入されたものであるが，広く注目を浴びるようになったのは，1972年にルーカス（R. E. Lucas, Jr.；1937- ）がこれをマクロ・モデルに援用してからであり，以後，サージェント（T. J. Sargent），ウォレイス（N. Wallace），バロー（R. J. Barro）らのマクロ・ラショナリスト，いわゆる「合理的期待学派」が台頭することとなった．

まず，ルーカスは，労働市場における自然失業率仮説の対応物として，生産物市場における「ルーカス型供給関数」を提示する．これは，物価上昇率についての予想誤差（前項の記号を用いると，$p_t - {}_{t-1}p_t$）が，現実の産出量（y）をその「正常な産出量」水準（y*）から乖離させるというものである（$y_t = y^* + a(p_t - {}_{t-1}p_t)$, $a>0$）．これをふまえて，サージェントとウォレイスは，第1に，このような「ルーカス型供給関数」を仮定し，第2に，合理的期待形成を仮定し，第3に，民間部門は，政策当局と同程度以上に経済構造に関する知識を保有しており，政策変数の動きを事前に正しく察知するものと仮定した上で，金融政策の長期的有効性のみならず，短期的有効性をも否定した．

また，バローは，政府が現時点において公債を発行して今期の租税額を減額しても，民間部門は将来の公債の元利払いの増額を予想し，その結果現在の消費を増加させることはない，という「リカーディアン同等性命題（Ricardian equivalence theorem）」を主張し，これによってケインズ派の財政政策の長期的有効性を否定した．

これらの批判にも拘らず，短期については，金融政策の無力性を主張する根拠はなお薄く，また，財政政策の無効性についても「リカーディアン同等性命題」の成立を妨げる種々の要因が指摘されている．したがってこれらの一連の批判の積極的意義は，むしろ，必ずしも十分な根拠のないままに信じられていた，ケインズ政策の長期的有効性の問題点を明確化した点にあるとみられる．

3）新しい古典派経済学と，新しいケインズ派経済学

　ⅰ）以上のマネタリストおよび合理的期待学派においては，なお，マクロ経済過程における貨幣的要因の独自的意義，ならびに現実の経済がパレート効率的状態から乖離する可能性のあることなどについては，ケインズ派とあるていど共通の理解が持たれていたが，1980年代に入ると，これにたいして実物的（real）な要因を著しく重視してマクロモデルを構築する「新しい古典派経済学（new classical economics）」が擡頭してくることとなった．その代表的なものが，「実物的景気循環（real business cycle, RBC）理論」と「内生的成長モデル（endogenous growth models）」である．

　このうち内生的成長モデルは，従来の経済成長理論において，成長の重要な要因である技術進歩などが外生的に与えられていた点を反省しつつ，研究開発投資，人的資本（human capital）の蓄積などを明示化してモデルを構築しようとするものであり，その限りでは従来のモデルを，いくつかの方向で発展させようとする試みであって，必ずしも新しい古典派経済学の市場観を特徴的に示すものとばかりはいいきれない側面を持っている．

　これにたいして，新しい古典派経済学の市場観を端的に示しているのは，実物的景気循環の理論である．リアル・ビジネス・サイクル理論は，最適な資源配分が達成されている経済を前提にしたうえで，景気循環は，これに，外生的な生産性ショック，より正確には「全要素生産性（total factor productivity, TFP）」のアップ・ダウンのショックが加えられるために生み出されるとするモデルである．ここで全要素生産性とは，全生産物の成長率のうち，資本や労働の投入量の成長率では説明できない「残差（residual）」を指す．この理論によれば，経済は，どんなに変動しようともあらゆる時点で常にパレート効率的な状態にあることになり，フリードマンからルーカスに至るマネタリズムではあるていど是認されていた政府による景気安定化政策の意義が，ここでは一切否定されることとなった．

　しかし，このモデルにおいて雇用と生産の変動を説明する鍵となっているのは，家計による労働供給の実質賃金および利子率に関する弾力性であり，このモデルが説得力をもつためにはこの弾力性が十分大きくなければならないが，

この点も含めてリアル・ビジネス・サイクル理論は，実証研究からあまり支持を得られていない．

なお付言すると，とくに1990年代のアメリカでは，2000年前半までの，第2次世界大戦後最長の景気拡大を背景に，アメリカ経済は，情報通信技術の進展や経済のグローバル化を利用することによって，長期的にインフレなき成長が持続し，景気循環のない「ニューエコノミー」へと転換した，とする議論があらわれたが，これは，新たな基軸産業への転換とその効果を捉えたものとしてはそれなりの意義を持つものの，楽観的な市場観としては，すでに当時ほどの影響力を持つものではなくなってきている．

ⅱ）このような新しい古典派経済学の擡頭にたいして，ケインズ派の側では，価格や賃金の硬直性という「『古い酒』を『新しい皮袋』に入れようとする」（吉川洋）対応が，いわば共進化的に現れた．これが，新しいケインズ派経済学（new Keynesian economics）である．具体的には，合理的期待仮説を受け入れつつ，「メニュー・コスト（価格の改定にかかる個別的・社会的費用）」や「長期契約」に基づいて決定される賃金等によって，価格や賃金の硬直性などを説明しようとするものであるが，その中には小規模な手直しによる折衷的なモデルもいくつかあり，現在，ケインズ派の市場観のエッセンスにいま一度立ち戻った上での，新たなモデルの構築が試みられつつある．

ⅲ）最後に，どの市場観に基づくかによらず，1980年代以降の経済モデルにたいしては，①コンピューターならびに計算機科学（Computer Science）・計算科学（Computation Science）の発展，ならびに②数理科学の分野でのカオスを典型とする非線形科学の進展が，きわめて大きな影響を与えてきているので，ごく簡単にこれらにふれておく．

すでに1948年の論文においてウィーヴァー（W. Weaver）は，17世紀以降の自然科学研究を次の3つに分類していた．すなわち，(1)少数の変数による決定論的な法則を研究する「単純さの問題（Problems of Simplicity）」，(2)1900年前後から行なわれた，無数の変数からなる系の平均的な挙動の確率・統計的法則を研究する「組織されない複雑さの問題（Problems of Disorganized Complexity）」，および(3)今後研究されるべき「組織された複雑さの問題（Problems of

Organized Complexity)」である．近年急速に研究が進展してきたカオスは，この(3)に属し，システム（系）の振る舞いが完全に決定論的に定義されるにもかかわらず，カオスのもつ「初期値にたいする鋭敏な依存性（初期値がほんの少し違うと後の振る舞いが大きく違ってしまうこと；Sensitive Dependence on Initial Conditions)」のために，事実上将来の予測が不可能となってしまうという性質をもち，従来の決定論／非決定論の素朴な二分法を覆すこととなったが，同時に，それまで主として確率過程の観点から解析されていた不規則変動現象に，新たな分析の枠組みを与えるものともなった．

これらを背景として，経済現象の分析も，従来の解析的手法によっては解の得られないモデルについて，コンピューターを用いて近似的な数値解を求めたり，システム内のいくつかのパラメーターを動かしてシミュレーションを行なったり，確率過程の時間的推移の1つ（見本経路）がとるさまざまな姿を計算した上で画像表示させたりと，従来のより狭い手法に制約されていたものから，より広い枠組みへと解き放たれていくことになった．

その具体例としては，藤田昌久・P. クルーグマンによる都市形成等をめぐる空間経済学のモデル，日本の数学者伊藤清によって切り開かれた確率解析（確率積分，確率微分）を用いつつ，確率微分方程式の解のひとつのケースとして，オプションを利用した無リスク・ポートフォリオ構成の可能性を示したブラック-ショールズ公式（Black-Scholes formula）などがあり，さらに多様な分野で新たなモデルの構築が進められつつある．

これらの動きは，さしあたり直接的には技法的な変化であるが，それを通して今後，それぞれの市場観に基づく市場分析，さらにはそれらの市場観自体にも，深化なり変容なりをもたらす可能性を秘めている．

† 参考文献

宇沢弘文『経済学の考え方』岩波新書，1989年．
根井雅弘『現代イギリス経済学の群像』岩波書店，1989年．
M. ブローグ／宮崎犀一他訳『新版経済理論の歴史IV』東洋経済新報社，1985年．
J. マルシャル他／菱山泉訳『貨幣的分析の基礎』ミネルヴァ書房，1978年．
玉野井芳郎他編『経済学史』青林書院，1978年．

奥野正寛編『現代経済学のフロンティア』日本経済新聞社，1990年.
宮崎義一他編『ケインズ　ハロッド』中央公論社，1971年.
明石茂生『マクロ経済学の系譜』東洋経済新報社，1988年.
E. S. フェルプス／平山朝治訳『マクロ経済思想―七つの学派―』新世社，1991年.
川上忠雄他編『経済のマネージァビリティ』法政大学出版局，1989年.
菱山泉『ケネーからスラッファへ』名古屋大学出版会，1990年.
E. バトラー／宮川重義訳『フリードマンの経済学と思想』多賀出版，1989年.
志築徹朗・武藤恭彦『合理的期待とマネタリズム』日本経済新聞社，1981年.
岩井克人『ヴェニスの商人の資本論』ちくま学芸文庫，1992年.
佐伯啓思・間宮陽介・宮本光晴『命題コレクション　経済学』筑摩書房，1990年.
佐和隆光編『キーワードコレクション　経済学』新曜社，1989年.
根井雅弘『21世紀の経済学』講談社現代新書，1999年.
吉川洋『現代マクロ経済学』創文社，2000年.
小野善康他編『現代経済学の潮流2003』東洋経済新報社，2003年.
Blaug, M., *Economic theory in retrospect*, 5th ed., 1996.
Bannock, G., Baxter, R. E., and E. Davis, *Dictionary of Economics*, 4th ed., Bloomberg Pr., 2003.
藤田昌久・P. クルーグマン・A. J. ベナブルズ『空間経済学』東洋経済新報社，2000年.
安江邦夫『最新Excelで学ぶ金融市場予測の科学』講談社ブルーバックス，2003年.
斎藤恭一『道具としての微分方程式』講談社ブルーバックス，1994年.
合原一幸『カオス学入門』放送大学教育振興会，2001年.
長沼伸一郎『物理数学の直観的方法』（第2版）通商産業研究社，2000年.
杉本大一郎『計算科学』放送大学教育振興会，2003年.
吉田武『オイラーの贈り物』ちくま学芸文庫，2001年.

（渡辺裕一）

第5章

社会主義の経済思想とマルクス学派

1——現実社会批判と理想の社会

1）時代の背景

　市場経済のシステムは，18世紀の末頃になると，人間の生活に必要な物資の生産と消費のための中心的なシステムとなってくる．そのような社会は，資本主義社会と命名される．そもそも資本主義社会という把握方法には，共同体の経済から市場の経済に転換したという根本認識が背景にある．そこではたとえば，あらゆる社会に共通の社会的分業が，資本主義社会という特殊で歴史的な社会ではどのように実現され，最適な均衡編成がどのように達成されているか，というように問題にされる．したがって資本主義社会の場合は，市場経済の競争原理で達成されていて，それゆえ資本主義社会は特殊で歴史的な性格を帯びるという理解になってゆくのである．さらにいえば，人間が競争にさらされるに至ったのは市場経済の浸透の弊害のひとつであるという認識も生まれる．

　このような理解は，スミス以来の経済学者を共通にとらえた理解の仕方であって，古典派は，このような商業社会の到来を「良し」としたが，社会主義者はそれを「悪しきもの」としたのである．

　周知のように，18世紀から19世紀にかけての資本主義社会の勃興の時期は，産業革命の時代といわれるように，おおがかりな機械の工場導入がさかんに行なわれたが，工場というあらたな人間活動の現場では，従来の労働に比べると，とても容認できそうもないような児童労働や低賃金労働，長時間労働な

どが広範にみられていた．商品を大量に生産する工場現場では，過酷な労働と劣悪な生活環境が強制されていた．人々は，人間らしい生活について考えはじめた．それでも工場で働ける人々はまだよかった．職場をもたない失業者の生活は，生活を支える微々たる賃金さえ得られないのだから，だれの目にも悲惨に映ったのである．

しかも，資本主義社会は，ほぼ10年に一度の周期で経済の大混乱を経験せざるをえなかった．いわゆる，恐慌の周期的発生である．当時の人間社会の理想が，フランス革命のスローガンであった「自由・平等・友愛」だったとすれば，人々はだれも，自由も平等も，そして他人への友愛でさえも，この資本主義社会では実現できないと思ったことであろう．労働者にとっての生活の苦しさ，貧困と長い労働による疲労，それと対照的な少数の資本家の豪華な生活ぶりは，この社会の様子をみるものの胸を痛めた．

スミスが約束した予定調和の社会は，19世紀の現実によって裏切られたと感じられた．貧困の原因はどこにあるのか．中世の時代ではひっそりと息づいていた市場経済的な自由競争，金儲けの風潮こそが，この貧富の差を大きくした根本原因であると受け止められた．市場経済は弱肉強食の経済であると感じられるようになったのである．それゆえ人々の批判は市場経済にたいして向けられるようになる．そしてヨーロッパの思想は，現実批判と理想の社会のありかたを主題とするようになる．

2）シスモンディ

シスモンディ（de Sismondi；1773-1842）は，富の増進と人間にとっての幸福，即ち福祉の増進とは同じではない，とした．その理由は，いくら社会に富が多くても，それが偏在していれば，貧困層にとっては富とは無縁の生活をせざるをえないからであり，したがってそれは不幸なことだと考えられた．つまり富の分配のありかたが問題であって，現実の社会では労働者にとっての賃金が不十分である，というのが彼の意見であり，それはもらえるはずのものが「収奪」されているからだとされた．彼はまず，労働者と資本家の協同作用の力で，いわば集団によって実現された利益が存在するはずだが，その分も労働

者には十分な分配がなされていない，労働者の貧困はそこから来る，と分析した．

具体的には，資本家と労働の自由契約制度が原因であるとされる．つまり，労働者のあいだで自由な就職のための競争がもたらされるから，労働者はより低い賃金でもよいから工場に雇われたい，失業するよりは，長時間労働・低賃金労働をするほうがまだましであると考え，安売りするという労働者にとって不利な自由競争がもたらされるとシスモンディは分析する．そこには，2つの背景がある．ひとつは，生産の現場でかつて師弟や職人の人数や条件を決めていた「同職組合（ギルド）」が消滅したこと，もうひとつは，機械が労働者から職を取り上げたことだ，とした．そして労働そのものに熟練の要素が小さくなったことで，賃金がますます低くなるのだと考えた．思想としては，彼の故郷のフランス・トスカーナ地方の農民の素朴な生活，家父長制的な家族の生活に郷愁を感じていたし，労働者の経営への参加と，労働者が病気や失業状態になったとき国家が生活費を負担すべきであると考えていた．

3）ロートベルトス

ロートベルトス（Rodbertus；1805-75）はプロシアの地主であったが，市場経済の自由な競争体制では結果としてすべての調和が達成されるという古典派の均衡理論に反対した．なぜならば，購買力は富める者に集中しており，生産は生活必需品の供給よりは奢侈品の供給に向かいがちだから，不均衡にならざるをえないとした．さらには，労働者の購買力の不足が恐慌の原因となるとして，過少消費説が提起された．

また，労働者がすべての生産物を取得する権利があるという「労働全収権」の思想によって，「労働所得」と「不労所得」の区別を設定し，労働によらない不労所得は「労働者にたいするひとつの搾取形態である」という思想を展開した．

このように，総じて，19世紀の資本主義社会批判は，当時の社会問題の発生理由の模索とその解決の方法にまで発展するのだが，具体的には資本主義社会の資本家による生産の現場を組み替えないと人々は幸福にはなれないという

社会主義の理論が、おもにフランスの思想界に登場するようになる。いいかえれば、どうすれば、「一定数の労働者が資本によって収奪されずに働くことのできるような、経済活動の再組織の方式」(ジャム『経済思想史』205頁)が可能かという思索へと傾斜してゆき、さまざまな提案、場合によっては実践が積極的に展開される。

4) フーリエとルイ・ブラン

シャルル・フーリエ (Charles Fourier; 1772-1837) は、社会の理想共同体への変化を「ファランステール」への組織化として描いた。この「ファランステール」という共同体は、さらに「ファランジュ」という基礎的共同体を構成の単位にしていた。共同体の内部で、生産と消費が完結するという点、さらにそのような共同体のなかでの労働は喜びに満ちているので、人間活動の豊かな発展がみられると考えた。

ルイ・ブラン (Louis Blanc; 1811-82) は、労働者自身が組織者となった「アトリエ・ソシオー」の創設を、資本家の過酷な工場という生産組織にかえて夢想した。アトリエとは、仕事場のことであり、社会という意味のソシオーは、もともとの意味は仲間たちということである。仲間の間の行動様式は、他をおしのけて自分だけ有利になろうという競争的な行動様式ではない。「彼は現代社会の一切の害悪の原因は競争にあると考え、それを除去するために、アトリエ・ソシオーの設立を提唱した」、「これらのアトリエは相互に密接に連繋し、統一のあるアトリエ・ソシオーに組織化されるのである。この構想は、一時、1848年、フランス政府によって採用され、アトリエ・ナショノー〔国家による仕事場〕の計画となって現れた」(ジャム、同上書、206-207頁の訳注による)。

5) サン・シモンとプルードン

サン・シモン (Claude Henri Saint-Simon; 1760-1825) は、社会の根本の害悪は封建時代の名残である所有の権利であると考えた。個人が個人を搾取できるのも、この所有という権利があるからだ。労働しないでもそこには優先的に富の収奪がなされる。親から子への財産の相続は、社会を混乱させる原因だと考

えた彼は，企業者の行動力を十分に引き出すためには，怠惰な所有者の財産を国家が取り上げて，勤勉な企業者——彼は蜜蜂のように働くと形容した——と本当の生産者にそれを十分に供給すればよい，と思索した．

　ピエール=ジョセフ・プルードン（Pierre-Joseph Proudhon；1809-65）はフランスのブザンソン近郊の農村にうまれ，印刷工の時代に学問に目覚める．彼もやはり，プロレタリアという低賃金で苦しむ労働者のひとりであり，1831年の黒旗を掲げたリヨンの労働者蜂起を22歳のとき経験している．蜂起の直後にリヨンに行き，商人によって安く抑えられた絹織物のアトリエ経営・労働者の出来高賃金をめぐる抵抗をみて，労働者に共鳴する．

　当時は，資本主義社会のありかたをめぐって，2つの思想が正面から対立していた．それは，私的所有の体制は擁護されるべきだとする経済的自由主義の思想的立場と，私的所有の廃止＝共有化によって社会がよりよい社会に変革されるべきだと主張する共産主義の思想的立場のふたつの思想の対立であった．前者の理想は，現状の社会システムを維持することに意味を見出そうとする「守り」の思想であり，後者の思想は，現状に不満をもつゆえに，新しい社会システムに変換すべきだとする「攻め（革新）」の思想であったといえよう．どちらかといえばプルードンは，社会に変革を求めるという点で，「攻め」の思想家ではあったが，共同体賛美の思想については，つまり共産主義の思想にたいしては，新しい社会システムの理論としては，個人の自由の尊厳をまもれるかどうかに問題がある，ということに気がついていた．つまり，「集団全体の利益のためには個人の利益を犠牲にしてもよい，あるいは犠牲にすべきだ〔という〕集団優先主義」（河野健二編『プルードン研究』）にたいする抵抗と反対の感情がプルードンの思想にはあったわけである．この思想は共産主義の理想共同体にたいする反対でもあり，現状の国家の権力的専制をともなう共同体にたいする反対でもあった．「共同体（コミュノーテ）は抑圧と隷従である．……共同体は本質的にわれわれの諸能力の自由な発揮……諸感情に逆らっている」（同上書）．

　しかし彼は，集団そのものを否定したわけではなかった．プルードンが否定しようとした集団は，個人の自由度が極めて小さくなるような，窮屈な集団

だった．集団のなかで人間はまず，個人の自由が確保されている必要がある．これがプルードン主義の真髄である．そのことは，そこでの商品と商品の，ないし商品と貨幣の交換が等価の交換であることによって保障される．その自由で独立した個人同士が，相互主義の原則で，自発的な集団を形成するならば，それは，個人の孤独を癒してくれる．このように個人が独立しうるのは市場経済の交換の正義によってであると彼は考え，さらに集団に固有な協同のチカラもその個人同士の連帯で達成する，というような理想を描いたのである．

6）ロバート・オーウェン

イギリスでは，ロバート・オーウェン（Robert Owen；1771-1858）が，理想を実現しようとして，いくつかの実践を試みた．彼の実践はおよそ3分野にわけてみることができる．ひとつは，現在の消費生活協同組合運動に継承されている相互扶助のための協同組合を利用した活動である．彼は市場経済の原則を否定してはいないので，市場による交換行為を利潤追求的に行なうのではなく，友愛的・相互扶助的に行なう組織をつくろうという理想を描いた．2つめ

Column 1　労働全収権の思想

労働者の投じた労働の大きさが商品の価値の大きさを決定する，というのがウィリアム・ペティ以来の労働価値説の考え方であった．実際には，その価値は労働者だけが獲得するのではなく，地主・資本家がそれぞれ地代・利潤としての自分たちの分け前を取得するのである．したがって，商品の価値は，労働を基礎とする以上，すべて労働者に帰属する．労働者こそがすべての収益を独占しうるという「労働全収権」思想が登場する余地が発生する．実際の不公平分配があるのは，貨幣があるせいだ，とみれば，貨幣のかわりに，国家なりが労働者にのみ労働した証拠を発給して，それのみが商品を購買しうる，と構想したくなる．ロートベルトスは労働手形を発行すれば，生産と購買力の不均衡がなくなるとしたし，オーウェンは労働証券——実質的には，貨幣の単位の¥や＄や£のところが時間と書かれているペーパー・マネーだと思えばよかろう——を発行すれば，資本主義社会の歪みは消滅するはずだ，と想像した．この労働全収権の考え方が，資本家による労働者の搾取を非難する社会主義思想の基礎となった．

なお，アントン・メンガーの『労働全収益権』が森戸辰男によって翻訳されている．

は，生産の現場を自分の理想にしたがって改善しようという理想工場の実践である．彼は，紡績工場経営者の娘と結婚して，自分の工場をニュー・ラナークにもつことができた．彼の義父は博愛主義者のデービット・デール（1739-1806）であった．彼は孤児院の孤児たちを自分の模範工場で働かせた．そこで，不況になっても解雇しない，労働時間を短縮する，清潔な工場の環境にする，賃金をはずむ，という実践をする．最後の分野は，社会全体の貧困の解消の方法としての貨幣の廃止・労働時間券（Labor Note；労働証券ともいわれる）の発行の実践である．この貨幣廃止の理論的な理由は，商品の価値はその生産に要した労働時間であらわせれば，貨幣であらわした場合のように労働者の消費と生産の不一致が発生しなくても済む，というものであった．たとえば500時間で500個の生産がなされたなら，労働者に500時間の労働時間券を支給し，生産物は1個を1時間券で価値表示すれば，市場経済の欠陥の不況も失業もなくなるだろう，という発想であった．失業をなくす方法は，農業にも求められた．つまり，馬に犂をひかせるのではなく，人力で耕せば，都市の失業者を農村に吸収できる，というものである．単純な発想を実際に躊躇なく実践してみせるところにオーウェンの特徴があった．彼は1832年の9月には，実際にロンドンに全国公正労働交換所（Equitable Labor Exchange）を開設し，労働時間券と労働生産物の交換サービスを行なっている．この試みは翌年の閉鎖に象徴されるように短期で行き詰まる．

　だが，協同組合の理想は，市場経済と共同体的友愛主義の融合可能な分野として生き残り，拝金主義・利潤優先主義に陥らないで市場経済をうまく利用してゆくあり方の可能性を示している．それゆえに，現代の市場経済での消費者の主体性の発揮としての生活協同組合運動が存在意義をもつわけで，オーウェンが実践した工場運営の労働者融和主義の残した影響とともに，彼の協同組合運動は，市場経済そのものを肯定したうえでの改良であったがゆえに，生き残ったものといえる．

2 ── マルクスの社会主義経済思想

　マルクス（Karl Marx；1818-83）は，それまでの社会主義思想家と同様に，資本主義社会の現実を改善しようという立場にたった．しがたって，マルクスが問題にしたのは市場経済という，あらゆる社会に多かれ少なかれ存在する一般的な交換の経済ではなくて，産業革命以後の現実のイギリス社会，つまり世界の先端をいっていた19世紀の資本主義社会の現実であった．したがって，精確にいうならば，マルクスが研究の対象としたのは，「資本主義的市場経済の問題」であったとみなければならない．

　マルクスはそれを分析して，資本主義社会一般の欠陥を構造分析してみせ

Column 2　レギュラシオンの思想

　フランスの経済学で注目されている理論にレギュラシオンの理論がある．この理論は，ケインズ経済学とマルクス経済学の融合によって生み出された．むしろ，硬直しがちなマルクス学派の再生をはかった思想というべきかもしれない．

　中心的な学者は，ロベール・ボワイエ（Robert Boyer）であり，『世紀末資本主義』は彼が編集した著書である．ここでは，その著書の日本語訳の「訳者あとがき」をひきながら，レギュラシオン学派の市場経済にたいする見方を紹介することにしたい．

　「ところで，一つの蓄積体制は，自己調節的な市場という純経済的理論のみに立脚して存在してもいないし（新古典派批判），またその構造が自動的に再生産されるわけでもない（構造主義批判）．それじたい相互に独立したさまざまな諸力の間の闘争をつうじて，はじめて，一つの蓄積体制としての統一性，整合性，恒常性がもたらされる．それら諸力・諸過程の総体が『調整』（regulation）あるいは『調整様式』（mode de regulation）と呼ばれるものであり，いうまでもなくレギュラシオン派の資本主義分析の中軸に据えられるものである．それぞれの資本主義は，それに適合的な調整様式に媒介されてはじめて……一つの蓄積体制としての再生産が，ある程度恒常的に保証されていく．資本主義はどう変わったか，どう変わりつつあるか．この問いはしたがって，調整様式（さらには蓄積体制）の変化の問題として答えられることになる」．

　この学派が古典派経済学ないしマルクス学派の原理論の限界を一歩超えているのは，社会の分析において，「市場理論一辺倒」（同上）のやりかたを反省しているところであろう．

た．すなわち，資本家の支配する社会，資本家的な生産様式の社会の欠陥とは，まず第1に資本家階級による労働者階級の搾取とその結果としての両階級の間の貧富の差の拡大である．自由で等価の交換でも労働者の販売する労働力商品が資本家に購入されれば，労働者は必要時間を超えて労働しなければならないので，その剰余労働時間の労働の部分が資本家にまるまる搾取される．この点が欠陥として指弾された．第2には，マルクスの生きた時代にみられたほぼ10年周期の恐慌という現象である．資本主義社会には恐慌現象が宿命的に植えつけられている．恐慌の原因は理論的にどうなのか問わないとしても，信用の崩壊，倒産の集中的発生などが恐慌現象としてもたらされる．そしてその結果としての大量の失業者の苦しみが，好況の最後を除いて，景気のすべての局面に一般化しているという失業問題が第3の欠陥といえるだろう．具体的な資本主義社会の経済学的分析は『資本論』に結実している．

そして，それらの欠陥を克服するための社会としての共産主義社会が構想されたといえるが，じつはマルクスは『資本論』の執筆のあとに具体的な共産主義の構想を展開しているのではなく，彼が経済学の理論を本格的に研究する以前に，思想としての展開が行なわれているということは重要であろう．

ともあれマルクスの思想はそれなりの社会認識を基礎にしていた．「社会全体は，それもまた分業をもつ点で，一つの工場の内部と共通点をもつ，もしわれわれが一つの近代的工場内の分業を典型として，これを社会全体にあてはめて考えるならば，富の生産のため最も良く組織された社会は，あらかじめ定められた規則によって社会の各構成員に仕事を分配するただ一人の主人企業家しかいないような社会であろう．……ところが事実はこのようになってはいない．近代的工場の内部では，分業は企業家の権力によってこまかい点まで規制されているけれども，近代的社会には，自由競争以外に労働を分配する規則も権力もない」（『哲学の貧困』）．

さらにマルクスは，スミスやミルの分業と交換の理論を詳細に引用しながら，マルクス自身の思想を次のようにいわゆる疎外論として定式化するのである．「分業と交換とのこうした考察は，はなはだ興味深いものがある．なぜなら，分業と交換とは，〔人〕類に適合した活動および本質の力としての人間的

な活動と本質の力との，明らかに外化された表現だからである」(『経済学・哲学草稿』)，と．

　それでは，マルクスの人間社会としての類（集団性）の本来の在り方は，どうなるのか，マルクスは，次のような解答を用意していた．すなわち，「分業によって人格的な諸力（諸関係）が物的な諸力へ転化されているのをふたたび廃棄することは，それについての一般的な表象を忘れさせることによってはできず，ただ個人がこれらの物的な諸力をふたたび自分たちのもとに包摂して，分業を廃棄することによってのみできる．このことは共同体がなければ可能ではない．〔他人との〕共同体においてはじめて〔各〕個人は，かれの素質をあ

Column 3　資本主義社会と共同体

　共同体にもいろいろあるが，家族共同体が家族の生産活動をほぼ停止し，消費共同体に純化し，生産が資本家の組織する利潤追求共同体によってなされ，そのような共同体同士は市場での交換活動によってむすばれているような社会の構造をとらえて，それを資本主義の社会と定義しても，さしておかしくはないであろう．封建制の中世とも，もっと古い時代の古代とも，共同体と市場が共存共栄の関係にある，という大きな構造では一致している．だが，市場での人間行動は，どんなに時代が変わっても，基本は交換であって，同じである．むしろ相違するのは，共同体の性質の方であろう．封建時代の共同体にも，主君と家来の共同体をはじめ，さまざまな形態の共同体があり，土地や財産の贈与も共同体の関係をつくる契機のひとつであり，オイコスという共同体や家族の共同体もみな固有に，それぞれの特徴をもつものであろう．ところで，資本家（この呼び名は現在ではマルクス主義の思想による非難の言葉だと，竹内靖雄『市場の経済思想』では指摘されている．それはそのような非難の感情をもった人が使用してきたといってよいかもしれない．では，その感情をぬきにした別の呼び名があるのかといえば，企業者にしても事業家にしても適切ではない．だから，ここでは非難の感情とは無縁の資本家概念をつかう）が労働者を自分の事業の助手ないし仲間に取り込んだ資本家共同体の性質は，工場経営者である資本家が契約した賃金を支払うということによって労働者を自分の作業場で労働させるという，つまり共同体の構成員になってもらうということであって，働くということと，その報酬としての「おかね」の授受によるむすびつきを基本にしたものであった．したがって，構成メンバーは比較的自由にその工場を辞めることもできたし，辞めさせられることもあった．労働者も工場を選択できた．問題は，そのなかでの人間の尊厳の在り方にかかわっていた．

らゆる方面へむかって発達させる手段をもつ．したがって共同体においてはじめて人格的自由は可能になる．共同体のいままでの代用物すなわち国家などにおいては，人格的自由はただ支配階級の……個人たちにとってのみ……存在していた」(『ドイツ・イデオロギー』)．

このように，社会の構成原理に市場経済と共同体原理の2つの様式があり，マルクスは，思想としては，単純に前者を否定し，後者を肯定した．マルクスの貨幣にたいする嫌悪の感情は，シェークスピアからの引用や，また「貨幣は人類の外化された能力」とか，貨幣は人間の世界を「転倒した世界」にしてしまう，という表現になって残されている．そこでマルクスは，「社会を共産主義的に組織する」(同上書)という社会革命を主張するのであった．労働者は私有財産などもっていない．だから，『共産党宣言』では，革命後の社会では，「私有財産を廃止」し，商品の売買についても，「共産主義が主張する〔のは〕売買の廃止」なのだとされて，否定されるという思想が展開されたわけである．

結論的にいえば，社会主義の思想とは，総じて，共同体の経済原理だけで社会をよりよく構成できるはずであるという確信の思想的表現だったとまとめることができよう．

† 参考文献

エミール・ジャム／久保田明光・山川義雄訳『経済思想史』岩波書店，1965年．
J. K. ガルブレイス／鈴木哲太郎訳『経済学の歴史』ダイヤモンド社，1988年．
河野健二編『プルードン研究』岩波書店，1974年所収，河野健二「プルードン主義の背景」，作田啓一「プルードンの社会理論」．
J. A. シュンペーター／東畑精一訳『経済分析の歴史』岩波書店，1955年．
竹内靖雄『市場の経済思想』創文社，1991年．
レオ・ヒューバーマン／小椋広勝訳『社会主義入門』(下)岩波新書，1954年．
ロベール・ボワイエ／山田鋭夫他訳『世紀末資本主義』日本評論社，1988年．

(松尾秀雄)

第 III 編 市場経済の現在

第 1 章

市場経済と労働・企業

　多くの人々にとって，働くこと，働く場である企業のことは最大の関心事のひとつであろう．にもかかわらず，新古典派の経済学では，長年，不思議なことに，労働や企業の問題が検討の対象外とされてきた．このことは，もちろん，多くの主流派経済学者が労働や企業以上に，市場の問題を重視してきたことを意味していよう．

　とはいえ，労働や企業の問題が経済学においてまったく無視されてきたわけではなかった．マルクスは『資本論』において，労働や所有と支配の問題に詳しい検討を加え，その後も，主流派経済学が無視する中，マルクス学派を初めとして，非主流派の経済学者や歴史家，社会学者が大きな関心を寄せ，さまざまな研究を蓄積してきたのである．

　しかし，主流派経済学でも，その視角の限界にやっと気がつきだしたようである．伝統的な新古典派の研究が長らく無視してきた労働や企業の問題こそが，現代の市場経済を検討するに際して，重要な意味をもつことが現在では学派を超えた共通の認識となり，さまざまな角度から取り上げられるようになった．

　とはいえ，近年の多くの研究は，残念なことに，マルクスに起源をもつ研究潮流を無視している感がある．現代の市場経済における労働と企業に関する豊富な認識を生み出してゆくためには，学派を超えた幅広い議論の交流が必要なことはいうまでもない．そこで，ここでは，現代の市場経済における労働や企業の問題をさまざまな角度から考えることが可能となるように，マルクス学派に始まり現代のさまざまな学派に到る主要な議論を取り上げてゆこう．

1——労働の諸問題

　市場経済の下に生きる人々にとって労働にまつわる悩みは尽きない．実際，働く喜びを得られる職につきたい，将来はより充実した仕事をしたい，企業内での仕事を保証されたいといった日常的な不満や悩みをもたない人は少ない．このことは，働く人々の多くが，仕事にたいして充分な満足感を得ることもなく，将来にたいする漠然たる不安を抱えていることを表しているとみてよいだろう．

　こうした日常的な疑問や不満にたいして，経済学はどのように答えることができるのであろうか．近代経済学と呼ばれてきた主流派経済学が，長らく，労働に関する問題をブラックボックスに入れ，その問題を看過してきたとはいえ，資本主義における労働が如何なる特質を持っており，また，市場経済の発展の中で，企業における労働と労働組織がどのような変化を遂げたのかという問題は，古くから経済学においても重要な問題のひとつとされてきた．

　経済学の父スミスは，『国富論』において，労働とは辛くて嫌なもの，まさに労苦であるという労働観をいち早く表明した．今から思えば，18世紀末イギリスという職人的な労働が依然として支配的であった時代に，労働を苦痛として捉えたことは意外でもある．その背景には，市場経済の下での工場内分業の発展が個々の労働を単純化し，労働を退屈なものとするという考え方が隠されていたとみてよい．

　こうしたスミスの労働観を受けて，市場経済における労働と労働組織の問題に，より本格的な検討を最初に与えたのがマルクスであった．彼は，『資本論』第1巻の資本の生産過程論において，労働と労働組織を対象としたさまざまな議論を展開した．そこでのマルクスの議論は，その後のマルクス派や非マルクス派の多くの研究者に影響を与え，さまざまな論争を巻き起こした．

　そうした中で，最大の焦点となってきた問題を2つあげることができよう．第一は労働の衰退をめぐる問題である．マルクスは，機械制大工業としての資本主義経済の発展は，すべての熟練を解体して労働の単純化を引き起こすとと

もに，多くの人間労働が機械によって代替されていくとするいわゆる労働衰退説を主張したが，はたして，市場経済の発展はそうした労働の衰退を招いたの

Column 1　Worker と労働者

　かつて，マルクスは「万国の労働者団結せよ」と呼びかけた．だが，日本において，すでに「労働者」という言葉は死語に等しい．いや，古くから，労働者という言葉そのものが，働く人々によってその使用を拒否されてきた．これにたいして，イギリスでは，労働者という言葉が生きていた．ジョン・レノンが「Working Class Hero」という曲を作曲し，それを抵抗感なく受け入れる素地がイギリスにはある．イギリスでは，産業革命を経た 19 世紀前半には，Working Classes や Worker といった言葉が日常用語として使用されるようになり，現在でも広く使われている．これにたいして，日本では，労働者階級や労働者といった言葉が，いわば左翼臭のする外来語であったために，その普及を妨げたのかもしれない．だが，それらの言葉が日本において死語になった背景には，もうひとつの大きな原因が潜んでいるようである．

　英語でいう労働には Work と Labour という 2 つの単語がある．しかも，その 2 つの単語の違いは大きい．Work はいわば働く喜びを感じることができる労働を指しているのにたいし，Labour は，どちらかといえば，面白味のない単なる肉体的な苦痛といった意味合いが強い．だからこそ，芸術家や音楽家の仕事や作品を Work と称することがあっても，Labour と称することはない．

　イギリスの労働者は自らを Labourer あるいは Labouring Class となかば自嘲気味に表現するよりも，自ら Worker や Working Class と名乗ることを好む．その時，彼ら自身の仕事にたいする誇りを込めているとみてよい．イギリス以上に，仕事に誇りや生きがいを見出してきた日本の働く人々が自らを労働者，労働者階級という言葉で表現しなかったのも，ここにひとつの原因があろう．英語のニュアンスからいえば，Work と Labour はそれぞれ仕事と労働という日本語に対応しており，日本語でいう労働は Labour の意味合いにかなり近い．英語の Worker という言葉と違って，日本語の「労働者」という言葉では，自らの仕事にたいする誇りが表現できないがために，多くの普通の日本の労働者が自らを「労働者」や「労働者階級」と名乗ることができなかったのである．

　それでは，現在広く使われている「会社員」や「サラリーマン」という言葉はどうであろうか．それらの言葉は日本独自のものである．そこには仕事にたいする誇りや喜びが込められているのであろうか．日本のある種の特殊な状況を反映していないだろうか．この問題は考えるべき問題としておこう．

だろうかという問題である．第2は窮乏化説をめぐる問題である．企業による絶えざる新技術の導入は，労働市場における相対的過剰人口すなわち失業者の増大を一方的にもたらすために，賃金は下落しつづけ，労働者は貧困化するとする窮乏化説をマルクスは主張したが，市場経済の発展は，労働者を窮乏化させるのか，あるいは富裕化させるのであろうかという問題である．

こうしたマルクスの労働衰退説と窮乏化説は，所謂近代経済学が労働に関する諸問題を無視しているあいだ，さまざまな学問分野の論者からの支持と批判を巻き起こした．いうまでもなく，それらの主張が提起している問題は，労働の未来を考えるに当たっても避けて通ることができない問題でもある．

こうした2つの問題とは別に，近年，多くの関心を集めているもうひとつの問題が労働市場をめぐる問題である．『資本論』における労働に関する議論は，流動的な労働市場を前提としているといってよい．いうまでもなく，新古典派も，労働に関する議論を展開する際には，必ずといってよいほど流動的な労働市場を前提としてきた．しかし，近年の研究では，こうした流動的な労働市場のみを前提としては現代の市場経済を理解することはできないという主張が盛んに行なわれ，階層的な秩序をもった労働組織が企業において重要な役割を果たし，企業の外部の流動的な労働市場とは区別される内部労働市場の重要性が強調されてきた．

そこで，ここでは，こうした3つの問題，すなわち，労働衰退説，窮乏化説，内部労働市場論を中心にして，市場経済における労働の問題を検討してみよう．

1）労働衰退説

マルクスは，『資本論』において，資本主義経済は機械制大工業として発展するために，熟練労働は解体され，労働が単純化すると主張した．もちろん，依然として機械化されえない熟練労働が存在したとしても，遅かれ早かれ機械の導入によってすべての労働が単純化すると考えられているわけである．いうまでもなく，こうした単純労働に喜びを見出すことは困難であり，マルクスの議論では，資本主義における労働がスミス的な意味での労苦となることが含意

されているといえよう．

　しかし，はたしてそうであろうか．労働の単純化の進展と機械による代替という労働衰退説は，一見したところ，現在でも妥当性が高いようにもみえる．事実，資本主義経済の発展とともに，新たな機械が次々と導入され，多くの熟練労働が駆逐されていったのは事実であろう．しかも，19世紀末以降に始まる，テイラーによる科学的管理法やフォードを最初としたベルトコンベアの導入などによる労働の細分化が，労働の単純化をますます加速化したという主張はブレイヴァマンの『労働と独占資本』を代表とする多くの研究に見出すことができる．そうした認識の下，多くの社会学者や哲学者は，細分化された単調な労働が資本主義経済では増大し，若きマルクスがかつて『経済学・哲学草稿』で示唆した労働疎外，すなわち，本来，人間にとって主体的な活動である労働が非人間的反主体的なつまらないものとなる現象が生じていることを強調した．こうした議論によれば，資本主義的な市場経済の発展は，労働過程を変容させ，労働の衰退を生み出したともいえそうである．

　しかし，熟練労働が完全に姿を消し，単純労働が支配的となったという点について，否定的な見解を表明する研究も多い．現代企業における労働の事例研究を通して，多くの研究者は，企業内における労働を，不可逆的な単純化の進展だけでは捉えきれないとし，かえって逆に，新たな熟練労働が出現している様相を明らかにしている．たとえば，従来の汎用型の工作機械では，現場の労働者の手の熟練が重要であったのにたいして，コンピュータを装備したNC工作機械は，一方で作業の単純化を生み出したとはいえ，同時に，プログラミングという新たな知的技能を必要としたといわれる．こうした事例を根拠に，一概に新技術の導入が一方的に労働の衰退を生み出しているわけではないことが主張されているわけである．

　また，市場経済の発展は，一方的な労働の細分化のみをもたらすわけではなかった．さらなる分業の進展によって，労働を極端に細分化した時，労働者の労働意欲の衰退が生じ，かえって逆に，生産効率が低下する場合もありうる．このために，逆に，職務をより拡大し，労働の細分化に歯止めをかける傾向も存在しうることがさまざまな研究において指摘されている．

こうした中で，注目を集めてきたのは，企業特殊熟練という概念である．現代市場経済においては，各企業は競争力の強化のために，その企業に特有な熟練の形成を強く必要としており，現代の企業にとって，そうした特殊な熟練労働の確保が至上命令となっていることは想像するに困難ではない．つまり，現代の市場経済は，単純労働だけではなく，その企業にのみ特有なより特殊な熟練労働を強く求めており，実際にもそうした企業特殊熟練が増大しているとも考えられるわけである．

このように，かつては，資本主義経済における労働衰退説が否定され，単純労働の支配を否定する見解が表明されてきたが，近年，再び論調に変化がでてきた．

工業化以前に広範に存在した，全人的な熟練を要する職人的な労働が衰退したのは事実である．もちろん，現在でも，そうした職人的労働がまったく姿を消したわけではないとはいえ，資本主義経済とはかけ離れた周辺的な一部の部門にしか存在していない．そうした職人的な熟練労働は，現代の企業内の熟練労働とは大きく異なり，特定の企業とは関係のないいわば普遍性を持った熟練であっただけでなく，芸術家などの仕事にも通ずるたぐい稀な技能を要求するものであったことは，古き名もない職人の作品が優れた芸術家の作品に匹敵する工芸品として高い評価を与えられていることからも明らかである．つまり，資本主義経済の成長は，趨勢としては，かつての職人的な熟練労働を解体し，労働過程を大きく変容させたことは否定できないといえよう．

しかも，重要なことに，コンピュータとIT技術の普及は，製造現場だけでなく，多くの高学歴ホワイトカラー職の仕事をも陳腐化し不要にした．さらに，日本を始めとした先進国では，生産のグローバル化の拡大により産業の空洞化とサービス化が生じ，近年，急増している雇用のほとんどはサービス産業を中心としたマニュアル化された非正規雇用となっている．しかも，サービス産業も含めて，あらゆる産業における絶えざる生産効率の追求は，より一層人手を減らし，失業者を増大させる傾向を持っている．もちろん，コンピュータ化，IT技術の普及，グローバル化は，一部のエリートにたいしては高学歴と，かつ高い専門性を求めるものではあるが，大多数の人々には単純労働の非正規

雇用が強いられる傾向が強まっているかのようである．かつて，マルクスが『資本論』で主張したような，オートメーションの進展により失業者が増大し，労働が衰退するという予言どころか，近年の海外での「労働の未来」論が主張しているように，ほとんどの人々が職を奪われ，労働の終焉が生じるか，あるいは一部の人々を除けば，大多数の人々は自ら誇りを持てる仕事につくことができなくなる時代が来るかもしれない．

こうした中で，ヨーロッパやアメリカでは，もう一度，人間にとっての「労働の未来」を見直そうとする動きが急である．こうした議論は，このまま資本主義経済の成長にまかせていては，人間の労働の未来が絶望的になるかもしれないという危機感から生じたものといえよう．そうした研究によれば，これまでは，労働が，あくまでも「生業」として，つまりは企業の下で働く賃労働のみに限定され考えられてきたのにたいして，これからは，賃労働以外にも，コミュニティに貢献する活動や，子育てや家事をしたり，弱者を助けたりすることも，そうしたすべてのことを労働として評価する社会システムの必要性が指摘されている．

2）窮乏化と富裕化

それでは，窮乏化説についてはどうであろうか．マルクスの窮乏化説にたいしては，多くの反マルクス主義的な立場に立つ研究，たとえば，その副題を「非共産党宣言」と銘打ったロストウの『経済成長の諸段階』などが，早くから工業化による生活水準の改善を主張し，窮乏化説を強く否定してきた．事実，多くの数量的な事例研究では，資本主義経済の下では，長期的には実質賃金が上昇したことを確認しており，そこでは絶対的な窮乏化説は完全に否定されているといってよい．

しかし，マルクス経済学の側でも，窮乏化説が早くから否定されていたことも事実である．宇野弘蔵は，理論的に，機械の採用による相対的過剰人口の累積的な増大を前提できないとし，過剰人口圧力による賃金の傾向的な下落を主張する窮乏化法則をいち早く否定した．また，労働経済学の氏原正治郎も，正

統派マルクス主義経済学に依拠して労働者の窮乏化を主張する議論を明快に否定した．さらに，馬場宏二は，19世紀末以降における構造的失業による窮乏化を論理的に否定し，資本主義の発展による富裕化実現の可能性を認めている．

ガルブレイスの『豊かな社会』をあげるまでもなく，経済発展がもたらした豊かさの質が問題であるとはいえ，いわゆる先進資本主義国の労働者がある種の豊かさを享受していることは否定できない．また，皮肉なことに，社会主義体制の崩壊は，資本主義国ではなく，貧困からの脱出を目的としたはずの社会主義国における貧困の蓄積を明らかにしたといってよい．これにたいして，高度成長を経験した先進国に住む人々は，世代間における生活水準の改善を実感してきた．

しかし，マルクスの窮乏化説が理論的には誤りであるとしても，資本主義経済の発展は常に豊かな社会を必ずもたらすものであるといった楽観的な議論も窮乏化説と同じように同時に批判にさらされている点は忘れてはならない．

もともと，マルクスが窮乏化説を唱えた背景には，イギリス産業革命期における労働者の生活水準の問題が存在していた．当時のイギリスの工業都市では，人口増加や移民の流入により都市雑業層，すなわちインフォーマル部門に依存する「下層民」が増大し，労働市場を圧迫していた．マルクスは，そうした過剰人口を新しい機械の採用によって形成された相対的過剰人口として誤解し，窮乏化法則を資本主義の一般的法則として主張したわけである．

しかし，問題を資本主義一般ではなく，工業化初期におけるものとして理解した時，窮乏化の問題は新たな議論が可能である．工業化に関する経済成長モデルを提唱したルイスは，工業化初期においては，労働の無制限的供給状態が支配的であり，必ずしも工業化が常に富裕化をもたらすわけではないことを示唆した．彼は，工業化初期の労働の無制限的供給状態では，労働者は実質賃金が低下しても働き続けることを理論的に認め，実質賃金の低下，すなわち窮乏化が生じることを認めたとみることができる．なお，速水佑次郎は，こうしたルイスの経済成長論とマルクスの議論をより洗練されたマルクス・ルイス・モデルという工業化初期の経済成長モデルに整理している．

さらに、ルイス理論の影響の下、クズネッツは、工業化初期における所得の不平等化の進展を経験的な命題として確認できると主張し、現在では、それは経験的に確認可能なクズネッツ仮説と呼ばれている．彼によれば、工業化初期では、所得の不平等化が進展し、経済成長によって、労働の無制限的供給が解消された時、初めて所得の平等化と実質賃金の上昇がみられるとされた．つまり、少なくとも、資本主義経済の発展は、常に富裕化をもたらすわけではなく、工業化の特定の時期においては、窮乏化や不平等化が生じることが認められているわけである．

また、フランクやアミンなどの従属学派によれば、資本主義の発展は富裕化だけでなく、同時に窮乏化をももたらす点が強調されている．彼らは、資本主義世界経済の発展は、いわゆる中心国における繁栄と同時に、周辺諸国における低開発をも生み出し、いわゆる発展途上国における貧困の蓄積の存在を強調している．事実、第三世界の多くでは、たとえ経済成長がある程度みられても、ますます貧困層が増大していることが明らかにされてきた．

しかも、ウォーラーステインが唱えた世界システム論によれば、基軸と周辺の構造をもった世界市場の存在が資本主義経済の存立条件とされており、こうした周辺における貧困は、資本主義経済が維持される限り、避けられない問題として再生産されることが主張されている．周辺における「低開発の進展」とそれに伴う貧困の蓄積は、中心における経済成長のメダルの裏側でもある．こうした従属学派や世界システム論の主張によれば、資本主義経済の発展は、基軸における富裕化と周辺における窮乏化を同時に引き起こすとみることができるわけである．

ともあれ、資本主義経済の発展は、マルクスが主張したように、一概に窮乏化をもたらすわけではないし、また、ロストウらの近代化論者が主張したように、常に富裕化をもたらすわけでもないことは確認しておいてよい．資本主義経済の成長は、必ずしも、すべての国々、あるいはすべての階層の富裕化を実現しうるわけではないことに注意すべきであろう．周辺国における貧困の増大の問題や工業化と不平等化の関係などはより詳しく検討される必要があろう．また、豊かな社会を実現したといわれるいわゆる先進資本主義国が実現した豊

かさとは，本当に豊かなものといいうるのであろうかといった問題なども今後考えてゆく必要があろう．

3）内部労働市場

　労働市場に関しては，意外なことに，マルクス経済学と近代経済学と呼ばれてきた主流派経済学は共通の認識をもってきた．『資本論』では，個別資本は労働市場から必要な労働力をいつでも自由に調達或いは解雇できると考えられており，資本主義経済では，流動的な労働市場が重要な役割を果たしていると想定されている．また，近代経済学では，労働についても，他の財と同じように，価格の伸縮的な調整によって需給が速やかに均衡化されるいわゆるスポット・マーケットが成立していると考えられてきた．いずれの理論においても，企業は，その外部に存在する流動的な労働市場において，自由に労働力を調達し解雇できると想定されているわけである．

　しかし，現代の市場経済において，企業はそうした流動的な労働市場のみに依存しているのであろうか．現代日本のみならず，日本よりも離職率と労働力の流動性が高いと信じられてきた海外の先進国においても，企業が流動的な労働市場のみに依存してきたとは考えにくいことは多くの研究が指摘してきた．

　先にみたように，現代においてもすべての労働が単純化しているわけではなく，各企業は新技術の採用に伴う新たな知的技能を必要としていた．こうした熟練労働を外部の労働市場から調達することは，単純労働とは違って困難を伴うことは想像するに難くない．とはいえ，企業の外部の制度，たとえば学校や旧来の徒弟制などによって，そうした熟練が養成されていれば，企業は流動的な外部の労働市場から熟練労働を調達することも可能かもしれない．しかし，国によってある程度の違いはあるとはいえ，技能養成に関して外部の制度が果たす役割はそれほど大きなものではなかった．それでは，企業はどのようにして必要な熟練労働を確保してきたのであろうか．

　こうした問題については，職業訓練に関するベッカーの『人的資本』における議論を取り上げることは有効である．彼は，技能には，すべての企業に通用するものと特定の企業にしか通用しないものの2つのタイプがあり，現代の企

業では，特殊訓練によって養成される，後者のタイプの技能が重要な役割を果たしていることを主張した．実際，現代の市場経済では，各企業はその競争力の強化のため，独自の作業方法を開発することに熱心であり，また，企業における労働もチームによる作業，つまりは協業が重要な役割を果たし，各企業，各職場に特有の協業作業に習熟するという熟練が必要なことは明らかである．

しかし，企業は，こうした企業特殊熟練を外部の市場から調達できるであろうか．そうした熟練は，その企業を離れてはなんの意味ももたない．となれば，企業の外部で，そうした熟練が養成されることはない．それでは，企業は自社のみに特有な熟練をどのように確保しているのであろうか．

こうした問題にたいして，新たな枠組みを提示したのが，ドリンジャーとピオリの『内部労働市場と人的資源の分析』であった．彼らは，現代の企業は，企業に特有な熟練を，外部の流動的な労働市場から調達するのではなく，企業内部における労働力の再配分によって確保していることを明らかにし，そうした機構を内部労働市場と名づけたのであった．つまり，各企業は，労働力の調達に関しては，単純労働力の新規採用について外部の労働市場と接しているだけで，新たに雇い入れた労働者をいわゆるOJT，すなわち職場における労働を通した訓練によって企業に特有な熟練を養成し，確保していることが明らかにされた．

こうした内部労働市場論は，日本的経営の特徴とされてきた終身雇用制や年功序列制にたいして，興味深い議論を提供するといってよい．かつて氏原正治郎は，終身雇用と年功賃金を企業別組合と並ぶ日本的労資関係の重要な特徴として指摘した．その後，日本的経営論を唱える多くの研究者は，こうした3つの特徴を日本に固有のものとし，当初は，日本の後進国的な遅れた特徴として，そしてバブル崩壊以前までは，世界に冠たる優れた特徴として主張してきた．

小池和男は，内部労働市場論の観点から，『職場における労働組合と参加』において日米の比較研究を行ない，日本だけでなく，アメリカにおいても，長期勤続の傾向と勤続年数に相関した賃金の分配がみられ，内部労働市場が重要な役割を果たしていることを明らかにし，終身雇用や年功賃金といった特徴がなにも日本固有のものではないことを主張した．また，スティグリッツの効率

Column 2　教育効果と就職

　それなりに，学生時代に勉強もしてきた学生は，就職シーズンを迎えた時，「今までの勉強の成果を生かしたい」という気持ちを抱くのは当然であろう．そして，「私は英語が得意だから海外との取引に」，「コンピュータ・プログラムの技術が生かせる仕事を」といった希望を抱き，就職活動を開始する．しかし，現実は厳しい．もちろん，就職活動の中での面接では，企業側は学生に，「あなたは学生時代になにをやったのか」とか，「どのような特技をもっているか」といった質問を浴びせる．とはいえ，残念ながら，日本の企業の多くは，特技や技能をもった学生諸君を求めることは少ないようである．「入社すれば，お茶くみやコピー取りを含めて，どんな仕事でも一所懸命できるか」といった質問に象徴されるように，企業の多くは会社への忠誠心の方をより強く要求しているようにみえる．そして，いうまでもなく，タテマエとしては否定されているとはいえ，依然として最も強く求められているのが大学の格を含む学歴であることはいうまでもない．

　経済学でも，古くは，高学歴者の賃金が高いことを，学生時代における技能養成にたいする代価として理解してきた．こうした考え方が正しければ，学生が自らの勉強の成果を生かしたいと考えるように，企業も学生の能力に目を向けるはずである．しかし，現実はどうも違うようである．企業の多くは能力よりも忠誠心や学歴を求めているのである．

　ここに，ひとつの興味深い議論がある．スペンスという経済学者が唱えた教育に関するシグナリング理論である．つまり，教育は個人の能力を高めることによってではなく，潜在的な能力のあるなしを事前に判定することによって，企業に貢献しているとする議論である．企業にとって資質の優れた者を選別することは困難であり，もし，企業内でそれを行なうとすれば，大きなリスクと長い期間が必要となる．そこで，入社する前に，個人が受けた教育のレベル，より直接的には，出身校の格によって，新卒者の資質を事前に判定し，より優れた資質をもつ者，つまりはより優れた学校を出た者を雇い入れようとするわけである．しかも，本文でふれたように，現代の企業はその企業にのみ通用する特有の熟練の形成を最大の問題としていた．だとすれば，学生時代にどのような技能を養成していようとも，それは企業にとって大きな問題ではない．資質のある者を入社させ，その後のOJTでその企業に特有の熟練を養成すればよいわけである．

　こうした教育のシグナリング理論は，学生にとっては残念なことに，現代の日本についてはかなりの妥当性をもつかもしれない．いや，海外の経済学者にいわれるまでもなく，すでに多くの人々は常識として理解しているといった方が正しいだろう．ともあれ，現実の市場経済は厳しい．

性賃金論によれば，企業は均衡賃金を上まわる賃金を支払うことによって労働者のモラルを向上させ生産性を向上させる可能性をもっていることが明らかにされた．こうした議論によれば，現代の市場経済下の企業においては，長期勤続や勤続年数に相関する賃金も，日本だけでなく，他の国々にもみられる共通した特徴として考えられるわけである．

とはいえ，内部労働市場が現代の市場経済において，重要な役割を果たし，多くの国々に共通した特徴をもたらしてきたことが事実だとしても，各国間の差異がまったく存在しないわけではないし，また，日本における終身雇用や年功賃金が現在見直されていることに注意すべきであろう．

たとえば，ドアは，『イギリスの工場・日本の工場』において，日英の同じ産業の工場の事例研究を通して，市場経済の重要な柱である市場と組織の内，イギリスでは，どちらかというと市場志向性が強いのにたいして，日本では組織志向性が強いことを繰り返し指摘した．実際，イギリスの労働者と日本の労働者の行動様式は，その制度にも規定されてまったく異なったものであることはいうまでもない．

こうした指摘を踏まえれば，現代の企業は，確かに外部の労働市場と内部労働市場つまりは企業内部組織の両者に依存しているとはいえ，双方にたいする依存度の違いを，企業間，各国間に検出することは可能といえよう．その意味では，一部の研究にみられるように，各国に共通した普遍性を過度に強調するのではなく，同時に，その差異をも検出する必要があろう．その時，少なくとも日本は，組織志向性が強いということができるかもしれない．

また，日本については，現在では，終身雇用制は現実にはすでに形骸化しており，労働市場の流動化が進展しつつあるといった指摘を最近の多くの研究に見出すことができる．事実，バブル崩壊以降の日本では，不況にともなうリストラによって中高年者が解雇され，終身雇用制と年功序列制が危機に瀕しているという主張が数多く行なわれてきた．しかも，近年，成果主義や能力主義の導入を掛け声に，年功賃金制の見直しが数多くの企業で進んでいるといわれる．

だが，最近の研究によれば，この間の日本企業のリストラについては，主と

して新規雇用の縮小や中止によっており，考えられてきた以上に中高年者の解雇は進んでおらず，いまだに長期雇用の色彩が強いことも指摘されている．また，年功賃金制の見直しにしても，1960年代以来，日経連を中心として能力給の導入が提唱され続け，給与体系の中でも純然たる勤続給や年齢給の比率はすでにかなり小さくなっていたところに，最近，それらが完全に廃止されただけであって，近年の年功賃金制の見直しというのも，実はそれほど大きな変化ではないのではないかという指摘もある．

ともあれ，現代の市場経済において，企業社会がどのように変貌してゆくか，また，各国間の差異が拡大するのか収斂してゆくのか，今後，注目していく必要があろう．

2——所有と支配

市場経済といっても，市場という機構と同じ程度かそれ以上に，企業という組織が重要な役割を果たしていることは，多くの人々にとって自明のことであろう．企業つまりは会社こそが現代の市場経済を直接に担う主体であり，企業組織なしに経済活動を行なうことは，現代では極めて困難である．だからこそ，多くの人々は会社に「就職」することによって，市場経済の一端を初めて担うことが可能となると感じ，企業こそが市場経済との唯一の接点であるという感覚すら抱いているといっても過言ではない．つまり企業の存在しない市場経済をイメージすることは，一部の経済学者を除けば不可能であるともいえよう．

しかし，市場経済においては，これほど企業という組織の重要性がいわば経験的に明らかであるにもかかわらず，長らく経済学は企業組織を無視してきたことは意外かもしれない．市場経済は，スミスのいう「見えざる手」によって調和的な編成が可能であり，いわば「見える手」である企業は重要な役割を果たしていないという，いうなれば市場万能主義が多くの経済学者の頭から離れなかった．その最大の原因は，現代経済学の主流派を形成してきた新古典派がその考察の対象から企業を除外してきた点に最大の原因があろう．新古典派の

理論では，市場経済とはまさに市場機構によってのみ構成されるものであり，最も重要であるはずの企業が存在しないという，日常的な感覚からすれば異常な世界が展開されてきたわけである．

しかし，経済学はその当初から企業を無視してきたわけではない．もともと，古典派やマルクス派は企業にたいして大きな関心を寄せてきた．スミスが『国富論』を工場内分業の話から説き起こしていることはその証左であると考えることが出来よう．また，マルクスは，『資本論』において，工場内，つまりは企業内における資本主義的な階層秩序の問題を積極的に取り扱った．

また，19世紀末以降，新古典派が大きな影響を与えるようになるにつれて，企業の問題は経済学とは無縁であるかのように扱われるようになってからも，一部の論者は企業にたいして大きな関心を寄せてきた．たとえば，制度学派のヴェブレンは，企業に関する理論的考察を行なった文字通りの『企業の理論』をあらわし，また，いうまでもなく，マルクス派は企業内の諸問題にひき続き大きな関心を寄せてきた．とはいえ，残念なことに，こうした貢献は新古典派の隆盛の中で，正当な評価が与えられることがほとんどなかったようである．

ところが，現在では，企業をめぐる議論は今までになく活発に行なわれるようになった．さまざまな学派の研究者が市場経済における企業の問題を取上げ，数多くの議論を展開し，現在では企業を無視して市場経済の問題を検討することは不可能であるかのようである．事実，長らく企業の問題を看過してきた新古典派の主流派経済学においてですら，価格理論などとは別に企業の理論が用意されるようになった．

こうした現在における企業の理論的研究の活性化は，1930年代に現れた2つの有名な研究によってもたらされたともいってもよい．第1には，バーリとミーンズが1932年に『近代株式会社と私有財産』と題した，当時のアメリカの主要企業を対象とした研究を発表し，大きな影響を与えた．また，コースは1937年に「企業の本質」という論文を発表し，初めて，新古典派理論における企業理論の不在を指摘し，市場経済において，何故，市場とは区別される組織としての企業が不可欠であるのかという問題を提起して大きな波紋を投げかけた．この2つの研究が直接的な刺激となり，第2次大戦後，企業研究は次第

に活発となり，アメリカの主流派経済学における近年の隆盛をもたらした．

こうした中で，現在では，さまざまな角度から企業が理論的考察の対象とされ，その論点は多岐に渡っている．とはいえ，問題の最大の焦点は，だれが企業を支配しているのかという所有と支配の問題に集中してきた．このことは，マルクス学派が支配の問題を資本主義経済における最大の問題として取り上げてきたことと符号しているのは興味深い．また，いうまでもなく，企業組織の中で働く人々にとって，だれが企業を支配しているかという問題は，日常的な最大の関心の的となっていることも疑いない．

この問題はいいかえれば，企業という組織がだれのために存在しているのかという議論にも通じよう．現代の市場経済に生きる人々にとって，企業内における働く人々の間に上下の関係がない企業構造を想像することは不可能といってよいだろう．人々は自らの出世や，あるいは上役や部下との関係に日々思い悩むことが多い．そして，当然にして，そうした企業内での人間の階層構造の頂点に立つ，企業を支配する者こそが，現代の市場経済における勝者であるという観念を多くの人々は共有している．だが，そうした企業の支配者とは誰なのであろうか．現代の市場経済が，資本主義的なシステムであるかぎり，支配階級としての資本家階級が存在するはずなのかもしれない．にもかかわらず，日本については，資本家階級という言葉は，労働者階級という言葉と同じように死語にも等しい．だとすれば，資本家階級は消滅し，企業は全従業員のための組織となったのであろうか．

こうした問題をめぐって，どのような議論が行なわれてきたのか，検討してみよう．

1）資本家支配説と経営者支配説

『資本論』では工場内において，資本家を頂点とし労働者を底辺とするヒエラルキーが必ず存在しており，資本家による専制的支配が確立すると主張されている．また，ラディカル派のマーグリンは，こうしたマルクスの指摘を受けて，資本主義経済では，資本家は経済効率性の追求という目的にかかわりなく，自らを頂点とするヒエラルキーを確立し，労働者を支配することによって

利潤を獲得していると主張した．

このように，マルクス派やラディカル派では，市場経済における資本主義的ヒエラルキーの存在が指摘され，企業はその頂点を資本家によって占められる階層的秩序をもった組織編成となっており，資本家によって所有され，支配されると考えられてきた．そして，資本主義経済に最も典型的な資本家とは自ら資本を所有し自ら経営を担当するいわゆる個人資本家であるとされ，株式会社制度が普及する以前においては，そうした個人資本家が実際にも企業を自ら所有し支配していると考えられてきた．事実，マルクスが生きた19世紀中葉のイギリスでは，小規模な家族企業が支配的であった．いうまでもなく，そうした家族企業では，自ら資本を所有し，直接経営を担当する家族としての資本家集団が存在したわけであり，マルクスはそうした事実関係から個人資本家の支配性を主張しえたといえよう．

しかし，19世紀後半以降の株式会社制度の普及は企業の様相を大きく変えた．企業を自ら所有し経営する個人資本家は，一部の小規模経営を除けばその数は少なくなり，新たに支配的地位に昇りつめた株式会社制度に基づく大企業では，資本を所有する株主集団と企業の経営を実際に担当する経営者層が出現した．こうした株式会社では，従来のような家族企業の場合とは違って，個人資本家の存在を確認することは困難であり，誰が企業を支配しているかという問題が生じたのである．

この問題に，いち早く着目したのがヒルファディングであった．彼は，『金融資本論』において，実際の経営が資本を所有していない経営者によって行なわれていても，企業を支配しているのは資本所有者である株主であり，しかも，株主内部で大株主と小株主に分化していたとしても，株主総会の決定をコントロールできる支配的株主である大株主が企業を支配していると主張した．つまり，株式会社の出現によっても，究極的には，所有にもとづく企業支配が貫かれ，経営者は主たる資本出資者である大株主のいわば代理人に過ぎないとされ，株主・経営者の関係は現代の研究者がいう本人・代理人の関係として考えられているとみることができよう．

ところが，その後，こうした資本家支配説の議論にたいして有力な批判が加

えられた．バーリとミーンズは『近代株式会社の所有と経営』において，具体的な調査に基づいて，いわゆる「所有と経営の分離」が進んでいる状況を明らかにし，株式所有の分散化の進展と同時に，資本を所有していない経営者が企業を実質的に支配する傾向が存在すると指摘した．さらに，バーナムは，そうした研究を受けて，個人資本家による支配から経営者による支配への転換を「経営者革命」と名づけ，経営者支配の進展によって資本主義が変質する点を強調した．こうした経営者支配説は，労働者をも含むすべての社会階層の人々によって株式が所有されるようになれば，資本主義社会において支配者である資本家が消滅し，あらゆる人々が支配権をもつピープルズ・キャピタリズムを実現できるという議論をも生み出していった．そこでは，経営者は資本所有者とは違って，純粋に中立的なテクノクラートであり，資本家とは異なる独自の利害を代表しうるという議論を前提としており，経営者は資本家に雇用される単なる利害の代理人であるという主張とは異なった視角をもっているといえよう．

2）戦後の議論

　バーリとミーンズの研究ののちに，コースによって企業の理論の必要性が提唱された．彼は，主流派経済学において，企業の問題の検討がほとんど行なわれていない点を指摘し，市場経済における企業存立の必然性を理論的に検討した．こうしたコースの問題提起やバーリとミーンズの研究が刺激となり，しだいに主流派経済学内部においても，企業に関する議論が行なわれるようになった．とはいえ，依然として多くのミクロ経済学の教科書では，企業が投入・産出の生産関数として把握され，経営者は資本所有者の要求を実現する単なる代理人として叙述される傾向が強いことは否めない．

　これにたいして，第2次大戦後，マリスを代表とするいわゆる経営主義理論や，ウィリアムソンなどの新制度学派が現れ，企業組織に本格的な検討が加えられていった．たとえば，マリスは経営者が管理する企業の行動様式に理論的検討を加え，ウィリアムソンは，コースが提起し示唆した問題である企業組織存立の必然性を取引費用の削減によって説明する取引費用経済学と呼ばれる新

しい経済学の分野を開拓した．しかし，こうした研究が現れたのちも，一方では経営者層が中立的なテクノクラートとして存在することが認められつつも，他方では，株主＝資本家による企業の支配が否定されるには至らなかった．

しかも，新たに現れたプリンシパル・エイジェンシー理論では，経営者は本人である株主＝資本家の代理人として規定され，資本家支配説が洗練された形で強く主張され，大きな影響力を与えた．つまり，経営者層は株主集団の利益のために行動する代理人としてのみ捉えられ，企業の究極的な支配者は依然として資本所有者＝株主であると考えられたといえよう．奇妙なことに，こうした議論はマルクスの議論と共通点をもっているわけである．

このように，所有と支配の問題に関しては，2つの議論が提起されてきたといってよい．ひとつは，企業を日常的に経営している者はトップ・マネジメントに携わる経営者であるとしても，資本所有者である株主こそがそうした経営者を支配している真の支配者であり，株主と経営者の関係は本人と代理人の関係になっているとするマルクス以来の資本家支配説とでもいうべき議論である．もうひとつは，バーリとミーンズらにみられるように，株主が資本を所有しているとはいえ，現実には経営権を喪失しており，経営者が株主とは異なった中立的なテクノクラートとして企業を実質的に支配しているとする経営者支配説である．

この時，注意すべきは，アングロ・アメリカンの世界では，他の多くのヨーロッパ諸国や日本などとは違って，一般的に，企業は資本所有者である株主の所有物として理解されている点であろう．現在でも，英米法では，社員とは株主のことを指し，企業で働く者はあくまでも社員である株主に雇われた存在にしかすぎないと考えられている．だからこそ，英米では，株主が自らの所有物である企業をどのように処分しようとそれは所有権の正当な行使として理解されるがために，M&Aと呼ばれる会社の乗っ取り合戦が日常茶飯事となっているともいえよう．ともあれ，英米などのそうした経済制度の下では，経営者は株主の代理人であり，企業が資本家である株主集団によって支配されているという議論が強く主張されるのも当然かもしれない．

しかし，市場経済をとるすべての国々において，同じような状況が支配的で

あったわけではない．いうまでもなく，さまざまな制度的な条件によって，異なった状況が存在しているからである．

資本家支配説とは違って，株主の企業にたいする支配権が揺らぐ場合も数多く存在する．たとえば，株主集団と経営者層が本人・代理人の関係にあるといっても，各国の法制度にもよるが，株主総会が取締役会を完全に支配できない場合も珍しくない．つまり，資本所有者である株主は企業を日常的に完全なコントロール下に置くことが非常に困難で，実質的に，経営者が企業を日常的にコントロールしている場合も多い．実際，現実の株式会社では，経営者層が株主の忠実な代理人とはいえない状況になっている数多くの事例を見出すことは容易である．

その点においては，バーリとミーンズ以来の経営者支配説は妥当性が高いかのようにもみえる．だが，彼らが経営者支配説を唱えた背景とは異なった状況が広がっていることも指摘しておかねばならない．当初，彼らは，企業が資本家による支配を離れて経営者の支配下に置かれるようになるのは，個人株主による株式所有の分散を契機に進展すると考えていた．しかし，現実の市場経済の発展は，法人所有や機関所有を増大させ，個人株主の増大による株式所有の分散は進まなかった．もちろん，バーリは，のちに自らの議論を一部修正して，機関所有の増大のもとでの経営者支配説を主張してはいる．とはいえ，経営者が所有に基づく支配から完全に自由になっているといえるのであろうか．

こうした中で，青木昌彦は注目すべき議論を展開した．彼は，個人資本家支配説と経営者支配説という先の2つの議論をともに批判し，経営者＝調停者説とでもいうべき議論を展開している．青木は，企業は株主と従業員の利害の調整の上に成立しており，経営者層は株主集団あるいは従業員層の利益のどちらかを単に代表するのではなく，経営者を両者の利害を裁定する調停者として位置づけた．つまり，現代の市場経済下の企業では，株主と従業員の利害の尊重という2つの相対立する目的が存在しており，経営者は両者の対立する利害を裁定するレフェリーとして立ち振るまっていると考えられているわけである．このように，青木の議論においては，株主，経営者，従業員のいずれが企業を支配しているのかという問題は無意味であり，株主と従業員の利害が中立的な

レフェリーとしての経営者によって調整されていると考えられているといえよう．

こうした青木の議論の背景には，旧ユーゴスラビアにおける労働者管理企業の経験やいわゆる先進資本主義国における労働者参加の進展，そして青木のいうJ企業のヒエラルキー構造という日本企業のもつ構造的特徴を理論的展開に生かそうとする姿勢があったことは興味深い．つまり，現実の市場経済下の企業は，企業利潤や株価の最大化といったいわば資本家の利益だけではなく，労働者1人当たりの所得の最大化といった従業員の利益をも擁護するような行動様式をも取りうるという事実認識が，経営者＝調停者説を支えているとみることができよう．

事実，企業は株主の完全な支配下にある単なる所有物であるという理解は，英米においては存在しえても，他の国々，とりわけ，ヨーロッパ大陸諸国や日本などにおいては，受け入れがたい理解であったのは事実である．

しかし，1990年代に入って，英米経済の繁栄にたいして大陸ヨーロッパや日本の経済の低迷が続く中で，英米流のコーポレイト・ガバナンス＝企業統治論が日本を含めて世界中で大きな影響力を持ちつつある．近年のコーポレイト・ガバナンス論の多くは，さまざまな国々の企業支配のタイプの違いを理解することに目的があるのではなく，英米型の企業統治のあり方である資本家支配型の企業が，経済効率性も収益率もともに最も高く，他のタイプの企業統治の企業はより非効率で低収益であることを強調するものであった．こうしたコーポレイト・ガバナンス論の隆盛のなかで，英米以外の国々では従来の経営者支配型や従業員管理型の企業統治は，その存立理由が深く熟考されることもなく，ただ単に見直される傾向が強くなっている．

ともあれ，議論の豊富化には，現代日本の企業における支配の問題をどのように考えるかという考察が不可欠であろう．

3）現代日本の企業

1970年代後半以降，日本の企業はアメリカの企業以上の国際競争力をもつにいたった．こうした経済的パフォーマンスの逆転は，日本企業の構造的特質

の理論的解明の必要性を多くの研究者に訴えた．そうした中で，『メイド・イン・アメリカ』などのように，日本企業の特質を欧米の企業との対比のうえで明らかにしようとする研究が数多く現れた．

　だが，日本企業の支配構造については，マルクス学派を中心としたさまざまな論者が有力な議論を展開してきたことは忘れられてはならない．マルクス派によれば，戦前の日本については，企業の支配については単純な議論が可能であった．周知のように，日本経済のほとんどは財閥によって支配されており，その財閥の中心となっている持株会社の構成員こそが日本の企業の究極的な支配者として理解されたわけである．つまり，戦前においては，いわば古典的な個人資本家が企業を支配していたと考えられよう．

　ところが，第2次大戦後，事態は大きく変化した．財閥解体とともに株式が公開され，その後の経済の発展の中で，日本に特有な株式所有構造が現れたのである．この点については，早くから奥村宏が『法人資本主義の構造』で明らかにしたように，日本の支配的企業においては，株式の法人所有と相互持ち合いの進展という2つの特徴がみられた．大企業の多くでは，同一企業集団に属する他の企業がその株式を相互に所有しあうという関係が支配的であり，株式を所有する支配的な個人資本家が存在しないという状況になっていた．つまり，戦後日本の大企業では，アメリカなどとは異なって，究極的な支配権をもつ株主が自然人としては存在せず，いわば個人としての資本家がいない状況が発生したといえよう．

　しかも，日本企業のトップに立った社長や会長の多くは，ヒラ社員から出世した従業員出身者であった．彼らは，自己の株式所有によってその地位を獲得したわけでも，企業の外部の大株主による選任によって，企業の外部に存在するいわば経営者市場から抜擢されたわけでもなかった．その上，日本の大企業の経営者は，株主からの支配を強く受けることなく，かなり自由に企業を経営できる権限を有していた．

　こうした日本企業の特質が明らかになる中で，さまざまな議論が展開されるようになったのも当然といってよい．いうまでもなく，日本においては，古典的な個人資本家はもちろんのこと，支配的な大株主さえ存在しない．こうした

問題については，マルクス経済学とは異なった立場から，西山忠範は，個人資本家の消滅とサラリーマン経営者による支配をもって，日本はすでに資本主義ではなくなったという議論を展開した．つまり，日本の企業では，資本主義に特徴的な所有による支配はすでに終焉し，企業共同体の頂点に立つ経営者が従業員全体の利害を守る経営を行なっていると考えられたわけである．

また，従来，日本の経済は新古典派理論で想定される市場経済とは異質のものであると強く批判してきた日本の代表的な近代経済学者である小宮隆太郎は，日本の企業を労働者管理企業として理解する議論を展開した．彼は，日本の企業は欧米の企業とは違い，企業利潤の最大化ではなく，従業員全体の利益の追求を目的とする労働者管理企業となっており，経営者は資本所有者からの規制を受けることは少なく，従業員の利害を代表していると主張した．こうした議論によれば，企業が全従業員の利害を守る存在であることは自明のこととされ，企業の究極の支配者を確定すること自体が無意味なものとされたと同時に，すでに資本主義といった概念で日本の企業を理解することはできないと考えられていたといえよう．

しかし，こうした議論とはまったく逆に，マルクス学派あるいはマルクスの影響を強く受けた論者の中では，現代日本の企業を徹底した資本主義的企業として捉える議論が有力である．

奥村宏は，現代日本では，法人所有を基礎に経営者支配が確立しているが，その経営者支配の下で，従業員の利害はもちろんのこと株主の利害までもが軽視され，企業の市場支配力の強化と内部留保の最大化といった企業＝会社本位の論理が貫かれており，会社本位主義がすべての人々の行動規範となる法人資本主義が実現していると主張した．つまり，日本は欧米とは違って資本家がいない資本主義であるとともに，会社本位の論理，すなわち資本の論理がすべてに渡って優先する企業システムが確立しており，そこに現代日本の病理的な現象が発生する根拠が潜んでいると考えられたわけである．

馬場宏二も，個々の論点では異なった議論を展開しながらも，現代の日本を会社主義という概念で把握すべきことを提唱し，現代日本の大企業が資本の論理を最も直接的に実現する企業となっている点に注意を喚起している．また，

橋本寿朗は会社主義論に依拠して，現代の日本経済を分析するとともに，日本の資本主義が純粋な資本主義に近いのではないかという問題を提起した．

こうした法人資本主義や会社主義の議論では，現代日本の経済システムが個人資本家による支配を受ける個人資本主義でも，また，従業員の利害が守られている脱資本主義でもないことが主張されると同時に，すべてにわたって法人としての会社の利益が優先される，究極の資本主義の一形態とされているといえよう．しかも，欧米の資本主義とは異なった，こうした日本の法人資本主義の特質は，文化的歴史的な要因によってではなく，制度的な要因によって説明しうるとする点において，今後の変化の可能性をも示唆するものとなっている．

ともあれ，1980年代までは，日本経済の繁栄の下，日本企業特有の所有と経営のあり方が日本経済の強さの秘密であるといわれてきた．しかし，1990年代に入って，バブルが崩壊し，日本経済が長期的な不況にあえぐ他方で，アメリカ経済が驚異の復活を遂げた．こうした日米経済の地位の逆転は，日本国内での論調を一転した．すなわち，日本型の企業統治よりも英米型の企業統治の方が優れているという英米礼賛のコーポレイト・ガバナンス論が大きな力を持つようになり，昨日までの日本的経営礼賛論は完全に影を潜めた．また実際にも，金融改革の影響もあって，銀行や企業は持ち株の見直しをすすめ，現在では企業集団内部での相互持合株の多くが売りに出され，株式所有構造も大きく変化しつつある．さらには，商法改正によって，社外重役制や外部監査役の導入が進み，企業の多くも英米型の企業統治を取り入れることに熱心である．日本と同じように，英米型とは違った企業統治が主流であったドイツなどでも，日本と同じように企業統治の英米化が進みつつある．

しかし，英米流のコーポレイト・ガバナンス論は，結局，資本家＝株主支配型の企業が高収益・高効率であると主張するにとどまり，必ずしも，資本家＝株主支配型の企業が高収益・高効率であったことを実証的に明らかにしてきたわけではないし，さらには，他のタイプの企業統治の企業にはまったくみるべきものがないものとして単純に否定してきたことも否めない．チャンドラーが示したように，20世紀の株式会社の歴史は，企業がさまざまな利害を受け入

れる器となりうることを示してきたし，多くの実証研究が示してきたように，日本やドイツの資本家支配型ではない企業が株主ではなく従業員の福利厚生の改善に高い成果をあげるとともに，従業員のモラールの改善と労働生産性の向上に大きく役立ったことも確かである．そうしたなかで，これからの企業は，株主だけでなく従業員や消費者なども含めたさまざまな利害関係者の権利と利益を尊重し，調整しなければならないと主張する，いわゆるステイク・ホルダー資本主義論と呼ばれる主張も提起されている．

同時に重要なことは，英米型企業統治の最も優れた事例として称賛されてきた巨大企業エンロンを始めとして，数多くのアメリカ企業の不正経理などによる経営破綻は，実際にも，英米型の企業統治の経済効率性や収益性が必ずしも高いわけではないことを経験的に明らかにした．少なくとも，現在，企業統治のあり方は過渡期にあることは事実ではあるが，英米型企業統治だけが追求すべきモデルではないことに注意しなければならないだろう．

3── 市場経済と豊かさ，そして自由

先進資本主義国に住む者にとって，資本主義の発展がある種の豊かさをもたらしてくれたことは数百年の長期的なスパンでみれば事実であろう．かつて，マルクスが考えたように，資本主義の発展は，労働者をますます貧困の淵にたたき込んでいったのではなく，彼らを少しずつ豊かにしてきたわけである．

しかし，経済成長が必ずしも常に豊かさをもたらすわけではないことが，近年になって明らかになってきた．事実，アメリカでは1970年代以降，実質賃金が低下し続けているだけでなく，国民所得が上昇しても，一部の大金持ちを除けば，ほとんどの人々の所得が低下し続けていることが明らかになっている．つまり，経済成長によってパイが多くなっても，一部の大金持ちだけがより多く取り，大多数の人々の取り分はますます小さくなっているわけである．アメリカが，現在，「ウィナー・テイク・オール」の社会だといわれる所以である．

こうした実質賃金の低下と不平等化の進展は，最近では，アメリカだけでな

く，ヨーロッパや日本などでもみられるようになった．ほとんどの先進国において，一部の金持ちだけがより豊かになり，大多数の人々は年々貧しくなりつつある．皮肉なことに，社会主義国が崩壊したのちに，マルクス，エンゲルスがかつて『共産党宣言』で予言したように，不平等の増大と大多数の人々の貧困化が始まったかのようである．

しかも，高齢化社会の到来と財政赤字の拡大は，社会保障制度の見直しを迫っている．そうしたなかで，市場主義が弱肉強食の勝者のイデオロギーとして幅を効かせ，小さな政府と受益者負担の名のもとに，社会保障費や教育・医療費がますます切り捨てられ，高所得者優遇の税制改革が多くの先進国で進んでいる．そうした流れは，貧富の格差をより拡大し，一部の金持ちだけがますます豊かになり，大多数の人々がますます貧しくなる傾向を助長している．

19世紀の資本主義では，マルクスが『資本論』で明らかにしたように，貧富の格差は非常に大きかった．これにたいして，20世紀に入ってからは，福祉国家路線の出現などもあり，徐々に平等化が進展したことも事実である．しかし，20世紀末から21世紀に入って，再び資本主義は，極端な不平等化をもたらしつつある．

しかも，全体としての先進国における豊かさが，発展途上国における低開発の上に成り立ってきたことも簡単には否定できない．市場経済の発展は，すべての国々に富裕化をもたらしたのではなく，中心国のみに富を偏在させ，周辺諸国における貧困の蓄積をもたらしたのであった．もちろん，いわゆるアジアNIESなどにおいては，新たな経済成長によってある程度生活水準が改善されつつあるとはいえ，すべての発展途上国が市場経済システムによって，簡単に貧困からの脱出が可能となると考えることは依然としてできない．

現在でも，多くの発展途上国は，貧困問題はもちろんのこと，毎年のように飢饉にも悩んでいる．しかも，世界的な環境破壊と異常気象がますます食料生産の不安定化を招き，貧困を助長しているだけではない．アマルティア・センや国連人間開発計画が主張しているように，経済的な不平等化の進展，ジェンダー・ギャップの拡大，セイフティ・ネットの不備などによって，発展途上国の貧困や飢饉の問題は悪化している．研究者によって評価はさまざまではある

が，世界人口のうちの十億人前後，あるいは世界の6分の1は常に飢餓水準にあるといわれるほどに，現代の世界に貧困が満ちあふれていることも事実である．

そして，再び先進国に目を転じてみたとき，市場経済の発展は同時に資本主義的ヒエラルキーをもった企業組織の発展でもあり，必ずしも人間の自由を拡大するものではなかったことにも気づくであろう．

もともと，市場経済の優位性を信奉する人々の多くは，市場経済システムによってこそ自由が実現されうると主張してきた．もちろん，崩壊したソ連型社会主義体制では，人間の自由が抑圧され，全体主義的な権威主義的国家が人々を一元的に支配する非人間的な社会を生み出したことは事実である．

しかし，自由主義的な市場経済システムがはたして権威主義的な秩序とはまったく関係がないかといえば，そうではない点が強調されてしかるべきであろう．かつて，多くのいわゆる近代経済学者は，市場経済における組織を無視し，市場的要因のみで構成される市場経済を想定し，階級や階層のない自由な経済社会の実現を主張してきた．こうした市場主義者の主張によれば，当然にして，市場経済は，支配・服従関係のない自由な経済関係を実現しうると考えられたわけである．

しかし，資本主義経済の母国であるイギリスやアメリカが，資本家・経営者・労働者といった資本主義的なヒエラルキーからなる階級関係に縛られてきたのも皮肉なことである．逆に，本来の市場経済ではないと非難の的とされてきた日本やドイツの方が，そうした階級関係がはっきりとした形で存在しなかったのも興味深い．事実，日本の法人資本主義とよばれる市場経済システムは，個人資本家はもちろんのこと，資本所有の世襲による同族支配も大企業では少数派であり，サラリーマン出身の経営者が会社を支配してきた．

だが，法人資本主義における経営者支配の下で，企業に働く従業員の利益が充分に守られてきたかというと，近年の労働者管理企業論を主張する論者のようには簡単に肯定できないであろう．なるほど，高度成長期の頃のかつての日本企業においては，従業員の利益がある程度守られるようなシステムが機能していたのかもしれない．従業員の多くは会社での労働に生きがいを感じ，会社

のために一所懸命働き，その見返りとして，勤続年数に応じた賃金と地位をいわば平等に与えられ，終身雇用が保証された時代があったのかもしれない．

　しかし，現在においても，そうした企業共同体的な特質を日本の企業に求めることは非常に困難である．すでに指摘したように，バブル経済が崩壊し，1990年代に入ってから，日本的経営にたいする見直しが急速に進んでいる．終身雇用制や年功賃金制が目の仇にされ，労働市場の流動化と成果主義賃金がもてはやされている．しかも，こうした雇用システムの変革は，同時に，企業統治の見直しとともに進展している．実際，多くの企業では，従来の日本的経営に代わって，アメリカ型の成果主義的な労務管理の手法が導入されつつあるだけでなく，企業統治も従来のような日本的なものではなく，資本家＝株主支配型への改変が試みられている．

　しかし，多くの働く人々にとって，終身雇用制の見直しは，雇用保障のまったくない不安定な身分への転落を意味していると同時に，正規雇用の減少と非正規雇用の増大という事態も招いている．また，年功賃金制から成果主義賃金への転換は働く人々の間の所得格差を拡大するだけでなく，日本企業の競争力の源でもあった職場における集団主義の崩壊をもたらしつつある．

　企業内部でのOJTによる熟練形成は軽視され，安易に外部の労働市場から労働力を調達する風潮が拡大しつつある．そうした傾向は，同時に，マニュアル化による単純化した労働の増大と，そうした単純労働をアルバイトやパートなどの非正規雇用によって充足する方法の増大を助長している．中高年者の解雇は少なくても，若年層では，ますます非正規雇用の形態での就労が増え，彼らは最も重要な若い時期に自ら技能をみがく機会すら得ることができなくなりつつある．いうまでもなく，非正規雇用で単純労働に従事する彼らは，雇用保証も社会保険も満足したものが与えられていない．しかも，たとえ雇用が多少とも長期化しても，その経験が熟練形成につながらないため，職業経験が自らのキャリア形成にはまったく役に立たない．つまり，いくつになっても特別の技能を獲得できないために，彼らには，下手をすれば一生，単純労働にしかつけない人生が待っているわけである．その意味では，日本の企業は誰によって支配されているかという問題は，日本の企業ははたしてどの集団の利益の擁護

を目的としているのかという具体的な問題の追求の中で考えられていく必要があろう．

　同時に，日本の企業が，所有に基づく階層構造をもっていないとしても，それとは異なった階層構造をもっていることにも注意すべきであろう．日本の企業は，他の欧米の先進国の企業以上に，学歴主義と能力主義に基づいた厳格な階層構造をもっているかもしれない．議論の余地はあるとはいえ，最終学歴のレベルと企業の階層的序列が対応していることは経験的な事実であろう．しかも，人は，ひとたび企業に就職すれば，退社するまで，企業内の出世競争に邁進しなければならず，一生涯，会社への貢献が要求されているだけでなく，会社の一兵卒としてランク・ヒエラルキーを甘受することを要求されている．ドアがかつて指摘したように，息つく暇もない「メリトクラシー」の世界が日本の企業には広がっているわけであり，そこには，自由で対等な人間関係が拡大する余地は少ないといえよう．

　ともあれ，今後の厳しい経済変動によって，現代の市場経済システム下の労働と企業の様相はますます大きな変貌を遂げるであろう．しかし，これからの市場経済の発展と労働と企業の変貌が，働く人々の利益を護り，しかも自由と平等を保証するか，それとも，まったく異なった方向に展開するかについて，じっくりと腰をすえてみつめてゆく必要があることだけは確かである．

† 参考文献

青木昌彦『現代の企業』岩波書店，1984年.
青木昌彦／永易浩一訳『日本経済の制度分析』筑摩書房，1992年.
今井賢一・小宮隆太郎編『日本の企業』東京大学出版会，1989年.
岩井克人『会社はこれからどうなるのか』平凡社，2003年.
O. ウィリアムソン／浅沼萬里・岩崎晃訳『市場と企業組織』日本評論社，1980年.
I. ウォーラーステイン／川北稔訳『近代世界システム』I・II，岩波書店，1981年.
氏原正治郎『日本労働問題研究』東京大学出版会，1966年.
宇野弘蔵『経済原論』合本改版，岩波書店，1977年.
奥村宏『法人資本主義の構造』新版，現代教養文庫，1991年.
── 『法人資本主義』改訂版，朝日文庫，1991年.
J. K. ガルブレイス／鈴木哲太郎訳『豊かな社会』岩波書店，1978年.

玄田有二『仕事のなかの曖昧な不安』中央公論新社，2001年．
小池和男『職場の労働組合と参加』東洋経済新報社，1977年．
———『仕事の経済学』東洋経済新報社，1999年．
R. H. コース／宮沢健一・後藤晃・藤原芳文訳「企業の本質」『企業・市場・法』東洋経済新報社，1992年，第2章．
小宮隆太郎「日本企業の構造的・行動的特徴」，同『現代中国経済』東京大学出版会，1989年，第3章．
A. スミス／杉山忠平訳『諸国民の富』岩波文庫，2000-01年．
A. セン／黒崎卓・山崎幸治訳『貧困と飢饉』岩波書店，2000年．
田中洋子「労働の未来論」駒井洋編『日本の選択』ミネルヴァ書房，2002年．
R. P. ドア／山之内靖・永易浩一訳『イギリスの工場・日本の工場』筑摩書房，1987年．
西山忠範『日本は資本主義ではない』三笠書房，1981年．
馬場宏二『新資本主義論』名古屋大学出版会，1997年．
J. バーナム／長崎惣之助訳『経営者革命』東洋経済新報社，1951年．
橋本寿朗『日本経済論』ミネルヴァ書房，1991年．
バーリ&ミーンズ／北島忠男訳『近代株式会社と私有財産』文雅堂，1958年．
R. ヒルファディング／岡崎次郎訳『金融資本論』岩波文庫，1982年．
A. フランク『世界資本主義と低開発』柘植書房，1976年．
H. ブレイヴァマン／富沢賢治訳『労働と独占資本』岩波書店，1978年．
G. ベッカー／佐野陽子訳『人的資本』東洋経済新報社，1976年．
S. マーグリン「ボスたちは何をしているか」青木昌彦編『ラディカル・エコノミックス』中央公論社，1973年．
R. マリス／大川勉他訳『経営者資本主義の経済理論』東洋経済新報社，1971年．
K. マルクス／岡崎次郎訳『資本論』国民文庫，1972-75年．
W. W. ロストウ／木村健康・久保まち子・村上泰亮訳『経済成長の諸段階』ダイヤモンド社，1974年．
Doeringer, P. B. and M. Piore, *Internal Labor Markets and Manpower Analysis*, 1971.
Kuznets, S., 'Economic Growth and Income Inequality', *American Economic Review*, vol. XLV (1955).
Lewis, W. A., 'Economic Development with Unlimited Supplies of Labor', *Manchester School of Economics and Social Studies*, vol. 20, 1954.

（田中章喜）

第2章

市場経済と現代農業

　農業は工業化時代以後，いつも市場経済の周縁にあった．農業は市場経済と無関係に存在したのではないが，市場の論理だけに支配されることもなかった．そうした農業は，第2次大戦以後，歴史的転換を遂げてきている．この章では，まず現代農業の特性を明らかにし，次に貧困と食糧問題を検討し，最後にWTO時代を迎えて変貌する日本農業を考察する．

1——現代農業の特質

　現代農業は農業技術革新，食肉や乳製品を中心にした畜産的発展，農業保護政策の3つの点で特徴づけられる．

1）農業技術革新

　かつて農業は経済の主柱だった．農民は農村の外部から生産要素をほとんど取り入れることなく，土地との閉じた関係だけで農業と生活を維持できた．しかも農業は外部にたいして剰余を生みだし，支配者の財政や都市の生活を支えていたから，農業には特別の意義があった．

　市場経済の発展により，農業の自給的性格は次第に崩れる．貨幣目当ての生産の性格が強まるとともに，肥料など外部から投入される要素が増加する．だが，アジアやアフリカでは，なお長い間，自立性と生存を目的にする性格は不変であり，旧来の生産技術の変革が遅れたために，農民の所得は低いままだった．そこで農村は市場経済の中で貧困の滞留がしばしばみられた．

　現代の農業は，概してこのような旧来の自給的性格を完全に脱却している．

バイオ・テクノロジーの進展によって改良され続ける作物や家畜を基軸にして，農業機械や化学肥料・農薬の利用，さらに灌漑施設などのインフラ整備を組み合わせた近代的な生産技術によって営まれており，生産技術革新も他の産業と同じように進む．大企業が支配的でなく，大多数が家族経営によることを除けば，農業は資本主義的な投資領域のひとつになり，投資に見合った収益の上に成り立つビジネスになっている．

このことは，単位面積あたり収量（単収）の継続的かつ著しい増加に示される．1961年から2001年の間に世界の穀物生産は2.4倍増加したが，この間耕地面積はほとんど変化せず（わずか4%の増加），単収は2.3倍の上昇を記録している．生産の増加は，単収の継続的な増加によってまかなわれた．

この継続的かつ顕著な単収の増加は，さまざまな形を採りながら，先進国と発展途上国の両方で生じた．先進国では，小麦についてみれば，1961年から2001年の40年間にEU地域（1995年に拡大された15ヵ国）の単収は約2.7倍も上昇している．アメリカも同時期に約1.6倍の単収増加がみられた．

先進国の穀物生産全体で，この間に2倍以上の単収の伸びがあった．先進国の農業全体でみても，技術革新の進展を反映して，製造業に匹敵する労働生産性の伸びが継続している（日本は除く）．

他方，発展途上国では，小麦，米，トウモロコシの超多収量品種の開発・普及（後述「緑の革命」）をきっかけに，顕著な農業技術革新が始まる．

農業技術革新の進展を反映して発展途上国の農業生産は，先進国より著しい伸びを記録した．たとえば，インドは1961～2001年の間に，小麦の生産量で6.5倍，単収で3.3倍，米の生産量で2.5倍，単収2倍の増加があった．中国は同じ期間に小麦の生産量で5.5倍，単収で5.6倍，米の生産量で3.1倍，単収で3倍の増加をみた．この間にインドは食料自給を果たし，90年代からは穀物輸出国となり，また両国とも栄養不足人口を急速に減らしてきた．

個々の途上国ごとに事情はまったく異なるとはいえ，重要なことは，全世界的な単収の伸びに示されるように，戦後の急速な農業技術革新は先進国だけでなく，途上国でも進展したことであり，農業技術革新が現代世界農業を特徴づける．

2）畜産的発展と農産物貿易

　世界的な穀物生産増によって，1960年に280kgだった世界人口一人あたりの穀物生産量は80年代央には370kgに達し，現在でも350kg程度になっている．この穀物生産増は直接食料にするためというよりも，家畜の飼料としての需要増に対応したものである．現在では世界の穀物の半分近くが飼料として消費されている．

　先進国では畜産は穀物と並ぶ農業の柱となっている．畜産の発展の基礎は，施設型畜産の技術革新だった．品種管理と配合飼料を前提に，巨大な設備を用いて僅かな労働で多数の家畜を管理する工場型の技術が確立され普及した．従来の耕作と家畜との有機的な関係を断ち切り，外部投入要素に依存することで生産性を高めてきた．そして畜産の生産性上昇は肉や乳製品を安価にして消費拡大を導き，食生活の高度化を支えて畜産の継続的な拡大を可能にした．こうして畜産は直接消費が衰えた穀物の生産増を支えていた．

　畜産の発展は農産物貿易にも示される．かつて農産物貿易は主に熱帯に産する一次産品を中心にしていた．現代では中心は穀物だが，飼料の比率が高まっており，肉類の貿易も増加し，近年，穀物に匹敵するまでになった．

　穀物は主に国内産で賄われ，過不足だけを貿易で補うという基本構造があるために，穀物の貿易量は生産量に比べて小さい．貿易量は近年増加してきているが，生産量にたいする比率では，穀物全体で12％，小麦18％，トウモロコシ13％，米は6％程度にすぎない（2002年）．

　農産物貿易の特徴は，ごく少数の大生産国・地域が輸出を担っており，その大半が先進国だという点にある．穀物については，取引量の少ない米を除外すれば，穀物輸出国は最大のアメリカをはじめ，カナダ，オーストラリア，アルゼンチン，EUなどである．肉類についても，アメリカ，オーストラリア，EU，カナダなどが主要輸出国である．

　主要な輸入先は日本を含むアジア諸国であり，穀物については食糧不足による南部アフリカ諸国もある．先進国では肉も含めて市場が飽和気味であるのにたいし，概して途上国（とくに中国）の急速な食肉消費増を背景に，飼料としての需要も含めて，畜産が貿易拡大を牽引する形が作られつつある．

3）農業保護政策

　戦後，大衆民主主義を背景に，先進国では政府が国民の生活水準維持に責任を持つべきだとする福祉国家の考え方が支配的になった．このため先進国政府は経済全体に深く介入するようになっており，なかでも農業は最も包括的に介入が行なわれている分野であった．現代では新自由主義的な風潮のもと，国家の経済介入を控える動きも強まっており，さらに WTO などの反保護主義圧力もあるが，形を変えつつも農業保護政策は後退する気配はない．

　農業が手厚い保護政策の下にあるのは理由のないことではない．農業は市場経済に委ねるだけでは編成が難しいのである．その理由は第一に自然の制約である．農業は自然条件で生産物量が大きく違い，豊凶の変動が避けられない．また概して長い生産サイクルを持つので，需要に応じて生産を迅速に調整できない．さらに第二には家族経営の一般化である．農業では概して繁閑の時期があり，要求される労働量が変化するため，常雇いの労働者を雇用しにくい．そこで，弾力的に労働を調達できる家族経営が農業の主な経営形態となるが，雇用労働者より労働費用が安いという有利さのほか，供給過剰で赤字でも粘り強く農業を続ける傾向がある．このために，とくに供給過剰時に，市場機構による調整が困難となる．

　市場だけでは農業の調整が難しいことは，どの国でも経験済みである．農業危機の経験を通じて，農業を市場に委ねられない点は明確になってきた．

　今日，先進国ではどこでも農業は包括的な政府介入を受けている．農産物の主要輸出国となっているアメリカや EU も，やはり手厚い保護政策を採り，その結果として今日の農業の優越的な地位を確保しているわけである．

　すなわち，社会基盤整備や政策金融だけでなく，過剰農産物の買い取りや国内価格支持政策から，関税による保護や輸出補助金，所得補償までさまざまな政策が行なわれてきた．とくに EU（EC）の共通農業政策は，とくにアメリカの農産物との競争を打開し，食糧自給を達成しただけでなく，EU を強力な農産物輸出地域に変貌させた原動力ともいえる．先進国の農業保護政策は，今日の世界農業と農産物貿易の構造に強い影響を与えてきた．

　保護政策のうち金のかかるものは先進国の財政力なしには実行できず，した

がって発展途上国には望むべくもない．現代ではどの国も固有の農業政策を持ち，農業を政府の政策的影響下に置いているが，政策の実効は各国の経済力により大いに違う．

4）WTOによる保護政策の変容

農業政策との関連で，現在大きな課題になっているのは，WTO（世界貿易機関）への対応である．WTOの前身であるGATT（関税貿易一般協定）は1930年代のブロック化が世界経済を解体し第2次大戦を引き起こしたことを教訓に，貿易の自由化を標榜し，現代の世界経済秩序の枠組みになる．

多くの保護措置が存在する戦後，GATTは数次の多角的貿易交渉（ラウンド）を開き，加盟国全体に一律に保護政策の緩和を求めてきた．すなわちまず関税以外の数量制限や政府による貿易管理（非関税障壁）を関税に置き換えることを求め，さらに関税を一定割合で引き下げることを要求したのである．

しかし，大衆民主主義の下で福祉国家的な保護を求める産業や国民の要求を政府は無視できるわけではなかったから，自由化のもとでも政府の介入が全般的に後退したわけではなかった．これを反映してGATTは多様な例外的抜け道があり，政府を強制する力も弱かった．

WTOは1995年にGATTを継承する形で発足するが，これに先立つGATTのウルグアイ・ラウンド（1988～）では農業保護の見直しを求める動きが強まってくる．農業協定では，農産物にはびこっていた非関税障壁（輸入割当や貿易管理）にたいし「例外なき関税化」を求め，さらに関税の段階的引き下げや貿易を歪める国内政策の廃止，輸出補助金の削減などが決められた．

これによって農産物貿易が自由化され，貿易管理等で国内農業を守ることは難しくなったが，WTOの合意事項は国内法に優先する遵守義務が生じたため，各国ともこれへの対応が迫られた．先進国では補助金を供給や価格形成に影響しない形にする政策の見直し（デカップリング）が必要になった．

「デカップリング」はたとえば価格補助金を生産量に関係のない定額払いの直接所得補償に置き換えることで，補助金が貿易を歪めることが回避できるとされる．実際にも，アメリカやEUでは（後述のように日本でも）この方向で

政策が見直されている．

　だが，生産や価格に影響を与えない補助金にはいくつかの問題がある．EUやアメリカの従来の農業政策は，たんに農業を保護するだけでなく，生産性を高め競争力を確保するためのむしろ競争的な政策誘導の面があり，それによって農業の継続的発展が保たれていた．デカップリングを行なえば，補助金自体は政策誘導効果を持たなくなる．たとえば，耕作地の面積にたいする定額補償は，名目的に耕作して補償だけを受け取ろうとするフリーライダーを出現させる．さらに，農家所得は生産物の価格変動をもろに受けることになるが，所得の不安定化は農業者の士気を低下させるだろう．

　先進国が採ってきた農業保護政策はWTOとの関連で見直しを迫られている．しかし，相変わらず農業保護は必要であり，実際には，名目を変え，形を変えて，いかにして農業保護の実効を維持するかが問題だとみて良い．

2── 貧困と食糧問題

　次に世界的な問題である貧困と食糧問題を考察しよう．貧困は近代化の遅れよりも，近代化による排除という面が強い．また食糧問題は，飼料を中心に動いている世界の穀物市場の働きに基づく問題である．

1）近代化による不平等拡大

　すでに述べた「緑の革命」は貧困にたいする特効薬ではなかった．超多収量品種を育てるには，灌漑施設等の耕地整備や化学肥料・農薬の多投，農業機械の使用などワンセットの投資が前提だった．大きな農業投資が必要だったため，貧富の差に配慮した政策が講じられない限り，その恩恵は富農層に限られることになる．あるいは，インフラ整備が必要な場合は，政府の財力と意思にも依存した．肥料さえ買うことが難しい貧農や農業政策を軽視する政府や財政基盤の弱い政府は，効果が分かっていても「緑の革命」を利用できないのである．

　地域でみれば，「緑の革命」の恩恵はアジアや中南米では顕著であるが，サ

ハラ以南のアフリカでは概して効果はみえない．他方で，恩恵があった国でも不平等はむしろ拡大する傾向があった．「緑の革命」の技術は，労働節約的であるため，それによって新しい雇用が生まれる余地は少ない．そして，新しい農業から利益を得る富者は土地をさらに集中したり，旧来の生存のための農業を継続不可能にするなどして，貧困層の困難を加速する．さらに，市場経済の浸透によって互酬など貧しい人々の生存を相互に支えてきた仕組み（モラル・エコノミー）が壊れつつあるため，たとえ「緑の革命」が進んでも，貧困農民の生活苦は解消されるわけではなかった．後述するように，栄養不足人口は全般的に減少してきているが，その背後では不平等の拡大が生じていることは確認しておくべきであろう．

2）周縁的農業と環境破壊

貧困な発展途上国にとって最も問題になるのは，貧困と環境破壊の悪循環である．近代化の恩恵が届かず，貧困状態にとり残されたり，旧来の生活を脅かされた農民は，生きるために環境を酷使することになる．焼畑は，焼かれた森林が回復する十分な期間を置いて耕作される限り，持続的に営むことができる．だが，一定面積からより多くの収穫を挙げようとすれば，焼畑のサイクルが短くなり地力が回復せず，逆に収穫が減少してくる．そこでさらにサイクルが短縮され，やがて焼畑は不可能になってしまう．過放牧も同じように，植物が回復する前に家畜が植物を食い尽くすため，環境に回復不可能な損害を与える．燃料のために立木を過剰に伐採することも行なわれている．こうして森林消失や砂漠化が広範囲で生じている．

この種の現象は広く発展途上国全般にみられるが，人口増加のせいだけではない．貧困で資力がなく農業近代化に必要な投資ができないことが，唯一生存のために利用できる環境の酷使を強いている面がある．この貧困は近代化の遅れというより，市場経済による経済的不平等の拡大やモラル・エコノミーの解体など近代化の副作用である面が強い．近代化が貧しい農民を排除し，排除された農民が環境を破壊するという構図が浮かんでくる．

貧しい農民による環境破壊は多くの発展途上国にみられるが，とくに危機的

なのはサハラ以南のアフリカである．この地域では近年，繰り返し旱魃が発生しているが，この旱魃自体が環境破壊の結果だともいわれ，事態はすでに危機的な段階にある．2000年には人口の33％が慢性的栄養不足状態にあり，内戦など政治的混乱も加わって，食糧の緊急援助を要する国が集中している．

サハラ以南のアフリカでは食糧不足は今後ますます深刻化すると予想されているが，現在の最大の問題は政府の当事者能力の欠如である．現在，この地域の多くの国が過去20年間にわたり経済のマイナス成長を経験しており，結果として重い対外債務に苦しむことになっている．収縮する経済と償還・利払の重い負担という制約条件のもと，対症療法的な食糧輸入を優先せざるをえない政府は，食糧生産を再建する政策を展開する能力がない．

3）食糧問題の神話と現実

1960年，世界人口は約30億人だったが，2003年には63億人に達し，2050年には89億人に増加すると予想されている．幸いにも，過去40年間に世界の穀物生産は2.4倍増加した．人口一人あたりでは，1960年に280kg程度だった穀物は2002年には340kg程度まで増加したが，すでに述べたように，この増加は概して農業技術革新を背景にした単収の増加でまかなわれた．

だが，この単収の増加が今後も継続するとは考えにくい．1960年代から80年代にかけては年間2.5％程度あった単収の増加は，90年代には1％程度にまで下落している．人口増加に伴って必要になる今後の穀物生産の増加は，耕地の拡大によらねばならない可能性が強い．現に耕作に利用されている土地は約14億haで陸地の11.5％程度に過ぎず，耕作可能な平坦地は5〜20億haはあると見積もられているから，耕地の拡張は不可能ではないだろう．

しかしながら，たんに土地があって種を播けば食糧問題が解決するわけではない．貧しい農民による環境破壊に示されるように，徒手空拳での生産増加は環境破壊を加速するだけで，食糧問題の解決にはならない．必要になるのは，現代的な農業技術を利用した生産の拡大であり，化学肥料や農薬の多投が環境破壊的な作用を持つにせよ，これに頼る以外は現実的な食糧増産は見込めない．

そうなると，生産の拡大にはかなりの農業投資が必要になる．市場経済を前提にすれば，そのためには価格の上昇を要する．価格が上昇し今までは採算が取れなかった生産へも投資できるようになるのでなければ，生産の拡張はありえないわけである．

　ここに落とし穴がある．穀物価格上昇は私たち先進国国民にとってはわずかな物価上昇をもたらすだけだが，慢性的食糧不足国にとっては輸入の大きな制約となる．現に1993年に日本が不作のために米を緊急輸入した時，米の国際価格がほぼ倍に急騰し，外貨の乏しい食糧不足国はコメ輸入が難しくなった．穀物価格上昇は栄養不足による死者を確実に増やすことになる．

　市場経済によって動かされる穀物の世界的な流れは，支払能力のない食糧不足地域が必要とする食糧をカネのある方へ動かす．貧困者から奪われた食糧は家畜の飼料となり，肥満を気にする先進国の消費者の口に入る．

　食糧問題は自然の限界に関連した絶対的な食糧不足ではない．市場経済を通じた所得と生活手段の分配というシステムに関連した問題である．現在でも，栄養不足人口は約8.3億人で総人口の13.5%を占める．彼らの大半は農民であろうが，食糧を自分で生産する必要はない．彼らに貨幣所得さえあれば，飢えることはないのである．

　したがって最も重要な課題は，所得の増大である．だが，サハラ以南では，GDPの低下傾向が続いている．また市場経済は貧富の差を拡大する傾向があり，国のレベルで経済成長があっても，底辺での所得増加にならないケースも多い．とくに資産・所得の不平等が大きい場合はそうなりやすいし，問題になっている南アジアやサハラ以南のアフリカでは概して顕著な不平等がみられる．

　国連食糧農業機関（FAO）は2015年に栄養不足人口を半減させることを目指して野心的な計画を進めているが，援助だけでは問題解決が難しい．食糧問題を解決に向かわせるためには，逆説的ではあるが国内の所得・資源や機会の配分に手を加えることが最も重要だということになる．そのためには各国の政治的な変革が必要になる．これは困難な課題である．

3 ── 現代日本の農業と食料

　日本農業には兼業零細経営の残存によって経営規模拡大が進まないという構造問題があり，食料の著しい輸入依存も構造問題に根ざしている．なお構造問題解決の道は明確ではないが，迫り来る高齢化の中で日本農業は変貌を遂げつつある．

1）兼業化と構造問題

　日本では，戦後，農地解放によって零細規模の自営農による稲作中心の農業という骨格が築かれ，食糧不足の時代を何とか乗り切ってきた．高度成長以後（1955〜），農村は労働力の供給地となり，農外就業機会の増加と所得格差から農業就業人口の減少が進む．この過程は兼業化の進展で特徴づけられる．農業就業人口の減少よりも農家数減少は遙かに緩慢で，1960年から94年の間に農業就業人口は72％減少したのに農家数は43％しか減少していない．とくに農外所得が大きい第二種兼業農家は60年にはほぼ1/3だったが，94年には73％を占めるに至った．多くの農家は農外所得への依存を高めながらも，農家として残った．このような高い兼業比率は他の先進国にはみられない．

　こうして「土地持ち労働者」群が出現する．多数派である第二種兼業農家のうち3割が自給的農家で，農業所得はほとんどない．残り7割でも農業所得は全体の1割程度にすぎない．そして第二種兼業農家の所得は，専業や第一種よりも高いだけでなく，一般の家計よりもかなり高い．兼業化は「貧しい農村」に終止符を打った．「豊かな農村」は農外所得に支えられていた．

　兼業化を支えたのは食管（食糧管理）制度である．米麦の流通を政府が管理する制度で，戦中に食糧の配給を維持するために作られ，1950年代半ばまでは食糧不足に対処するため稲作を奨励する性格を持っていた．60年代に入ると米は過剰傾向に陥り，71年以後は作付制限を伴う状態になるが，その中で食管は，米価を通じる稲作農家所得の補償制度に変質した．食管は，供給過剰にもかかわらず，農民の政治力を反映して米価を政治的に高値安定させる機構

となった．そのため価格の不利から農民が稲作を断念することはなかった．

政治的に決定された米価は，稲作に依存する兼業農家の残存を許容し，日本農業に構造問題を生み出すことになる．1996年に稲作を行なう農家は全農家の83%だが，そのうち約2割は米を販売しない飯米農家で，これを含めて米をつくる農家の8割が1ha以下である．こうした零細経営は作付面積でも約半分を占めている．こうして「土地持ち労働者」が稲作を選んだのは，稲作では石油多消費型技術の発展が著しい省力化をもたらしたことと，食管制度の支えがあったためである．

農業技術革新によって稲作の単収は1960年から1985年の間に25%増加したが，著しいのは投入労働の削減である．1965年から94年の間に稲作に要する労働は，70%も減少した．農機具による省力化で，農外に傾斜した兼業農家でも稲作を続けることが可能になった．しかし片手間でも稲作を続けることはかなりの負担となり，稲作は収入の面では努力に引き合うものではなかった．それでも稲作を続けたのは，農民の「田は自分で耕すもの」とする価値観やムラ社会のメンバーとして農業を続けることに意義があったためであろう．

こうした農家が自家消費分（およそ15a）をこえて稲作を行なってきたのは，食管制度の下で超過分が確実な価格で売れたからである．食管制度は米価を保証し，売れ先や価格を気にしないで稲作を継続させてきた．「ビジネスとしての農業」ではない兼業農家の稲作は食管に支えられてきたのである．

そして兼業の残存が「ビジネスとしての農業」をめざす大規模経営の発展を阻んだ．零細経営が淘汰されないため，効率化に必要な経営規模拡大は緩慢にしか進まず，土地をめぐる構造問題が生じたのである．

2）食生活の高度化と新しい農業

高度成長期を通じて日本の食生活は大きく変化した．米の一人あたり消費はむしろ減少し，代わって牛乳・乳製品や果実，肉類の消費が著しい伸びを示すようになる．こうした食生活の変化に対応して農業の構成も変化する．米の消費量は1960年頃を頂点に減少し始めるが，肉・牛乳・鶏卵などの畜産物や果実・野菜の生産は高度成長期を通じて拡大し，米の縮小に対応して農業生産に

占める比率を高める．さらに，野菜や果実等では露地栽培から施設栽培（ハウス栽培等）が次第に伸長してくる．1960年には農家販売額のほぼ半分が米だったが，2001年では米25%，野菜23%，畜産27%，果樹9%，花き5%である．

消費構造の変化は農業をめぐる産業構造の変化も引き起こした．外食や加工食品の利用増により，農水産業の下流に位置する食品加工，食品流通，外食産業などのアグリビジネスが拡大した．そのため，食料消費に占める生鮮食品の比率は1960年に48%だったものが，2002年では29%に低下し，農産物の半分程度はアグリビジネスの原料となった．

新しい農業の中心は施設型農業であり，とくに施設型畜産である．稲作と対照的なのは，これら施設型農業には「ビジネスとしての農業」の担い手が存在することである．主業農家（農業所得が総所得の50%を超え，かつ65歳未満で年60日以上農業に従事する者のいる農家）は稲作単一経営では7%にすぎないが，酪農で90%，施設園芸で74%と高い（2001年）．

日本農業は現代では零細な稲作のようなビジネスの色彩が薄いものに代表されるわけではなくなっている．施設型農業のようにビジネス色の濃いものも存在し，農業の発展は主にこちらの面によって担われてきている．

3）WTOと農政の転換

近年，日本の農業は転換点を迎えつつあるように思われるが，この転換は，主に世界貿易機関（WTO）の設立に伴って迫られた国内政策の見直しの中で生じた政策の大きな変化に起因する．

日本は工業製品の輸出拡大を通じて経済成長してきたが，これはGATTの下で可能になったものであり，GATTが掲げる自由貿易から明白な利益を得てきた．こうした経緯もあり，日本はGATTやそれを継承するWTOの動きを拒否できる状況にはなかった．

日本は1960年代から，GATTの要求を受け入れて農産物の自由化を行なってきた．1962年に82あった農水産物の残存輸入制限品目（数量制限）は70年代に22になり，91年以後は10にまで減少している．同時に関税も引き下げ

られてきた．1970年代初め30％だった農産物の関税率は，80年代末には9％まで低下した．農産物の自由化の結果として，日本は世界最大の食料純輸入国となっている．1960年に79％だったカロリーで測った食料自給率は，2001年には40％に低下している．

自由化の後の日本の農業の特徴は，米以外の穀物の国内生産を放棄し，輸入に依存する道を選んだことである．たとえば，1960年には40前後だった小麦の自給率は，2001年には11％である．麦類は米の裏作として農家の過剰な労働力を前提に作られてきた作物で生産性は極めて低く，兼業化で労働の余裕がなくなったこともあって，生産を縮小し輸入に依存する政策が採られた．

穀物生産の後退は，他の先進国がむしろ穀物生産を増加させているのと対照的である．穀物生産の後退は経営規模拡大が進まず零細兼業農家を残したことの帰結だった面もある．

日本にとっては，主柱である米とともに，乳製品や牛肉，果実など発展の企業的経営色の濃い農業は開放したくない領域であり，頑強に自由化を拒んできた．だが，ウルグアイ・ラウンドとWTO設立（1995年）によって，この政策は転機を迎える．1988年からのウルグアイ・ラウンドの交渉においては，すでに述べたように，「例外なき関税化」と関税の漸進的引き下げが求められた．この過程で日本は，牛肉や乳製品，オレンジなどを自由化（関税化）しただけでなく，従来のGATTでは国家貿易品目として自由化義務を免除されてきた米の自由化も迫られることになった．

自由化は食管制度を崩すこととなるため，日本は米の自由化の代わりに，一定の輸入量保証（ミニマム・アクセス）を選んだ．95年に国内消費の4％から漸増し，2000年には8％となる規模の米の輸入を約束した（1999年には米の関税化が行なわれた．当面はかなりの高関税率であるが，漸次低下が見込まれる）．

加えて，国内政策の面でも，価格や生産に直接影響を与える政策の段階的削減と価格や生産に中立的な生産者への直接支払い（デカップリング）への転換が求められた．価格支持的な政策は日本の農政が常套的に用いてきたものであるため，政策の根本的な見直しが必要になる．

こうした中で「平成米騒動」が起こる．93年の記録的不作で米生産量は

26％も減少し，不足分を補うため250万トンの緊急輸入が行なわれたが，米価は暴騰し，品切れが相次いだ．多量の米が食管制度外の自由米（ヤミ米）として高値で流通し，食管のルートに乗せた農民と著しい不公平が生じ，不評な輸入米が売れ残るなどした．こうして食管制度は農民の支持さえも失い，また食料安全保障の制度としても機能しないことが明らかになる．

　食管制度は廃止され，米にたいする生産や価格調整の仕組みは全面的に見直される．94年に成立した新食糧法は，今までの政府の無制限買い入れによる価格支持機能をほぼ放棄し，価格形成は農協などで構成される自主流通米市場に委ねること，さらに生産調整についても政府の直接的関与を弱め，農協が組織する自主的な生産調整組織に委ねるものだった．すなわち，生産と価格形成への政府の直接的関与を間接的なものに代えたわけであるが，これはWTOの要求に沿った政策の転換だった．

　1999年には「食料・農業・農村基本法」が成立する．これまでの農業基本法（1960年）に代わる農政の基本理念・枠組みを定めたものである．旧基本法は生産調整や農産物の価格形成，貿易制限にたいする政府の直接関与を広範に定めた農業保護の側面を濃厚に持っていたが，これはWTOの下では継続できない政策だった．新基本法はWTOに則り，政府は国内的にも貿易面でも農業を直接は保護せず，基本的に自由化するという発想に基づくものである．

　加えて，旧基本法が農業の発展と農業者の地位向上を目指す専ら生産サイドの思考法で組み立てられていたのとは大きく違い，新基本法では「食料の安定供給の確保」や農業の環境保全的な側面に着目した「多面的機能の発揮」を主要な目標に掲げ，さらに「農村の振興」を目指す．すなわち，生産サイドだけでなく，国民全体，とくに消費者を視野に入れて農業を位置づけ，方向づけようとするものである．これも自由化による消費者の利益を考慮していること，さらに多面的機能の視点はデカップリングによる生産者への直接支払いの根拠となることで，WTO対応の色彩が濃い．

　こうして新食糧法に示された特徴が，農政全体の転換となる．すなわち，農業の自由化であり，農業保護政策の間接化である．

4）変貌する日本農業

21世紀を迎え，日本農業は大きく変貌しようとしている．一方では，農家の減少，農業の縮小がますます加速化しているが，他方では，「ビジネス」としての農業経営の姿が次第に明確になりつつある．急激にではないが，これまで膠着していた状況は，明らかに変化をみせ始めている．

変化の源泉は，上述の政策の大転換とほぼ同時に生じた，2つの事態の進展にあった．ひとつは90年代以後，とくに90年代後半の不況による一般的な価格下落圧力であり，もうひとつは，農業就業者の高齢化である．販売農家の基幹的農業従事者に占める65歳以上の割合は1990年の27％から，2002年には53％へと跳ね上がる．

不況による価格下落は農産物にも及ぶ．1991年から2001年の間に農産物物価指数（総合）は19.4％下落し，生産（農産物総合生産指数）は7.3％減少した．価格下落の原因は品目ごとにさまざまであるが，概して，牛肉などの自由化による輸入品との競争と消費不況といわれた需要の弱さ，そして食管制度の廃止に示される在来の保護型農政の後退の3つが大きい．

米についてみれば，生産減少と価格下落が続いた．生産の減少は主に作付面積の縮小によるものであったが，従来からある生産調整のほか，高齢化による離農や経営縮小による面もあった．1995年から2002年の間に稲の作付面積は約21％減少し，収穫量も18％の減となっているが，同時に生産者価格も16％の下落となった．

他方，農業の担い手の高齢化は長年の構造問題解決の道を開くかにみえた．主に高齢化による離農が進み，1990年から2002年の間に農家戸数は21％減少した．離農によって耕作されなくなった土地が，基幹的農家に集中されれば，経営規模は拡大する．主に近年活発になった貸借を通じて，1990〜95年の間，稲作（販売農家）で18.5％の平均経営規模拡大がみられた．

しかし，価格下落は構造問題解決を遠のかせる．生産物の価格下落にたいし，農業生産要素価格はこの期間中ほぼ不変だったために，農業所得が傾向的に減少し，農業とくに米作りは儲からなくなる．そこで，離農しないまでも，販売をあきらめて生産規模を縮小し，自給的農家に転落する傾向が顕在化し

た．

　他方，農業所得低下は，大規模化を目指すべき基幹的な農家の経営拡大の意欲を失わせた．95～2000年の間に耕作放棄地は1.4倍増加し，北海道を除く耕地の6.5%に達した．期待された耕地の集中は起こらなかった．自給的農家の比重増もあり，稲作の平均耕作規模はやや縮小する．

　稲作専業農家のうち65歳以上の高齢者しかいない農家の比率は，1990年の33%から2002年の56%に高まっている．基幹的な農業者自身が高齢化しており，とても意欲的な経営を望める状況にはない．新規就農者は増えているものの，40歳未満の者は12%にすぎず，稲作を営む者はそのうち10%程度に過ぎない．

　このことが示すのは，価格調整機構の不在が稲作経営を不安定にし，経営者に明るい将来を示せないという農政の基本的な問題点である．米の関税引き下げにより輸入米が現実性を帯びつつある中で，事態がこのまま進めば，稲作零細経営を中心にした日本農業は構造問題を克服できないまま衰退しかねない．

　自由化が効果を示す分野もある．90年代以後，一般的物価下落と貿易自由化，農政の転換によって，農業は厳しい競争にさらされてきたが，酪農などの新しい農業は着実に大規模化を進め，生き残ってきている．たとえば，1985年から2000年の間に，乳用牛では農家戸数が59%減，経営規模は108%の拡大，施設園芸では農家戸数9%減，経営規模48%拡大となっている．

　自由化で輸入は増加し，国内生産はある程度の後退を強いられたが，酪農製品などは，価格競争を回避して，高価格・高品質により一定のシェアを確保し続けている．みかんなどかなりの生産縮小を蒙った品目もあるし，また競争力強化のための投資から債務の累積が生じている面もある．危ぐすべき点はあるが，しかし忍び寄る衰退のなかで，WTOの下での農業の将来像を指し示すものともいえそうである．

† 参考文献

　FAO『世界食料農業白書』国際食糧農業協会，各年版．
　梶井功『WTO時代の食料・農業問題』家の光協会，2003年．

国連『世界人口年鑑』原書房, 各年版.

暉峻衆三編『日本農業100年の歩み』有斐閣, 1996年.

豊田隆『農業政策』日本経済評論社, 2003年.

レスター・R. ブラウン, ハル・ケイン／小島慶三訳『飢餓の世紀』ダイヤモンド社, 1995年.

農林統計協会編『食料・農業・農村の動向に関する年次報告（食料・農業・農村白書）』農林統計協会, 各年版.

（植村高久）

第3章

市場経済と情報化

　情報技術（IT）は，ビジネスのあり方を変化させ，産業構造の変容を引き起こしている．その影響は多様なルートをとってもたらされ，経済・社会システムの枠組みにも及んでいる．従って，市場経済システムにたいするITのトータルな影響の分析には，文化的な観点などを含む複合的な観点を必要とする．その根本的理由は，ITは，過去の産業技術と異なり，包括的（generic）で浸透力のある（pervasive）性格を持ち，経済活動以外の分野にも導入され，それぞれの分野での問題解決に役立つと同時に，それらの分野と経済分野とを関連づけることにある．それがいわゆる「情報化」という現象であるが，その基底にあるのは，経済領域での「情報化」である．

1── 市場経済機構と情報

1) 一般的不確実性と情報の機能

　いかなる経済活動にとっても，不確実性や不確定性は大きな問題である．この不確実性や不確定性には，あらゆる経済体制に共通するものと，市場経済に特有なものとがある．ここでは経済体制一般に関わるものを便宜的に不確実性とよび，市場経済に特有なものを不確定性と呼ぶことにする．これらにたいする情報の一般的機能を規定できれば，情報技術の発展が経済活動にもたらす影響についても，いわば原理的な位置づけができるであろう．

　ナイト（Frank Hyneman Knight）によれば，不確実性には，確率計算可能な不確実性と，確率計算不可能な不確実性の2種類がある．

　確率計算可能な不確実性　確率計算が可能な不確実性にたいしては，確率変

数，期待値等の概念を組み合わせることによって，ある程度合理的に対応することができる．その意味では「確実性」に還元できる不確実性ともいえる．この場合，情報は，条件付き確率計算の「条件」に対応するものとして取り扱うことができるのであり（ベイズの定理を利用すればさらに明瞭になるとされる），事象が生起する確率に影響を与えるものとして，つまり不確実性を減じるものとして，定量的な取り扱いが可能となる．

経済システムにおけるこのような不確実性は一般的には，すでに生起した事象や事態について，そのプロセスや結果に知識がない場合に発生する．たとえば，石油や鉱物の探索に関する不確実性がそうである．原油の埋蔵が予備調査でわかっていても，実際のボーリングに成功するかどうかは別問題である．やってみなければわからないのである．この場合，A点で発見できなかったという情報は，B点での発見の予測に影響を与えることになるだろう．

また，分権的な経済システムにおけるメンバーのふるまいの仕方などにもみることができるであろう．メンバーのふるまいの自由度が高く，かつメンバー間に組織化がないとすれば，他のメンバーのふるまいについてこれを確実視することはできないことになるが，この場合の不確実性も，情報の獲得によって減少させることができる．いずれにしろ，このような確率計算可能な不確実性は，いってみれば「ヨコの不確実性」と表現できるようなものである．

Column 情報概念

情報の定義はさまざまである．社会科学的に使用する場合，データや，知識，理論との関連を考えてみるといいだろう．この図のような整理の仕方は，その一例であるが今のところ最も分かりやすいものである．

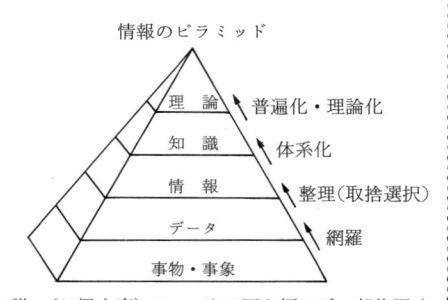

情報のピラミッド

理論　← 普遍化・理論化
知識　← 体系化
情報　← 整理（取捨選択）
データ　← 網羅
事物・事象

（山崎昶『データベースの知識』（日経文庫）のp.43の図を福田が一部修正．）

確率計算不可能な不確実性　これにたいし，確率計算が不可能な不確実性とは，発生する事態を特定できずしたがって確からしさの数値を与えることができない場合である．これは本来的不確実性といわれることもある．たとえば，未来に関することは基本的にはこのカテゴリーの不確実性に属すると考えてよい．この場合，情報はなんの機能も発揮できないように思われるだろう．将来起こることについては，発生する事態を正確に特定することはできないからである．この種の不確実性にたいして，それでは情報はまったく無力かといえば，そうではない．

このことを考えるヒントは，実は，「現在」にある．というのは，「現在」といっても，じつはそのものとしてあるわけではないからである．あるものは未来と過去だけである．「現在」とは，感覚的で曖昧な表現なのであり，それが意味しているのは，起こることが確実と思われる近未来のことなのである．

起こることを確実視する能力は，ヒトの成長に従って形成されたり，適切な用具の開発によって強化されて，弾力的に変化する．したがって「現在」はある幅を持って未来へ向かってのびている可変的時間帯のことであるといってよい．この時間帯は能力によって変化するのである．私たちは「現在」を生きるために，本来的な不確実性を除去はできないまでも，ある種の期待や見込み，予測などをたてた上で，行動しその誤りを訂正するという方式などの採用により，なんとかそれなりに対応してきているわけである．

この期待や見込み，予測などが確実視する能力を形成するのであるが，それはメモなどの記憶のためのツールや装置，事柄を整理して行動を編成する管理技術など，技術的要因によっても影響を受け，補強される．情報技術はこの能力を飛躍的に増大させると考えられるのであって，その意味では情報はこのような不確実性にたいしてもそれを減ずるように作用するといってよいのである．

情報を収集し活用する能力は，このように「現在」という時間帯の幅に関連する限りで，本来的な不確実性への対応にも重要な貢献をするのであるが，このような能力の獲得・利用には少なからぬコスト（金銭的・時間的）がかかる．「現在」という時間帯の幅を変えないという場合，情報技術の利用は，確実視

する能力の獲得や強化を，より効率的に実現できるので，ゆとりをもたらす．コストはゆとり獲得という目的にたいして支払われることになり，その限りで負担の限度が議論され，設定されることになる．

これにたいし，「現在」という時間帯を未来へ向けてさらにのばすために情報技術が利用されるという選択もあり得る．軽減されるべき不確実性の対象や範囲が拡大されたりして，不確実性のさらなる減少が目指されることになる．そのためのコスト負担の限界は，不確実性の解消の程度との関わりで考えられていくことになるであろう．この場合，金銭的負担が増大するのは当然であるが，そのほか，コンピュータの運用・管理活動を含むいわゆる情報リテラシー（情報活用能力）の獲得のために，これまで以上に多くの時間が必要となって，より多忙な社会が到来する可能性もある．ゆとりか，確実性か，その選択は私たちの裁量に委ねられている部分もあるが，一種の社会的選択として事態が進行している面が大きい．

フィードフォワードとフィードバック　分権的経済システムは，不確実な環境のもとに，個別的に遂行される生産を社会的に編成する必要がある．そしてそのためには，何らかの組織化ないし調整活動が必要である．それには大きく分けて，生産開始前に行なう事前的なものと，生産後の事後的なものの2つがある．これら事前的な組織化ないし調整に当てられる活動と，事後的な組織化ないし調整に当てられる活動の最適比率は経験的に得られるものであり，全体として縮小されればよい．

事後的調整活動には情報のフィードバック機構が必要不可欠であるが，これに対応して，事前的調整活動には情報のフィードフォワード機構が必要であるといえる．フィードフォワードとは，前制御という意味であり，ここでは事前の情報共有作業（一種の協働作業）のことである．サイモンも明らかにしているように，フィードバックとフィードフォワードとを組み合わせて用いる場合に，一般にシステムはより正確に自己の制御を行なうことができる．

2) 無政府性と価格変動と情報伝達

資本制的生産様式，つまり市場経済の無政府性は，いつ，どこで，だれが，

どのくらいの量のどんな使用価値を生産・供給し，かつ需要・消費するのかを，事前にはまったく，事後的にもそれほど容易には知ることができないという点に，基本的に由来していると考えられるであろう．質，量の両面にわたって，情報は欠落ないし不足しがちなのである．それは，市場経済が生産を社会的に編成する際の編成形態に，すなわち流通形態（商品形態）に起因するものである．周知のように，流通形態は本来，生産過程に疎遠なものとして登場したにもかかわらず，それを生産の社会的編成形態とするところに，特殊な不確定性が発生すると考えられるからである．

　つまり，市場経済システムは，事前的調整過程を機構的に欠き，事後的調整過程へ全面依存していることが，不確定性を発生させる主な原因のひとつとなっているのである．情報のレベルでいえば，市場経済システムにおいては，機構的＝原理的には，フィードフォワード機構を欠落させており，生産活動や消費活動にたいする情報は前もって共有されることはないのである（ただし，このことは現実の市場経済システムが，政府などの公共機関の助けを借りて情報の共有を実現することを妨げない）．このため，事後的調整過程の必要性・重要性をますます高めることになる．事後的な情報の処理の仕方の工夫によって，諸困難を除去することは不可能なことである．しかし，ある程度緩和することは可能かもしれない．情報伝達の効率化・組織化が効果的に行なわれると，無政府性による需給の不均衡の事後的調整過程において，それは，供給過剰あるいは需要超過をより速やかに資本に認知させることができるだろう．資本は，そうでない場合に比べて，調整のためのロスをできるだけ少なくすることができると考えられる．

　このような市場を舞台に繰り広げられる事後的調整過程は，生産の社会的編成・統制というあらゆる社会に必要な活動の現実的遂行形態のひとつである．

　市場経済の無政府性は，事前的情報――協働あるいフィードフォワード――の機構的欠落ゆえに，フィードバック過程での情報伝達の効率化・組織化に全面的に依存するという，社会的情報処理システムとしてはアンバランスな構造と密接なかかわりがあるのである．一般的な不確実性に市場経済に特有な不確定性が加わるのはこの点に関連している．個別経済主体のふるまいにも特

有なバイアスないしパターン（利潤率極大化行動）が観察され，それが不確定性の新たな源泉となることもある．

市場機構のあるもの（たとえば商業資本）は，市場経済的不確定性を処理するために形成されてきたといえるのであり，したがって，情報活動ないし情報処理の様式は市場経済の構造的パフォーマンスにおおいに関連しているわけである．

2──情報化の進展
情報化と情報技術

情報社会の基盤をなす技術は，コンピュータや通信などの情報技術（Information Technology）である．それは，1980年代の半ばくらいまではI & CT（Information and Communication Technology：情報通信技術）といわれていたが，1980年代末から単にIT（Information Technology：情報技術）と呼ばれることが多くなった．ところが，2003年前後から再びICT（Information Communication Technology：情報通信技術）と呼ばれる傾向にある．実は，これは単なる呼称の変化にとどまらないのである．耳を澄ませば，ITないしICTの社会における影響について，多くのことを語っていることを知ることができる．

日本における経済システムへの情報技術の導入は，その影響の及ぶ範囲と深さという基準で考えると，これまでのところ，次の4つの時期にわけて考察するのが適当である．

①1960年代半ば〜70年代半ば（大量データ情報処理技術としてのIT）②1970年代半ば〜80年代半ば（生産技術としてのIT）③1980年代半ば〜90年代半ば（システム間接続技術としてのIT）④1990年代半ば〜（コミュニケーション技術としてのIT）．

これらの時期のインパクトの特徴を，技術的な背景をふまえて，明らかにしよう．まず，技術・システムの発展によって産業的利用の形態がどのように変化したかを整理する．次にそれが経済活動や行動に与えてきた（いる）インパクトの概要を明らかにしてみたい．

1) 1960年代半ば～1970年代半ば

　この時期の技術的基盤からみる．コンピュータはIBM360（1964年発表）に代表される第3世代大型汎用コンピュータであった（なお，IC〔集積回路〕を使用したものを第3世代というのにたいして，第1世代は真空管式，第2世代はトランジスタ式をいう．LSI〔大規模集積回路〕を使用したものは3.5世代といわれることがあり，第4世代といわれる場合はVLSI〔超大規模集積回路〕を使用しているコンピュータである．また，真空管，トランジスタ，ICなどはデバイス〔素子〕と呼ばれるので，コンピュータの世代分けはデバイスによって行なっているといえる）．

　このようなコンピュータを使用して構築されるシステムは，大規模なオンライン集中処理システムであった．ネットワークへの動きはまだ限られたものであり，あったとしても大規模システム間のオンライン化が開始されたにとどまる．

　産業システムへの応用として，より具体的にみてみよう．まず指摘しなければならないのは，コンピュータの使い方に画期的ともいえる大きな変化が発生したということである．これまではそれは軍事研究における弾道計算や，科学・技術分野における計算および統計処理に使用されてきたが，この時期になりいわゆるトランザクション処理（取引にともなって発生するデータないし情報の処理）への利用が始まったのである．コンピュータが経済活動にともなって発生するデータ・情報の処理にも使えるようになったのだ．

　わが国におけるその代表的なものとしては，1964年にスタートした国鉄（現JR）の「みどりの窓口」がある．それは主要駅と交通公社の主要店舗に端末を設置し（中央に設置されたホスト・コンピュータは日立のHITAC），オンライン・リアルタイムで座席予約を行なうシステム（その開発は1960年で，MARS1と名づけられた）であった．このオンライン・システムが使用した回線は国鉄が自家架設したものだったのである．このような大規模なオンライン集中処理システムには，そのほかにも，航空会社の座席予約システム（CRS）や，日本交通公社の座席・客室予約システムなどがあった．

　銀行業界は，最も早くからオンライン・システム化を推進してきたが，それ

は銀行内（自行内）と銀行間に分かれる．1965年に開始された第1次オンラインシステム（略して第1次オンということもある）は前者に相当し，それぞれの銀行は自行内の業務の省力化・効率化を目指し，元帳のオンライン化や自動振替のセンター集中化をはかるなど，いわゆる単科目処理を特徴としていた．自社内でのオンライン・システム化であったのである．

これにたいし銀行間オンライン・システムは，電話回線をデータ通信のために使用する必要があるので，電気通信に関する法的・制度的整備がその実現のための前提となった．第2次世界大戦で壊滅的な打撃を受けた日本の電気通信網を，早急に立て直すべく制定された有線電気通信法，公衆電気通信法など（1952〜53年制定）は，ひとつの専用契約につき契約者を1人に限るなど，他人間通信サービスを国家が独占するという基本思想をもつものであった．他人とのオンライン・システムの構築などは不可能だったのである．

しかし，オンライン化のニーズが高まるとともに，1971年の「公衆電気通信法の一部を改正する法律」により，いわゆる第1次回線開放が実現する．これにより，1973年に全国銀行データ通信システム（第1次全銀システム）が稼働することになったのである．これは，全国銀行相互間の内国為替業務を正確かつ迅速に処理するためのものであり，銀行のコンピュータを通信回線で接続したオンライン・ネットワークである．当初は全国銀行および商工中金の88機関，約7,400店舗が参加した．

オンライン・システムのネットワーク化への動きは，製造業においてもみられるようになってきた．経済成長が鈍化し，経済のサービス化・ソフト化が進行し始めるようになると，それまでのマスプロダクション・マスセールスという生産・流通方式が通用しなくなってきたということがその背景にある．業界によっては（たとえば家庭電気機器業界），多品種少量生産の傾向に対応するため，1970年代初めからオンライン受発注システム・ネットワークを形成し始める．メーカーによる小売り店直送物流システムの構築として開始され，多くはメーカーの工場・営業所・物流センターと販売会社店頭を結ぶものであった．それはまた，メーカーによる卸売り段階特約店の系列販売会社化と主要小売り店の専売特約店化を推し進めることになった点を見逃してはならない．強

固な系列販売型（垂直系列型）ネットワークが当初から日本の特徴であった．

　法制的な制約という点に少し触れてみよう．日本の電気通信政策のあり方が，ネットワーク形成の日本的性格と無関係ではないと思われるからである．前述の第1次回線開放では，データ通信業務がはじめて公衆電気通信役務として認定されるとともに，オンライン情報処理用専用回線が特定通信回線として別建てとなり，特定通信回線の共同利用や他人利用が条件付きで認められた．その条件とは，緊密な関係にある事業者間で郵政省が認める場合というものであった．製造業に関しては，具体的にいえば，製造業者・卸・小売り間，または製造業者相互間で生産管理，販売管理または在庫管理に用いるという条件であったのである．このように日本の電気通信政策の枠組みそれ自体が，系列ないし企業グループを強化するものとしてのネットワークを産み落とし，育てていくことになったのであった．

　なお，付言すれば，1982年の第2次回線開放で共同利用にたいする制限が実質的に撤廃されることになるが，同時にその時に認められた中小企業VAN（VANについては後に触れる）は，参加者を制限したり，VANサービス業者に料金公示義務を課さないなど，公共的色彩がほとんどなく，オープンなネットワーク形成とはほど遠いものであった．1985年4月施行の電気通信事業法によって，やっと制度的にもオープン・ネットワークが目指されることになった．

　さて，大型汎用コンピュータが，トランザクション処理（商取引に伴って発生するデータの処理）にも利用できるようになって，その社会的インパクトは格段に大きくなった．また，人々は，データや情報の処理に関するコンピュータの圧倒的なパフォーマンスに，未来を予感した．このころの情報化の推進理念にそれが反映されている．「情報化」ということばは，日本で使われはじめ世界に広まっていったが，それが最初に登場したのは1960年代中ごろであった（梅棹忠夫氏の「情報産業論」が実質的に最初であったとされるが，ことばとしては1966年に発足した「科学技術と経済の会」のメンバーが最初に使ったという）．

　情報化の推進を説く議論の多くは，ロストウ（Walt Whitman Rostow）の

『経済成長の諸段階』（1960年，邦訳1961年）やマッハルプ（Fritz Machlup）の『知識産業』（1962年，邦訳1969年）などを下敷きとして，技術の発展が社会構造を変えるという技術史観に基本的に基づきながら，高度大衆消費社会を積極的に肯定し，知識産業の重要性を強調するものであった．そして，それは行き先のみえぬ経済状況（世界的長期不況）の中で，企業が採用する長期計画策定のためのキー・コンセプトとして展開されたり，国の産業政策形成のためのガイドラインであったりしたのが実状である．

　情報化は，実態としてはコンピュータリゼーション（それも大型汎用）であったのだが，他方では以上のように，一種のキャンペーンとして開始された側面もあることに注意しなければならない．ただ，そのようなキャンペーンが人々にある種の期待を与えることができたのも事実であった．その理由のひとつは，「情報」という切り口での説明が新鮮な印象を与えることができたからであろう．社会現象や経済過程の変化が情報をキーワードとして語られることはこれまでなかったのである．

　とはいうものの，この段階では，モノや事象からいわば分離されコンピュータ処理される情報は，まだ限られていた．それは大量の計数情報であり，定型的処理の対象となるものであった．大量の単純な事務作業を中心的業務とする企業や組織，あるいは間接部門が肥大化した企業や産業などが，大型コンピュータの導入によって業務の効率化や高度化を推進することができるようになったのであるが，業種的にも限られていたし，企業活動全体にとっての意義もまだそれほど大きいものではなかった．情報化は産業システムの内部にあっても，まだまだ局所的・局部的なものであった．

2）1970年代半ば～1980年代半ば

　技術的基盤の特性を確認してみよう．この時期はとりわけデバイスに注目する必要がある．ICの集積度が飛躍的に高まり，LSI（大規模集積回路／トランジスタを10万個近く集積したIC）化が進行したのである．そのため，大型汎用コンピュータの性能は格段に向上し，第3.5世代ないし第4世代と呼ばれるようになった．さらに，このLSI技術は，マイクロコンピュータというまった

く新しいジャンルのコンピュータを産み落とすことにもなったのである．それは，世界初の電子計算機のひとつであるENIAC（1946年米国で開発／幅30メートル，床面積170平方メートル，重さ30トン）と同じ性能をもつものが，数ミリ四角のシリコン・チップ上に載せられたようなものであると考えてよい．

　マイクロコンピュータは，マイクロプロセッサの開発によって実現したのだが，その基本的なアイデアは日本人によるものとされる．時期的には1970年代の初頭であったが，量産され，さまざまな機器に組み込まれて普及し始めたのは，1970年代半ば頃からであると考えられる．このような，マイクロプロセッサやマイクロコンピュータがさまざまな機器に組み込まれていく傾向を，ME（マイクロエレクトロニクス）化と呼んだ．マイクロエレクトロニクスとは，厳密には集積回路（IC）の高集積化，微小化を追求する電子技術をさすが，マイクロプロセッサを組み込んだ機器やシステム，それに関わるソフトを含めたものの総称として使われることが多くなっている．その発展・普及に伴って，システムとしては小規模分散処理システムが普及することになるのである．

　産業システムへの応用についてみてみよう．銀行業界では，銀行内（自行内）オンラインシステム化として，第2次オンライン化が進んだ（1975年開始，1984年完成）．その目的は機能サービス強化にあり，主要科目連動処理（総合口座の出現）や銀行間オンラインCD（キャッシュ・ディスペンサー）の提携などを特徴とするものであった．また，銀行間のオンライン化の面では，第2次全銀システムも稼働（1979年）し，相互銀行，信用金庫，農林中央金庫等が加盟して，708機関，約17,000店舗に拡大することになった．（なお，2003年から第5次全銀システムが稼働し，2003年11月時点の加盟金融機関数は，1,679行，37,246店舗となっており，わが国の民間金融機関のほとんどすべてが加盟している）．

　製造業では，オートメーションのME化が進展した．たとえば，CNC（Computer Numerical Control／コンピュータ数値制御）工作機械，CAD／CAM（Computer Aided Design／Manufacturing／コンピュータ支援設計・製造）やロボット，そして多品種少（中）量生産を可能にする製造システムであるFMS

(Flexible Manufacturing System) などの導入・普及が進んだ．オートメーションのインテリジェント化であるが，それは長期化する世界不況や，円高による国際競争力の低下，いわゆる経済の成熟化等への企業の必死の対応によってもたらされたのである．これは，すなわち，コストダウンや品質向上，製品差別化を同時に実現することができるような生産技術であった．

　このように，情報技術が生産技術として威力を発揮し始めるに至ると，社会における情報の位置も変化する．舞台が，製造工程という主要経済活動領域に設定されることになるわけである．社会における情報の役割に特に注目するという立場に立てば，情報の役割ないし規定力（影響力）はわき役とか舞台装置の一部であるとみなすことはできなくなったといえる．主役とはいえないまでも，新人として主役を食うほどの注目を集め始めたというところであろう．その意味では，本当の情報化社会はこの時期に登場したという方が適切であろう．ただし，この時期においても情報の中でも定型的なものが舞台に登場していたに過ぎない点は注意しなければならない．

　ここで，情報の類型について触れておこう．情報は，定型的，半定型的，非定型的に分類されることが多い．定型的な情報は，性別とか年齢などのようなデモグラフィックな情報をはじめ，組織内の計数情報，製造工程における制御情報などがその代表である．組織に関していうといわば構造相的問題群に関わるもので，したがって機械的・自動的に処理できるという性格をもつ．これと対極的なのが非定型的情報で，これは人の性格や好みなどに関わる分類不能な情報や，組織内のポリシーや判断に関わる戦略的情報や創造的情報，人々のコミュニケーションによって取り交わされる曖昧な情報などがその代表である．組織に関していうと，非構造相的な問題群に関わる情報といえる．当然，機械的・自動的な処理は困難である．半定型的情報は，その中間的な情報である．情報化は高度化するにつれ，定型的な情報ばかりでなく，半定型的ないし非定型的情報も扱うようになり，影響の及ぶ程度はその範囲の拡大ばかりでなく，深度としても深まっていった．

　本題に戻ろう．こうした情報化の段階を反映して情報化推進理念も，単なるコンピュータリゼーションから，知識一般ないし理論的知識の重要性へとその

強調点を移してくる．たとえば，通産省産業構造審議会は情報社会を「人間の知的創造力の一般的開花をもたらす社会」と説明するようになった．ベル（Daniel Bell）は『脱工業社会の到来』（1973年，邦訳1975年）で，現代社会において技術革新を担う専門職・技術職階層の拡大に注目し，知識一般の中でもとりわけ理論的知識が社会の戦略的資源となることを説いた．理論的知識に社会構造の基軸原理という位置づけを与えるベルに，この時期の情報化社会論の多くは大きな影響を受けていた．情報化が社会の仕組みを根本的に変革するとか，石油に代わる経済的基本資源になるとかいう議論が話題を呼んだこともあったが，ジャーナリスティックな論評の性格が強いものであった．

3）1980年代半ば～1990年代半ば

この時期の技術的特徴は，デバイスであるICの集積度がさらにあがってそのVLSI（超大規模集積回路）化が進展したことである．デバイスやコンピュータ（第4世代大型コンピュータやマイクロコンピュータ）の価格の低下と高機能化，および小型化（ダウンサイジング）がいっそう進んだ結果，システムとしてはネットワークシステムが普及し始める．主要なものにはLAN（Local Area Network／構内ネットワーク；1980年代初めに登場），VAN（Value Added Network／付加価値通信網；1985年から本格化），EDI（Electronic Data Interchange／電子データ交換；1980年代末に本格的に登場）などがある．

この時期に情報技術が産業システムに与えた影響としては，生産技術としてのそればかりでなく，システムとシステムをつなぐネットワーク技術としてのインパクトが顕著であった．たとえば，LANは，大型コンピュータやワークステーション，パソコン，マイクロコンピュータ，およびそれらを組み込んだシステムなどを連結・連動させることによって，工場内や社内のシステム化を促進した．製造業におけるCIM（Computer Integrated Manufacturing／コンピュータ統合生産）や，流通業におけるPOS（Point of Sales／販売時点情報管理）システムなどがそれにあたる．前者は研究・開発・生産・販売などの一連の業務を情報システムによって統合して，製造リードタイムの短縮や在庫の縮小，コスト削減を目指すものである．後者は，OCR（Optical Character Recognition／光学文字認識）式のレジにより，商品単品ごとに収集した販売情報や，仕入れ・配送などの活動で生ずる各種情報をコンピュータに送り，各部門が有効に利用できるよう情報を加工，伝達するシステムである．それは商品管理面で著しい効果をあげることになった．

　このような企業内ネットワークは，1985年のいわゆる通信の自由化（電気通信事業法の施行）によって，外部との連結へと発展していった．すなわち，VANやEDIを利用して，企業間，業界内，業界間（国内），国際へとネットワークが広がる傾向が顕著になってきたのである．とりわけ，EDIは従来の垂直系列型を克服するオープン・ネットワークを形成するものとして，その普及が期待された．

　EDIは「異なる企業間で，商取引のためのデータを通信回線を介して，コンピュータ（端末を含む）間で交換すること．その際，当事者間で必要となる各種の取り決めが，可能な限り広く合意された標準的な規約であること」（日本情報処理開発協会産業情報化推進センター）と定義される．各社，各業界でまちまちであったデータ交換のためのコード，メッセージ作成のルールやそのフォーマットを標準化（ビジネスプロトコルの標準化）し，広範なネットワーク構築を効率的・経済的に実現しようというものである．最初のEDIはアメリカで始まったが，実質的な稼働時期は日本もそう変わりないといわれており，おおよそ1980年代の初めであったとされる．しかし，その後の展開において日本は大きく立ち遅れ，1980年代末に欧米の動きに受動的に反応する形で，再度その構築が検討され始めたのである．

　このように，ネットワークが広く深く構築されるようになって，情報はその役割をますます大きなものとしてきた．まず第1に，収集され処理される定型的情報の範囲が生産分野にとどまることなく，流通，金融，運輸などの分野にまで拡大した．第2に，こうした生産分野とその他の分野，とりわけ流通分野に関する（定型的）情報の収集・処理は連結・連動するようになった．このように，情報通信システムによって浮上してきた企業活動の連動する側面を，ロジスティックス（Logistics）と呼ぶようになったのもこの頃である．

　ロジスティックスとは，もともと軍事用語として軍隊の輸送，軍事物資の配

給,補給および野営などに関する管理運営技術を意味するものであった.アメリカでは第2次世界大戦以降,産業界においてもしばしば使用されるようになったが,その場合,物資の時間的・場所的活用に関する管理技術を意味するとされる.「兵站(へいたん)」と訳されるが,最近の使われ方にたいしては「物流」と訳した方がよく,広義には調達,販売のみならず,生産までカバーする活動であると考えられている.

第3に,こうしたネットワークは,ますます重要性を高めつつあった研究・開発や,マネジメントにも利用され始めた.画像や音声,半定型的ないし非定型的情報の伝達にも利用されることになったのである.

高度情報(化)社会(1980年代初めあるいは半ば頃からといわれる)とは,このように定型的情報が経済活動全般において規定力(影響力)を強め,かつ,マネジメントに不可欠な半定型的・非定型的情報(情報の類型については前項で触れた)が,それとの関連で注目されるようになった社会である.市場経済へ与えるインパクトがはっきりしてくるのもこの時期からである.

4) 1990年代半ば～

この時期には,パーソナルコンピュータ(パソコン)の高性能化と低価格化,ネットワーキング・テクノロジーの発達により,インターネットの爆発的普及が進み,新たな次元でのネットワーク化が進行することになった.つまり,情報の共有ないし流通の範囲が産業システム内に限定されることなく,生活日常の場にまで拡張してきたのであり,さらに情報活動や情報を生み出す基盤となる活動自体の連動や連携が進み始めたのであった.この時期のITは,新コミュニケーション技術またはグローバルネットワーク技術として,働き方の様式,コミュニケーションの手段と方法,ビジネスの仕方,財とサービスなどを革新し,新たな形態のコミュニティをもたらすまでに至った.

産業システムの領域では,1991年頃から登場したERP(Enterprise Resource Planning)が,基幹業務の管理において経営の高度な効率化を実現する手法として,注目されるようになった.また,企業間取引の効率的な維持・管理を目指すSCM(Supply Chain Management)や,高度な顧客管理手法であるCRM

（Customer Relationship Management）等も登場した．

　新たなビジネスの展開としては，eコマース（e-Commerce / Electronic Commerce：電子商取引）が重要である．eコマースとは，一般に，インターネットを利用した商取引のことであり，企業間で行なわれる「B to B（Business to Business）」（B2Bと表記することもある）と，企業・消費者間で行なわれる「B to C（Business to Consumer）」（B2Cと表記されることもある）に大きく分けられる．eコマースを支える要素には，セキュリティ，電子マネーなどがある．

　eコマースは，日米共に1996年頃からスタートし，市場規模を急速に拡大してきている．通信白書によれば1996年の日本のB2C市場規模は，285億円（米国は13億2,800万ドル）であった．eコマースの定義の仕方が揺れていたこともあって正確な数字を得ることは難しいが，2002年の日本のB2C市場は1兆5,870億円であったとされている（ただし，数字をみる限りその発展はめざましいが，インターネットを単なる広告や集客手段として利用するようなWEBマーケティング的なものを除いて計測すると，この値はもっと下がるともいわれている）．また，2002年のB2B市場規模は60.0兆円であったので，市場規模でみると，B2Bの市場規模の方が圧倒的に大きい．この傾向は今後も続くであろう．

　eコマースが流通構造に与えた（与えている）インパクトは多岐にわたるが，その最も重要なもののひとつが，価格メカニズムへの影響である．オンライン価格付け（online pricing）の普及の結果，最低価格への収斂傾向（一物一価の法則）と，消費者のニーズに応じた多様な価格設定傾向（一物多価の傾向）という，相反する傾向が観察されるようになった．そのほか，卸売り段階を排除する流通の中抜き現象も指摘されている．

　この段階になって，情報化投資が生産性の向上に結びつかないといういわゆる「生産性のパラドックス」もおおむね解消されたという理解が一般的になったことも重要である．情報化の効果が定量的にも確認されることになって，情報化の展開は経済社会の発展にとって戦略的な重要性をますます強めるようになった．

3――情報化と市場メカニズム

　情報化が市場経済に機構的な影響を及ぼすようになったのは，その第3段階に至ってからである．情報技術やネットワークが，流通や運輸などの分野においても利用され普及し始めたこと，半定型的・非定型的情報にも適用されるようになったことがその理由である．また，金融分野におけるネットワークの高度化も見逃せない．ネットワークの発展と，情報技術の適用対象となる情報類型の拡大は，経済社会的な情報のフィードバック機能およびフィードフォワード機能を強化することによって市場メカニズムに影響を及ぼすことになった．

1）フィードバック機能の強化

　POSシステムはファースト・セラー（よく売れるもの）とスロー・セラー（売れ足の遅いもの）を効率よく見出し，小売業においてカンによる経営から科学的経営への転換をもたらしたとされる．消費者の嗜好の変化と多様化は，いわゆる多品種・少量・短サイクルのマーケットを生み出したが，それへの対応・適合を可能にするものであった．ある意味ではこれは生産と消費とが接近する事態であると理解することもできる．トフラー（Alvin Toffler）は『第三の波』（1980年，邦訳も同じ）の中で，このような特色をもった経済を生産＝消費（プロサンプション）経済と呼んでいる．また，林周二氏は，『日本型の情報社会』（1987年）で，P・Cコンプレックス（生産者＝消費者複合体）ないしS・Dコンプレックス（供給者＝需要者複合体）が，情報社会の特徴であると指摘しているが，それも同様の意味においてである．

　POSシステムの導入の具体的なメリットには，いわゆる売れ筋・死に筋の早期把握のほか，現金管理の合理化，伝票の削減，在庫削減，商品回転率の向上などが含まれる．需要動向のタイムリーで適切な把握が可能になるということは，そうでない場合に比べて，生産規模の拡大・縮小の判断を機動的に行なえるということである．これは，ほかの条件を一定とすると，資本や労働力などの社会的な資源配分の調整を効率化するのに役立つことを意味する．また，

管理の合理化や伝票の削減などは，いわゆる流通費用の縮小として，生産の社会的編成のためのコストを節約するものである．

さらに EDI となれば，VAN などのように構築されるネットワークの範囲が特定の業種・業界に限られることもない．国際取引や貿易業務も，EDI で処理されるようになると期待された（国際 EDI）．新たなインフラストラクチャーとして，国内的・国際的に構築されれば，流通費用の節約はもとより，生産の弾力化・効率化も期待できるなど，生産の社会的編成への影響力は極めて大きいと考えられた．ただ，ルールや手続きなどの標準化の必要性があり，この点での合意形成に手間取ると，その普及にはなお時間がかかるものと予想されたのである．

以上のように産業システムにおけるネットワーク化の進展は，市場機構がもつフィードバック機能を高度化するものと考えられる．このフィードバックをうけて，実際に生産の社会的編成を調整するプロセスが次に続くわけである．それは資本や労働力の移動として具体化するわけだが，この過程を媒介するのが金融システムである．金融システムにおけるネットワークの高度化の影響としては，資金送達の迅速化や事務コストの大幅削減，記帳・管理資料作成の大幅合理化などが指摘されることが多い．さらに，給料の銀行振込や，各種支払いの口座自動引落しに備える預金の滞留，コンピュータを駆使して開発される新たな金融商品の登場など，資本が安価に利用できる資金はネットワーク化によって増大したと考えられる．

こうして情報技術はフィードバックの感度を高めると同時に，それを現実の調整過程に結びつける際の媒介過程にも機能促進的に作用して，市場の調整機能を強化するのである．なお，ここでは触れることができなかったが，市場に内在する投機的要素も同時に活性化する面があることにも注意しなければならない．市場の感度と調整力の高度化を安定的に引き出すためには，この点についての何らかのチェックが必要である．

2）フィードフォワード機能の強化

経済的領域においてはいうまでもなく，日常生活においても情報への依存度

は増してきているといえる．郵政省（現総務省）の「情報流通センサス」（『情報通信白書』で公表）はそれを定量的に明らかにする試みのひとつであるといえる．また，社会学的研究のあるものは，「擬似環境」への依存程度も，またその現実環境への転化の程度も増大してきていることに注目し，さらにマス・メディアのシステムの高度化，ネットワーク化などによって，情報操作が高度化していることを明らかにしている．

　また，各種の調査技術の高度化，シミュレーション技術の発達にともなう予測精度の向上も，目を見張るものがある．これらはいずれも情報技術の応用例であるが，それにより，人々はますます情報の規定力（影響力）を感じ，またそれに信頼感をもつようになっても不思議はない．さまざまな形態をとる啓蒙活動の結果として，産業システムにおける情報技術の貢献を知ることも，規定力（影響力）を強化する方向に作用するであろう．

　こういったことは，産業システムにおいて，定型的な情報のみならず半定型的・非定型的情報もネットワークにのり始めて，その規定力（影響力）を強めてきているということと無縁ではない．産業的であるか，生活日常的であるかの境界が不分明であるところに，非定型的情報の特質のひとつがあると考えられるからである．

　情報一般の規定力（影響力）が強まるということは，人々やその集団にたいして，意思決定や行動をある程度誘導することが可能になるということであり，一種のフィードフォワードがかけられるということを意味する．ボードリヤールが『消費社会の神話と構造』（1970年，邦訳1979年）で指摘している状況，つまり広告が「真と偽の彼方に存在し」し，「自己実現的予言」となる状況はその極端な場合であろう．

　すでに述べたように，市場経済はフィードフォワードを機構的に欠落させているところに，無政府性の源泉があった．フィードフォワードを機構的に形成することはできないまでも，情報技術の発展と情報化の進展により，その一部代替的・実質的形成が可能になり，かつその操作性も改善されてきたとみなすことができる．現実には，市場経済は，社会の中に何らかの形で存在する慣性のようなもの（文化・道徳等）を，活動の外枠として前提している．それは経

済活動の連続性を保証し，ある種の予測を可能にする面もある．この領域は固有の構造とロジックをもっており，いわば粘着性が強いのが特徴であったが，情報化でそれがこれまで以上に流動化し始め，資本のロジックによる操作を受けやすい状況が生まれてきたのである．

情報化はフィードバック機能を飛躍的に高めてきた．それだけでも市場の調整機能は高度化する面があるのだが，さらに，フィードフォワード機能を利用できるようになれば，生産の社会的編成は極めて効率的に行なわれることになる．

4──非市場領域と情報化

1）国家プロジェクトとしてのIT戦略

1990年代になると国家プロジェクトとして情報化が推進されるようになり，その戦略的な重要性も経済的領域に限定されることなく社会的に認知されるようになった．情報化という切り口で，非市場領域と市場領域の新たな関連性をみることも可能になってきている．

　ⓐ米国の情報スーパーハイウェイ構想　米国の情報化政策の軸になったものが，1992年に発表された「情報スーパーハイウェイ」構想であった．この構想は，当時の民主党大統領候補クリントン・アーカンソー州知事とアル・ゴア上院議員が打ち出したもので，米国経済の強化と米国の再生を唱える彼らの政策のキーとなるものであった．93年9月には，NIIアクションプラン（National Information Infrastructure Action Plan／全米情報基盤に関する行動計画）が発表され，より具体的で詳細な計画が示され，実施に移されていった．

その効果もあってか，1994年頃からは米国経済の回復は本格的になったという認識が広がり始め，その新たな発展段階を「ニューエコノミー」と呼ぶようになった．60年代のドル危機，70年代初頭のブレトンウッズ体制の崩壊，80年代の双子の赤字と純債務国化，プラザ合意という流れとは，明らかに違った流れが生じたのであった．ほぼ10年続いた景気拡大はその後，減速・後退局面を経験することになったが，パクス・アメリカーナの再編過程は継続

しているとみて良いであろう．

ⓑ e-Japan 戦略　日本が IT（情報技術）を国家的に重視し始めたのは実は最近のことである．小渕総理の遺志を継いだ森首相が，バブル崩壊後の長期不況に苦しむ日本経済を立ち直らせる意図もあって，情報技術（IT）革命を「21世紀を形作る最強の力の一つ」（沖縄 IT 憲章）としたのが，2000 年 7 月（九州・沖縄サミット）であった．同年 11 月には高度情報通信ネットワーク社会形成基本法が定められ，翌 2001 年 1 月に高度情報通信ネットワーク社会推進戦略本部（IT 戦略本部）が設置されて，「e-Japan 戦略」が決定された．「5 年以内に世界最先端の IT 国家」を目指すということがそのポイントであった．「e-Japan 重点計画」（2001 年 3 月）は，これを具体化したもの（アクションプラン）である．

その後も改訂作業は継続され，情報技術の利活用に重点を置く「e-Japan 戦略 II」が 2003 年 7 月に発表されている．

ⓒ コミュニティや生活の情報化　地域の活性化を目的とする地域情報化の流れにも変化の兆しがある．地域情報化は，これまで，地場産業や地元商工業の活性化を図るために構想されることが一般的であったが，庁内の情報化（OA 化）や行政サービスの電子化（Web ページを利用した情報提供や広報公聴活動，施設予約，申請書類ダウンロードなど）に力点が置かれるようになった．特に前述の e-Japan 戦略で，手続き等業務の電子化（ペーパーレス化）などを中心とした電子自治体が推奨され行政サービスの効率化・能率化が推奨されたり，2002 年 8 月には住基ネット（住民基本台帳ネットワーク）の基本部分が稼働し始めた（第一次稼働）こともあって，地域情報化といえば電子自治体の構築のことであるという理解も一部に芽生えた．

ところで，電子政府・電子自治体構築の動きは，1994 年の行政情報化推進基本計画に始まり，1999 年のミレニアム・プロジェクトを経て，2000 年の「地方公共団体における情報化施策等の推進に関する指針」（総務省情報化推進本部決定）によってその方向がおおよそ定まっていた．2000 年に施行された地方分権一括法もその背景として押さえられる必要がある．

さらに，このような電子自治体の構築を超えたところに，地域情報化の課題

を設定する動きも出てきた．生活者や市民の日常生活における問題解決のツールとして情報技術を導入し（生活の情報化），日常生活の困難に協働対応する行動（新たな公共性の模索を伴う）を通じて，コミュニティの活性化や新たなコミュニティの構築を目指すものである．単なる効率化・能率化と違った視点を必要とし，市民や生活者が，行政や事業者，大学と連携しながら，自ら主体的・協働的に問題解決に取り組むところに特徴がある．コミュニティ・ビジネスやNPO法人活動と親和性も強く，地域経済活性化の新たな可能性を示すものであるといってよい．このような地域情報化を，行政的情報化と区別して，コミュニティの情報化ないしeコミュニティの構築と呼ぶ場合もある．

2）NPO法人活動と情報化

　近年，非市場領域が社会システムのひとつとしてその範囲を拡大してきている．1998年12月には，「ボランティア活動をはじめとする市民が行う自由な社会貢献活動の健全な発展を促進し，もって公益の増進に寄与すること」を目指す「特定非営利活動促進法」が施行され，一定の要件を満たしたNPOには法人格が与えられるようになった．NPO法人として認証される団体数は年々増加し，活動領域も広がる傾向を示したので，2002年12月には，特定非営利活動の分野の追加（情報化社会の発展を図る活動や科学技術の振興を図る活動など5分野が追加され合計17分野となった）や申請書類の簡素化などの改正が行なわれた（改正NPO法／翌2003年5月施行）．

　このNPO法人の活動の特徴は，公益の増進に寄与することを目的とし，営利を目的としないことにある（活動資金を得るための収益事業は認められる）．従って，資本・賃労働関係を基盤とする能率性・効率性によってメンバーの活動が締め上げられることはない．その多くは，人々の自発的な意思や貢献意欲によって支えられており，組織構造も階層的なものではない．

　この団体は，市場のロジックが貫徹できない領域においても活動できるという特性をもっており，「市場の失敗」を補う新たな活動主体として注目される．そればかりではない．雇用の受け皿となったり，安価なサービスを提供したりして，市場の基盤を強化する役割をも果たす面がある．また，人々の間に信頼

や協働の経験を蓄積することにより，コミュニティの活性化をもたらす．このような信頼や協働のノウハウなどを，「ソーシャル・キャピタル」と呼ぶことがある．これにたいし，資本概念の混乱を避けるために，「コミュニティ・リソース」という場合もある．

　この団体の弱点のひとつは，メンバーの安定的な活動の確保や維持に失敗することが少なくないということである．組織論的にいえば，メンバーの貢献を確保するための「誘因」（特にこの場合，名誉や愛情，好意，尊敬，社会的評価など，非金銭的なもの）を安定的・効果的に提供できない．これにたいし，情報技術は，情報の発信・共有などを促進する新たな双方向的コミュニケーション手段を提供することによって，誘因の新たな調達と提供，開発を促進する面があるとされる．

† 参考文献

相田洋『電子立国日本の自叙伝』（完結）日本放送出版協会，1992年．
今井賢一『情報ネットワーク社会』岩波書店，1984年．
岡部一明『インターネット市民革命』御茶の水書房，1996年．
金子郁容『新版コミュニティ・ソリューション』岩波書店，2002年．
北澤博『EDI入門』ソフト・リサーチ・センター，1991年．
経済企画庁調整局『日本経済の情報化』大蔵省印刷局，1986年．
ハーバート・A・サイモン／稲葉元吉・吉原英樹訳『システムの科学』パーソナルメディア，1987年．
篠崎彰彦『情報革命の構図』東洋経済新報社，1999年．
情報処理学会・歴史特別委員会編『日本のコンピュータ発達史』オーム社，1998年．
半導体産業新聞編『日本半導体50年史』半導体産業新聞，2000年．
福田豊『情報化のトポロジー』御茶の水書房，1996年．
福田豊・須藤修・早見均『情報経済論』有斐閣，1997年．
アルベール・ブレッサン編著／会津泉訳『ネットワールド』東洋経済新報社，1991年．
米国商務省［著］／室田康弘［編訳］『ディジタル・エコノミー 2002/03』東洋経済新報社，2002年．
吉田民人『情報と自己組織性の理論』東京大学出版会，1990年．
北川高嗣・須藤修・西垣通・浜田純一・吉見俊哉・米本昌平編『情報学事典』弘文堂，2002年．
Freeman, C. and Soet, L., "Information Technology, and the Global Economy", Jacques

Berleur, Andrew Clement, Richard Sizer, Diane Whitehouse (ed.), *The Information Society : Evolving Landscapes*, Springer-Verlag, 1990.

Putnam Robert, *Bowling Alone : The Collapse and Revival of American Community*, Simon & Schuster, 2001.

（福田豊）

第4章

市場経済と金融

　資本主義的市場経済の一側面をなす金融市場ないしは金融システムは，他の商品市場や労働市場と同一には論じ得ない側面を有している．一般の財やサービスの市場は匿名性がその基礎にあるといってよいが，金融市場はそうではない．たとえば，銀行はその顧客が誰であるかということに無関心ではない．というのは，銀行にとって融資が実行されただけでは取引は完了せず，将来においてこの融資を回収することによってはじめて取引が完了するからであり，誰に信用を供与し，それがどれだけの確率で回収できるのかという判断は決定的に重要だからである．そのため銀行は費用をかけて借り手の財務状況を把握するとともに融資案件の内容を吟味しようとするが，それを正確に把握することは必ずしも簡単ではない．ここに非対称情報の問題が存在する．もし，このような問題を克服できなければ銀行は融資を回収できず，自らが破綻する可能性が高まる．そして，ひとつの銀行が破綻したならば，それがその銀行だけにとどまるとは限らない．というのは銀行は決済システムを形成しているために，ひとつの銀行の破綻が他の健全な銀行を巻き込んで金融パニックを引き起こすこともあり得る．このような意味で，金融市場は他の市場と異なる脆弱な側面を有している．そのため，資本主義的市場経済の発展は中央銀行を形成させ，金融パニックを防止する機能をこれに持たせてきた．そして，各国は1930年代の世界大恐慌の中で，中央銀行を補完し金融パニックを防衛するためのさまざまな防止措置（セイフティ・ネット）を金融システムの中に組み込むようになった．他方，各国の金融システムはその歴史や社会に規定されてさまざまな形態をとって発展してきているが，一般にはアメリカ型と日本型に分類される．アメリカ型は資本市場をその中軸に据える公開市場型であり，日本型は銀

行を中軸とした相対型の金融システムである．こうした違いは優劣の問題ではなく，上述のような非対称情報の問題を解決するために各国が作り出してきた方法がシステムの違いに反映されているのだとみることができる．

1──現代金融の源流

1）ニューディールの金融制度改革

　1929年10月のニューヨーク株式取引所の株価暴落に始まる恐慌は，当時のアメリカの世界経済に占める地位を反映して世界的な広がりを持つ大恐慌となり，1930年代の大規模な不況を導き出した．この不況が最も深刻であったのは世界大恐慌の震源地であるアメリカであった．不況の深化とともにアメリカ国内では次第に銀行倒産が激しさを増し，1930年末から数次にわたって銀行倒産の波が襲った．当初は南部の諸都市，ニューヨーク市，農業地域で生じたが，1931年半ばから32年にかけて次第にシカゴを中心とした五大湖周辺の工業地域にも波及し，1933年3月には全国で銀行倒産と預金の取付けが生じた．この月だけで全商業銀行の約2割にあたる3460行が倒産した．銀行倒産の嵐の中，ローズベルトが大統領に就任したが，彼が大統領として最初に実施したのは，全国的な銀行休業であった．さらに，彼は通貨制度の根幹にあった金本位制を停止させたが，ここに完全にアメリカの金融システムは機能不全に陥った．その後，ローズベルトは試行錯誤の中でニューディール政策と呼ばれる一連の革新的な政策を展開していくことになる．このニューディール政策が資本主義的市場経済にもたらした影響は，その歴史の中でも分水嶺となるべきものであった．すなわち，政府が望ましい経済運営を制御するという観点から，民間の経済活動に政策や制度の面で積極的に関与していくことになるのである．

　こうしたニューディールの「革新」を金融制度面に限定してみていこう．ニューディール以降の金融制度のあり方を規定したのは1933年銀行法（グラス・スティーガル法）であるが，その目的は銀行の競争制限や預金者保護の観点から連邦政府が銀行にたいする規制や監督を強化し，金融システムの安定性，金融秩序の維持を確保しようとするものである．具体的には，銀行業務と

証券業務の分離，預金金利規制，連邦預金保険制度の創設等を内容としている．銀行業務と証券業務の分離とは，銀行による証券業務の兼営を禁止したもので，国法銀行の証券引受・販売の禁止，投資銀行の預金受入れの禁止，銀行による投資銀行の系列化の禁止等を主要内容としている．こうした規制が導入された根拠には，1930年代の不況をもたらした原因のひとつに，銀行による証券業務の兼営があるという認識が当時に存在したからである．すなわち，証券業務を兼営する銀行は，自分の取引先企業が経営不振に陥った時に，証券子会社を通じてその企業の増資や社債を引受け，それを一般投資家に転売する一方で企業にたいする貸出を回収した．つまり，銀行は一般の顧客や投資家を犠牲にして自らの利益を優先させたのである．これは利益相反の問題といわれる．

　預金金利規制は，銀行の当座預金にたいする付利を禁止し，定期預金に上限を設けることによって銀行による過度の預金獲得競争を制限しようとしたものであり，この規制を課す権限を連邦準備局（1935年以降は連邦準備制度理事会＝FRB）に与えるものである．この制限の導入は，銀行による預金獲得のための金利引き上げ競争が銀行の収益を圧迫させる一方，高収益ではあるがリスクの大きい分野に業務を傾斜させ，ひいては銀行破綻を招くと考えられたからである．金利規制は規制（レギュレーション）QとしてFRBがこの監督にあたることになった．また，連邦預金保険制度は，連邦預金保険公社（FDIC）を設立することで銀行倒産による預金の喪失から預金者を保護し，さらに銀行にたいする取付けを防止しようとするものである．連邦による預金保険の導入は，特に銀行業界を中心に反対意見も多くあり，1933年銀行法の成立過程で紆余曲折を経ながらかろうじて導入された．これによって，銀行が保険料を支払い，銀行破綻の場合預金者には預金が払戻されることになった．また，FDICは暫定機関として構想されたが，1935年銀行法によって恒久的機関として位置づけられた．FDICによる銀行救済は，1934年は6行であったが，1939年には60行と大規模な救済が行なわれるようになり，連邦預金保険制度は金融機構の一環として定着した．

2）金融のセイフティ・ネット

　ニューディールの金融制度改革を貫く考え方は，金融には何らかの規制が必要であるというものである．金融取引では非対称情報の問題が発生しやすく，銀行側が借手の情報を正確に把握することが困難であるとともに，預金者も銀行の内部情報は必ずしも正確に把握しているわけではない．そのため，ひとたび銀行にたいする預金者の信頼が揺らぐと預金者は直ちに自分が預け入れている預金を引き出そうとするが，銀行はその預金の取付けにたいして十分な現金を常に維持しているわけではないので，相対的に少数の預金者による預金の引き出しであっても，銀行は支払い停止に追い込まれる可能性がある．さらに，預金者にとって，たとえ自分が預金している銀行が健全な業務内容をもっていたとしても，取付けに遭遇している銀行との区別がつきにくく，ひとつの銀行で取付けが発生すれば，さしあたり自分も銀行から預金を引き出しておくように行動しやすい．そのため，銀行への取付けはたちまち多数の銀行に波及し，銀行間での資金融通による預金の引出しへの対応が不可能となり，銀行の連鎖的な倒産につながる．

　各国はこうした金融破綻を防ぐために，さまざまなセイフティ・ネットを構築してきた．このセイフティ・ネットは，金融破綻を防ぐための事前的措置と，金融破綻が生じた時にその連鎖をくい止めるための事後的措置の二種類に分けることができる．事前的セイフティ・ネットは各種の規制措置である．銀行には他の産業に比べさまざまな規制が導入されてきているが，それは競争制限的な規制とバランスシートに関する規制に分けられる．前者は，金利規制，業務規制（銀行と証券の分離），参入規制など銀行が相互に競争を行なうことによってリスクが大きい経営に傾斜するのを事前に規制しようとするものである．後者は，自己資本比率規制，預貸率規制，流動資産比率規制などバランスシートの内部に立ち入って業務の健全性を確保しようとするものである．

　事後的セイフティ・ネットは，中央銀行の最後の貸し手機能と預金保険制度からなる．資本主義的市場経済の発展は，その頂点に中央銀行を位置づける金融システムを作り出してきた．イギリスでは，イングランド銀行が19世紀に入ると事実上銀行の銀行としての役割を果たすようになっていた．具体的に

は，その公定歩合が市場割引率よりも高く設定され，通常は手形割引に関して他の金融機関と競合しなかったが，好況末期に金融逼迫が生じると割引商会は流動性確保のために保有する手形をイングランド銀行で再割引した．かくして，イングランド銀行は金融逼迫時には最終的な流動性の供給者として金融市場に登場したのである．このような行動は，19世紀後半にW．バジョットによって，中央銀行は金融パニックを防ぐため持ち込まれた手形の割引に制限を付けず高率で応じるべきである，すなわち「最後の貸し手」として行動すべきである，とのルールの定式化が行なわれた．

　しかしながら，1930年代の経験は中央銀行の最後の貸し手機能だけでは金融パニックを防げないということを示し，上述のように預金保険制度の導入をもたらしたのであった．これは，銀行が保険機構を形成してその預金にたいして保険料を支払い，銀行の破綻時にはこの保険基金から預金の支払いに応ずることによって預金者を保護し，あるいは預金者にたいして取付けに走ることを防止させるものである．確かにこのような預金保険制度は預金者にたいして不安を取り除く役割を果たすにしても，金融システムにとっては両刃の剣ともなる可能性をはらんでいる．すなわち，銀行は預金保険の存在によって守られているために，ハイリターンではあるがハイリスクの業務を手がける誘惑に駆られる．また，預金者も預金保険によって自分の預金が保護されているので，預金を預け入れた銀行にたいするモニタリング（監視）が甘くなりがちとなる．すなわち，モラルハザードが発生するのである．そのため，本来金融パニックを防ぐために登場してきた預金保険制度がかえって金融パニックを拡大させやすくすることにもなるのである．

2——アメリカの金融システム

1）金融システムの特徴

　アメリカの金融システムは，公開市場での取引を基礎に置き証券業を中心としたシステムになっている．そこでは，日本のシステムとは異なり，取引当事者同士は短期的な距離を置いた関係を形成する．こうしたシステムが形成され

てきたのは，アメリカの銀行業が歴史的な事情によって，特殊なシステムとして構築されているからである．とりわけ，近年の証券化の動きは，こうした特殊事情なしには説明できない．

アメリカの金融システムは他の国にはみられないユニークなものである．まず，商業銀行は，連邦の法律が設立根拠となる国法銀行と各州の法律が設立の根拠となる州法銀行の2つに分かれ，二元的銀行制度をなしている．この商業銀行は決済システムの根幹を形成するが，これと並んで預金を受け入れていたのが貯蓄貸付組合（S&L），相互貯蓄銀行，信用組合である．この中では住宅金融専門のS&Lが商業銀行に次いで大きな資産規模を持っている．この貯蓄機関も商業銀行と同様の二元的構造を持っている．さらに，有力商業銀行はさまざまな金融会社を傘下におさめる銀行持株会社の子会社として存在している．また，もうひとつの特徴として単店銀行制度が挙げられる．これは，当初国法銀行法の条文の解釈上支店設置が認められないと認識されていたことと，大銀行へ金融力が集中することにたいする抵抗から，州によって1店舗のみでしか営業を認めないというものである．しかし，1927年のマクファデン法は国法銀行に支店設置を認め，これによって国法銀行は州法銀行並に州内で店舗を拡張することができるようになった．とはいえ，州を越えて店舗を設置し業務を展開すること，すなわち州際銀行業務は長らく行なうことができなかった．しかし，1980年代になると，各州が相次いで相互に銀行持株会社の進出を認めるようになったので，州を越えた業務展開が事実上可能となってきている．

こうした分権性を反映して中央銀行制度にあたる連邦準備制度（FRS）も，権限を地域的に分散させたものとして形成されている．この中央銀行制度は，アメリカの経済発展からすればかなり遅く，1913年の連邦準備法によって成立した．それによるとアメリカを12の地区に区分し，それぞれに加盟銀行の出資による連邦準備銀行が配置され，それが独自に金融政策や監督を行なう権限を有する．しかし，1930年代には各連銀間で金融政策に関わり齟齬が生じ，不況からの脱出にとって制約となる可能性があった．そこで，1935年の銀行法では各連銀を統括するために大統領の任命による7名の理事からなる連邦準

備制度理事会を設置し，各連銀にたいして人事，監督，調整などを行なうことになった．また，同法はそれまで各連銀が別々に実施していた金融政策を，統一した意志決定の下に遂行することを目的として連邦公開市場委員会を設置させた．公開市場政策は，金融政策としては最も重要で，その意味で連邦公開市場委員会は金融政策の最高の意志決定機関となっている．

アメリカの金融システムの複雑さは，銀行の監督権限にも反映されている．まず，FRSがその一端を担うものの，FRSへの加盟は国法銀行には強制であっても，州法銀行は任意である．そのため，一部を除いて監督権限は加盟銀行を越えては及ばない．また，連邦準備制度への加盟に伴うメリット（公定歩合や決済システムの利用など）に比べて義務（必要準備の預託，規制の遵守，報告書の提出など）の方が大きいと判断すれば，加盟の取り下げが発生する．こうしたFRSとともに，金融機関を監督するのがFDICである．FDICへは，FRSに加盟した銀行は強制加盟であるが，非加盟州法銀行は任意で加盟が可能である．そのため，1980年には全商業銀行の行数の97.2％がFDICに加盟している．その意味でFDICは，制度上アメリカにおける銀行の最も広い監督機関であるといえよう．また，S&Lや信用組合にもその上部統轄機関と預金保険機構が存在し，さらに，財務省の一部局として通貨監督局が国法銀行の免許や支店設置等に関する権限を有し，州銀行局が州法銀行にたいする同様の権限を有していた．

2）金融革命

1970年代から80年代にかけてアメリカを起点に金融革命あるいは金融革新といわれる現象が各国で生じたが，これはコンピュータ技術による金融技術の飛躍的発展という側面もさることながら，ニューディール期に形成されたさまざまな金融規制が経済状況の変化にともなって実態との間で不都合を引き起こし，その規制を緩和するという金融制度の改革をともなうものであった．戦後アメリカ経済は，経済政策におけるケインズ主義の定着とともにインフレ体質を帯びるようになった．これは金融市場における名目金利の上昇をもたらしたが，グラス・スティーガル法で規制された預金金利の下では，より有利な資金

の運用先を求めて銀行預金が流出するいわゆるディスインターミディエーション（金融仲介の中断）が生じた．ここで，預金に変わる有利な金融商品を提供したのは証券会社であった．特に，1971年に創設されたMMFは投資単位が比較的小さく，自由金利商品に投資される投資信託であり，高利回りが期待できる金融商品であった．さらに，1977年証券会社のメリルリンチが銀行と提携して，MMFに決済機能，融資機能，財務相談サービス等を付加したCMAを発売すると爆発的な人気を呼んだ．

グラス・スティーガル法は，要求払い預金にたいする付利を禁止していたが，この点に関しても規制緩和が進展した．まず，1972年マサチューセッツ州の相互貯蓄銀行が貯蓄預金を引き当てにした譲渡可能支払指図書を第三者が振り出せる勘定，いわゆるNOW勘定を提供した．この支払指図書は小切手と類似のものであり，これで貯蓄預金を要求払い預金と同様に扱えることになったのである．さらに，NOW勘定が認められない州では銀行が貯蓄預金と要求払い預金との振替えが可能なATSを提供し，信用組合もシェア・ドラフト勘定によって，小切手と同様のシェア・ドラフトが振り出せる勘定を提供した．かくして，1970年代には事実上要求払い預金への付利が可能となった．

証券会社にリードされた規制緩和の動きに商業銀行側も対抗してさまざまな金融商品を開発するようになった．すでに1961年には金利規制の対象外で譲渡可能預金証書（CD）が商品化されていたが，それは最低額面が10万ドルと高額面であり，一般大衆には普及していなかった．商業銀行側は，まず1978年にMMCを導入したが，これは期間6カ月，最低額面1万ドルの定期預金で，金利は6カ月物TBの平均入札レートを基準に決定される預金である．また，1979年には財務省証書の金利を規準とし，最低預入単位が設定されていないSSCが，さらに1981年には金利が1年物TBレートの70％相当，最低額面500ドルであるASCが導入された．そして，1982年にはNOW勘定と同じタイプで金利が自由に設定可能な預金であるMMDAが認められた．こうした自由化の動きを受けて，連邦は1980年金融制度改革法によって預金金利の段階的な廃止を打ち出した．この法律は，それまでの金融制度の枠組みを大幅に変革する重要な立法であった．

さらに，グラス・スティーガル法で規制された銀行業と証券業の分離も次第に曖昧なものとなってきた．これは，銀行持株会社が証券子会社を持つことによって進んだ．もともと，グラス・スティーガル法はすべての証券業務を銀行にたいして禁止していたわけではなく，ブローカー業務は認めていた．そして，1980年代には次第にその範囲が拡大され，CPや社債の取り扱いも許されるようになってきた．ただし，証券業務が主要な業務になることはグラス・スティーガル法の禁止するところであるので，親会社の業務と子会社の業務の間には業務隔壁（いわゆるファイア・ウォール）が設けられた．

1970年代以降の変化では，もう一点セキュリタイゼーション（証券化）が特徴として挙げられる．それは，金融機関が保有する貸付債権を特定の機関でプールし，それを担保に証券を発行して，債権の証券化を行なうというものであり，その代表は住宅抵当貸付である．住宅の取得者は，住宅購入と同時に不動産抵当契約書，借入金額を記載した約束手形などの書類（モーゲージ）を金融機関に引き渡して資金を借り入れるが，金融機関からすると，貸付期間が30年前後と長い貸し付けになってしまう．そこで，連邦住宅貸付抵当公社のようなモーゲージの流通を育成する上部機関にモーゲージを引き渡すと同時に，これを担保にしたモーゲージ証券を受け取る．そして，金融機関はこの受益証券を個人，機関投資家，他の金融機関に売却し，結果としてモーゲージ第二次市場（流通市場）が形成されたのである．

3）銀行破綻と救済

アメリカでは1970年代末から1980年代初頭にかけては10％を越えるインフレが発生し，これに応じて名目金利は急激に上昇して歴史的な高金利現象が生じた．この高金利の打撃を最も受けたのは，預金によって短期で資金調達を行ない，それを長期の住宅抵当貸付に運用するS&Lであった．S&Lは金利自由化の流れの中で預金を高コストで受け入れる一方，過去の低金利期に固定金利で実行した住宅抵当貸付から収益を得ており，ここにミスマッチが生じた．かくして，S&Lは次々と破綻していったが，連邦は規制緩和の一層の促進とS&Lの救済を目的として，1982年ガーン・セントジャーメン法を成立させた．

同法はS&Lの業務範囲を商業貸付や高リスク高収益の債券等に拡大させること，その預金保険機構である連邦貯蓄貸付保険公社（FSLIC）によるS&Lへの緊急救済の実施などを盛り込んでいた．さらに，FSLICは会計基準を緩和してS&Lの延命を図った．しかし，このような措置は，S&Lの破綻を先送りにするとともに，その処理を大規模化させることでしかなかった．

このなかで，ついにFSLIC自身が保険基金の涸渇で破綻してしまう事態が生じた．この事態に，連邦政府は1989年金融機関改革・再建・執行法によって救済を図るとともにS&Lをめぐる制度改革を実行した．まず，破綻に瀕したS&Lを救済するために整理回収公社（RTC）を成立させた．RTCの主要任務は，破綻したS&Lの資産を接収し，これを売却することによって資産を回収することにあった．そのための資金には，財政資金のほか，証券の発行，管理下にある金融機関の預金等が利用された．RTCは，1995年までに破綻したS&Lの精算を終了して解散したが，6年間で747のS&Lを精算，3950億ドルを回収した（回収率87％）．この操作につぎ込まれた政府資金は1030億ドルに上った．他方，FSLICは解体され，その預金保険業務はFDICが継承した．

1980年代後半には商業銀行でも経営が悪化し始めた．その原因は，農業不況，エネルギー不況，不動産不況などが相次いで発生したからである．FDIC加盟の商業銀行の資産収益率は1987年に0.12％まで落ち込み，「問題銀行」数は1559行まで増加した．FDICによる救済も1985年の120行から1989年の206行まで増加した．通常のFDICによる破綻処理は，付保預金限度までの預金支払い（ペイオフ）と銀行の精算であるが，このような方法は1930年代に頻繁にとられたものの，最近では少なくなってきている．というのは，銀行倒産はその社会的な影響が大きく，社会的な「不可欠性の条件」や「大きすぎて潰せない（Too Big To Fail）」事態を勘案して，銀行業務の一部を他の銀行に継承させる買収継承方式がとられることが多くなっているからである．

度重なる商業銀行の破綻の中で，FDICの預金保険基金までもが涸渇する可能性が生じ，連邦預金保険制度の改革が不可欠となった．それは1991年の連邦預金保険公社改革法によって実現された．同法はもともと，グラス・スティーガル法の抜本的改正を意図したものであったが，立法過程で利害調整が

できずに，主として預金保険制度の手直しにとどまった．そこでは，各銀行の保険料率を自己資本比率に応じて設定すること（可変的保険料率），FDICは銀行救済にあたって最小の費用でこれを行なうこと等を規定しているが，それは預金保険が存在することに伴うモラルハザードを極力防止するために設けられたものである．

3── 日本の金融システム

1）戦後の金融システム

　日本の金融システムの特徴は，銀行を中心とした相対取引を基礎に置き長期的な取引関係を重視したシステムである．そのため，大企業を中心に銀行と密接な取引関係を結ぶメインバンクシステムが形成された．当該企業のメインバンクは，融資はもちろんのことその他の金融取引をも担当し，さらに企業経営を監視するとともに経営危機に陥ったときにはこれを救済した．こうしたシステムの下では，非対称情報の問題は発生しにくく，金融システムの安定や企業成長に貢献したと考えられている．メインバンクシステムは，高度成長期には経済成長を金融面から牽引する役割を果たしたが，1980年代以降の金融自由化の中で次第に後退し，それに伴って日本の金融システムも変質してきている．

　1950年代半ばから1970年代初頭の日本は，成長率が二桁を記録するいわゆる高度経済成長を経験した．この時期の資金循環をみると，企業部門は資金不足を生じさせていたが，それを埋め合わせたのが資金余剰をかかえる家計部門であった．一般に，金融では資金余剰の主体（ここでは家計部門）から資金不足の主体（ここでは企業部門）への資金の流れを，直接金融と間接金融に分けて考える．直接金融は，資金の最終的需要者が本源的証券（株式・社債）を発行して貸手から資金を調達する方法で，間接金融は貸手と借手の間で，まず金融機関が間接証券（預金等の債務証書）を発行して貸手から資金を調達して，次にこれを借手に引渡す（貸し付ける）方法である．高度経済成長期の金融は，企業の外部資金調達に占める借入れの比率が80〜90％まで上っており，

間接金融優位の金融方式であった．この間接金融の中心に位置していたのが，銀行とりわけ都市銀行であった．都市銀行では預金以上の貸出を行なうオーバーローンが恒常化しており，不足資金を日本銀行からの借入れ，あるいは資金に比較的余裕がある地方銀行等からのコールマネーの取入れで補っていた．その一方で，企業側では外部資金に大きく依存し，自己資本を大きく超えて資金を借入れるオーバーボロイングの状態にあったが，そこには銀行側が積極的に貸付に応じていただけでなく，株式の発行が税制面から収益上不利であった制度的要因も存在した．

　この間，1947年以来の臨時金利調整法にともなう規制金利の下で預金金利は低位にほぼ固定されており，短期金利が低く長期金利が高い右上がりの金利の期間構造が，銀行にとって短期で調達した資金（預金）を長期で貸付ける行動からリスクを解放していた．このような金利体系は人為的低金利政策ともいわれるが，その実効性については議論が分かれている．というのは，銀行にたいする企業側の旺盛な資金需要は，銀行側に有利な条件での貸付となり，企業は融資限度一杯までこれを引き出すことはできず，ある程度を当座預金の形で残さざるを得なかった．この歩留まりの存在のために，名目的な貸付金利が低かったとしても実効金利は上昇することになるからである．

　この企業の設備投資を後押ししたのが，日本銀行から供給されるいわゆる日銀信用であった．日銀は，企業の過大な借入にたいしてオーバーローン状態にある都市銀行を中心とした銀行に，公定歩合での貸付を行ない銀行の資金ポジションを調整していた．しかし，この公定歩合の用い方は独特のものである．というのは，一般には中央銀行の公定歩合は市場金利より高く設定されているが，日銀の公定歩合は預金金利と同様，短期金融市場レートよりも低く設定されていたからである．それは，日銀が準備率規制にともなう銀行側からの準備要求にたいして信用の割当を実施し，それにもれた需要をコール市場に追いやることでコールレートを上昇させ，これを通じて銀行の貸付レートに影響を与えるという金融調整方式をとっていたからである．この方式は，19世紀のイングランド銀行を典型とする古典的な調整方式とはかなり異なり，規制色の強いものである．

また，戦後の金融行政は，しばしば「護送船団方式」といわれる，最も体力の弱い業態を基準としてそのような金融機関が生き残れる競争排除の行政であった．たとえば，臨時金融調整法による低利での金利規制は預金獲得競争を排除し，弱小金融機関の存続を可能にする一方，体力のある大銀行には超過利益をもたらすことになる．こうした金融行政によって，銀行がひとたび破綻に瀕すると預金者保護と金融機構の安定という観点から，大銀行への吸収合併を主要手段とする救済が図られたのである．この点，アメリカの預金保険を活用した救済とはかなり異なるものといえよう．

2）金融自由化の進展

1970年代初頭のニクソンショックや第一次石油危機を契機として日本経済は低成長時代に入った．それに伴い，それまで資金の借手であった企業部門が相対的に資金不足を解消し，代わりに政府部門が最大の資金の借手となった．政府は石油危機に伴う不況から脱出するために大量に国債を発行し，それによって公共投資を実行していった．国債の発行残高は1983年度には100兆円を越える規模に達した．このことは国債の流通市場を急速に拡大させることになり，そこで国債にたいする需要と供給から自由に形成される市場金利（流通利回り）が，低利の預金金利と競合して資金を銀行から証券会社にシフトさせることに繋がった．こうして日本においてもアメリカと同様に，銀行業界と証券業界の間で新金融商品を巡る競争が展開されることになった．証券会社が中期国債ファンドを皮切りに，ゼロ・クーポン債，MMF等を発売すれば，銀行側も期日指定定期，ビッグ，ワイド，MMC等で対抗した．この流れの中で，それまでの日本の金融システムを特徴づけていた金利規制や業務規制の緩和が必要になってきた．まず，金利の自由化は1979年のCDの導入が先鞭を付け，1985年のMMC，大口定期預金が続き，その最低額面が次第に小口化されるとともに1989年以降は小口預金の自由化も進展した．その結果，1994年10月には当座預金にたいする付利の禁止を除いて預金金利は完全に自由化されたのである．さらに，銀行と証券の分離は，1982年施行の改正銀行法の中で銀行の証券業務が明文化され，シンジケート団引受，窓口販売，ディーリン

グ等を銀行が行ない得るようになり，1993年には両業態はそれぞれ証券子会社や銀行子会社を持つことによって相互参入が可能となった．

このような証券化の動きは，高度成長期を特徴づけた間接金融優位の金融方式から直接金融による金融方式への転換をもたらした．外部資金調達構成比でみると，間接金融と直接金融の割合は高度成長期には9対1ないしは8対2であったが，1980年代後半にはこれがほぼ逆転して2対8程度になっている．企業は証券市場を通じた資金調達，とりわけ増資や転換社債，ワラント債（新株引受権付社債）の発行によるエクイティファイナンスを選好するようになった．この背景には，企業側からするとさし当たりエクイティファイナンスのコストが配当支払いのみであると認識されたので，証券市場が拡大する中では銀行借入よりも有利な調達方法とみなされたことがある．しかし，このようにして調達した資金の多くが，定期預金，金銭信託，株式等での運用という，いわゆる財テクに用いられており，その意味で企業は金融資産・負債の両建て化を図っていたといえよう．

金融自由化とともに，金融の国際化，金融のグローバリゼーションも進展した．1973年以降の変動相場制は，為替相場が自由に変動することによって通貨当局からさしあたり国際収支上の制約を取り去り，為替管理の必要性を減少させた．さらに，日本企業の国際的展開も進み，内外の資本移動を円滑に進める必要性が生じてきた．このため，1980年には外為法の改正が行なわれ，内外の資本移動が原則自由となった．その後，1984年対顧客先物取引に関する実需原則の廃止と外国為替銀行にたいする円転換規制の廃止，1986年東京オフショア市場の開設等，国際金融面での規制緩和が進んだ．同時に，日本の銀行の国際展開が活発になり，ロンドン，ニューヨークの国際金融センターやアジアの金融センターで最大級のプレゼンスを示したのであった．とはいえ，邦銀の行動は主として短期資金を調達して，それを証券投資，中長期の貸付に運用するというものであり，1980年代後半のいわゆるバブルで急拡大した後，90年代半ばにかけて急速に収縮したのであった．

3）バブルと銀行破綻

1980年代後半から90年にかけた好況は，高度成長期の「いざなぎ景気」に並ぶ長期の好況としてそれなりに実体的拡張がみられたとはいえ，一般にバブル景気として加熱した投機的性格がより強くみられたことは疑いない．1985年9月，ニューヨークのプラザホテルに会したG5は，レーガノミックスの結果として生じたドル高を是正することで一致し（プラザ合意），各国は自国の外国為替市場でドル売りの協調介入を開始した．これに伴いドル相場は急速に下落を始め，円の対ドル相場はプラザ合意直後の1ドル＝約240円から1987年12月には130円台まで上昇した．こうした急速な円高に伴う不況を強く警戒した日銀は，公定歩合を1986年初頭の5％から1987年2月の2.5％まで段階的に引き下げたのであった．2.5％の公定歩合は当時としては歴史的な低さであり，この水準が1989年5月まで2年以上にわたって維持された．この金融緩和措置に加え，急速な円高にブレーキをかけるための円売りドル買いの市場介入がマネーサプライを増加させることに貢献した．その結果，日本国内では過剰流動性が生じ，このカネあまり現象が金融自由化の中から生まれた「財テク」と結びつき，株価と地価を実体からかけ離れて上昇させたのである．また，この中で銀行の融資姿勢も変化した．製造業大企業側の銀行離れは，銀行の顧客を中小企業や個人にシフトさせ，しかも不動産，サービス，金融関連の融資シェアを増大させることになったが，銀行側の融資審査能力が弱体化し，現場優先の融資が拡大していった．地価の上昇は土地の担保価値を引き上げ，融資の拡張につながった．本来は，事業の収益性に基づいて行なわれるべき融資が，土地という担保を優先して実行されるようになってきたのである．

株価と地価の急速な上昇にたいして，日銀は1989年5月以降連続的に公定歩合を引き上げ，1990年8月にはこれを6％とした．この引き締めの効果から，株価は1989年12月末の3万9千円（日経平均）を頂点として急速に下落し，92年8月には1万4千円まで落ち込んだ．地価も，90年4月不動産関連融資額の伸び率を総貸出額の伸び率の範囲内に抑えるという総量規制が実施され，伸び率はマイナスに転じた．そして，株価や土地といった資産価格の下落に伴う逆資産効果が働いて消費が落ち込み，戦後最大の平成不況が始まった．

バブル期には，株価の上昇が企業によるエクイティファイナンスを容易なものとさせ，地価の上昇に伴う不動産の担保価値の上昇が銀行からの不動産担保借入を拡大させていたが，バブルの崩壊によって企業は資金調達コストの上昇を余儀なくされ，金融システムは住宅金融専門会社（住専）を中心に不動産関連の不良債権を大規模に抱えることになった．

　不良債権を多額に抱える体力の弱い金融機関は次第に破綻へと追い込まれた．1990年代に入って金融機関の破綻が断続的に続いたが，1997年には北海道拓殖銀行と山一証券が破綻し，1998年にも日本長期信用銀行と日本債券信用銀行が一時的に国有化された．従来は破綻の危険性が少なかった大銀行や大証券会社まで破綻が及んだのである．こうした金融危機の背景には，不良債権の規模が増大することに伴って，自己資本が毀損してきたことがあった．不良債権を償却するためには自己資本を取り崩さねばならないが，その規模が大きいとこの自己資本が消失して債務超過に陥ってしまう．BISの自己資本規制では，日本は株式や土地といった資産の取得価格と時価の差額である含み益の45％を自己資本に算入できるが，バブル崩壊以降の株価と地価の下落はこの含み益を減少させる効果を持った．そのため，内外から日本の金融システムの健全性が疑問視されるようになり，国際金融市場では日本の金融機関にたいする信認が低下し，邦銀はジャパンプレミアムを払わねば資金調達ができなくなった．また，コール市場のようなインターバンク市場においてもデフォルトが発生し，弱小金融機関は短期資金の調達が困難になってきていた．

　自己資本の毀損は自己資本比率を低下させるが，BIS基準では国際業務を展開するためにはこれが8％以上でなければならず，国内業務に限定しても4％以上の自己資本比率が不可欠である．こうした中で多くの邦銀は海外業務を放棄し，国内業務に特化せざるを得なくなり，都市銀行ですら海外業務から撤退するようになった．自己資本比率を回復させるためには自己資本そのものを増加させるか，資産を圧縮するかのどちらかの方法しかない．銀行の多くはまず後者の道を選択した．1997年の後半から銀行の融資態度はとりわけ中小企業にたいして急激に悪化し，クレジットクランチ（貸し渋り）が発生した．この時期の公定歩合は0.5％ときわめて低かった．にもかかわらず全国銀行の総貸

出（貸出＋割引）は，1997年末の533兆円から2003年半ばの400兆円まで100兆円以上も減少した．むろんこの減少には不良債権の償却も含まれているが，銀行側の貸出姿勢の硬化は日本経済への不況圧力を加速したのである．

4）銀行救済

こうした金融危機にたいして政府はさまざまな銀行救済策を展開したが，対応が不十分であると同時に後手後手になり，危機を短期的に収束させることに失敗した．90年代前半には，破綻した銀行を別の銀行に合併ないしは事業譲渡させるか，東京共同銀行（整理回収銀行）に事業を譲渡して精算するか，あるいは新銀行として再出発させる方法で破綻処理が行なわれ，それを円滑にするために日銀が日銀法第25条にもとづいて特別融資を行ない，預金保険機構からの資金の贈与や貸付が実行された．しかし，90年代半ば以降に銀行の大型破綻から金融システムの不安定性が高まると，よりドラスティックな手段の採用が余儀なくされた．ひとつは資本増強であり，1998年3月には総計1.8兆円の資本注入が大手行を中心とした21行に実施され，さらに1年後にもやはり大手行を中心に7.4兆円が15行に注入された．こうした公的資金を利用した資本の増強はその後も個別銀行ベースでしばしば実行されている．また，銀行の破綻処理も，1998年10月の金融再生法に基づいた特別公的管理が日本長期信用銀行と日本債券信用銀行にたいして行なわれ，さらに破綻に瀕した金融機関を金融整理管財人団が厳格に管理しつつ通常業務を行なわせ，その上で受け皿となる金融機関を探すという金融整理管財人制度が実現し，これに基づいた処理も実施されている．さらに，1998年4月以降早期是正措置が導入され，自己資本比率が一定値より下がった銀行にたいして経営改善計画の提出を求め，業務の停止を含む行政命令が出せるようになった．

多発する金融破綻の中で，政府は金融システムを守るために銀行を倒産させないという従来の救済方法から，銀行の倒産を許容しながら金融システムの安定性を確保する方法に転換せざるを得なくなった．その意味でセイフティ・ネットの再構築が不可欠であるが，ここで重要な役割を果たす預金保険制度は，日本ではアメリカに比べて著しく変則的であった．1971年に設立された

Column 1　ゼロ金利政策とインフレターゲット論

　日銀は，1999年2月コールレートを0.15％の近傍に誘導するという政策を打ち出した．そして公定歩合も同年9月に0.1％まで引き下げた．いわゆるゼロ金利政策の採用である．この政策は，2000年8月に一旦解除されたものの2001年2月に再び採用された．さらに3月には操作目標をコールレートから市中銀行の日銀当座預金に変更し，これが5兆円になるまで金融市場にたいして潤沢に資金供給を行なうこととした（この目標値はその後20兆円以上まで拡大されている）．これが量的緩和政策である．日銀の意図は，ベースマネーの一部を構成する市中銀行の日銀当座預金が増加して過剰準備が形成されれば，銀行はそれを貸出に用いることとなり，貸出が増えれば信用創造のプロセスが働き，マネーサプライの増加から物価は上昇を始めるというものである．しかし，ベースマネーとマネーサプライの関係を示す信用乗数は90年代に入って必ずしも安定的ではなくなり，ベースマネーが延びてもマネーサプライはほとんど拡大しなくなってきている．つまり，銀行は過剰準備を抱えてもそれを貸出に用いるのではなく，過剰準備のまま日銀当座預金を積み上げているに過ぎないのである．ではなぜ銀行の貸出は増加しないのだろうか．それは金利が高すぎるから借手は資金を借りるのをためらっているからである．ゼロ金利が高すぎる，というのは奇妙なレトリックに聞こえるが，ここでの金利は実質金利のことである．実質金利は名目金利から期待インフレ率を引いたものであるから，デフレの状況下ではたとえ名目金利がゼロであっても実質金利はその水準よりも高くなってしまう．企業の投資は実質金利の動向をにらんで行なわれるから，この実質金利を下げる必要があることになる．これ以上利下げの余地がないゼロ金利の中で実質金利を下げるのは，日銀が人々の期待に働きかけ，インフレ期待を引き起こすことによって可能となる．すなわち，日銀が数年先のマイルドなインフレ予想値を公表し，金融政策をその実現のために振り向けるというインフレターゲット政策である．インフレを引き起こすような政策にはさまざまなものがあり，日銀の国債引受（ヘリコプターマネー）から大規模な長期国債の買い切りオペまで多くの方法が提案されている．しかし，このインフレターゲット論は主にアカデミズム側から強く主張されているが（伊藤隆敏，2001年），当事者の日銀や実務家の多くはその有効性を否定的にみているようである（加藤出，2001年）．通貨価値の安定を目標とする日銀がその反対のことを実行することに抵抗があるのはもちろんだが，日銀が作り出すインフレは金融政策にたいする信認を損なう可能性があり，その実現は難しいと同時に，ひとたびこの信認が崩れた後，これを回復させるのもまた難しいのではないか．

預金保険機構には政府，日銀，加入金融機関が共同で出資し，毎年対象預金額の0.012％に相当する保険料を徴収し，預金等の払戻しの停止，免許取消・破産宣告・解散に際して預金者に1000万円を限度に保険金が支払われる．しかし，この保険金の支払い（ペイオフ）が実施されることはこれまでにはなかった．政府はペイオフの全面解禁を日程に掲げたものの，しばしばこれを延期した．結局，これまで定期性預金のペイオフが解禁されただけであり，全面的な解禁は2005年4月まで先延ばしになっている．

また，政府は1996年「金融ビッグバン」構想を打ち出した．これは，これまで続いてきた金融制度改革の総仕上げともいうべき性格を持っている．ここでは「フリー・フェア・グローバル」を3原則として，金融持株会社の解禁，株式手数料の自由化，外為法改正，時価会計制度の導入，金融監督庁設立などさまざまな自由化が推進された．これを受けて金融界では再編が進み，都市銀行，そして信託銀行や長期信用銀行の一部は持株会社を中心に再編成され，証券会社でも再編成が生じている．この構想の考え方は金融に市場原理を導入しようとするものであり，市場原理を利用した構造改革の性格を持つ．上で触れたペイオフも同様の性格を持っている．ペイオフは，預金者にたいして銀行を選別するインセンティブを与え，その結果不健全な経営を行なう銀行から預金が流失するので経営者はずさんな経営を行なわなくなる，という論理である．とはいえ，金融システムにおいては非対称情報の問題が大きく，預金者が正しく優良銀行を選別できるという保証はなく，また銀行は決済システムを形成するのでひとつの銀行が破綻すれば連鎖的な倒産が生じる可能性も高い．その意味では，金融システムを他の市場システムと同様に考えることはできない．

4── 現代の国際金融

1) 変動為替相場制度

第2次大戦後，ほぼ20年間にわたって国際通貨システムは固定為替相場制度（固定相場制）に依拠してきた．このシステムはブレトンウッズ体制ないしはIMF体制と呼ばれている．これはアメリカがドルを金と交換することを保

証するとともに，各国が事実上ドルに自国通貨をリンクするシステムをとるため，金為替本位制としての性格を強く持つ通貨システムであった．しかし，アメリカがインフレーションなど節度を欠いた経済政策を続け，さらにベトナム戦争等に伴うアメリカの経常収支赤字の増加から対外債務が増加し，結局1971年8月にニクソンショックとして知られる金とドルの交換停止宣言によって，このシステムは崩壊してしまった．

その後，固定相場制はスミソニアン体制として1973年に再構築されたもののわずか1年で崩壊し，変動為替相場制度（変動相場制）に移行したのであった．変動相場制への移行直後にはそのメリットがさまざまに強調された．たとえば，国際収支に不均衡が生じたとしても，為替相場が変動することによってこれを是正することができる，固定相場制の下では他国で発生したインフレーションが固定相場を維持するための介入を通じて自国に「輸入」されてしまうものが，変動相場制の下では相場を維持する義務がないため，インフレーションを遮断できる，固定相場制では固定相場を守るために金融政策の自由度が狭められるのにたいし，変動相場制では為替相場の水準とは関係なく，金融政策を実行できるなど，固定相場制に比べて優位な制度であると考えられていた．特に，変動相場制移行直後に発生した石油危機は，もし先進各国が固定相場制を維持していたならば，国内に破壊的な影響を与えたと予想され，変動相場制がその影響を軽減したと分析されている．

しかしながら，その後の変動相場制の経験は，それが固定相場制に優る制度では必ずしもないことを証明してきた．まず，国際収支の不均衡は往々にして是正されず，1980年代後半以降の日米間でみられたように，長期間にわたって経常収支の不均衡が継続する事態が生じている．また，為替相場の変動のボラティリティは予想以上に激しく，為替投機がその変動を是正するどころか，大規模な投機が発展途上国の為替相場制度を破壊し，国内経済に多大なダメージを与える事態が繰り返されてきた．さらに，各国の金融政策も自国の為替相場の大幅な変動を緩和する目的に制約されて，必ずしも自由に発動できるわけではなく，特にアメリカが中心となって編成される国際的な政策協調の下では，金融政策が大国の目的にかなうように強要されることがしばしばみられ

た．このように，変動相場制の現実は，通貨安定の側面からすると満足すべきものとはいい難い．

1976年のIMF協定の改訂以降，各国は自由に為替相場を選択できるようになり，その中で，制度的には完全な自由変動相場制（free float）を採用するかカレンシーボード制のような厳格な固定相場制（hard peg）を採用する国に二極化してきているようにみえる．これは，この中間に位置する制度は，通貨投機に直面してその制度を維持できなくなった経験があり，さらに，将来は自由変動相場制を採用するかEUのような通貨同盟に参加するか，どちらかの道しか取り得なくなるだろうとも主張されている．しかしながら，途上国の実態をみると，変動相場制を表明する国で，実質的には特定の国の通貨，とりわけドルにペッグする国が多数存在する．これは，変動相場制を採用することに伴う為替相場の変動の悪影響を途上国を中心とした輸出主導型の成長を実現している国が回避したいと考えているからである．その意味で，変動相場制移行後，それまでのドルを事実上の国際通貨として利用する国際通貨システムから，多様な国際通貨を利用するシステムに踏み出したとはいえ，いまだドルが中心的な国際通貨の地位を維持しているひとつの理由がここにある．

2）資本移動の自由化

ブレトンウッズ体制の下でIMFは，国際収支危機に陥った国々に融資を行なうことによって国際金融システムを安定的に維持するとともに，それによって世界経済の安定に貢献することを政策目標としてきた．そうした政策目標を実現するために，経常取引に関しては自由化を強く推し進めたが，資本移動の自由化には各国とも制限を設けることを認めていた．これは，固定相場制を維持する一方で，資本移動の自由化を実現するならば，自国の金融政策の自由度を低下させることにつながりかねないからである．たとえば，もし資本移動が自由化されている状況の下で，景気後退に直面した国の中央銀行が金融緩和政策を採ることによって景気のてこ入れを実現しようとするならば，金利差から資本が流出することになり，そのことが自国通貨に売り圧力を増大させ為替相場を下落させる．中央銀行はこれにたいして介入によって通貨を買い支えるに

しても，外貨準備が減少するので最終的には金融引締に転じざるを得なくなるだろう．ところが，資本移動の自由が制約されていたならば，中央銀行は金融政策の自由度を確保することが出来るのである．

　しかし，固定相場制から変動相場制に移行するとともに，発展途上国を含めた各国は金融自由化の一環として，資本移動の自由化を実現するようになってきた．そして，IMF自身もこの自由化を強く押し進めるようになったが，その背景にはアメリカの金融機関を中心とする国際的な金融グループ，さらにはアメリカ政府の強い意向があったといわれる．とりわけ発展途上国や旧社会主義国（移行経済諸国）にたいしては，金融規制や資本移動規制が資源の効率的な配分を妨げ，経済成長を制約することになるとして，その撤廃が強く推奨されたのであった．自由な市場こそが経済成長を実現するという市場原理主義的な考え方に基づいたこの自由化思想はワシントン・コンセンサスと呼ばれ，IMFや世界銀行の途上国にたいする構造調整政策の根底に位置づけられるものである．

　こうした流れの背景には，金融抑圧論の影響がある．人為的低金利政策に代表されるような金融規制は効率的な資金配分を妨げるとともに，金融仲介機能を損なうというものである．そして，自由化により資本が流入するとより多くの投資が実行され，経済成長に貢献するというのである．とはいえ，こうした自由化が途上国の発展にとってプラスに作用するのかどうかは明らかにされてきたわけでは必ずしもない．IMFは，資本移動の自由化と経済成長の間には緩やかな関係があり，自由化を実施することによって一人当たりの成長率の上昇が観察されるとしている．しかし，その一方で資本移動規制のない国が資本規制のある国に比べてより急速に成長し，低インフレであるという統計的証拠はなく，資本移動規制と長期的な経済成長には何ら相関関係はない，という有力な主張もある．実際，日本のように資本移動の自由化を行なわずに工業化を達成した国もあるし，この自由化が逆に経済危機をもたらした1980年代初頭のラテンアメリカ諸国の事例もあり，両者の関係はワシントン・コンセンサスがいうようには単純ではない．

3）通貨危機

　1980年代以降多くのアジア諸国は輸出主導型の経済成長を遂げてきたが，その成功要因のひとつとして，各国がドルにリンクする為替相場制度を維持していたことが挙げられる．むろんアジア各国の為替相場制度は一様ではなく，管理フロートや通貨バスケットペッグなど多様なものであったが，多かれ少なかれ国際通貨としてのドルにリンクしたものであった．このようなドルペッグ制は，アメリカが主要な輸出市場となっているために輸出の増進をもたらした．同時に，為替相場の安定は，金融の自由化・資本の自由化とあいまって対外的な資本移動，とりわけアジア諸国への先進国からの資本の流入を活発化させることになった．しかし，そうした資本流入は，アジア諸国にとって自国通貨の上昇をもたらすことになり，通貨当局は為替相場の安定のために，自国通貨を売りドルを買う外国為替市場への介入を実施せざるを得なくなっていた．

　他方，アジア各国では資本移動の自由化と並び国内的な金融自由化が進んだ．その結果，金利の自由化に伴い名目金利が上昇して資本が流入するようになり，参入規制の撤廃は金融規制のかからない金融会社（ノンバンク）を多く生み出すことになった．アジアでは直接投資による資本の流入が比較的多かったが，1990年代に入るとそれとともに証券投資や銀行借り入れの比率が上昇し始めてきた．しかしながら，貯蓄率の高い多くのアジア諸国では，流入した追加的な資本は生産的な用途に振り向けられず，次第に不動産等の投機に用いられるようになっていった．こうした資本は外貨建てで流入しており，国内では借り手がこれを自国通貨に転換して運用していた．というのも，アジア各国が事実上ドルにリンクする政策をとっている限り，国内の借り手は外貨で借り入れても為替リスクは意識されないものであったからである．

　1990年代に高まった国際的な資本移動は，機関投資家などによる年金基金や投資信託などの各種の投資ファンドの動きによって強く推進される側面がみられた．特にパートナーシップの形態をとり私募型の投資信託であるヘッジファンドは，しばしば通貨危機の背後に存在するものと考えられている．ヘッジファンドが注目を浴びたのは，1992年にソロスのクォンタムファンドがポンドに投機攻撃を仕掛けたポンド通貨危機からである．伝統的にヘッジファン

Column 2　アジア通貨危機とクローニー資本主義論

　1997年秋アジア通貨危機が発生した時,その原因はアジア各国に内在するクローニズム（縁故主義）に求められるという主張がアメリカを中心に広く行き渡った.アジアに内在する企業同士あるいは企業と政府の間の癒着が危機の背景にあるというのである.長年培われてきたこの癒着は,不効率な投資を生み,資源の乱用や無駄な拡張をもたらしたばかりか,政府による投資の失敗にたいする暗黙の保証・救済が企業側にモラルハザードを生み出し,リスクの高い投資を選好させるようになった.その結果として,アジアでは危機の前に早晩経済的な行き詰まりが生ずる状況が出来上がっていたのである.こうしたアジアのクローニー資本主義論は,インドネシアにおいてスハルト大統領のファミリーがインドネシア経済を牛耳り,私的な利益のために政治を利用していた事実が報道されるにつれてもっともらしさを獲得し,欧米のアジア批判の代表的な主張となった.少しばかり冷静に考えるならば,クローニズムがアジアに存在したとしても,それならばなぜそのアジアで奇跡と称される経済成長が実現できたのか,という反論がすぐに思いつくが,当時のアメリカの主張は,アジアの市場経済は不透明で閉鎖的であるのにたいし,アメリカの市場経済は透明で競争的であるという印象を強くもたらすものであった.しかし,こうしたアジア固有のクローニズム論も,1998年9月にヘッジファンド大手のLTCMが破綻すると急速に衰えていった.ノーベル経済学賞の受賞者をパートナーに持ち,40％以上もの利益率を実現していたLTCMは,オフショア市場で登記されていたために財務内容が公開されることはなく,銀行も審査なしで巨額の資金を提供していたのであった.これもLTCMのカリスマ的な創設者メリウェザーとの個人的な関係が融資の決定条件になっており,銀行側のプルーデンス規制は何ら働いていなかった.さらに,このLTCMの破綻が金融システム全体の破綻に繋がる恐れがあるために,FRBは主要金融機関にコンソーシアムを結成させてこれを救済したが,市場システムによらない破綻処理はFRBの本来の主張とは異なる解決策であり,将来的にモラルハザードの問題を引き起こす可能性も指摘された（R.ローウェンスタイン,2001年）.つまり,ここでみられた問題と解決策は,アジアのクローニー資本主義と何ら異ならないものであったのであり,しかもその後に生じた巨大エネルギー会社エンロンの破綻に関する顛末をみると,これが例外であるとはいえなくなる.エンロンの破綻では,会計事務所を巻き込んだ粉飾や政治家との結びつきが注目されている.アメリカの公開市場型の金融システムは,単に自由化で競争的な市場を作り出すだけでは十全には機能せず,企業の財務内容などの情報が粉飾なく開示され,強いプルーデンス規制が働くことがシステムの安定性の条件となる.しかし,そうした保証がない中では,システムは容易にクローニズムに陥ることをこれらの事例は教えている.

ドは，過小評価されている債券・株式を買い持ちするとともに，過大評価されている債券・株式を空売りするという手法を用いて，巨額の資金を動かしながら莫大な利益を上げてきた．そうしたヘッジファンドにとって，アジアのような新興市場諸国は洗練された金融市場が未整備のため，投資対象を見出しやすくなっていた．

　1997年7月，タイではバーツが通貨投機にあって切り下げられ，変動相場制に移行した．それまで流入していた巨額の資本が国内のバブルの崩壊とともに引き揚げに転じ，通貨当局はバーツの下落を買い支えによって防衛していたが，外貨準備の減少に直面し，防衛を放棄せざるを得なくなったのであった．タイの通貨危機の後，韓国，インドネシアから中国を除くアジアの各国でも危機が発生し，さらに翌年にはロシアやブラジルまで伝染し，世界的な通貨危機に発展した．通貨危機に陥った国々では，金融機関や大企業が外貨建てで借り入れを行なっており，資本の引き揚げと通貨の切り下げは，返済に必要な自国通貨の金額を一挙に増加させ，多くの企業が支払い停止を余儀なくされた．通貨危機が，金融危機や経済危機を誘発させたのである．しかも，この危機を救済するために IMF がワシントン・コンセンサスに基づいて課したコンディショナリティは，財政均衡・金利の大幅引き上げ・変動相場制の採用等々であり，必要以上に危機を加速するものとなった．

4）通貨統合

　1999年，EU11カ国は単一通貨ユーロを導入し，通貨統合を実現した．その後，2002年にはユーロの紙幣と硬貨が導入され，1998年に設立されたヨーロッパ中央銀行も統一的な金融政策を実施するようになった．一般に通貨統合には，為替相場が完全に固定され単一通貨が導入されることに伴い，通貨交換のための取引費用が節約されるとともに，為替リスクが消滅することで同盟に参加した国の間での取引が促進されるというメリットがあるとされる．他方，同盟には統一的な中央銀行が必要とされるので，各国の金融政策の独立性が犠牲になるというディメリットがある．つまり同盟に参加したある一国で局所的な不況が発生した場合，金融政策による不況の克服は困難になる．そのため，

従来為替相場の変動（変動相場制の場合は日々の変動，固定相場制では切り上げ・切り下げ）によって実現されていた経済格差の是正を財，資本，労働力といった生産要素の移動によって達成せねばならないこととなり，通貨同盟に参加する国々にはこうした要素の移動に制限がないことが求められる．

EU の通貨統合への道のりは 1979 年の欧州通貨制度（EMS）の設立までさかのぼる．EMS の下で EU 諸国は各国間の為替相場を安定的に保つために為替相場メカニズム（ERM）を設立し，さらに共通通貨としての ECU が導入された．ECU は EU 通貨を構成通貨とする通貨バスケットで，ERM は各国通貨の対 ECU 相場を一定の許容変動幅（通常±2.25％，例外±6％）の中に収めることで，各国の通貨統合に向けた基礎条件を形成するものであった．そして，1989 年ドロール報告によって経済通貨統合（EMU）に向けた三段階アプローチが打ち出された．すなわち，第 1 段階では現行の統合に向けた政策協調を強固にし，第 2 段階では欧州中央銀行制度を設立し，最後の第 3 段階では欧州中央銀行が独立した金融政策を実施し，為替相場を完全固定化することで通貨統合を実現するというものである．

こうしたドロール報告のプランにしたがって，1992 年マーストリヒト条約が締結され，EMU への参加基準と通貨統合の具体的なスケジュールとが決定された．それによると，まず参加基準は，物価（最も低い 3 ヵ国の平均値を 1.5 ポイント以上上回らない），財政（赤字が GDP の 3％以内，政府債務残高が GDP の 60％以内），利子率（物価安定基準三ヵ国の平均値を 2 ポイント以上上回らない），為替相場（ERM の許容変動幅の中に 2 年以上とどまっている）のパフォーマンスからなる．そして，具体的なスケジュールは，1994 年に第 2 段階をスタートさせ，参加基準の達成状況をみながら 1996 年までに第 3 段階への移行時期を決定するというものであった．しかし，マーストリヒト条約が締結された直後に通貨危機が発生して，1992 年 9 月にはイギリスポンドとイタリアリラが ERM を離脱，さらに 1993 年 8 月にはフランスフランも離脱の危機に直面した．これにたいして，ERM の許容変動幅を上下±15％まで拡大する措置がとられたが，一方でマーストリヒト条約の批准に手間取る事情もあり，1990 年代半ばには通貨統合を危ぶむ主張もみられた．しかし，1993 年の ERM の

許容変動幅の拡大の後には為替相場も安定するようになり，通貨統合のスケジュールもマーストリヒト条約の定めた道筋にそって進められた．

5）国際通貨システムの再構築

1990年代は金融危機が多発した10年間であった．その中で，通貨危機の背後にある国際的な資本移動にたいする規制，IMF等による通貨危機に陥った国々への支援体制の構築などに関連して国際金融システムをいかに改革するかという問題が緊急の課題として議論されるようになってきた．新興市場諸国で発生した通貨危機の直前には，証券投資や銀行融資といった形態で大量の資本流入がみられ，それが何らかの理由で反転して流出するというパターンが繰り返された．この振幅の大きい資本移動のために，発展途上国の金融システムは破壊され，金融危機が発生したのであった．特に金融の自由化が進む中で信用秩序を維持するための監督や規制（プルーデンス規制）が整備されないままに資本移動が自由化され，流入した資本はリスク管理があまい状態で不動産等への融資に用いるなど融資の内容が悪化する事態が生じたのであった．そのため，まず国内の金融システムを強化する必要性が急務となっている．

その一方で，ほとんど無秩序に流入している資本にたいする規制が課題となっている．資本移動規制にはさまざまな方法があるが，1998年9月から1年間実施されたマレーシアの資本流入規制は直接的な規制の一例である．マレーシアでは非居住者口座間の資金移動にたいする中央銀行の承認制，マレーシア通貨建て証券の取引をマレーシア証券取引所を通じて行なうこと，貿易決済の外貨建て化，マレーシア通貨建て資産の売却代金の外貨への交換を購入日より1年間禁止すること，を実施した．他方，よりソフトな資本移動規制の方法として，間接的にこれを管理する方法がある．たとえば，短期資金の流入を抑制するために，流入した資金規模に応じて中央銀行に準備金を預託する方法（1991～98年のチリ）や外国為替取引に低率の課税を行なう方法（トービン税）が考えられている．しかし，マレーシアのような直接規制は，短期的にはともかく長期的にはカントリーリスクが高まるなどの問題があり，トービン税もこの種の税を課さない国の外国為替市場での取引が拡大することで資本移動規制

の実効性が低下するなどの問題が指摘されている．さらに，ヘッジファンドのような投機的な投資行動をとる主体にたいする規制も重要な問題となってきている．多くのヘッジファンドは，オフショア金融センターで登記されているため，直接的な規制・監督がなされず，パートナーシップの形態をとるために情報開示義務もない．しかも，ヘッジファンドは，銀行等からの借用金を利用してレバレッジの非常に高い資金運用を行なっているために，その破綻が先進国の金融システムにも甚大な影響を与える可能性があることは，1998年のロングターム・キャピタル・マネジメント（LTCM）の破綻からも明らかである．

　通貨危機の多発の中でIMFがとった金融支援は多くの非難を浴び，IMF自体の改革も国際通貨システムの安定に向けた改革の俎上にのっている．アジア通貨危機に際してIMFは一律に財政と金融引き締めを通貨危機発生国に要求し，さらに国内の構造調整計画の策定を融資の条件（コンディショナリティ）としたのであった．アジア各国は財政赤字でもなく，高インフレでもなかったので，こうした政策は不況を一層悪化させることになったのである．また，ここでIMFが行なった金融支援は，IMFの支援に本来的であった国際収支危機にたいする一時的な融資とは異なり，また途上国の構造改革まで踏み込んでいることから，従来世界銀行が行なってきた業務と重複していることも非難された．そのため，IMFでは，融資制度やコンディショナリティに関する見直しがなされている．

　他方，アジア通貨危機のなかから，IMFとは別に地域的な金融支援体制を構築しようとする動きが発生してきた．1997年にはタイにたいする金融支援国の会合の中から日本を中心としてアジア各国間のファシリティを創設するアジア通貨基金構想が提起された．この構想は，IMFやアメリカの反対にあって日の目をみなかったが，2000年にはASEANに日中韓を加えた蔵相会議で東アジア諸国の自助・支援を目的とした二国間の通貨スワップ協定が締結されている．こうした動きは，アメリカやIMFを中心とした国際金融編成に対抗する動きとなっている．アメリカが主導するグローバリゼーションの波の中で，EUやASEANなどが地域統合を進めているが，この地域的な金融協力はそうした動きと機軸を一にするものであり，その意味で今後の国際金融の焦点

となるものと考えられる．

† 参考文献

有吉章編『図説国際金融（2003年版）』財経詳報社，2003年．
諫山正・春田素夫編『日米欧の金融革新』日本評論社，1992年．
伊藤修『日本型金融の歴史的構造』東京大学出版会，1995年．
伊藤隆敏『インフレ・ターゲティング』日本経済新聞社，2001年．
石見徹『全地球化するマネー』講談社，2001年．
岡部光明『環境変化と日本の金融』日本評論社，1999年．
加藤出『日銀は死んだか？』日本経済新聞社，2001年．
鈴木淑夫『日本の金融政策』岩波書店，1993年．
日本銀行銀行論研究会編『金融システムの再生にむけて』有斐閣，2001年．
春田素夫・鈴木直次『アメリカの経済』岩波書店，1998年．
堀内昭義『金融システムの未来』岩波新書，1998年．
山家悠紀夫『「構造改革」という幻想』岩波書店，2001年．
山口重克・小野英祐・吉田暁・佐々木隆雄・春田素夫『現代の金融システム—理論と構造—』東洋経済新報社，2001年．
山本栄治『国際通貨システム』岩波書店，1997年．
吉富勝『アジア経済の真実』東洋経済新報社，2003年．
R. Lowenstein, *When Genius Failed : The Rise and Fall of Long-Term Capital Management,* Random House, New York, 2000（東江一紀・瑞穂のり子訳『天才たちの誤算—ドキュメントLTCM破綻—』日本経済新聞社，2001年）．
B. Eichengreen, *Globalizing Capital*, Princeton University Press, 1996（高屋定美訳『グローバル資本と国際通貨システム』ミネルヴァ書房，1999年）．

† インターネット

日本銀行　http://www.boj.or.jp/
金融庁　http://www.fsa.go.jp/
IMF　http://www.imf.org/

（横内正雄）

第5章

市場と国家

　カール・ポランニーは，人間の経済を統合する諸形態として，互酬，交換，再分配の3形態を挙げていた．従来の現代資本主義社会分析においては，このうち，交換と再分配がそれぞれ市場システムと国家制度に相当し，互酬にあたる領域はほとんどがインフォーマル・エコノミーとして周辺部分に追いやられるか，あるいは分析対象から捨象されてきた．しかしながら，市場の失敗と国家の失敗を経て，われわれは今，新しい市場像と国家像の構築を迫られている．そこで，本章では，市場にとって国家という社会システムがいかなる存在であったかを理論的に考察し，それが歴史的にどのような変化を蒙ってきたかをふまえて，現代の市場と国家の関係を概観するとともに，現在，市場と国家の中間領域にあってその重要性を増しつつあると考えられる公共社会の意義を明らかにしてみたい．なお，紙幅の関係上，公共社会と互酬との対応関係についての立ち入った分析は省略する．

1——市場関係を支える非市場関係

1）市場とその周縁
　もともと，市場はあまりに単純な社会関係から構成されているので，その関係のみで安定した人間社会を構築し得るわけではない．共同体と共同体の間に発生し，人類史の大部分においては社会の副次的な仕組みであったのもそうした理由による．近代になって資本による生産が支配的な様式になってきたが，非市場関係を廃棄した上で市場社会が成立するようになったわけではない．市場秩序は単に経済的なものではなくて法的ルールの履行を含んでいる．

これは歴史的には市場の自生的秩序に含めるとしても，実際に市場経済は，ある特定の非市場関係を前提に発展したり，他の市場関係とは対抗関係にあったり，重なり合い結合し合ったりして，世界市場として発展してきた．特にマルクスにより解明されたように原始的蓄積過程は，産業資本の成立は資本の単なる蓄積とは異なり，労働における規律の確立が資本の生産包摂の前提であるなど，市場関係がそれ自体の自生的発展を遂げ得たとはいえないことを明らかにしている．また小農的生産において重要であった家族共同体は，プロト工業化段階の家内工業においても決定的な契機であったし，当初工場における労働の組織にも入り込んできていた．単純に伝統的な生産様式は，資本主義的なそれによって廃棄されてしまったとは言い切れない．市場関係は余りに単純で人間をとらえ切ることなどできないからである．

2）市場の秩序そのもの

　本来，市場における人々の相互間のコミュニケーション関係は，売買とか信用授受のように定型化・形式化されたごく限られた相互行為関係から構成されており，この形式は単にならわしとしてあるというのみならず，そのように行為すべき規範としてもある．もちろん，市場における取引関係を，単に最小のコストで最大の欲望を満たそうとする相互的経済行為とするのみでは不十分である．それは，経済行為が特定のルールにしたがって行なわれているという意味で法的行為でもある．もちろん経済と法が分かれているわけではなくて，ひとつのコミュニケーション関係が両側面をもっているというに過ぎないが，ただ市場というのもこのルールを確定し強制する仕組みを分化することによって成立してきたことは忘れてはならない．それは市場当事者の共同意思を具体化する社会の仕組みが形成されるということを示している．こうなると，市場のコミュニケーション関係としては極めて国際的であり，イスラム・イタリア商人の商慣習を受け止めるものとしてヨーロッパ規模で確定してきた面もあることは忘れてはならないが，歴史的には市場秩序ですらそれを取り囲む政治秩序と結びついて，いろんな経緯でできてくるというほかない．

3）雇用契約をこえる資本の生産過程

　資本が生産過程をその内部に取り込むということは，単なる商品の売買関係にとどまらないものを含んでいる．労働ないし仕事を契約に基づいて履行するといっても，契約で内容を厳密に確定することはできないし，労働力商品が労働者と切り離しがたく結合しているので，人としての労働者とのかかわりの中で生産が組織されざるを得ない．コースが外部市場から商品の形態で半製品を購入するのではなく，企業という制度を構築していかざるをえない理由として，必ずしも契約で特定されてはいない労働によって調整をせざるをえないという事情を挙げているように，生産過程は現実にいかなる労働をもなしうる能力にたいする資本の指揮・命令を含まざるをえない．だからこの雇用関係は社会的・歴史的に決まる限界内での労働者にたいする資本の人格的な支配を含んでいるのである．イギリスの場合には主従法や団結禁止法などとしての法制度が社会慣習と共に労使関係を規制していたからこそ資本による労働支配が実現できたのである．労働契約に基づいて，資本が労働を生産の場で包摂するためには市場をこえる法的秩序を強制する仕組みが必要であった．資本による生産過程の包摂にともない，市場関係は生産過程の組織化のところで，深く非市場的関係に支えられざるを得ない．

　生産過程における社会関係が具体的にどのようなものになるかということは，それぞれの社会の伝統的な社会関係や文化的な特質をみなければならない．多くのところでは，世界的な資本主義の形態と既成の社会関係との合成物といってよいが，あらたなる段階を切り開いていく場合には，伝統的な社会関係を基盤に新しい様式がその規範体系，秩序とともに成立するものと考えられる．それにしても資本としては価値増殖のために利用できるものは何でも使うのであって，封建的な関係であっても奴隷制度であってもそれが有利であれば可能な限りで生産過程に取り込むのである．それらをすべて労働力の商品化といってよいかどうかはともかく，資本に包摂された生産における社会関係は多様なものを含んでいるのである．しかも，スミスが，市民政府の存在意義を，情念的・敵対的な反撥をする労働貧民の攻撃から裕福な使用者を守るものとみなしているように，生産過程の内部における社会関係が外部社会における階級

関係と結合しているのである．もっとも，外部の関係と結合しているといっても，資本は基本的に外部からの介入については拒否的である．だから，市民政府の存在も資本にとっての最後のよりどころとしての機能のためであって，国家の機能も資本労働関係にかかわるものとしては主として社会秩序を維持することにあるのである．

　なおここで秩序維持のための社会的な仕組みをいわば国家といっているが，その実体は労使関係として現れている資本の内部ルールを社会的に支えている社会のルールあるいはそうしたルールを強制していくルールの総体である．これもひとつの社会関係であるが，公的にルールを課す側の体系を国家といってよい．いま権力を，他者の意思の強制関係と規定する時には，ルールを課すことは実は限定された幅のなかでの意思の強制関係ということができる．要するに，秩序維持としてのルールの実現は，権力関係を保つということを意味している．そして，こうした権力は社会に遍在するといってよいのであって，権力中枢にのみ集約できるわけではない．しかも，こうした権力は人々が社会のルールを自らのルールとして内在化することをもって最も典型的に現れるものといってよい．労働者が資本に包摂されるということは，資本における権力関係が貫徹されているということを意味する．資本主義国家というのも，こうした権力関係の社会的な確定の仕組みとまずはいってよい．

　こうして産業社会にあっては，資本の生産組織化は，家族社会とか伝統社会とかの非市場関係に基盤をおき，それと結合しつつ果たされるが，非市場関係の中で伝統的な関係が後退し，近代国家の権力関係がしだいに最も重要性を帯びてくる．ここに市場にとっての国家の重要な意味があるのである．

2 ── 市場にとっての国家の積極的意義

1）生産的な存在としての国家

　スミスの思想が夜警国家論かどうかはともかく，国家の経済過程への介入が生産的であるから積極的に進められるべきであると彼が考えていたとは言えない．基本的には国家も企業や家計と同様に収支を均衡すべきであって，経済の

自然的な均衡を阻害しないようチープ・ガバメントを求めるべきであるとみていた．しかし，遅れて資本主義化を進めた国の場合には国家の意味は異なるものとなってきた．国家が，その存立基盤を産業化に求めるようになるからである．

その典型的なケースは19世紀のドイツである．マルクスは公共的世界としての国家と世俗的世界としての市民社会を分裂するものと捉えたが，ドイツの主要な思想は，有機体説をとるかどうかにかかわらず，国家は社会を含むトータルな存在であるとみなす傾向があった．たとえば，リストはミュラーの有機体説を批判して，市民意志の自由な発意とその自由な実現をめざす地域的結合を国家とみなすが，スミスにたいしては，個人と人類の中間に国民ないし国民体を位置づけ，「個人が国民を通して，国民の中で」精神的創造や生産力を発展させるものとみた．スミスの価値の理論にたいしてリストは生産力の理論を主張したが，それは価値ある「富を創る力」，あるいは「社会的・市民的・政治的状態ならびに制度」のもつ国民的生産力に注目した議論であった．

こうしてドイツにおいては国家は「国民経済の最も重要な無形資本」とされたので，国家活動に必要な経費も「国民的生産力」をたかめ，「社会的正義」を実現するかぎりでマイナスではないものとなる．こうして国家や国家財政は重要な意義を与えられることになるのである．しかし，これは日本などをも含む後進資本主義国に共通のことであった．

実際，後進資本主義国においては，国家は産業発展を積極的に促進するものとして現れる．幼稚産業保護，通貨制度の確立，初等・中等教育の充実，度量衡の統一，進んだ科学技術の導入などという政策は，国家の生産力という概念の実現とみてよい．

もっとも，保護貿易が産業全体の効率性を高度化し得るかどうか，あるいは限られた資源を国家の判断で集中的に用いることが国家総体の産業競争力を引き上げ得るかどうか，という問題には理論的・一般的な解答はなさそうであるが，問題は段階論次元の産業発展の型にある．もしも産業発展の基本の型が確定的なものとしてあるというのであれば，中核的な発展分野に国が資源を誘導すればよいのだから，国家に生産力があるということは妥当であろう．しかし

> **Column　スミスは夜警国家説か**
>
> 　スミスの自由主義的国家観は，国家を夜警的なものとみていると批判したのは，19世紀ドイツの社会主義者ラッサールであった．しかし，スミスは本当に「夜警国家」説であろうか．
>
> 　たしかに，スミスの財政論は，重商主義期の財政論にたいして国家の経費支出を限定する方向にあったことは間違いない．しかし，スミスの自由主義が，しばしば功利主義における自由主義ととりちがえられるように，夜警国家観も，功利主義の影響をうけたマンチェスター・スクールの安価な政府論をそのままスミスの説としてしまっているところがありはしないか．
>
> 　スミスの思想史上の位置は，いくぶん保守主義的なところにあった．もろもろの経費についての評価も，当時の実際的な判断を組み込んでいる．国家経費は国防，司法を主とすべきだという点は急進主義者とも一致するが，公共土木事業においても，運河は私的管理にゆだねるべきだが道路は公的管理にすべきであるといったり，野蛮で未開な諸国民との交易を促進するためには政府による防衛用の堡塁の建設が必要であるという議論は，経験にもとづく判断といえよう．教育への政府の関心についても単純な割り切り方をしているわけではない．庶民の公教育の必要性を場合によっては認めているのである．

　多くの国家が工業化政策を実施しながら，必ずしもすべて成功したとはいえないことは，国家の生産力に関してももう少し具体的に検討する必要があることを示している．少なくとも，帝国主義列強に加わっていった国とそうしようとして失敗した国家については区別して考察する必要があろう．また今日の途上国の場合には，多国籍企業とのかかわりで国家の独自性を検討する必要があろう．いずれの場合においても，国家の公的性格と特定の産業や独占・寡占体制とのいわば私的な関係が，国家のあり方をみるときに重要なものとして現れてくる．しだいに国家は大きくなって，市場におけるより大きな需要者として現れる傾向があるが，それと並んで重要なのは個別の産業・企業にたいしてその競争条件を変更することによって，市場構造を変更する圧力をかけることであろう．

2）ケインズ政策的な経済管理を行なうものとしての国家

　現代資本主義において国家の機能は更に拡張することになった．それは，市場の自己調整機構が働かなくなってしまったためとみなされている．たとえば，ケインズの場合には，市場の「基礎的調整」が長くかつ苦しいものであることにたいする疑問から始まって，現実の予定調和的認識そのものからの脱却へと観点を進めたのである．そして，国家による統制強化の方向には，具体的には市場の働きを抑え修正しつつ統制する福祉国家の方向性と市場経済廃棄をめざして国有化や計画経済化をすすめる社会主義的統制強化の方向性とがあるが，前者の延長上に民族主義をあおってブロックを形成し対外進出にすすんでいった統制経済なども挙げることができよう．これらをまとめて一般論を立てることはできないが，それぞれが国家機構と産業・企業を包摂する巨大なメカニズムを構築することによって，市場にたいする影響を一挙に高めることに取りかかっていることは注目に値する．こうした現代政治経済メカニズムを（市場）経済管理の機構としてみることもできるし，近代国家のもとで膨張した権力構造としてみることもできるのだが，まず現代資本主義に典型的なケインズ的な経済管理の特徴をみておこう．

　ケインズにおいては，市場における価格の自動調節メカニズムが現実に存在するとはみなされていない．このことは非自発的失業の存在，有効需要の原理，あるいはセイ法則の否定などの想定という現代経済の歴史認識として与えられる．それがマクロ経済学を可能にする理論的基礎を提供する．そこでは価格による調整に代えて，不完全雇用状態における主として数量による調整が論ぜられる．このマクロ経済学は，のちにヒックスにより IS-LM 分析に集約されて，人口に膾炙するものとなった．しかし，もともとケインズの考え方は，現代においては資本投資はかつてのようにアニマル・スピリットをもって実行されるものではなく，低調であり，しかも現実に慣習に固執すべき確たる強い根拠もないので変動を蒙り易くなっているという点で，現代は不確実性の時代であるということをポイントとしていた．それ故にこそ管理によって初めて安定的な経済社会を構築し得るとみていたのである．

　ケインズは構造的失業と価格の長期低落という特徴をもった 1930 年代を念

頭に景気の浮揚を重んじた政策理論を構築したのであるが，その政策が多くの国で自覚的に採用されるに至った第2次大戦後には，先進国では完全雇用状態がほぼ実現され，むしろインフレに悩むことになった．そして，現代政治経済の複合的なメカニズムは，あたかも己自身のエネルギーのために巨大化し続け，そのようにして膨張し続けることによって自己維持も実現できた．こうして，おそらく公的なメカニズムの規模は私的な市場などの関係にたいしてひとつのバランスをこえて拡大したのである．

3）ケインズ政策実施の政治機構

ケインズ政策とひとまとめにされる政策は，戦間期の失業と貧困にたいする政策として各国で事実上導入されてきたものである．したがって，初期ニューディールなど必ずしもケインズの理論を意識したものではなかった．また，ケインズ政策の導入によって1930年代の不況を克服しえたとはいえない．歴史的には，失業と貧困の救済のために財政金融制度や対外経済政策が動員されることが定着し，制度的な枠組みとなっていったことが重要である．

したがって，市場経済の国家による政治的な管理の体制は，一貫した思想により導かれて導入されていったわけではないが，事実としてそれが多くの先進諸国の，単に一時的とはいえない仕組みや制度となってしまうと，第2次大戦後になって，多くの国で経済管理のための制度の合理性をケインズ理論に求めるようになった．それが，これら経済管理の政策をケインズ政策と概括し得る理由である．

ケインズの経済管理の思想は少数の知的エリートによる政策決定を前提としていた．これはハロッドによってハーヴェイ・ロードの前提といわれた命題である．しかしこの政治的前提については，ブキャナンなどから重要な疑問が提出されるにいたる．彼らは，1960年代以降の「持続的でかつ増大する予算の赤字，急速に膨張する政府部門，高い失業，明らかに慢性的でかつ上昇気味のインフレーション，およびそれに付随するアメリカの社会政治秩序にたいする幻滅」などの現象を挙げて，「大きな責任を負わなければならない過去の学者はケインズ卿その人である」といって，ケインズの政策理論の政治的前提を批

判する．そのポイントは，知的なエリートとされる人々の判断が，真に妥当であるかどうか疑わしいという点と，たとえそれが優れたものであったとしても，民主的政治システムのなかで利己的に振る舞うにいたるもろもろの個人や団体の利益を公正に調整するために，その機構がしだいに肥大化し，官僚化し，経費負担が耐え難いものになる傾向があるという点にあった．

1960年代のケネディ米大統領のもとにおかれた経済諮問委員会はニュー・エコノミックスと呼ばれる積極的適用型のケインズ理論を武器として経済管理に当たった．ここで積極的というのは，単なる安定ではなく，経済成長を基準にすえ，財政上の尺度として，「完全雇用財政余剰」，つまり4％失業率において生ずるであろうところの支出を超えた超過収入という尺度を採用して，財政を成長のために活用したからである．もともと，財政にはビルト・イン・スタビライザー機能があり，さらに財政規模の拡大は総需要を高水準に保つので，総体としての経済の安定に資するものといってよい．そのうえケネディ，ジョンソン政権によるケインズ政策の積極的適用は，経済を潜在力の限界を超えて拡張させることにさえなった．ただ，財政膨張を決定的にしていったのは，ベトナムでの本格的な戦闘のための経費増と「偉大な社会」計画という福祉関係経費増とであった．そして，経済の拡張が潜在力の限界を超えたというのは，スタグフレーションが発現したことに表明されている．

4) 産業国家

アメリカでは立法府にたいする行政府の優位の体制は多様な形で現れた．それはアイゼンハワー米大統領により軍産複合体と呼ばれたが，その実態はミルズによりパワー・エリートとして論ぜられたものとみてよい．この基本は，形式的には民主主義的な体制のもとで，産業界・政界・軍部などのトップを占める少数のエリートが，国民を大衆として管理し，実質的に国家の意思決定をしていくというものである．また，ガルブレイスの産業国家論は，パワー・エリート支配の技術的根拠を求めつつ，産業・政界・軍部を貫くテクノクラート支配の構図を提出している．

これらの分析は，アメリカの主として現代の政治経済体制を大づかみにして

いるが，そこで留意さるべきは次の3点である．まず，経済体制として，独占的な大企業の市場支配と大企業としての成長が前提となっていることである．これについては，消費者主権論にたいして，大企業としての生産・供給者が，人目につく消費をあおり，広告宣伝をすることによって，市場を支配することができ，しかも，経営の多角化によってキー・マーケットの市場支配を企業の安定成長に転化したり，海外の成長市場に早めに進出することによって企業成長を確かなものにするということに注目すべきである．また，株式所有を通ずる企業集団の形成も重要であるが，これについては戦後繰り返し生じた集中合併運動や年金勘定等で資金を増した機関投資家を通ずる影響を念頭に置くべきであろう．次に，エリート支配といっても，政治の基本的理念は民主主義である．したがって，パワー・エリートやテクノクラートが，いかにして議会を通して大衆の信認を得るかが問題となる．この点で，戦後議会のあり方が大きく変化して，その行政府的機能（行政府の監督権限等）が重くなるにつれ，本会議の格調の高い論戦にたいして委員会の専門的な処理が意思決定における重要なものになり，そうなると議員歴の長い議員が実権をもち，その権限ゆえに選挙民へのサービスも豊かで，そのため選挙にも強くなるということが重要である．こうしてパワー・エリートの一環に大物議員を入れることができるのである．最後に，軍産複合体といわれるほどに軍隊が重い位置を占めているのは，アメリカが世界国家として冷戦体制を支える位置にあったことによる．したがって，アメリカ的正義を世界に広めるというアメリカ的イデオロギーが軍事の重要性の基盤にある．このイデオロギーの強さは旧ソ連との関係で変わったので，軍事部門の権力機構全体に占める重要性は安定していたわけではないが，第2次大戦後は冷戦構造をひかえてほとんど常時大きな比重を占めた．また，軍事費の総生産に占める割合，軍事産業が産業構造に占め，ペンタゴン関係の研究費が総研究開発費に占めるウェイトも，戦後ほぼ一貫して大きなものがあった．これまでのヘゲモニー国の中では軍事費の総生産に占める比率が圧倒的に高いことも留意されるべきである．

　国家と市場の関係を考慮する時，こうしたパワー・エリート支配は，経済的動機によらない経費支出が巨額にあることを示唆する．また，軍事費は単にア

メリカのみの意向で決まるわけではない国防目的によって左右される．しかし，パワー・エリート支配における政策決定のメカニズムの肥大化は，官僚制を発達させ，それは各分野が独自性をもつように働くので，全体として予算は増分主義にならざるをえない．こうして，結果として国家経費が漸次的に巨額になることが，経済の安定化効果をもたらすといえよう．すなわち，大企業による大量生産体制において，とくに変動にさらされ易い自動車，電気製品などの耐久消費財にとって総需要の安定成長は企業成長の大前提であるが，産業国家がその条件を満たすからである．

5）福祉国家

現代国家の類型として軍事国家と対照的に取り扱われるのは福祉国家である．福祉も軍事と同じように，何のために経費支出がなされるかという目標を含んでいる．しかも，それは外的に与えられるものではなくていわば自生的な目標といってよい．それでいて，第2次大戦後は大砲かバターかという二者択一の中で，決して順調な拡張を遂げたわけではない．また，1960年代のアメリカにおいても，ベトナム戦争の遂行と並行してしか拡張しえなかった．

しかしながら，アメリカでもひとたびその拡大に転ずると，社会福祉関連費用は，その範囲を広げ，また，その負担を増大することになったのであって，やがて，ベトナム戦争の終結後軍事費の削減が始まる中で，最大の経費負担項目となっていくのである．

もともと福祉とは自由にたいする平等，それも機会の平等ではなくて，実現された平等にかかわっている．しかし，それを国家が全国民にたいして一律に実施しようとすると福祉のための経費が膨張し，それを賄うために累進税制など所得再配分がより徹底して行なわれざるをえなくなってくる．平等の実現は社会正義としての体裁をとるのだが，その実現が負担増にたいする反発として困難になってくる．そのことが福祉のあり方そのものに反省を強いるようになるのである．

福祉がミュルダールなどヨーロッパの社会民主党系統の思想家を中心として主張されるに至った時，彼らの多くにとって念頭にあったのは，ロシア的な共

産党独裁による全国的な計画経済とは異なった道を求めていくことであった.したがって,市場の自動的な調整メカニズムを社会的に修正することが想定されていたが,それは,地域社会とか大企業,労組,協同組合などの国家と国民の中間にある組織を積極的に活用しようとするものであった.しかし,福祉の規模が巨大化するにつれて,国家が最前面に登場し,問題が国家次元に集約されて論ぜられるに至ったのである.国家によるもろもろのグループの利害調整機能が,しだいに大きくなるにつれ,国家自体も巨大化してくるのである.ここに福祉でさえ,というより,むしろそれだからこそ,自由主義からの反撥を食らうことにもなるのである.

3 —— 公共社会による市場と国家のガバナンス

1) 社会を侵蝕する市場

現時点で振り返ってみれば,福祉国家とは,冷戦構造の中で,社会主義国家にたいして常に優位性を保とうとする自由主義国家が,半ば自発的に社会主義的政策を取り込むことで成り立っていたということができよう.80年代末から90年代初めにかけて雪崩現象のように生じた社会主義国家群の崩壊は,単に社会主義の失敗を意味するだけではなく,福祉国家のあり方を根底から覆すものでもあった.たとえば,80年代に小さな政府を目指したはずのレーガン政権は,結局のところ社会主義への対抗上,軍事費の増強や年金制度の根幹を維持するなどの膨張財政政策を展開せざるを得ず,福祉国家の枠組みそれ自体を変更することができなかった.ブッシュ政権でようやく冷戦への勝利宣言がなされ,国防費削減への道が開かれたのであり,さらにポスト冷戦時代に誕生したクリントン政権の下で福祉を含むさまざまな分野での構造改革が行なわれて財政赤字が解消するなど,新自由主義的改革が本格的に動き出したのはむしろ90年代に入ってからであった.皮肉ではあるが,社会主義国家群の崩壊とともに,国営企業や福祉事業の民営化など,公共サービスや社会関係の市場原理による処理が世界的な広がりをみせるようになった.

しかしながら,本章冒頭で述べたように,市場はきわめて単純な社会関係か

ら構成されているに過ぎないから，現実には複雑な制度や公共サービスが民営化されることで，かえって社会的な不平等が促進されることもある．実際，民営化の優等生とされたニュージーランドでさえ，社会的弱者層を支えるセーフティネットは不十分であり，国民のあいだに不公平感が増大している．日本でも，介護保険制度が導入されて，民間の介護サービス業者が増加したが，市場的つながりを超えたコミュニケーションが深まったとはいえない．むしろ，そうしたサービスがビジネスに徹すれば徹するほど，介護を必要とする人々と介護する人との間のゆったりとした人間的コミュニケーションが弱まり，市場を利用することの限界が明確になってくるといえる．

　後述するように，過去10年ほどの間に民間のボランティア団体や非営利団体が急速に増大した背景には，伝統的な地域共同体の消滅のみならず，構造改革によって福祉国家の下支えがなくなり，剥き出しの市場関係が社会を侵蝕し始めたことにたいして，多くの人々が危機意識を持つようになったことがあるだろう．

2）アメリカ化としてのグローバリゼーション

　1980年代，日本経済は「ジャパン・アズ・ナンバーワン」と呼ばれるほど，世界的に注目され，とりわけアジアの途上国は日本をモデルとする開発主義国家を志向した．それだけではなく，英米などの先進工業諸国においても，日本型生産のメリットが強調され，その導入が検討されたり実際に導入されたりした．

　ところが，1990年代に入り，日本のバブル経済が崩壊してみると，系列のトップに立っていた金融機関の不良債権問題が深刻化し，長期デフレに突入していったのだった．問題の本質は，バブル期において地域金融機関が地域経済から次第に離脱し，グローバルなマネーゲームに参加するようになり，その結果，金融業界全体が同質化してしまった点にあるのだが，一般には金融機関が「護送船団方式」によって保護されてきたために合理化に失敗し，アメリカの銀行制度改革にたいして大幅な遅れをとったと論じられることが多い．

　さらに，製造業においても，終身雇用と年功序列を基本とする日本型企業シ

ステムはいつの間にか時代遅れと認識されるようになり、アメリカ型の合理化を図るべきであるとの声が強まった。しかし、設計段階から組み立て段階に至るまで一つ一つ不具合を調整しながら製品化していくいわゆる「擦り合わせ型」生産を得意とする日本方式と、汎用化された部品をさまざまに組み合わせることで製品化していく「モジュラー型」生産を得意とするアメリカ方式とでは、本来企業の制度自体に相違が生じるのが当然であり、その点を論じないアメリカ優位論はあまりに皮相的である。

それにもかかわらず、日本は旧社会主義諸国と同じように、アメリカ型市場システムをモデルとする道を選択し、構造改革を断行するに至った。それが世界の潮流でもあるかのごとき印象を与えるため、アメリカ的市場システムを世界標準（グローバル・スタンダード）と称し、アメリカ化への道をグローバリゼーションとしてはばかることなく、現在に至っている。

しかしながら、ここで注意しておかねばならないのは、市場原理が本来共同体と共同体のあいだで発生したことに呼応して、グローバリゼーションとしての市場化も、本来的にはせいぜい国家間の関係を調整するものでしかないということである。それを国内の地域の隅々にまで持ち込み、社会関係全体をグローバル化しようとすれば、当然市場関係を下支えする地域のセーフティネットまでも破壊され、先述のように人々は剥き出しの市場システムと向き合うことになる。1997年に生じたアジア金融危機は、地域の生活原理とはまったく無関係に動き回るグローバルマネーが引き起こした悲劇であったといえよう。

問題の本質は、多国籍企業による直接投資をいかに地域社会に根付かせるべきかということであり、そのための制度を地域の実状に合わせて作り上げていくことである。じつはアメリカ経済それ自体が、対内直接投資にたいしては相当の部品現地調達率を義務付けるなど、グローバルマネーの根無し草的活動を抑制しているのである。EUにおける統一市場の創出も、実際には加盟諸国内部における地域格差を是正するため、モデル地域への補助金の積極的支給など、市場を下支えする財政政策とワンセットになっていることを忘れてはならない。

3）暴走する国家

　2001年9月11日に発生したアメリカでの同時多発テロは，ある意味でグローバリゼーションへの抵抗運動の極端な表現とみることもできるが，現実にはアメリカ主導のグローバリゼーションを推進する諸国家の結束を高める結果を招くことになり，「テロとの戦い」を口実とした国家権力による地域社会の破壊を容認する道を開くことになった．それは，国家の勢力を相対的に弱めつつグローバルな世界とローカルな世界とが連携しつつ協同する「グローカル」な重層的コミュニティの構想をも打ち崩し，歴史の流れに逆行する保守反動勢力の暴走を助長しつつある．

　こうした歴史的潮流において重要なことは，生活の基盤としての地域社会をいかにして足腰の強いものにしていくのかということであろう．それは地方自治体という公的な組織と地域住民の共同体という共的な組織とが，市場からも国家からも一定程度の距離をおいて自治と自立を目指すということである．というより，自治体そのものがたとえばドイツのバイエルン州のように自らを「バイエルン自由国」と称するような国としての風格と尊厳を獲得し，共同体そのものの中にローカルな市場を作り出すことを含んでいる．国家を否定するのではなく，国家の中に国を作り直すこと，そして，市場を否定するのではなく，地域共同体の中に埋め込まれた地域市場を創出することが重要である．

　具体的には，さまざまな中間団体や中間組織，たとえばNPOやNGOと呼ばれる非営利団体や民間団体がこうした地域社会の創出にとって不可欠な存在である．ボランティアグループを立ち上げて，都市におけるコミュニティ活動を活性化しようと試みたり，高齢化によって崩壊しつつある地域コミュニティや斜陽化する地元商店街の再生をはかるために，民間で地域通貨システムを導入して住民の交流を活発にしようと努めたり，過去10年ほどの間に数え切れないほどの，地域に根ざした自発的集団が生まれてきていることは，市場と国家の間にあってそのいずれによっても解決できない問題群が広がってきていることを示しているといってよい．その意味で，市場と国家の中間帯に位置付けられるべき公共社会の重要性が高まってきているのであり，それを安易に市場システムに組み込もうとしたり，武力によって破壊したりすることは決して許

されるべきではない．

4) 人間の安全保障

いわゆる9.11事件を頂点として，国家対国家という形式での武力衝突すなわち戦争から，「テロとの戦い」という名の国家による地域社会の武力破壊へと，国際紛争における問題解決の枠組みが大きく変化しつつある．それとともに国際政治における安全保障の対象も大きく変わりつつある．従来は，安全保障の対象は国家であったが，現在ではそれとともに人間の生活そのものの安全保障が課題とされているのである．

人間の安全保障とはそもそも何か．人間には自らの属する文化的環境の中で生活する権利がある．その権利を保障するのが人間の安全保障である．文化的環境を支えている地域空間や自然生態系が破壊されれば，当然地域固有の文化も破壊され，そこに文化的空白が生じる．じつは，イギリス近代史において，われわれはすでに「資本の原始的蓄積」という名の地域文化の破壊を経験してきている．そして，それは開発という名のもとで，現在も低開発国の諸地域において繰り返されている．それにもかかわらず，資本主義はいわゆる「資本の文明化作用」によって文化的空白の世界的な蔓延をこれまで食い止めてきたのであった．

しかしながら，経済開発のスピードはすでに1970年代頃から生態系の再生能力を凌駕するに至り，地球の自然環境は全体として劣化をし続けている．これまで，無償の自然として地域住民の管理の元に置かれてきたコモンズ（共用地）は，次第に囲い込まれて稀少資源化し，特定の企業や国家が支配するようになった．アマルティア・センによれば，金銭的収入よりも，地域住民の潜在的生活能力，すなわち地域資源を利用して自立した生活を行なう能力こそが，豊かさの指標であるべきなのだが，経済開発はそうした潜在的能力（capability）を住民から奪い去ることに加担してきた．その結果，とくに低開発国の地域住民は生活必需品を手に入れるために金銭収入を獲得する必要に迫られて，市場システムの最底辺部に組み込まれていくことになるのである．

経済開発の場合には，潜在的能力を重視した方向に転換する余地がないわけ

ではない．その意味ですべての開発が悪いと結論づけることはできない．しかし，「テロとの戦い」においては，疑わしい地域社会は有無をいわさず破壊し尽くし，多くの死者と難民を生産するだけである．地域社会が「テロとの戦い」の標的とされないためには，繰り返しになるが，グローカルな重層的コミュニティの創出が不可欠であり，国家というフィルターを通さずに，世界各地の地域生活者が意思疎通を密にして多様な地域間ネットワークを形成することが必要である．公共社会とはまさにそのような場として確立されるべきであり，公共社会による市場と国家の統括およびそれらの暴走を抑止するところまで実質的な権限を与えられるべきであろう．今まさにこのような意味での公共社会が必要とされており，人間の安全保障はまさしくそうした公共社会を構築する第一歩となるのである．

† **参考文献**

大河内一男『スミスとリスト』『大河内一男著作集』第3巻，青林書院新社，1969年．
J. K. ガルブレイス／都留重人監訳『新しい産業国家』河出書房新社，1972年．
川上忠雄・杉浦克己編『経済のマネージャビリティー—新自由主義からの批判に耐えうるか—』法政大学出版局，1989年．
J. M. ケインズ／塩野谷祐一訳『雇用・利子および貨幣の一般理論』『ケインズ全集』第7巻，東洋経済新報社，1983年．
杉浦克己・柴田徳太郎・丸山真人編『多元的経済社会の構想』日本評論社，2001年．
A. スミス／大内兵衛・松川七郎訳『諸国民の富』第5編，岩波文庫，1959年．
F. A. ハイエク／矢島鈞次・水吉俊彦訳『法と立法と自由Ⅰ』『ハイエク全集』第8巻，春秋社，1987年．
J. M. ブキャナン，R. E. ワグナー／深沢実・菊池威訳『赤字財政の政治経済学—ケインズの政治的遺産—』文真堂，1979年．
M. フリードマン／熊谷尚夫・西山千明・白井孝昌訳『資本主義と自由』マグロウヒル好学社，1975年．
C. W. ミルズ／鵜飼信成・綿貫譲治訳『パワー・エリート』東京大学出版会，1969年．
村上泰亮『反古典の政治経済学』（上・下），中央公論社，1992年．
山脇直司・丸山真人・柴田寿子編『グローバル化の行方』『ライブラリ相関社会科学』第10巻，新世社，2004年．
F. リスト／小林昇訳『経済学の国民的体系』岩波書店，1970年．

（杉浦克己・丸山真人）

第6章

市場と世界経済

　現代の世界経済は3つの意味で大きな転換・再編期にある．ひとつには経済のグローバリゼーションの勢いが全世界を覆いつくすかのような勢いを増しているからである．グローバル化はアメリカの市場原理主義の理念に基づく世界へのアメリカ的自由市場経済の普及として推進され，各国もグローバル化を受容しそれを加速させている．2つには89年社会主義国ソ連の瓦解によって戦後の冷戦構造が崩壊したからである．旧社会主義国も計画経済から市場経済への転換を押し進め，残った社会主義国中国でも市場経済を積極的に導入して高成長を持続している．3つには産業や金融などさまざまな分野で国境を越えた経済活動が進展するなかで，制度で仕切られたEU（欧州連合）やNAFTA（北米自由貿易協定）で，FTA（自由貿易協定）締結が模索され始めた東アジアで地域統合化の動きが顕著になってきた．この章では，この現代の世界経済がどのような意味で転換・再編期にあるのか，世界経済の歴史的編成・再編の観点から比較検討することにしよう．1では，世界経済が歴史的にどのように編成・再編されてきたのか，指導的先進国の交替に注目して考察し，世界経済の編成がどのような問題を抱えていたのかを考えてみる．2では，現代の世界経済の特徴として，グローバリゼーションの進展，EU・NAFTA・東アジアの地域統合化の進展・深化そして世界の産業基軸地域としての東アジアの台頭の3点を取りあげてその意味を考えてみよう．3では，現代世界経済の諸問題として，金融危機のグローバル化，アメリカのグローバリズム，アメリカの経済力の衰退の3点を取りあげて，現代の世界経済の転換・再編の意味を考えてみよう．

1 ── 世界経済の編成

1）世界経済の成長と停滞

　20世紀に限定しても世界経済は，1900〜13年の「拡張」，13〜50年の「低成長」，50〜73年の「急成長」した黄金時代そして73年以降の「成長減速」というように成長と停滞を繰り返してきた．この成長と停滞の繰り返しは18世紀以降にも検出できるが，それはコンドラチェフの長期波動と呼ばれた．コンドラチェフ（N. D. Kondratieff）は，イギリス，フランス，アメリカなどの物価指数，有価証券相場，賃金，外国貿易，生産を測定し，その平均移動には約50年を周期とする上昇期と下降期の長波があるとする．彼自身は長波の原因を資本主義の本質にあるとしたが，技術の変化，戦争と革命，処女地の世界市場への参入，金産出量変化など偶然的な外部要因から説明する考えを批判するにとどまり，長期波動の原因を明示的には示すことはなかった．

　その後，長期波動の原因については，技術革新説，資本変動説，労働変動説，原料・食糧説などさまざまな議論が展開されることになるが，技術革新の果たす役割を重視したのがシュンペーター（J. A. Schumpeter）である．技術革新は継続的にではなく一時期に集中しておこり，これが長期波動を上昇させると考えた．歴史的にみれば，第1長波（1780年代から1842年）では産業革命が，第2長波（1842年から1897年）では蒸気・鉄鋼での，第3長波（1897年以降）では電機，化学，自動車での技術革新が長波の上昇要因とした．技術革新の役割を一層強調したのがメンシュ（G. Mensch）である．彼は，技術革新の内容を新産業―新製品を生みだす「基本的革新」と既存の産業・生産工程での効率をよくする「改善的革新」にわけて，前者が停滞期に集中し，後者が上昇期に行なわれるとし，長期波動と技術革新の関連性を積極的に展開した．

　この長期波動を世界政治の推移と関連させて，覇権の盛衰を捉えようとしたのがウォーラーステイン（I. Wallerstein）である．彼は，16世紀に発生した近代世界システムが中核―半周辺―辺境の三層構造を形成し，拡大と停滞を繰り返しながら再編成されてきたと捉える．長波の上昇・下降の2サイクルが覇権

をもとめる中核国間の競争の1サイクルに対応しているとする.後者のサイクルが覇権国の勃興―興隆―衰退のサイクルであり,歴史的には17世紀のオランダ,19世紀のイギリス,20世紀のアメリカであり,覇権の興亡は長期波動に対応しているという.これにたいして,ブスケ(N. Bousquet)は覇権国の盛衰と長期波動には明確な対応関係はみられずむしろ技術革新の役割を強調する.技術革新には製品革新と生産方法の革新があり,さらに後者には漸進的改善と根本的革新があるとし,製品革新と生産方法の改善が中核国のどこでも行なわれるのにたいして,生産方法の革新はある特定国にしか起こらないとする.この技術革新による世界の異質化と同質化の観点から覇権国の盛衰を説くのである.世界システム論の三層構造は魅力ある構想といってよいが,長期波動と結びつけて議論する点,長期波動が16世紀以降存在するとした点は問題といえよう.歴史は18~19世紀の資本主義の生成・成立によって大きく転換したからであり,ブスケが長期波動と覇権推移の関連を直接論じなかった点はむしろ評価してよい.

2) 世界編成の構図

ⓐ指導的先進国―支配的産業 18世紀以降の資本主義の世界史的発展はいずれかの国を指導的な先進国として発展してきたといってよい.指導的先進国は資本主義の世界史的発展を指導的に規定し,商品・資本の輸出入を通して後進諸国に指導的な影響を及ぼし,後進諸国は先進国から産業や資本主義的生産方法を導入し,先進国に追随し模倣する国といってよい.資本主義の世界史的発展は,ある特定の時期の指導的先進国における支配的産業―支配的なる資本の形態を確定するという方法的手順によって,特定の時期の経済構造と変化を世界史的発展段階として解明されよう.この方法によれば,第1次世界大戦までは,歴史的にはイギリスの羊毛工業における商人資本を支配的資本とする資本主義の発生期=重商主義段階(17~18世紀),イギリスの綿工業における産業資本を支配的資本とする発展期=自由主義段階(1820年代~60年代),ドイツ・アメリカの重工業とイギリスの資本輸出における金融資本を支配的資本とする爛熟期=古典的帝国主義段階(1870年代~第1次大戦)として資本主義の

世界史的発展段階を明らかにすることができる．世界編成としてみれば，イギリスを中心としたパクス・ブリタニカの時代であるが，その中の3つの小段階といってよいのかもしれない．戦後のアメリカの耐久消費財産業における金融資本を支配的資本とする現代は古典的帝国主義段階とは区別された帝国主義段階といってよいかもしれないが，むしろ世界経済編成の新たな段階としてのパクス・アメリカーナの時代として捉えた方がよいであろう．

ⓑ貿易構造　世界経済がどのように編成されていたのかを貿易構造と資本輸出の2つの側面に注目してみておこう．自由主義段階の世界貿易はイギリスを「世界の工場」とし，他の諸国を「農業国」とする産業的分業関係に基づいて編成されていた．イギリスが他の農業国から原料（綿花）・食糧を輸入し，綿製品を輸出するいわゆる「垂直分業」的な貿易構造であった．古典的帝国主義段階では，産業基軸国がドイツ・アメリカ・イギリスと複数化することによって貿易構造もまた変化した．イギリス・大陸ヨーロッパ・アメリカそれぞれがそれ以外の他地域との垂直分業的な貿易関係（植民地貿易）を主軸とし，イギリス・大陸ヨーロッパ・アメリカ間の相互の水平分業的な貿易関係を副軸とする多角的な貿易関係が形成された．20世紀初頭には，①イギリス→大陸ヨーロッパ→アメリカ→その他地域，②イギリス→アメリカ→その他地域，③イギリス→大陸ヨーロッパ→その他地域，④その他地域→イギリスの経路を通して，貿易収支レベルでみた多角的な資金循環が形成され，世界貿易の拡大と世界経済の発展の基礎となった．

戦間期には，世界大恐慌の発生，30年代のブロック経済化によって世界貿易は縮小した．第2次大戦後の世界経済の拡大期（1950〜60年代）には，先進国間貿易（アメリカとEECを主軸，アメリカと日本を副軸とする）が拡大し，先進国の途上国貿易は地域的に特化しつつその比率を低下させた．すなわち垂直的分業関係を内に含む先進国相互の水平的分業が世界貿易拡大の基軸ルートとなった．アメリカは圧倒的な生産力を背景にすべての地域にたいして出超を記録し，途上国の赤字幅は不均等に増大し，多角的貿易関係は形成されず，対外不均衡はアメリカの資本輸出によってファイナンスされた．

ⓒ資本輸出　経常収支黒字国の資本輸出は対外不均衡をファイナンスし，資

本輸入国側の経済開発の促進や輸出産品の増大に寄与し多角的貿易関係の進展の潤滑油として機能する．多角的貿易関係の形成と資本輸出の増大は相互促進的に作用するといってよい．

　第1次大戦前，イギリスがロンドンの国際金融市場を介して短期・長期資本を世界に提供していた．ロンドンは世界から長短の資金を吸引する一方，世界にたいして資金を提供する国際金融市場であり，イギリスは貿易入超と資本輸出を通して世界に基軸通貨ポンド（基準・介入・準備通貨）を安定的に供給することによって世界経済の拡大を金融面から支えていた．イギリスはドイツ，アメリカの産業競争力の強化による台頭にたいして金融的な中心国として世界経済を編成し，世界経済の編成コストを負担していたといってよい．

　第2次大戦後60年代まで，アメリカの経済力の圧倒的優位性を反映してアメリカの経常収支は黒字であった．経常収支の巨額の黒字を基に民間の長期資本輸出とそれを上回る規模の援助と軍事を主とする政府勘定でドルを世界に供給した．アメリカは，経常取引でドルを吸収する一方で，政府部門でドルを提供し，産業的にも政治的軍事的にも世界経済の中心国としての役割を果たしていた．しかし，70年代以降アメリカの経常収支赤字が顕著になり，80年代の純資本輸入国・純債務国への転換は覇権国としてのアメリカ経済力の衰退を意味した．

　世界編成の構図は次のようにまとめられよう．①自由主義段階では産業・貿易・金融の分野ではイギリスが単一の指導的先進国であり，重商主義段階はそれを準備した．帝国主義段階では産業の軸心がドイツ・アメリカに移ったが，イギリスが世界に資金を提供する資本輸出国であった．産業基軸国が複数化したが，世界経済はロンドンの国際金融市場としての金融仲介機能を通してイギリスを中心に編成されたパクス・ブリタニカの世界であった．②両大戦間期は，敗戦によるドイツの産業力の後退，イギリスの金融力の相対的低下と資本輸出国アメリカの中心国としての意志の欠如による「インターレグナム（中心国空位の時代）」であり，③戦後60年代まではアメリカが圧倒的な経済力を背景に軍事・政治力でも世界編成の中心的役割を果たしたパクス・アメリカーナの時代であった．④70年代以降，アメリカ経済が世界経済のなかでなお大き

な位置を占めてはいるが,とりわけ対外不均衡の拡大と純債務国への転換に注目すると,戦後のパクス・アメリカーナは衰退期にはいったとみてよさそうである.世界編成という観点からみると,資本主義の世界史的発展段階は歴史的には2つの大段階としてみることができよう.

3）市場経済による世界編成の限界

世界経済は市場経済の論理だけで編成されるわけではなく政治・軍事的,地政学的,宗教的,民族的及び文化的諸要素など非市場的要因も時として重要な役割を果たすこともあったが,基本的には市場経済の論理によって編成されることによって発生する問題と,それによって処理し解決されないいくつかの問題を抱えることになった.これらの問題に共通するのは,いずれも世界編成の構造的転換の時代に発生し,世界的な性質を帯びている点である.

第1には,世界大戦の勃発である.第1次大戦（1914〜18年）はイギリスとドイツを主役とする帝国主義諸列強が参画した史上初めての世界大戦であった.戦争の必然性の市場経済的要因を探れば,〈金融資本―不均等発展―力に

Column 1　資本主義の発展段階と世界経済の編成

「資本主義の発展段階は,各段階において指導的地位にある先進資本主義国における,支配的なる産業の,支配的なる資本形態を中心とする資本家的商品経済の構造を,……世界史的に典型的なるものとして,……この発展段階に応じて変化するものとして,解明」（宇野弘蔵『経済政策論』改訂版,弘文堂,1971年）しようとしたのが,いわゆる宇野段階論である.宇野段階論の対象は,第1次世界大戦までであり,その後は現状分析の対象とされた.この点を巡り,その後,段階論の再構成の新たな試みが,福祉国家論（加藤栄一・林建久）,戦後のアメリカをも対象とした金融資本の再構成（馬場宏二）,原理論のブラックボックス論の観点からの類型論（山口重克）など積極的に展開されることになった.世界経済は産業基軸国―金融中心国いわゆる指導的先進国の複数化と交替によって編成され再編されてきたが,それはイギリスが世界編成の中心であったパクス・ブリタニカとアメリカが中心だったパクス・アメリカーナの時代であった.この世界編成の時期区分と世界史的な発展段階としての段階区分とはズレて異なることになるが,この点の解明は世界編成論として段階論を再構成するさいの独自の課題となる.

よる再分割〉にあり，イギリスの世界編成にたいするドイツの挑戦であった．第2次大戦は「民主主義」と「ファシズム」の戦いともいわれるが，世界編成の覇権をめぐる帝国主義間の対立という点では基本的には同様とみてよい．第2には，大不況（1870年代～90年代）と世界大恐慌（1929～33年）である．大不況の基因は産業基軸が綿工業から鉄鋼業を主軸とする重化学工業に移り，しかも世界の産業蓄積の基軸がイギリスからドイツやアメリカの鉄鋼業に移る産業構造の転換にあった．世界大恐慌は，29年秋のニューヨーク株式恐慌を発端としたアメリカ恐慌が世界農業恐慌とヨーロッパ金融恐慌へ波及し，再度アメリカに連鎖した．この世界的連鎖に注目すれば，1920年代のイギリスの金融力の相対的低下と資本輸出国アメリカの安定的な資金提供の欠如すなわち単一の金融センター不在による国際金融の不安定性が世界大恐慌の主因のひとつであった．

　第3には農業問題である．土地所有と土地投下資本の問題から農業の資本主義的生産は容易に実現されず，むしろ小農経営が支配的となる．自由主義段階のイギリスでは外国に農業生産を委譲し農業の資本主義的生産もみられたが，帝国主義段階には中農標準化傾向が一般化した．この経営の下では，農産物価格が下落すれば，販売額の確保から生産は増大し，農業問題は本格化した．また工業国では農業の保護政策が導入され，農業国では過剰生産が顕在化し，農業問題は世界化した．第4には累積債務問題である．途上国の対外債務の累積は債務の返済能力が高まらず債務返済の負担が増大する点にある．両者のバランスを回復するには，輸入した資本を生産的に利用し輸出を拡大するしかないが，それは他方で世界経済の拡大を条件とする．また資本が国際的に円滑に移動しないことが債務問題を深刻化させ，貸付国側の不良債権問題化とともに，国際金融の不安定性が醸成された．

　第5には通貨問題である．理論的には商品貨幣と信用貨幣の，現実的には基軸通貨にかかわる問題で，当初から国際性をおびた問題である．歴史的にみれば，ポンドやドルが国際的信用貨幣として「基軸通貨」——基準通貨，介入通貨，準備通貨——としての機能を果たしてきたが，ポンドやドルの信任欠如による基軸通貨としての「通貨危機」といってよい．20年代，30年代のポン

ド・ドル危機と金本位制の停止，60年代のドル危機，71年ドルの金兌換停止，変動相場制への移行である．第6には資源問題である．代表的には1973年，79年の原油高騰である．直接的には，石油多消費型産業を基軸とした高度成長による大量消費という需要側の要因と，産油国の余剰産油能力の減退やOPECのカルテルによる生産制限による供給制約にあったが，基軸国アメリカの衰退によるドル減価とともに，産油国の資源ナショナリズムの高揚という政治的側面も無視できない．安価で安定的な原油供給体制の背景には産油国中東の安全保障体制があったが，アメリカの経済力の衰退と軍事的・政治的影響力が弱体化するなかで産油国の資源ナショナリズムが高揚した．

2──現代の世界経済

この節では，とりわけ80年代以降の世界経済の特徴として，1) 経済のグローバリゼーションの顕著な進展，2) EUやNAFTAにみられる制度で仕切られた地域統合化と東アジアにみられる事実上の地域統合化の進展・深化，そして3) 世界の産業編成の新たな基軸地域としての東アジア地域の台頭の3点を取り上げて考察する．

1) 経済のグローバリゼーション

現代の世界経済の動きを解くキイワードのひとつはグローバリゼーションといってよい．経済のグローバル化は，固定相場制から変動相場制に移行した70年代初頭以降顕著となりとりわけ90年代にはいると戦後冷戦体制の崩壊を契機に全世界を覆い尽くすかのような勢いを増している．現代のグローバリゼーションは，歴史的にみると第1期（1870年代～第1次大戦）のグローバリゼーションに次ぐ第2期のグローバリゼーションといわれるが，両時期の大きな相違のひとつは，第2期のグローバリゼーションが覇権国アメリカ経済の衰退のなかで進展している点にある．

経済のグローバリゼーションは，まずモノ，カネ，ヒト，サービス，情報が国境を越えて大量に移動している事態として捉えることができよう．とりわけ

世界貿易や世界的な国際資本移動の伸びは世界経済の成長の伸びをはるかに上回り，経済のグローバル化は各国・地域の関係や連携を密にし世界経済の統合化の様相を強め，各国・地域の経済が貿易や資本の動きに左右される度合いを高めてきた．モノやカネなどの移動には，生産技術，企業組織，金融など経済制度やシステムなどの移転が伴い，これらの移転は生産，労働，企業内や企業間の組織や金融などにかかわる慣行，規範，規律，ルールなどの要素とともに，これら諸要素を構成する各国・地域の特性といえる文化的諸要素も移転されることになる．グローバル経済の進展は各国・地域の歴史的，社会的，文化的特性に基づく独自の経済システム移転の大競争の時代といってよい．

　また，経済のグローバル化は経済システムの移転を通してとりわけ受入国の経済発展を促す一方，各国・地域間，国・地域内の都市・農村部で経済的格差を拡大することに加え，制度・組織及び文化的諸要素の移転が受入国・地域の歴史的・社会的・文化的諸要素を浸食し時には解体をせまり，経済領域及び生活領域でも対立と摩擦を誘発している．経済のグローバル化の進展はグローバル化を推進する IMF，WTO などの国際機関や先進諸国会議サミットなどにたいする抗議行動として反グローバル化運動が世界的に頻発している．

　経済のグローバル化が進展した背景や要因については，以下の 3 つの点を指摘しておこう．ひとつは，1971 年ドルの金交換停止を契機に 73 年から先進国で固定相場制から変動相場制に移行した．変動相場制への移行は企業活動や資本取引に大きな影響を及ぼした．国内生産拠点を基盤とした企業活動は為替変動によって輸出入の増減にさらされ，また国際資本取引は為替変動によって大きなリスクにさらされた．2 つには，国境を越えた生産拠点の移転が活発に行なわれるようになった．為替変動とともに，貿易摩擦，関税障壁など貿易に及ぼす影響が生産拠点の海外移転を促進し，外資企業受入国では税制など優遇措置策がとられ経済開発が志向された．いわゆる対外直接投資は 80 年代以降活発化し，先進国間にとどまらず途上国向けも急増した．企業の生産，調達，販売，開発・研究など事業活動が国境を越えてグローバルに展開され，グローバル企業のネットワーク化が顕著になった．3 つには，IT 通信関連での技術革新の高度化である．企業の情報処理能力の高まりは企業内・企業間の組織関係

をスリム化し，企業組織の進化を促した．またIT関連の技術革新は製品のダウンサイズ化や新製品開発に寄与し，生産工程への積極的な導入によって生産工程の分散化と効率的生産を可能とした．また金融分野では新商品やリスク分散取引の開発など金融革新を促し，金融のグローバル化に寄与した．

　最後に，現代のグローバリゼーションの第1期との相違についてみておこう．60年代後半とりわけドイツや日本など先進国の追い上げから国際競争が激化し，アメリカの貿易収支は著しく悪化した．貿易収支の悪化は一面ではとりわけアメリカ製造業の産業競争力の弱体化を意味し，アメリカの産業覇権の衰退の始まりといってよい．60年代後半以降，アメリカ企業は競争力回復のために生産拠点の海外移転を積極的に展開した．また，74年資本輸出規制，預金金利上限規制や金融業務範囲規制が撤廃され，30年代ニューディール期を源流とする金融諸規制は緩和されはじめ，金融自由化策が世界的に導入され

Column 2　グローバリゼーション

　現代世界をとらえるひとつのキイワードがグローバリゼーションである．グローバリゼーションについては，経済，政治にかぎらず社会，文化などさまざまな領域で議論がなされている．批判的には，「カジノ資本主義」，「ターボ資本主義」，「無秩序資本主義」，「純粋資本主義」の名称で呼ばれることもあるが，「グローバル資本主義」という呼び名が市民権を得てきている．ジェームズは，19世紀のグローバリゼーション（第1期のグローバリゼーション，1870年代〜第1次大戦）が20年代の大恐慌によって崩壊した幾つかの原因を歴史的に検証している．19世紀末以降，資本，もの，人，情報の移動によって経済の一体化が進み，第1次大戦までは貿易，資本移動，移民が現在を上回るほどに活発化した．しかし，第1期グローバリゼーションは大恐慌の発生─金融システムの不安定性によって崩壊し，金融危機の国際的連鎖，保護主義の台頭，移民排撃運動などが生起し，終焉した．その崩壊要因として，世界経済システムの内包する欠陥（自壊説），グローバリゼーションのもたらす所得格差拡大への怒り（反動説），統合の進展に伴う心理的・制度的変化への不適応（制度的欠陥説）に言及し，自由放任の流れを管理する仕組みや制度の欠如が主因であると強調する．現在，国際連合，IMF，世界銀行，WTOなど国際機関がグローバリゼーションがもたらすさまざまな問題を制御することができないとすれば，第1期と同様に，近い将来歴史の振り子のように大きな揺り戻しが生じるかもしれないと警告する．

始めた．金融自由化策はニューヨーク国際金融市場を活動基盤とするアメリカ金融業の国際競争力の強化・拡大を意図していた．いいかえれば，アメリカは産業覇権が衰退するなかでニューヨーク国際金融市場の地位強化によって金融覇権を維持し覇権国アメリカを再構築しようとするものであった．企業の国境を越える事業展開，金融自由化によるグローバリゼーションはアメリカ発であったといってよいが，それはまたグローバル化を受容し追認する各国・企業間の経済システムの移転をともなう大競争の始まりでもあった．

2）地域統合化の深化

　経済のグローバル化が進展するなかで，その流れと対立するかにみえる地域統合化の進展・深化がとりわけ90年代以降顕著になってきた．近年FTA（自由貿易協定）の締結やそれに向けての協議が活発化し，その動きが加速されている．ここでは，EU，NAFTAと日本を含めた東アジアにおける地域統合化の深化を域内貿易の緊密化に焦点を当て，3地域の特徴を比較してみよう．まず，3地域の経済規模を，2001年の名目GDP，世界貿易，人口の世界シェアによってみれば，EU（25％，37％，6％），NAFTA（37％，22％，7％），東アジア15カ国（22％，23％，33％）で，GDPでNAFTAが，世界貿易でEUが，人口で東アジアが最大であるが，2004年5月中東欧10カ国が新たに加盟したEUのGDPはほぼNAFTAに匹敵し，経済規模としては最大の地域となった．

　ⓐ EU　EUは1999年1月に単一通貨ユーロを導入し，経済統合にとどまらず政治的統合を志向している．EUの域内貿易は90年代の伸び率は高くはないが，2002年の域内輸出・輸入比率は61％，59％に達し，NAFTA，東アジア地域と比べて極めて高い．域内貿易はドイツ，フランス，イギリス，オランダ，イタリアの5カ国が担い，域内貿易の5カ国のシェアは7割に達する．域内の貿易基軸国は2割を占めるドイツである．主要貿易ルートはドイツ↔フランス・オランダ・イギリス・イタリアの四大基軸，フランス↔イギリス・イタリア・オランダ，オランダ↔イギリスの中軸，イタリア↔イギリス・オランダの小軸からなる．次に域内貿易の財別構成をみると，工業製品が8割，食糧・

原材料などが2割であるが，食糧・原材料で域内比率が7割と高く，工業製品では機械輸送機械（一般機械，電気機械，輸送機械）の域内比率が高く，繊維製品など他工業製品では6割が域外貿易で東アジアからの輸入が急増している．

　農業など一次産品と工業製品の域内貿易特化係数（当該国の（輸出額－輸入額）／（輸出額＋輸入額）×100）をみると，一次産品ではフランス，オランダが輸出特化，工業製品でドイツ，イタリアが輸出特化，フランス，オランダも輸出特化に転じた．次いで工業製品貿易の過半を占める機械輸送機械の域内貿易特化係数をみると，ドイツが全製品で，イタリアが一般機械で，フランス，イギリス，オランダが事務用・自動データ処理機，通信・音響機器で輸出特化を高めている．機械輸送機械を除く他工業製品では，イタリアが原材料別製品で，オランダ，フランスが化学製品で輸出特化である．ドイツの輸出特化度は一般機械，電気機械，自動車で高いが，主要5ヵ国は一次産品・工業製品貿易で相互に補完的な貿易関係にある．さらに主要貿易財の機械輸送機械の域内産業内貿易指数（当該国の［（輸出額＋輸入額）－｜輸出額－輸入額｜］／（輸出額＋輸入額）×100）をみると，ドイツの産業内貿易指数は70％とやや低いが，他の主要国の指数は90％台と極めて高く，域内における同一産業内の双方向の貿易が活発である．域内貿易は農工間・産業間分業に加え産業内貿易を軸に補完関係と競合関係のもとで進展・深化している．

　主要国の域内貿易収支は，ドイツ，オランダが黒字，イギリス，フランス，イタリアが赤字であるが，貿易収支の流れは特定国に収斂することなく貿易財別の収支レベルでみた資金の流れには幾つかの循環経路が形成されている．域内貿易の密接な関係は域内相互の直接投資増大による部品等中間財及び完成品の相互の輸出入が増大する産業間・産業内貿易すなわち企業内貿易の増大によって支えられていた．

　ⓑ **NAFTA**　NAFTAは米国とカナダのFTAに94年メキシコが加わり発効し，域内貿易は急速に拡大した．2002年域内輸出・輸入比率は44％，38％に達した．NAFTA域内貿易の特徴はメキシコ・カナダの対米輸出比率が8割に達し対米依存度が極めて高い点にあり，米国の域内貿易比率は3割と低い．域内貿易は米国↔カナダ・メキシコがそれぞれ半分を占め，カナダ↔メキシコ

は1％と極めて小さく，貿易の伸びは米国とメキシコ間で顕著である．域内貿易の財別構成をみると，カナダの対米輸出で一次産品の割合が2割と高いが，8割が工業製品で，その6割は機械輸送機械である．

　工業製品別の域内貿易特化係数をみると，カナダ・メキシコは化学製品で輸入特化であるが，カナダが原材料別製品で，メキシコがその他製品で輸出特化で，90年代に機械輸送機械でも輸出特化に転じた．機械輸送機械の財別の域内貿易特化係数をみると，カナダ・メキシコは一般機械，電気機械で輸入特化であるが，自動車で輸出特化，事務用等機器では輸出特化に転じた．この傾向はとりわけメキシコで顕著である．カナダ・メキシコはとりわけ事務用機器・自動車で対米輸出生産基地化を強めたが，事務用機器，電気機械で対米輸出生産基地がカナダからメキシコにシフトしている．域内の産業内貿易指数はカナダ・メキシコとも2000年90％と極めて高く，とりわけメキシコの電気機械で著しく高まり，双方向の貿易が活発である．またメキシコの事務用機器・自動車では輸出特化度が高まるなか産業内貿易指数が60％台にとどまるのは，域外輸出基地化の強まりを示す．産業内貿易の拡大は，在カナダ・メキシコの米系進出企業の調達・販売活動に即していえば，部品等の中間財及び機械設備を米国から輸入し，完成品及び部品等を米国へ輸出する工程間分業による企業内貿易が担っていた．

　貿易収支は米国の一方的な赤字である．米国はカナダ・メキシコに巨大なアブソーバー機能を果たしているが，他方両国は米国経済の動向にきわめて影響されやすい関係にある．NAFTAの域内貿易は米国系進出企業の企業内貿易の拡大による相互依存関係が強まってきたが，カナダ，メキシコの一方的な対米依存関係，米国の対両国貿易赤字の拡大，米国の域外貿易比率の高さに留意すると，EUと比べて相互の緊密な関係は面の関係ではなく線の関係にとどまっている．

　ⓒ東アジア　日本を含む東アジア地域には，制度で仕切られたEU・NAFTAと異なり明確な自由貿易協定はなく，現在東アジア地域では日本とシンガポール，中国とASEANなどFTA締結に向けて協議が模索され始めた．日本を含む東アジアの域内貿易は90年代に急増し，2002年総輸出入に占

める域内輸出比率は48%へ，輸入比率が54%へ高まった．域内の主要貿易ルートをみると，90年の日本↔NIES・ASEAN，中国↔NIESの三大基軸ルートに，NIES↔ASEANルートが加わり四大基軸ルートが形成された．さらにASEANとNIESの各域内，日本↔中国ルートが中軸ルートに成長し，東アジア域内には4地域・国相互間をつなぐ面としての貿易関係が形成されてきた．とりわけ，NIESの中国向け輸出，ASEAN域内貿易の伸びが顕著である．いいかえれば中国・香港は域外向け輸出を堅持しながら，日本，中国，香港の域内アブソーバー機能が強まってきた．

域内貿易の主要財は機械（一般機械・電気機械），輸送機械，繊維，化学，金属製品からなる工業製品であるが，主要貿易財の一般機械・電気機械を取りあげて，域内貿易の相互依存関係をみてみよう．域内貿易のシェアをみると，輸出で日本シェアが低下し，NIES，ASEAN，中国のシェアが高まり，輸入で日本，NIESシェアが高まる．域内の貿易特化係数は日本の輸出特化度の低下，ASEANの輸出特化への転換，NIES，中国の輸入特化度の低下が顕著である．日本のASEAN・中国からの輸入が急増し，NIESの域内（香港向け）・ASEAN向け，ASEANの域内・NIES（香港）向け輸出が急増したからである．また域内の産業内貿易指数は，日本と中国，ASEAN間，ASEAN域内，NIES間とASEAN間で80～90%と高く，中国・NIES間でも高まる傾向にある．日本の輸出特化度の低下，ASEANの輸出特化への転換，NIES・中国の輸入特化度の低下そして産業内貿易指数の高まりと高い水準は，90年代に域内貿易の緊密な相互関係が面として形成されたことを示す．

東アジアの域内貿易収支は全体としては日本の黒字，中国，NIES，ASEANの赤字であるが，工業製品の貿易収支レベルでみた資金の流れは特定国に一方的に収斂することなく，域内で循環する経路がみられる．NAFTA域内の米国の一方的赤字とは異なり，域内での香港のアブソーバー機能を基点に，日本・中国・韓国（台湾）間，NIES・ASEAN・中国の間に循環する経路が形成されている点は注目してよい．

域内の緊密な貿易関係は日本を含む域内からの直接投資の急増にあった．日本の対東アジア直接投資は80年代後半のNIESから90年代にかけて

ASEAN・中国向けにシフトした．加えて，域内とりわけ NIES の域内向け投資が加わった．90 年代の域内投資をみると，中国が最大の投資受入国，次いで ASEAN で，投資国は日本そして NIES である．最大の投資先である対中国投資（実行ベース）をみると，90 年代は香港が 5 割，台湾・シンガポール・マレーシア・タイなど華人地域それに日本，韓国が加わり，域内からの投資が 7 割強に達する．2001 年中国の WTO 加盟を契機に，欧米諸国からの対中国直接投資が急増しているが，域内直接投資の急増が面としての密接な域内の貿易関係を形成した．

3）東アジア地域の台頭

東アジアの持続的成長は 97 年通貨金融危機で中断を余儀なくされたが，その後も持続し，日本を含む東アジアは世界の一大産業基軸地域となった．東アジアの持続的成長については，国家の役割，市場経済の導入やそれに相応する環境整備などが指摘されるが，持続的成長を支えた世界経済的な枠組みに注目してみてみよう．

まず，80 年代後半 NIES は日本から原材料，部品，機械設備などを輸入し，完成品を米国向けに輸出する日本・NIES・米国の成長トライアングル網が形成されたが，90 年代に輸出先は域内に大きくシフトした．日本の逆輸入の増大，域外輸出基地としての中国の輸入増大，香港の域内・外を中継する再輸出急増が域内にアブソーバー機能を提供した．香港の中継貿易をみると，香港の自由貿易港，香港ドルの米国ドルペッグ，中国広州への隣接，広東語など地政的・文化的要因などを背景に域内諸国の香港を経由する中国アクセスがはかられた．香港の再輸出急増は，日本を含む台湾・韓国・ASEAN の香港向け輸出の中国向け再輸出と，中国の香港向け輸出の米国向け再輸出ルートから主としてなるが，それは域内諸国→香港→中国（生産基地）→香港→域外向けとして域内外を中継する．この香港経由貿易に二国間の貿易が加わり，東アジア域内には日本・中国・NIES との間に複数の小トライアングル網が形成され，域外貿易では日本・中国・米国間に新たな大トライアングル網が形成され，域内外の新たな貿易ルートの形成が輸出志向型経済成長を支えた．

次いで，東アジアの域内外の主要貿易財は繊維・衣料，玩具など雑製品，鉄鋼・化学などの伝統的素材製品から新産業とも呼ばれるIT関連の電機・電子の工業製品である．なかでも一般機械，電気機械，輸送機械の機械輸送機械では工程間分業に基づく産業内・企業内貿易が域内の緊密な貿易関係を担っている．日本と東アジアの貿易関係にそくしてみると，東アジアは域外輸出迂回・現地販売生産基地に加えて日本向け生産基地化が強まった．とりわけ事務用機器，音響・映像機器，家電機器，通信機器では日本が基幹部品を輸出し，現地生産した完成品を日本が逆輸入する関係が顕著になった．また半導体等部品では日本とNIES・ASEAN間の相互貿易が急増し，日本の完成品の逆輸入が増大し，日本と中国間でもこの傾向が強まり，日本のアブソーバー機能が高まってきた．

さらに，「世界の工場」・「巨大消費市場」としての中国の存在が域内にとって大きい．中国は，2003年輸出で日本に次ぐ第4位，輸入でドイツに次ぐ第3位となり，日本と並ぶ世界第4位の「貿易大国」に成長した．主要輸出財は繊維製品・衣料品など労働集約的製品から電機・電子部品など技術集約的製品の工業製品が9割強に，輸入財でも機械輸送機械を過半とする工業製品が8割強に達した．中国は繊維・同製品輸出や合成繊維・同織物輸入に加えて，音響機器，コンピュータ・周辺機器，事務用機器，映像機器などIT関連完成品輸出で，また半導体等電子部品やIT関連製品の部品輸入で世界の第1位，第2位に躍進した．DVDプレーヤーやデスクトップパソコンの世界生産でも首位に躍り出た．こうした工業製品の生産・輸出入を担ったのは進出外資系企業である．外資系企業の輸出入が中国の総輸出入に占める割合は2002年5割を越えた．

他方で所得格差の拡大，国有企業改革の遅延，巨大な不良債権など諸問題を抱え経済の過熱が懸念されるが，所得水準の向上・個人消費の底上げ，沿岸都市部での超富裕層・中間階層の出現によって巨大な国内消費市場が形成されている．購買対象はテレビ，洗濯機，冷蔵庫など耐久消費財はもとより自動車，住宅，ブランド製品や高級耐久消費財に向かっている．巨大な国内市場をめぐる国内・外資系企業の競争は激しく，家電産業ではハイアールなど中国の地場

企業が外資系企業を凌駕し，また自動車産業では世界のトップメーカーすべてが参入し，中国市場を制する企業が世界市場を制する観がみられる．

「世界の工場」・「巨大消費市場」に成長した貿易大国中国を内に抱えた東アジアの域内貿易の緊密化は，東アジアが世界の産業編成の一大拠点となったことを示す．とりわけ世界貿易の18％を占めIT関連製品貿易で東アジアの輸出シェアは過半に達し，電子部品生産では東アジアシェアが6割に達する．東アジア地域はIT関連製品で世界最大の生産・輸出基地であると同時に消費・需要地域であった．新たな成長産業であるIT関連産業を軸とした東アジアの台頭は新たな世界編成を担う一大産業基軸地域となった．

3 ── 現代世界経済の問題

この節では，現代の経済のグローバル化が抱える諸問題として，1）金融危機のグローバル化，2）アメリカのグローバリズム，3）アメリカ経済力の衰退，の3点を取り上げて考察する．

1）金融危機のグローバル化

グローバリゼーションは経済領域のなかで金融のグローバル化に最も顕著にみられる．金融のグローバル化の進展は，国際資本取引，為替取引，リスク回避取引，新たな金融派生商品取引の激増としてあらわれているが，ここでは金融のグローバル化が金融危機の国際的連鎖を引き起こす点についてみてみよう．

73年変動相場制への移行を契機に，70年代以降世界的な資本取引，為替取引が激増した．資本取引が激増し，それにともなって為替取引が貿易などの経常取引すなわち実需を遙かに上回る規模で急増した．世界の一日平均の為替取引は一日の世界貿易額の数十倍に達し，世界の外国為替取引総額は80年代と比べると90年代にはおよそ10倍に膨れあがった．それとともに，金利，為替変動によるリスクを回避する取引やハイリターンを期待する投機的取引も急増した．先物，スワップ，オプションなどデリバティブ取引はリスク回避・リ

ターン取得を狙った取引として金融革新を伴いながら拡大した．金融のグローバル化の著しい進展は，国際金融市場の単一で統合化された様相を示すとともに，それはまた金融危機を世界的に波及させることにもなった．

金融グローバル化の進展の背景や要因については以下四つの点が指摘できる．

まず，①71年ドルの金交換停止（ニクソンショック）による73年変動相場制に移行した点が挙げられる．固定相場制のもとでは，固定相場の維持のために資本の世界的な移動は比較的に抑制されていたが，変動相場制のもとでは為替変動リスクへの対応から資本取引規制の自由化や資本取引の拡大が促された．次に②73年，79年の2度のオイルショックにより産油国と非産油国の間に収支不均衡の拡大，また70年代以降，アメリカの貿易赤字増加と日本の黒字増大などから世界的な国際収支不均衡の拡大が継続した．この資金偏在がユーロ市場の成長を促し，世界的な資本取引の拡大に寄与した．国際的不均衡の継続は急増する資本取引によってファイナンスされたが，それはまた国際不均衡それ自体の拡大を容易化し，資本取引の急増を促した．

③変動相場制移行後の74年アメリカで資本輸出規制の廃止，国内の預金金利上限規制や業務範囲制限の撤廃，いわゆる金融自由化策が導入され，以後先進国並びに途上国でも金融規制緩和など自由化政策が急速に導入された．とりわけ途上国では，80年代以降中南米諸国で，90年代にアジア諸国で資本自由化策がアメリカやIMFなど国際機関の圧力のもとで早急に導入され，大量の外国資本が流入した．それは一面では途上国の経済開発に寄与したといってよいが，途上国側の早急な自由化策による大量の外資流入は経済のバブル化を誘発し，そこに国際金融状況の変調などから外資引揚げ圧力が加わると，一国の経済破綻を容易に招くことになった．④IT通信分野における技術革新の進化が挙げられよう．IT通信の技術革新の進化は，金融情報の瞬時の処理・伝達能力を高度化し，世界的規模で急増した資本・為替取引を容易化するだけでなく，金融工学的手法の導入によってリスク回避の手法や新たな金融派生商品を開発するなど金融革新を可能とした．ハイリスク・ハイリターンの投機的取引はリスク分散と時としてリスク集中を背負うことにもなった．

変動相場制下の国際的な資本取引の激増は，一面では拡大する対外不均衡のファイナンスや途上国の経済開発に寄与することにもなるが，他面では金利・為替変動のリスクから累積する資産負債が大きく変動し，経済活動が破綻する危険性にさらされる．とりわけ途上国では，経済活動が大量に流出入する資本移動に大きく左右された．

94年のメキシコの通貨危機や97年のアジア通貨危機は，経常収支の悪化による基礎的不均衡よりも，流入外資の流出による資本収支危機を基因とする新たな危機として21世紀型の通貨・金融危機と呼ばれた．それは当該国の突然の通貨減価という通貨危機に止まらず，金融機関の破綻から金融システムの機能麻痺にいたり，経済破綻にまで行き着いた．さらに，通貨・金融危機は一国に止まらず，メキシコ危機では中南米に，アジア危機ではタイ，インドネシア，韓国に波及し，98年ロシア，99年ブラジルへ飛び火し，最終的にはアメリカの著名なヘッジファンドLTCM（ロングターム・キャピタル・マネジメント）の破綻にまで行き着いた．金融グローバル化の下では通貨・金融危機は瞬時に国際的に波及・連鎖する点にその特徴があり，それは金融危機のグローバル化といってよい．各国・地域の金融環境を無視して推進される世界的な金融自由化策がもたらす大量の外資流入とヘッジファンドなどの引揚げを契機とする瞬時の外資の大量引揚げにその一因があるが，その影響は一国に止まらない．

2）アメリカのグローバリズム

イラク戦争に端的にみられるように，国連合意のないアメリカがとった単独行動主義は「民主主義」アメリカ帝国と揶揄されたが，この単独行動主義は軍事・政治領域に限ったことではなく，経済領域においてもアメリカンスタンダードを普遍的なグローバルスタンダードとして強制するグローバリズムに顕著である．90年代にその勢いは加速するが，その背景には，冷戦終結後の米国の超「軍事大国」化，ニューエコノミーと呼ばれた経済「繁栄」があったが，アメリカが世界にたいしてアブソーバー機能を提供している点も無視しえない．

アメリカ発のグローバル化は，市場での自由競争が効率的な資源配分を実現

できるという市場原理主義の理念・信念と，冷戦終結後の90年代の世界とアメリカの政治経済状況に裏打ちされた確かな確信に基づいて勢いを増してきた．アメリカのグローバリズムは，たとえばアメリカの通商政策が80年代に自由主義から攻撃的保護主義に大きく転換した点に端的にみられた．政策転換の背景には，アメリカが国際競争の激化から巨額の貿易赤字を抱えた点にあった．アメリカの貿易赤字や産業競争力低下の原因が外国の不公正な貿易上の障害にあり，アメリカの輸出を抑制しているとして，市場開放しているアメリカと同様に「同じ土俵での競争」のために通商ルールの変更を迫るものであった．アメリカは自国産業の競争力強化の手段として「公正」の名のもとで，比較的競争力の強いといわれる農業，サービス，投資面で米国企業の市場アクセスの拡大要求や，知的財産権保護，労働基準，環境基準など「非関税障壁」を持ち出し「不公正慣行」の排除を強制した．

とりわけ赤字が拡大した日本にたいして輸出拡大を図るために，産業政策，政府諸規制，企業系列，高貯蓄性向などが「不公正慣行」としてその改革が求められ，市場開放の証として数値目標が強要された．89年日米「構造協議」では内政干渉ともいえる構造改革を日本に迫った．他方でアメリカの輸入抑制を図るために，繊維，鉄鋼，自動車，半導体交渉などでは日本の輸出自主規制に持ち込むなど輸入保護主義が高まった．いわゆるダブルスタンダードの使い分けである．また他国の不正，不合理，不公正慣行や制度を排除するため，反ダンピング法，通商法301条，スーパー301条項などの対抗措置の強化によってアメリカのルールにそう通商ルールの変更を強制した．90年代には赤字が急増した中国をはじめとした東アジアにたいし知的財産制度の厳格な執行や時には「人権問題」をちらつかせ慣行や制度の改革を強制する姿勢が顕著となった．

また97年アジア通貨危機では，その原因が政官財，財閥内，銀行と企業との「癒着」構造にあるとしてアジア的「クローニー（縁故）資本主義」が厳しく批判され，ワシントンコンセンサスに基づくIMFの金融支援のコンディショナリティとしてアジア的金融や「クローニー」といわれた経済の構造改革が強要され，アメリカ的自由市場経済の導入が強制された．この危機の原因につい

ていえば，アジアの経済構造に原因がなかったとはいえないが，アメリカの推進する金融自由化策の早急な導入や事実上のドルリンク制などによる外資の大量流入と外資の大量流出が主因のひとつであったといえよう．しかし，アジア通貨危機が迂回してアメリカ国内のLTCMの破綻に行き着くと，ニューヨーク連銀は金融機関に共同して救済支援を行なうよう指示して救済した．アジアに向けて市場原理の推進を説き，内に向かっては反市場原理の行動をとるなど一貫性に欠け，国内外でのダブルスタンダードを使い分けた．アメリカにそうルールだけが効率性，公正，合理的であるとし，制裁の脅しをかけてアメリカのいう「構造改革」を迫るのは，アメリカグローバリズムそのものであり，「覇権国」アメリカの衰退と無縁ではない．

3）アメリカ経済力の衰退

米国の貿易収支の赤字は90年代にも増大傾向にあり，2003年には5355億ドルに達し，対GDP比4.8％に達する．サービス収支は黒字であるが，経常収支の赤字も増大し，その赤字は対GDP比4％近くに達し，対外不均衡は拡大傾向にある．貿易収支赤字の過半は日本を含む対東アジアである．とりわけ2000年以降対中輸入が急増し，2002年には対中輸入が対日輸入を上回り，01年以降対日赤字に代わり対中赤字が最大となる．中国人民元切り上げ圧力が加わるのもこの点にかかわっている．対外不均衡の拡大はサービス産業を除く米国の産業競争力の低下を示すものであるが，他方米国が東アジアにたいしてアブソーバー機能を提供し，アメリカ経済の進展如何が東アジア経済の動向を左右しているともいえる．また，米国の財政収支も98～2001年度に一時的に黒字に転じたが，イラク戦争を契機に大幅な赤字に逆戻りした．赤字は2003年3753億ドルに達し，対GDP比3.5％に達した．

この「双子の赤字」の急増は金融政策上アメリカをジレンマに陥れる．対外赤字のファイナンスには金融引締めが求められ，金利引上げや株価・債券相場下落は国内経済の足かせとなる．他方，財政赤字のファイナンスのための国債の大量発行は金融緩和策を要請する．この回避策として，アメリカは国際協調の名のもとに他国に金融緩和策を強制する．海外の個人・機関投資家はアメリ

カでの資金運用が強要され，米国債・株式などアメリカ資産を大量に保有する．とりわけアジア通貨危機後にはアメリカへの資金一極集中という事態が生じ，双子の赤字は容易にファイナンスされ，90年代の「ニューエコノミー」と騒がれたバブル化する経済を支えた．

「双子の赤字」の継続は基軸通貨ドル暴落の可能性を示唆するといってよいが，アメリカへの大量の資金流入がドル暴落を回避している．日本は民間レベルで対米資本輸出国のなかで最大の投資国であるが，公的部門でも最大の投資国である．世界の外貨準備の過半以上を保有する日本や中国など東アジア諸国がドルを支えている．とりわけ日本の通貨当局は円高・ドル安局面で大量の為替介入を繰り返し，積みましたドルを米国債で運用し，中国など東アジア諸国

Column 3　新たな国際秩序の形成

　国際政治学者ギルピンは，資本主義の第1の興隆期（19世紀から第1次大戦まで），第2の興隆期（第2次大戦後の冷戦期）に貿易の自由化と繁栄が謳歌されたのは「強力な政治的基盤」があったからであると捉える．第2次大戦後の強力な政治的基盤は，米国のリーダーシップと米国，西欧，日本との政治的協力関係にあった．冷戦終結後，貿易・通貨システムの不安定化，金融の脆弱性，保護主義的な地域統合化が顕著となり，一方グローバリゼーションの及ぼす作用にたいする不満も一段と高まるなかで，グローバル経済の安定と統合を維持するには，強力な政治的基盤の再構築が必要であるとして，(1)一国の狭義の利益よりも，広い政治目的のためにパワーを行使するという米国のリーダーシップの復活，(2)主要な経済パワーである米国，EU，日本によるルールにもとづく国際貿易や経済秩序の形成に向けての国際協力の形成，(3)経済的開放と自由市場に関与する国内的合意の再構築，の3点を提唱する．開かれた世界経済の基礎となる強力な政治基盤が作られないとすれば，第1の黄金期と同様に，グローバル資本主義の第2の黄金期は消え去ってしまう可能性が高い，という．ギルピンの主張は，前著書『世界システムの政治経済学』の「覇権安定論」に通ずるものであるが，中心国のリーダーシップあるいは果たすべき責任を強調する経済学者キンドルバーガーの主張とも共通している．世界でのアメリカの位置がなお大きいとはいえ，米国のリーダーシップ・責任や自由化策について過大に評価する点は疑問なしとはいえない．現状では，パクス・アメリカーナの再構築への余地を残しているとはいえ，地域統合化の深化，世界経済での東アジア経済の台頭などに注目すると，覇権国交替論が歴史認識の方法としてはともかくどこまで現実的に適応可能かどうか，今一度検討する必要もあろう．

も増加した外貨準備や為替市場への介入で積み増したドルをやはり米国債で運用している．日本や中国など東アジアの通貨当局はアメリカの双子の赤字をファイナンスし同時に，ドル暴落の回避を公的部門によって支えている．

アメリカの経済力の衰退は対外不均衡の継続的拡大に端的にみられるが，それはとりわけ日本や中国など東アジア諸国の産業競争力の向上による．その東アジア諸国が双子の赤字による基軸通貨ドルの暴落を民間・公的部門でのドル資産への運用によって回避していた．アメリカと東アジアは，アメリカの産業競争力の弱体化を推進する東アジアがアメリカのアブソーバー機能の提供に依存し，金融面で双子の赤字をファイナンスして基軸通貨ドルの暴落を支えるという危うい「持たれ合い」関係にある．国際協調の名のもとであれこの関係がいつまでも継続するという保証はなく，緩やかであれドル減価が進めば公的部門の評価損の累積によって支えるというタイトな関係にある．対米資本輸出の減少や資本引揚げはもちろんのこと，保有ドルのユーロへの転換など公的部門でのドル離れが生じれば，ドルの暴落という事態が到来する可能性はないとはいえない．

歴史的にみれば，世界経済は経済力，政治・軍事力，体制維持コストの負担，国際秩序そしてそれらを支える理念（イデオロギー）を提供する覇権国によって編成されてきたといってよいが，現状が衰退している覇権国アメリカの再構築に向けた時代なのか，あるいは単独覇権国による世界経済編成が困難になった時代に入ったのかは今なお明確ではない．前者の余地を残しているとはいえ，後者であるとすれば，アメリカのグローバリズムへの対抗軸は，アメリカの推進する市場原理主義への根底的な批判とそれに代わる理念の構築に加えて，グローバル化と同時に進展している地域統合化を地域特性に基づく緊密な地域連携によって強化するのもひとつの選択肢といえよう．その意味では，EUとともに，東アジアにおける地域統合化の進展如何が今後の世界経済の推移の鍵を握っているのかもしれない．

† **参考文献**

宇野弘蔵『経済政策論 改訂版』弘文堂，1971年．

SGCIME編『I世界経済の構造と動態』御茶の水書房,2003年.
加藤榮一・馬場宏二・三和良一編『資本主義はどこに行くのか―20世紀資本主義の終焉―』東京大学出版会,2004年.
河村哲二『現代アメリカ経済』有斐閣,2003年.
経済産業省編『通商白書 各年』経済産業調査会.
佐々木隆雄『アメリカの通商政策』岩波書店,1997年.
ジェトロ『ジェトロ貿易投資白書 各年』日本貿易振興会.
末廣昭『キャッチアップ型工業化論―アジア経済の軌跡と展望―』名古屋大学出版会,2000年.
侘美光彦『世界大恐慌―1929年過程と原因―』御茶の水書房,1994年.
中山弘正『現代の世界経済』岩波書店,2003年.
馬場宏二『新資本主義論―視角転換の経済学―』名古屋大学出版会,1997年.
本山美彦編『グローバリズムの衝撃』東洋経済新報社,2001年.
山口重克編『東アジア市場経済―多様性と可能性―』御茶の水書房,2003年.
Gilpin, R., *The Challenge of Global Capitalism : The Word Economy in the 21st Century*, Princeton University Press, 2000(古城佳子訳『グローバル資本主義 危機か繁栄か』東洋経済新報社,2001年).
Gray, J., *False Dawn : The Delusion of Global Capitalism*, 1998, London(石塚雅彦訳『グローバリズムという妄想』日本経済新聞社,1999年).
James, H., *The End of Globalization*, 2001, Harvard University Press(高遠裕子訳『グローバリゼーションの終焉―大恐慌からの教訓―』日本経済評論社,2002年).
Maddison, A., *The World Economy in the 20th Century*, 1989, OECD, Paris(金森久雄監訳『20世紀の世界経済』東洋経済新報社,1990年).
ADB, *Key Indicators of Developing Asian and Pacific Countries*, Philippines.
IMF, *Direction of Trade Statistics Yearbook*, Washington, DC.
OECD, *International Direct Investment Statistics Yearbook*, France.
OECD, *International Trade by Commodities Statistics*, France.
UN, *International Trade Statistics Yearbook*. Volume I, II, New York.
UNCTAD, *Handbook of International Trade and Development Statistics*, New York and Geneva.

(加藤國彦)

第7章

地球環境と市場経済

　現在，大気，海洋など生命体の究極的な基盤をなしている環境が地球的規模で破壊されつつある．その代表的な例として温室効果ガスによる地球温暖化がある．また地球的規模の環境破壊とはいえないまでも国境を越えた広域環境破壊として酸性雨による被害も深刻である．そのほかにも熱帯林の破壊，化学物質による汚染など多くの環境破壊が複合的に進行している．環境汚染の発生経路と被害状況をみるかぎり，もはや国境は防護帯として機能してはいない．これらの大規模な環境破壊は，その背景からみると，大きく分けて2つある．

　第1に，戦後，先進国によって構築された物質的富偏重の経済システム，換言すれば，大量生産―大量消費，そして大量廃棄によってもたらされた大規模な環境破壊がある．第2に，発展途上国における貧困，外貨不足・商品作物生産への特化，一部特権階層への土地の集中，人口の急激な増加などによってもたらされた森林，水や土壌などの資源の劣化がある．そして両者ともに複合的かつ相互作用的な関係にある．

　これまでのところ，発展あるいは開発という言葉の内実は，多くの場合経済発展あるいは経済開発を意味し，その場合，自然環境は所与の前提とみなされ，近視眼的な視点から貨幣的富と物質的便益の増大が最優先されてきた．そして経済活動がもたらす自然への破壊的作用は，地球環境問題が深刻化するまでは局所的に発生する水質汚染，大気汚染などを除くと，ほとんど考慮されることはなかった．しかし，市場経済システムは生産力（自然にたいする支配力）を著しく増大させ（社会主義経済もまた資本主義経済と同様に生産力の増強に力を注いできた），その結果，生産力は巨大なものになり，自然環境にたいしてもきわめて大きな影響力をもつようになった．もはや自然環境を経済活動の所与

の条件としてのみ考えればよい時代は過去のものになったといってよいだろう．

　1987年,「環境と開発に関する世界委員会（ブルントラント委員会）」は，報告書 *Our Common Future*（邦訳『地球の未来を守るために』）を公表した．この報告書は，地球的規模で進行している環境破壊に対処するために，すべての国がこれまでの環境破壊的な経済成長と開発のプロセスから脱却して「持続可能な発展（Sustainable Development）」，すなわち将来の世代がそのニーズを充足する能力を損なうことなく，現在の世代のニーズを満たすような発展（開発）の方向へ移行する戦略を早急に立て，またこの持続可能な発展を基本理念として国際協力を行なうよう提言している．

　地球環境問題は，貨幣的富と物質的便益の増大を最優先する近視眼的な物質文明にたいして根本的な見直しを迫っている．私たちは，地球環境保全を前提とした新たな社会発展を構想し，新たな社会経済システム，新しいライフスタイルの創造に向けた第一歩を踏み出さなければならない．私たちは，いま生きているこの時代を歴史の大きな転換点にしなければならないだろう．

　そこで，まず基本的には先進諸国の利害によって方向づけられた経済のあり方と環境破壊の関係，発展途上国の経済状態と環境破壊の関係についてそれぞれみておこう．

1──環境破壊と市場経済

　第2次大戦後，アメリカ，西ヨーロッパ諸国，日本などの先進諸国では，大量のエネルギーと資源を投入し，めざましい経済発展を遂げた．その中枢を担ったのが，規格化された製品を効率的かつ大量に製造するシステムを有する製造業であった．そして，残存していた伝統的な社会関係を解体し，労働者の生活の市場経済にたいする依存度を高め，さまざまな社会的制度によって大量生産に対応する大量消費が組織されたのだった．そのような社会経済パラダイムをここではフォーディズムと呼ぶことにする．

　フォーディズムにおいては，経済成長があらゆる社会関係の大前提をなして

おり，経済成長を達成するためにはイノベーションと大量生産―大量消費が必要不可欠だったのである．たとえ分配比率が不平等であっても，企業も労働者も経済成長と雇用確保によってはじめて増大した利潤と賃金から利益を受けることができる．また，大多数の人々の消費水準は賃金所得に依存しており，政府は，雇用を維持・拡大するためにも経済拡大策を優先しなければならなかった．さもなければ政府は国民からの支持を得ることはできないし，経済拡張策を採らなければ税収の減少によって財政の弾力性も失われることになる．

　そこでは環境を省みる視角はあったとしても対症療法的なものでしかなかった．資源やエネルギーが大量消費され，また，まだ使える製品が，企業の利潤動機によって組織されたイノベーションやモードの論理によって簡単に廃棄されてきた．先進諸国では，1960年代後半から70年代のはじめ資源と環境にたいする関心が高まり，大量生産と大量消費にたいする反省も生じた．その象徴としてローマ・クラブの『成長の限界』（D. H. メドウズほか／大来佐武郎監訳『ローマ・クラブ「人類の危機」レポート　成長の限界』ダイヤモンド社，1972年）がある．しかし，一方では戦後からおよそ30年間にわたって持続した経済成長が衰退しつつあった．1960年代から徐々に労働生産性上昇率は低下し，それが収益性危機を引き起こし，1970年代には二度にわたる石油危機を契機にして大量生産―大量消費の経済は危機的な状況に陥ったのである．そして経済危機の拡大とともに社会的関心は資源と環境から離れていった．環境問題がいかに重大な事柄であっても，誰も背に腹は変えられない．そして経済問題，とりわけ失業問題と新たな経済発展モデルの模索に関心は移っていった．

　このような世界の状況にあって，日本企業に顕著なのだが，多くの企業が，プロセス・イノベーションの技術開発に力を注ぎ，単位産出量当たりのエネルギーおよび原材料の投入量の削減と労働生産性の上昇（単位産出量当たりの雇用量減少）を行なったのだった．その結果，緩慢ではあるが経済は拡大し，生産量，販売量は増大してきており，結局のところエネルギー，自然資源の総消費量も増大してきたのである．

　他方では発展途上国の環境破壊はいまや破局的事態を迎えている．それは，経済，政治，社会制度などの複雑な相互作用によってもたらされたものであ

る．その基本的要因は，①外貨の不足・商品作物生産への特化，②一部の特権階層への土地の集中，③急激な人口増加の3点に要約することができる．

G. ポーターとJ. W. ブラウンは，発展途上国をめぐる国際経済と環境問題の相互作用的な関係について詳細に検討しているのだが（Poter, G., et al., 1996），それによれば，工業化の道を切り開くことに成功したNIESや石油などの地下資源に恵まれている資源輸出国を除くと，大部分の発展途上国は外貨不足に苦しんでいる．1980年代には先進国からの資金の流入が著しく減少し（1981年には410億ドルあったのだが，1988年には324億ドルに縮小している），さらにアメリカの高金利政策によって割賦償還金額の支払額が増加し，発展途上国の多くが債務履行困難な状況に陥っている．また多くの発展途上国は，輸出収入の75％以上を一次産品から得ているのだが，1980年代には，一次産品の価格が大幅に下落してしまった．その典型が農産物の国際市場である．

これまで，アメリカやEC加盟諸国（現在のEU加盟諸国）などの先進国は，生産者と輸出業者を保護するため，価格維持制度を採用してきた．そのため，世界中で生産能力の過剰と過剰生産がもたらされ，さらに1980年代には世界市場の縮小にともない，アメリカとECの競争は激しさを増し，双方とも競争に勝つための政策として輸出補助金を用いたのだった．その結果，農産物価格は低く抑えられ，食糧を輸出する発展途上国は，外貨を獲得できず，貿易収支と債務が悪化したのだった．そこで，発展途上国は，輸出用の穀物や家畜のための土地の拡大によって対応することになり，国によっては政府が自給用の農地を輸出用作物の栽培に転換するよう奨励した．そのため，食糧を輸出してきたアルゼンチン，ブラジル，チリ，コロンビア，インドネシア，フィリピン，ウルグアイなどの国々では，もはや土壌の保全や水の管理への投資を行なうことができなくなり，土地の急激な劣化を招いてしまった．こうして世界市場に安価の食糧があふれ，多くの零細農民は地代やその他の債務の支払ができなくなり，新たな土地を求めて森林地帯に入らざるをえなくなったのである．ちなみに，先進国では補助金がついているため農産物から得られる利益が大きくなったわけだが，このことは，先進国の農業にとって，化学肥料，農薬，それに水に過度に依存しようとする強い動機が生じることになる．農産物の世界市

場の状況は発展途上国だけではなく，先進国の農業にも持続可能な農業から乖離させるように作用したのである．

ともあれ，資源に恵まれない発展途上国の多くは，植民地時代から続いている農産物の輸出によって外貨を得ようとし，国によっては政府が農産物の輸出を拡大するために中小農を整理して農地の集中化を促してきたのだった．その結果，発展途上国では大地主など政治的発言力の強い特権的階層によりいっそう土地が集中されることが多い．中南米では，少数の不在地主が農地の大半を所有している．また農産物の輸出向け商品作物への特化は食糧供給を犠牲にすることが多い．たとえば，アジアは世界の全耕地の37％を占め，アジア全体に食糧の供給が可能であるが，アジア諸国が輸出しているジュート，ヤシ油，紅茶など商品作物の世界貿易総量に占める比率はきわめて高い水準にあり，実際には穀物を輸入している．

また，世界人口は，保健・医療の進歩，経済発展などに伴う生活水準の向上等によって今世紀に入ってから急激に増大した．1987年には50億人を突破し，2000年には60億人を突破した．とくに発展途上国では急激な人口の増加がみられる．近年の急速な人口増加は，近い将来，出産適齢者が増加することを意味している．世界全体の人口に占める発展途上国の人口比をみると，1950年代には約3分の2だったのだが，1985年には約4分の3に達した．そして国連の将来推計（中位）によると，2025年には6分の5になると予想されている．このような急激な人口増加は，食糧需給と労働需給に大きな影響を与えることになる．

食糧確保という点についていえば，人口増加に比例して食糧生産高が増大すれば問題はないのだが，実際には商品作物を輸出して利益を得ようとする地主などの特権的階層が土地の囲い込みを行なっているために，穀物などの食糧生産のための農地はますます狭まり，その結果，限られた面積の耕作地に多くの農民が集中し，地力を無視した無理な耕作が行なわれている．

そして農村部での生活が困難になった人々は，生活の糧を求めて流出する．ある者は都市部に流入するわけだが，もともと工業化が進んでいないので都市部の雇用吸収力はあまりない．それにもかかわらず，雇用吸収量を超えた人口

が都市部に集積している．その結果，メキシコシティ，サンパウロ，カルカッタなどの例にみられるように開発途上国の都市が急膨張し，スラムは拡大し，衛生状態の悪化や生活公害が増大している．また農山漁村から流出した者の一部は熱帯雨林地帯，砂漠周辺の半乾燥地域，高地の山麓などの未開墾地に進出してゆく．これらの地域の多くは生態学的にみて脆弱なものが多く，人の手が加えられると環境破壊が連鎖反応的に進み，一度破壊されると回復が容易ではない．

　発展途上国における最も重要な問題は，人口が急増しているにもかかわらず，大土地所有者，そして彼らと手を結んだ多国籍企業などが土地を集中して商品作物の生産に力を注いでいるという点である．その結果，締め出された農民たちは，熱帯林を焼き払い，また森林を伐採し，自然環境に重圧を加え，開発途上国では耕作不能地帯が急速に拡大しているのである．発展途上国における環境破壊は先進国と無縁ではないことに注意すべきである．先進諸国は，農産物，天然資源などの貿易や危険な工程の海外移転などを通して発展途上国の環境悪化に深く関与しているのである．早急に環境破壊の悪循環を断ち切る方策を立てなければならないのだが，そのためには金融，技術，人材育成等を含めて国際的な協力体制をすみやかに確立しなければならないだろう．

2── 環境保全型社会経済システムの創造

1）技術的楽観主義

　地球環境問題にのぞむ姿勢にはさまざまなものがある．そのひとつに，ローマ・クラブが「楽観主義的」と形容したように，現行の社会経済システムの改革よりも技術革新を重視することによって対処しようとするものがある．現行の社会経済システムを前提にして，その延長上で技術革新によって地球環境問題に対処することに力点をおいた主張はいろいろあるのだが，地球規模の環境破壊に対処しようとするのならば，そして持続可能な社会発展を実現しようとするのならば，エネルギーと資源を効率的に利用する技術の開発，環境破壊抑制技術の開発を促進するだけではなく，人々の価値観をも含めて現行の社会経

済システムそのものの変革に力を入れるべきではなかろうか.

　地球環境破壊に対処するためには,とりわけ二酸化炭素排出量を削減し,酸性雨の原因である亜硫酸ガスや亜硝酸ガスを削減するためには,太陽光および太陽熱,風力,地熱などの再生可能エネルギーの研究開発に力を入れ,エネルギー・ミックスの促進を図るべきである.L. R. ブラウンほかが主張しているように,再生可能エネルギーの利用促進は,ただたんに環境破壊防止に役立つだけではない.再生可能エネルギーは比較的小さな規模での利用に適しており,地域社会にとって有効なエネルギー供給システムになりうる.さらに風力,地熱などの再生可能エネルギーを利用しようとすれば,これまであまり有効に利用することができなかった乾燥地や強風地を有効利用できる.つまり資源の有効利用を促進することができる.もちろん,現在の技術水準では,これらの再生可能エネルギーに全面的に依存することなどできはしない.利用にはかなりの制約条件がある.太陽電池の場合,変換効率はあまり高くなく,気候条件によっても左右される.最終需要の性質を考えて地域エネルギー需給を体系的に考え,計画的な導入を図らなければならない.

　資源のリサイクルやエネルギーの分散利用は,火力発電や原子力発電のような既存の巨大なエネルギー生産拠点やエネルギー関連の巨大企業への依存を減少させ,地域の自律的な発展に貢献するものである.たとえば,工場や業務用ビルではコジェネレーション(熱と電力を同時に供給するシステム)は,いろいろな制約条件を伴うのだが,低温熱を有効に利用することができる.再生可能エネルギーやコジェネレーションのような分散型電源利用を地域開発において計画的に導入し,建築の設計,都市整備,交通システムを省エネルギー型にする工夫を積極的に行なうべきである.その意味では,1980年代以降,わが国ではさまざまな領域において市場万能主義的な思考が影響力をもってきたのだが,市場システムと計画・規制の新たな次元での統合あるいは調和について今一度よく考えてみる必要があるだろう.

2)経済的手段の開発利用

　現在,地球環境問題に対処すべく,経済的手段の研究・開発も積極的に行な

われるようになった．大別すれば，直接的規制，課徴金，補助金，排出権市場などがある．汚染源が特定化される場合には，生産量や汚染物質の排出量を直接的に規制すると効果は大きい．しかし，汚染源を特定化できない場合には必ずしも有効ではない．また省資源，省エネルギー設備投資を促すためには補助金も重要な政策的手段である．だが，投資が経済に及ぼす影響が大きい場合には，かえって資源やエネルギーの消費総量を増大することもあるので，補助金と投資効果に関しては十分な検討を必要とする．1990年代以降，OECDをはじめいくつもの機関において，経済的手段に関する研究開発が進んできたのだが，その代表的なものとして課徴金制度と排出権取引構想がある．

課徴金制度とは，環境汚染物質の排出や自然環境の利用などにたいして一定の料金を徴収しようというものであり，料金を徴収することによって環境の劣化あるいは資源の過剰利用を抑制するとともに，代替手段の開発を促す効果をもっている．

また排出権市場とは，一国レベルで考えた場合，政府が何らかの汚染物質排出許可総量を定め，その量に対応する権利証書を発行し，企業はその権利証書を購入することによって許可総量内で生産を行なうというものである．各企業は，排出権を各種原材料と同様に市場取引によって購入するのだが，需要が高まれば当然排出権の価格も高騰する．したがってコストが増大することになる．そして収益が見込めないならば，排出権の購入を差し控えることになる．その結果，排出権の価格は低下することになり，最終的には最適水準で需給がバランスすることになるというわけである．

温室効果ガスの排出権市場化構想に関しては，二酸化炭素排出権の取引がある．取引権制度は，課徴金制度と同様に二酸化炭素の除去技術や排出抑制技術を開発するインセンティブを与える効果をもっているのだが，課徴金制度に比べて優れている点がある．課徴金制度では，財の需要が増大し，企業が生産量を増大させ，そのために二酸化炭素排出量を増大させようとした場合，排出許可総量を維持しようとすると課徴金額を引き上げなければならないが，需要変動に応じて課徴金額を裁量的な調整によって弾力的に変動させることはきわめて困難である．これにたいして，取引権制度では，財需要が増大すると取引権

価格が上昇し，生産コストは上昇するので財の生産と二酸化炭素排出量の増大は抑えられ，排出総量を許可総量の水準に維持することができるのである．

しかし，排出権市場化構想には問題点もある．技術的には各企業の二酸化炭素排出量を正確に把握するのは容易ではない．また現時点では科学的にみて温室効果ガスの挙動には不確定な要素があり，地球温暖化に関しても不確実性がつきまとう．したがって温室効果ガスによる将来の影響を正確に予測することはできないわけであり，このような段階で二酸化炭素排出総量を設定することも適切ではないだろう．

環境税も課徴金制度の一形態であるが，特定目的に限定された課徴金と環境税ではその運用効果は異なっている．エルンスト・U・フォン・ワイツゼッカーによれば，環境税は，特定目的に限定されることはなく，付加価値税，所得税，法人税などを減税することと組み合わせて実施することができ，経済活動を圧迫せず，しかも歳入を減らすことなく，環境保全に役立てることができると主張している（ワイツゼッカー，1994年）．

ワイツゼッカーによれば，1990年代初頭のドイツ産業のエネルギーコストは全コストのおよそ3.5％を占めるものと算定されるのだが，エネルギー価格を5％引き上げると，0.175％（3.5％×5％＝0.175％）のコスト増大をもたらす．もしエネルギー生産性（一単位ギガジュール当たりのGDP）が年間約3％程度向上し（実現可能な数値），エネルギー供給に支障を招かないようにした上でエネルギー消費を一年当たり3％減少させれば，年間のエネルギーコストの価格上昇率は5％から2％に下がる（5％－3％＝2％）．その結果，産業にとって全コストの価格上昇は年率0.07％という値になる（3.5％×2％＝0.07％）．そこで全コストのほぼ0.2％にあたる減税を行なえば，これらすべての効果で産業全体に経済的利益がもたらされると算定できる．

また，技術進歩によってエネルギー生産性が順調に向上すると仮定すると，化石エネルギーと原子力エネルギーに課税し，それらの価格を現行価格の2倍に設定すると，再生可能エネルギーのシェアは拡大しながら，エネルギー消費総体は，約15年の間に20％程度は縮小する．そしてより長期的には，化石および原子力エネルギーへの課税を段階的に強化し，現行価格の8倍に設定する

ならば，エネルギー消費総量が著しく減少しながら再生可能エネルギーのシェアはよりいっそう拡大することになる，とワイツゼッカーは主張している．

ちなみに，オランダの「二酸化炭素排出税」は有名であるが，オランダ政府は，徴収した税金を環境汚染対策，低公害技術の導入促進，大気保全基金に拠出するとしているのだが，地球温暖化がグローバルな問題であることを考えれば，一国レベルでのみ税収を運用するのではなく，先進国は排出税によって得たファンドの一定額を環境問題に関する超国家機関に拠出し，そのような機関を通して発展途上国に移転し，環境保全に役立つ技術導入や森林回復のために役立てるべきであろう．

そのほかにも，環境NGO（非政府組織）が積極的に取り組んでいる，発展途上国の対外債務の一部と自然環境保護のスワップにみられるように，「自然保護スワップ」も注目すべきであろう．ともあれ，私たちは各国の資源保有量，人口，産業構造などをよく検討した上で適切なポリシー・ミックスを考えていかなければならないだろう．

3）ゼロ・エミッションあるいはリサイクル

21世紀の世界を展望しようとすれば，環境問題への世界的な取り組みは不可欠である．地球環境問題は，近代物質文明の抜本的な反省を迫っており，地球環境保全に取り組もうとするならば，新たな社会経済システム，新しいライフスタイルを創造すべきである．そこで次に環境保全を前提とした新たな社会経済発展の試みについて主題的に考えてみようと思う．

国連大学は，1994年，「ゼロ・エミッション研究イニシアティブ」を発表した．それによれば，ゼロ・エミッション（廃棄物ゼロ）の定義は「水圏，大気圏への排出を一切廃絶し，一産業部門における廃棄物が他部門での再生原料に転換されること」であり，「産業界が21世紀において生き残るためには，製造工程の再設計，再生可能な原材料の優先的活用，そして最終的には排出物ゼロを目標としなければならない」と述べている．すなわち，使用原材料の種類と，製造・流通のプロセスをきびしく検討しなおし，生産・流通の全過程で廃棄物を一切出さないゼロ・エミッション型産業構造に転換しなければならない

というのである．従来型の製造・流通のプロセスを再検討して，新たな産業連関を創造するという壮大な作業が必要になってきている．

国連大学としては，当面，地域社会でそれぞれ地道な取り組みをやってもらい，それをつなぎ合わせようというアプローチを採用している．そこで，国連大学が紹介している事例，砂糖の洗浄剤としての利用とその醸造業への応用について紹介しておこう（United Nations University, 1996 を参照）．

現在，砂糖市場は供給過剰の状態にある．先進国では甘味料としての砂糖需要増加率は減退している．これにたいして発展途上国の多くは砂糖などのモノカルチャー生産を余儀なくされている国が多い．先に紹介したように，G. ポーターとJ. W. ブラウンは，発展途上国をめぐる国際経済と環境問題の相互作用的な関係について詳細に検討しているのだが，それによれば，大部分の発展途上国は外貨不足に苦しんでいる．多くの発展途上国は，輸出収入の大部分を一次産品から得ているのだが，1980年代以降，一次産品の価格が大幅に下落してしまった．その典型が農産物の国際市場である．砂糖市場もその典型で供給過剰のためにコスト割れを起こしている．コスト割れしても輸出しなければ，国際通貨の決済手段であるU. S. ドルを入手することができない．したがって，国としては砂糖の輸出を奨励せざるを得ないのである．

ところが，バイオテクノロジーの研究成果によって，砂糖には新たな可能性があることが明らかになった．砂糖の持っている誘導体の中のAGP（アルキ

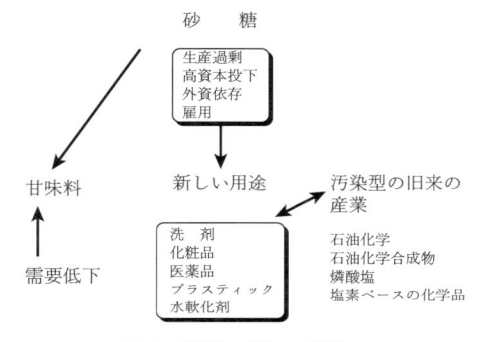

図1 砂糖の新しい用途

注）洗剤，プラスチックなどは対策が不十分な国では汚染が深刻な石油化学，塩素ベースの化学品などの製造業で生産されてきた．
ところが，近年バイオテクノロジーの発展によって砂糖は分解性の高い洗剤，化粧品，医薬品，プラスチック素材，水軟化剤の原材料として活用できることがあきらかになった．しかも比較的小さな設備投資によって製造できる．これらは発展途上国において付加価値生産を容易にし，それを輸入する国にとっても環境負荷が小さい．

出典）The United Nations University, *Zero Emissions Research Initiative*, 1994, p. 18.

ビールの醸造

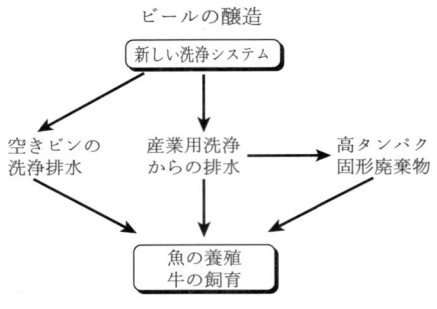

```
        新しい洗浄システム
       ↙       ↓       ↘
  空きビンの  産業用洗浄  高タンパク
  洗浄排水   からの排水  固形廃棄物
       ↘       ↓       ↙
          魚の養殖
          牛の飼育
```

図2 ビール醸造と養殖システム

注)砂糖をビール醸造樽や空きビンの洗浄剤として用いた場合,その排出液は砂糖のもつ糖分,さらにビール滓には高品質のタンパク固形廃棄物を含んでいる.その排出液を隣接する家畜や魚の養殖場に運搬し,飼料として用いれば従来廃棄されていた有機物を有効に用いることができる.もし海洋牧場がビール醸造施設に隣接していれば,そのまま砂糖洗浄剤とタンパク固形廃棄物を魚の飼料として投入できる.魚はその飼料を摂取し,魚の糞は海草類の養分になる.

出典)The United Nations University, *Zero Emissions Research Initiative*, 1994, p. 13.

ルポリグルコース類)には優れた洗浄効果がある.この洗浄効果は石油化学や環境汚染型単一栽培(ココナッ・プランテーション)でつくられている洗剤とほぼ同様の洗浄力をもっている.しかも,この砂糖ベースの洗剤は既存の洗剤よりも分解が早く,48時間以内に99.7%が生分解されるのである.したがって,環境にたいする負荷が少なく,河川の汚染を抑えることができる.この他にも砂糖には薬品,プラスチック原料などとしても利用可能であり,砂糖需要は大きく増大することが期待される.適切な設備投資がなされるのならば,発展途上国の砂糖産業は新たな発展を期待することができる(図1を参照).

ところで,砂糖の洗浄能力と醸造業を結び付けると大変興味深いことがわかる.現在,ビールの生産が各国で進んでいるが,これも汚染産業のひとつである.衛生基準を満たすためには,ビール樽や醸造樽を強力な洗剤で洗い流さなければならないのだが,この強力な化学薬品がそのままわれわれの体内に入ると当然悪影響がある.したがって,もう一度洗浄しなければならない.化学薬品を洗浄するために大量の水が使われることになる.

しかし,砂糖をベースにした洗浄剤を使えば洗浄は簡単である.しかもこの洗浄剤は糖分であり,ビールの醸造過程から出る残滓はほとんど良質のたんぱく質である.これらの糖分と残滓は家畜の飼育や魚の養殖に使うことができる.欠落しているのは,砂糖の新たな用途を可能にするバイオテクノロジーの普及だろう.新たな化学加工技術の導入によって砂糖,醸造,養殖システムを結びつけると,砂糖産業,醸造業,養殖漁業が一体となって,新たな産業連関

を形成することができる（図2を参照）.

　国連大学によれば，上述したようなゼロ・エミッションの推進によって最も恩恵を受けるのは行政機関（産業政策立案者および地方自治体）であり，結果的には納税者であると述べている．国連大学の試算によれば，これまで行政は，工業団地造成に多大な投資をしてきたのだが，ゼロ・エミッション政策によって産業基盤整備を行なうならば，企業の水道水の使用量は従来平均の10分の1になる．排水は社内で循環再利用するので集中排水処理施設は不要になり，生産工程の非集約化によって電力消費が従来の5分の1に低下するというのである．試算では，工業団地造成整備費を現行の20％に引き下げることができるという．もしそうであれば，外貨不足に悩む発展途上国の経済発展にとってはきわめて有意義な産業政策を意味している．

3── デジタル経済の進展と持続可能な社会経済発展

　ゼロ・エミッション・プロジェクトは，アウトプット＝インプットという産業連関を組織することによって廃棄物を出さない環境保全的な産業構造を創造しようというものである．そのような廃棄物を出さない産業構造を形成するにあたって，最も重要な課題のひとつとして異業種の企業グループの組織化を挙げることができる．生産管理情報や廃棄物管理情報といったフローの情報管理が必要不可欠になる．

　情報テクノロジーは，大量の異なったデータを理解しやすいかたちに処理し，情報から知識を形成するための強力な道具として用いることができる．そして今日では，自律分散型ネットワークと対話型コミュニケーションを重視した方向に進化しようとしている．

　ちなみに，情報ネットワークは，データ・フローの効率的な管理を目的にしたものと非データ型の知識形成とコミュニケーションを目的にするものに大別することができる．そして両者は相互に作用し合い，融合する傾向にある．知識形成とコミュニケーションを目的にして形成された後者のネットワークは，その情報のフローを管理し，標準化するために前者のネットワークにたいする

依存度を高め，それにともない当初はデータ処理を主要目的としていた前者のネットワークが知識形成のための基盤になる．そのような相互作用を通して，データ管理のためのネットワークと知識形成のためのネットワークとが融合し，新たな価値観と社会規範の形成を促す可能性がある．ちなみに，その社会的価値観の形成にとってNPO（Non-Profit Organization）は大きな役割を果たす可能性をもっている．

　デジタル経済の発展に伴い，さまざまな業種の企業がグローバルなネットワークを形成しつつある．そしてそのようなネットワークの形成は，企業が生産管理情報，購買管理情報，廃棄物管理情報，財務管理情報などおたがいの情報と知識を共有し，さらには新たな知識を創造する条件を整えつつあることを意味している．ある業種の企業にとっては廃棄物であっても，別の業種の企業では生産材料や原料になりうる．もし政府，地方自治体，国際機関などが差別税制，補助金，融資等を用いて投資を適切に誘導することができるならば，企業間電子商取引のネットワークが基盤になって，企業は「ゼロ・エミッション」計画の遂行に必要とされる異業種の企業グループを比較的容易に形成することができるだろう．すなわち企業のグローバル・ネットワークは，持続可能な発展という理念に合致した産業集団の形成に向かう可能性がある．とくに中小企業の参入が重要になるのだが，現在日本各地で構築中の産官連携によるデータセンターとASP（Application Service Provider）の導入及びその活用は，中小企業の電子商取引への参入を容易にし，さらに差別税制，補助金，融資等を用いて投資を適切に誘導できるならば，中小企業をゼロ・エミッション型産業組織に組み込むことができるだろう．そして，デジタル経済と地域情報ネットワークの発展を基盤にして営利活動・雇用と環境問題を両立させる新たな社会発展を構想することができる．

　「環境と開発に関する世界委員会（ブルントラント委員会）」の報告書 *Our Common Future*（邦訳『地球の未来を守るために』）は，社会の価値観と目標を大きく転換させ，インセンティブを変え，意思決定のあり方を変更することによって，環境保全と経済発展とを両立させる，持続可能な開発への道を切り開くことができると主張し，持続可能な開発を実現するためには，市民のイニシ

Column　環境と電子地域通貨

　エルンスト・U・フォン・ワイツゼッカーは，今後，大量生産への需要が減少し，それに対応して裏庭での食糧づくりや，社会的ケア，家庭での生産や修理，隣人同士での扶助など，従来のフォーマルな部門の外部に広がる，満足のいく，意義のある労働への需要が増えてくるであろうと語り，そのとき技術は，産業的使用を目的としたものだけでなく，インフォーマルな部門の特性にあわせてますます発展するであろうと述べ，さらに，20世紀ではフォーマルな部門での労働が中心であったが，環境の世紀（21世紀）では，働くとは就業することだとする支配的な考え方は，隣近所での仕事，子供の世話，地球環境問題への関与や，他の無給あるいは支払の少ない仕事の長所を織り込んだ，もっとリベラルな考え方にとって代わられるだろうと語ったのだった（エルンスト・U・フォン・ヴァイツゼッカー／宮本憲一ほか監訳『地球環境政策』〔1994〕235-287頁参照）．

　ところで，現在，世界各地でローカルな範囲で流通するさまざまな地域通貨が発行されている．これらの地域通貨は現実通貨との交換性をもたないのが一般的だが，さまざまなサービス，財，知識，情報などと交換できる．そして，そのような地域通貨を用いて相互に環境保護活動，福祉活動などの地域コミュニティ活動の価値評価が行なわれている．もし環境NPOによって電子地域通貨（現実通貨との交換性はない）が発行されたら，その電子地域通貨を交換手段として用いることによって環境保全活動を地域コミュニティで価値評価することもでき，その通貨を手に入れた人は必要な生活財などと交換することができる．

　これは局地的な環境保護のための互酬システムというべきものだが，もしインターネット上で環境NPOによって地域電子通貨（現実通貨との交換性はない）が発行され，交換が盛んになされた場合，グローバルな互酬システムが形成される可能性がある．この場合，電子地域通貨はもはや局地的ではなくなる．その地域通貨を決済手段としてソフトウェア，データベース，電子出版物などをグローバルに交換し合うことができる．もし世界的規模で無視しえないほどの数の人々がこのシステムに参加し，さまざまな電子地域通貨の中からどれかが「売却可能性の高い財」（カール・メンガー）になるならば，資産の一定量を電子地域通貨で保有しようとする動機が広範に存在することになる．ということは，新たな貨幣の誕生を意味することになるかもしれない．

アティブを高め，市民組織に権限を与え，地域民主主義を強化することが必要であるとし，意思決定における市民参加を保障する政治システムの必要性を訴えたのだった．

複雑な様相を呈している世界の動向を踏まえると，地球環境と市場経済について，私たちはどのような展望を描くことができるのだろうか．一定の経済圏内部において企業間ネットワークを形成し，NPOをノード（結節点）として用いることによって企業，金融システム，公共部門を地域的に統合し，企業，大学，地方自治体，コミュニティの協力関係を構築・強化しようとする動きがある．もし地域における市民組織のイニシアティブが保障され，環境保全に関する合意がみられるならば，この発展方向を基礎にして，ゼロ・エミッション構想にみられるような，環境保全を前提とした地域社会の発展を構想することも不可能ではないだろう．

たとえば，地域の住民がNPOのように法人格をもち，責任の所在を明確にした民間のイニシアティブによる組織を設立し，そのような組織によって地域における環境保全のモニタリングおよび評価を行なうべきではなかろうか．行政機関は，今後行政ネットワークの整備に伴い政府やすべての自治体が保有する統計情報と法令・条例集を共有できることになるが，その中にはさまざまな環境関連情報が含まれるだろう．その情報を情報公開用サーバに蓄積し，それらを地域の行政，住民，企業がいつでもデータベースとして用いることができるようにする．その上でNPOが地域におけるさまざまな主体による環境保全活動をモニターし，一定の評価基準にもとづいて評価を行なう．このNPOは「信頼できる第三者機関（TTP —— Trusted Third Party）」といってもよいだろう．その第三者評価にもとづいて，行政はさまざまな環境保全活動にたいして補助金支給など支援策を講じることができる．このようなNPOを，地域の住民，企業，地方自治体，研究教育組織は，地域コミュニティのノード（結節点）として活用し，さまざまな知識や政策の関係づけと調整，さらには持続可能な発展の重要性を認識してもらうための教育研修をeラーニングの手法も取り入れて行なうべきである．eラーニングであれば，いつでもどこにいても環境情報と環境保全に関する知識を引き出すことができる．そこから得られた知見を共有するとともに，さまざまな環境保全活動に活用すべきである（図3を参照）．

このように情報ネットワークを積極的に活用して環境保全の仕組みを重層的

に形成し，NPOをノードとしたグローバルな規模で持続可能な発展戦略を組み立てるべきである．地域住民，企業，地方自治体が協力し合って組織されたNPOによる環境保全活動評価が行なわれるわけだが，そうした民間イニシアティブを活用した活動主体を複数組織し，そのような主体がグローバルなネットワークを形成し，地域をベースとしながら，それぞれの地域のグローバルな規模での連帯によって環境保全と経済活動を両立させる活動——その典型がゼロ・エミッションである——を促進させる仕組みを構築すべきだろう．

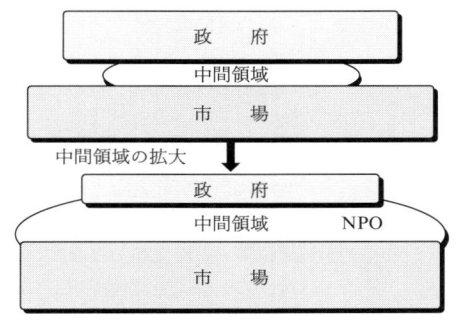

図3　NPOの社会的機能領域

注）図の上部は，従来からみられる政府に代表される公的システムと市場システムが社会システムにおいて重要な役割を果たしてきたことを示している．しかし従来の社会システムでも市場システムと政府システムの間に中間領域による調整システムが存在した．アメリカではロビイストがそのような役割を担ってきた．
　図の下部は，政府機能が縮減し，市場システムの機能が拡大することを示し，同時に中間領域による調整システムが拡大することを示している．これからは調整システムをより民主主義的に再構築し，NPOは情報開示を前提にした開かれた調整過程の社会的機能を担うべきである．

　情報ネットワークとそれに基盤をおくデジタル経済の発展にともない，持続可能な発展に取り組む人々のさまざまなネットワークは相互に影響を与えつつ，グローバルな規模で空間的制約を越えて巨大な電子的コミュニティを形成しつつある．長期的にみると，地球環境破壊の脅威が増大するにつれ，そのようなグローバルなネットワークが地域と世界を連結し，国家利害を克服するような新たな規範形成のための大きな力になるかもしれない．参加型の地域民主主義のもと，市民，政府，地方自治体，そして企業が協力して環境保全を前提とした地域社会の発展に努力するとともに，そのような地域社会を地球的規模で連結し，環境保全型社会発展を企図するグローバルなネットワークを形成すべきであろう．多分に理想主義的ではあるが，先進国から発展途上国への資金援助，技術移転を推進するとともに，地域社会が相互に自律性と多様性を認め合い，グローバルなネットワークを形成し，そのネットワークが大きな影響力

を発揮するようになれば，おそらく世界は新たな社会経済発展に向けて大きな一歩を踏み出すことができるだろう．

† 参考文献

石弘之『地球環境報告』岩波書店，1988年．
植田和弘『環境経済』岩波書店，1996年．
佐和隆光・森田恒幸・吉田文和・寺西俊一・植田和弘・細田衛士共編著『岩波講座 環境経済・政策学』（全8巻）岩波書店，2002-03年．
須藤修『複合的ネットワーク社会―情報テクノロジーと社会進化―』有斐閣，1995年．
武内和彦・住明正・植田和弘『環境学序説』岩波書店，2002年．
L. R. ブラウンほか／松下和夫監訳・北濃秋子訳『地球白書1990-91』ダイヤモンド社，1990年．
松下和夫『環境ガバナンス―市民・企業・自治体・政府の役割―』岩波書店，2002年．
エルンスト・U・フォン・ワイツゼッカー／須藤修・朴奎相共訳「なぜ最初に〈北〉から行動しなければならないのか」山之内靖ほか編『岩波講座 社会科学の方法 第9巻 グローバル・ネットワーク』所収，岩波書店，1994年．
Poter, G., J. W. Brown, *Global Environmental Politics*, 2nd ed., Harpercollins, New York, 1996（細田衛治監訳『入門地球環境政治』有斐閣，1998年）．
United Nations University, *Zero Emissions Research Initiative*, United Nations University, Tokyo, 1996.
Weizsäcker, Ernst Ulrich von, *Erdpolitik : Ökologische Realpolitik an der Schwelle zum ahrhundert der Umwelt*, 3. aktualisierte Auflage, Darmstadt, Wissenschaftliche Buchgesellschaft, 1992（宮本憲一・楠田貢典・佐々木建監訳『地球環境政策』有斐閣，1994年）．
World Commission on Environment and Development, *Our Common Future,* Oxford, 1987（環境と開発に関する世界委員会／大来佐武郎監修『地球の未来を守るために』福武書店，1987年）．

（須藤修）

人名索引

ア 行

アークライト, R. 55
アイゼンハワー, D. D. 282
青木昌彦 193-194
アカロフ, G. A. 126
アクィナス, トマス 102, 104
アシュトン, T. S. 56
アミン, S. 182
アリストテレス 96-97, 105, 108
アロー, K. J. 115, 121
イエス 99-100
イリイチ, I. 57
岩井克人 156
ウィーヴァー, W. 158
ヴィーザー, F. von 119-120, 124
ヴィクセル, K. 141
ヴィクトリア女王 60
ウィリアムソン, O. 191
ウェーバー, マックス 27, 133-135
ヴェスプッチ, アメリゴ 36
ウェブ夫妻 84
ヴェブレン, ソースタイン 135-136, 188
ウォーラーステイン, I. 65, 182, 292
ウォレス, N. 156
ウッド, E. M. 51, 66
宇野弘蔵 12, 51, 57, 61-62, 77, 180, 296
エッジワース, F. Y. 119, 121
エンゲルス, F. 54, 84, 199
オウエン, ロバート 58, 84, 166-167
奥村宏 195-196
オリーン, B. G. 142

カ 行

カートライト, E. 55
カーネマン, D. 127
加藤祐三 60
ガマ, ヴァスコ・ダ 35
カルドア, N. 150
ガルブレイス, J. K. 96, 98, 135, 181, 282
河野健二 165
ギルピン, R. 312

クールノー, A. A. 124
クズネッツ, S. 182
クセノフォン 93, 97
クリントン, B. 240, 285
クルーグマン, P. 159
クロンプトン, S. 55
ケイ, J. 55
ケインズ, J. M. 140, 145-150, 280-281
ケネー, フランソワ 106
ケネディ, J. F. 282
小池和男 184
コース, R. H. 138, 188, 191, 276
コトレル, P. L. 61
小宮隆太郎 196
コロンブス, C. 35-36
コンドラチェフ, N. D. 292

サ 行

サージェント, T. J. 156
サーリンズ, マーシャル 17
サイモン, H. A. 224
サムエルソン, P. A. 150
サン・シモン, C. H. 84, 164
ジェヴォンズ, W. S. 113, 115, 117-119, 123-124
シェークスピア, W. 171
シスモンディ, J. C. L. S. de 162-163
シャックル, G. L. S. 117, 148
ジャム, エミール 95-96, 102, 131-132, 164
シュルツ, ハインリッヒ 27
シュルフター, W. 134-135
シュンペーター, J. A. 96, 119-120, 292
ジョンソン, L. B. 282
スカーフ, H. 115
スティグリッツ, ジョセフ・E. 184
ストーン, J. R. N. 144
スミス, アダム 10, 106-111, 129, 132, 136, 161-162, 169, 175, 187-188, 276-279
スラッファ, P. 143
セン, アマルティア 199, 289
ゾンバルト, W. 130

タ行

竹内靖雄　170
チェンバーズ, J. D.　57, 59
チェンバレン, E. H.　143
チャンドラー, A. D.　197
テイラー, F.　178
ティンバーヘン, J.　144
ドア, R. P.　186, 202
ドゥブリュー, G.　115
トービン, J.　155
トフラー, A.　237
ドリンジャー, P. B.　184

ナ行

ナイト, F. H.　221
根岸隆　120
ノイマン, J. von　120, 126

ハ行

ハーグリーブズ, J.　55
バーナム, J.　191
バーリ, A. A.　188, 191-193
ハイエク, F. A.　124-125
パシネッティ, L. L.　150
橋本寿朗　197
バジョット, W.　249
馬場宏二　181, 196, 296
速水佑次郎　181
パレート, V.　116, 120-121
バロー, R. J.　156
ハロッド, R. F.　281
ピオリ, M.　184
ピグー, A. C.　119
ヒックス, J. R.　280
ヒルファディング, R.　77, 190
フーリエ, シャルル　84, 164
フェルプス, E. S.　153
ブキャナン, J. M.　281
藤田昌久　159
ブスケ, N.　293
ブッシュ, J.　285
フビライ・ハン　36
ブラウグ, M.　114
ブラウン, L. R.　321
ブラウン, J. W.　318, 325
ブラック, コリソン　114
ブラトン　95-97
フランク, A.　182
フランク, A. G.　65
ブラン, ルイ　164
フリードマン, M.　152-155, 157
プルードン, ピエール=ジョセフ　165-166
ブルンナー, O.　18
ブルンナー, K.　152
ブレイヴァマン, H.　178
ブローデル, F.　25, 41
ペティ, ウィリアム　166
ベーム-バヴェルク, E. von　124
ベッカー, G.　183
ベル, ダニエル　233
ヘロドトス　20
ベンタム, E.　117-118
ポーター, G.　318, 325
ボーレイ, A. L.　144
ポーロ, マルコ　36
ホジソン, G. M.　137
ボダン, ジャン　105
ホブズボーム, E.　54, 57
ホメロス　28
ポラ（ン）ニー, K.　11-12, 19-25, 28, 52, 274
ボワイエ, ロベール　168

マ行

マーグリン, S.　189
マーシャル, A.　122, 143-144
マッハルプ, F.　230
マリス, R.　191
マリノフスキー, B.　15
マルクス, K.　3, 12, 53-54, 84, 130, 136-137, 168-171, 174-178, 180-182, 188-190, 192, 196, 198-199, 275, 278
マルサス, ロバート　111
マン, トマス　105
ミーゼス, L. von　124
ミーンズ, G. C.　188, 191-193
ミッチェル, W. C.　144
ミュルダール, K. G.　142, 284
ミル, J. S.　169
ミルズ, C. W.　282
ムース, J. F.　156
ムハンマド（モハメット）　101
メドウズ, D. H.　317

メンガー, カール　12, 113, 123-124, 131-133, 329
メンシュ, G.　292
モア, トマス　53
モース, マルセル　15
モルゲンシュテルン, O.　120, 126

ヤ　行

八木紀一郎　132-133
山口重克　296
吉川洋　158

ラ　行

リカード, D.　111, 131
リスト, フリードリッヒ　129-131, 278

リンダール, E. R.　142
ルイス, W. A.　181
ルーカス, R. E., Jr.　156-157
レーガン, R.　285
ローズベルト, F.　246
ロートベルトス, J. K.　163, 166
ロストウ, W. W.　180, 182, 229
ロダンソン, M.　101
ロバーツ, R.　55
ロビンズ, L.　11
ロビンソン, J.　143, 150

ワ　行

ワイツゼッカー, E. U. von　323-324, 329
ワルラス, L.　113-117, 123-124, 140

336

事項索引

ア行

IMF（国際通貨基金）　265-266, 269, 271-272, 299-300, 308, 310
IMF体制　87, 263
IC　227, 230-231, 233
相対取引　255
IT（情報技術）　151, 158, 179, 221, 223, 226, 232, 235, 237-242, 299-300, 306-308, 327
アゴラ　22-23
アジア通貨（金融）危機　88, 268, 272, 287, 305, 309-312
ASEAN　272, 303-306
新しいケインズ派経済学　152, 157-158
新しい古典派経済学　152, 155, 157-158
アトリエ・ソシオー　164
eコマース　236
EDI　233-234, 238
EU　151, 205-209, 265, 269-270, 272, 287, 291, 298, 301, 303, 312-313, 318
イスラーム教　98, 100
市　30, 32-34
イングランド銀行　63-64, 248-249, 256
インフレターゲット論　262
英米型の企業統治　197-198
エクイティファイナンス　258, 260
SCM　235
ENIAC　231
NGO　280, 324
NPO　242, 288, 328-331
FMS　231
FTA（自由貿易協定）　291, 301-303
M&A　192
ME化　231
MMF　252, 257
MMC　252, 257
MMDA　252
LSI　227, 230
遠隔地交易，遠隔地商業　→遠隔地貿易
遠隔地（間）貿易　17, 32-36, 38, 41, 48
欧州通貨制度（EMS）　270
OJT　78, 184-185, 201

オーストリア学派　133
卸売商　32, 39
温室効果ガス　315, 322-323
オンライン集中処理システム　227

カ行

会社主義　196-197
会社本位主義　196
外部貨幣　27-29
外部経済　143
外部市場　22-26, 52
囲い込み　53-54
家事労働　57
家族　96, 101, 107, 134, 163, 170, 205, 207, 277
家族企業　190
課徴金制度　322-323
GATT　208, 215-216
株式会社　58, 68, 70-73, 78-80, 103, 145, 190, 193
貨幣ヴェール観　141
貨幣数量説　105
貨幣利子率　141-142
カルテル　73, 75, 298
為替手形　38, 40
環境と開発に関する世界委員会　316, 328
環境破壊　199, 210-211, 315-317, 320-321
間接金融　255-256, 258
管理交易　20-21, 23, 28
管理通貨制度　69, 86-88
機械制大工業　55, 58, 68, 175, 177
企業合同　70, 72, 75-76, 78, 80
企業（的）特殊熟練　179, 184
企業統治　→コーポレイト・ガバナンス
企業別組合　184
基軸産業　151
基軸通貨　86, 295, 297, 312-313
技術革新　55, 69, 205-206, 233, 292-293, 308, 320
技術史観　230
基数的効用　117, 119-121
CAD/CAM　231
救貧法　54, 109

窮乏化説　177, 180-181
恐慌　63-64, 68-70, 81, 111, 162, 169
共産主義　93, 95, 97, 165, 169
協同組合　166-167, 285
共同体　52-53, 93-95, 98, 101-102, 107-108, 130, 138, 161, 164-165, 170-171, 274, 286-287, 288
キリスト教　98-99, 101-102, 104
ギルド　103, 163
近代国家　277, 280
金本位制（度）　64, 86, 298
金融革命　251
金融危機　87, 260-261, 269, 271, 291, 300, 307, 309
金融業者　39, 41
金融資本　78, 293-294, 296
金融自由化　257-259, 268, 300-301, 311
空洞化　45, 179
クラ交易　15, 21
グラス・スティーガル法　246, 251-254
グローバリゼーション（グローバル化）　65, 158, 179, 258, 272, 287-288, 291, 298-301, 307-309, 312-313
経営者革命　191
経営者（による）支配　191, 193, 200
景気循環　64, 68, 71, 77, 80-82, 141, 144, 149, 152, 157
経済　1, 10-13, 92-93, 98, 117, 146, 150, 157, 204, 232, 274, 298
経済学の方法　4-6
経済原則　57
経済原論　3, 5
経済人（ホモ・エコノミクス）　65, 132, 136
ケインズ革命　140
ケインズ政策　156, 281-282
ゲーム理論　126-127
限界革命　113, 117, 123
限界消費性向　148
兼業（化）　213
現実分析　5
原理論　5-6, 62, 296
航海条例　61-62
交換の正義　97
公共財　122, 151
小売商　32
合理的期待（学派）　151-152, 155-157
コーポレイト・ガバナンス　194, 197-198, 201
穀物法　61-62
国立銀行条例　64
互酬　14-15, 17-19, 21, 33, 210, 274, 329
個人企業　68, 79-81
個人資本家　190, 195-196, 200
護送船団方式　257, 286
国家　45-49, 57, 68-70, 82, 86-89, 92-93, 95, 98, 104, 109-110, 129, 131, 146, 163, 165, 207, 274, 277-281, 283, 285, 288-290, 305
固定相場制　263-266, 298-299, 308
古典的帝国主義段階　293-294
古典派（経済学）　113, 117, 135, 161, 163, 168, 188
混合経済体制　93
混合資本主義　4

サ　行

再分配　17-19, 24, 33
三角貿易　35
産業革命　44, 54-56, 58, 69, 71, 84, 161, 168, 176, 181, 292
産業基軸国　294-296
産業国家　284
産業資本　50, 53, 56-57, 61-65, 73, 77, 81, 103, 275, 293
酸性雨　315
CIM　233
CNC工作機械　231
CMA　252
CP　253
ジェニー紡績機　55
市場　22-26, 31, 42-43, 46-47, 50, 57, 63, 68, 70-71, 82, 92, 95, 99, 106, 109, 114-115, 117, 119, 121-127, 134-135, 138, 143, 147, 150, 155, 170, 174, 186, 207, 225, 242, 274-275, 280, 283, 285-286, 288, 290
市場経済　1-4, 6-7, 10, 12, 14, 25, 30, 33, 45-49, 56, 62, 64-66, 68, 76, 94-95, 97-102, 104, 107-111, 113, 117, 124, 127, 129-133, 135, 141, 143-144, 148, 151, 161-163, 166-168, 171, 174-179, 183-190, 192-193, 196, 199-200, 202, 204, 207, 210, 212, 221, 224-226, 235, 237, 239, 246, 268, 275, 281, 291, 296, 305, 315-316
市場秩序　125
市場の失敗　122, 242, 274

市場の自動調整機能　145, 149
自然（的）　97, 105, 278
自然保護スワップ　324
自然利子率　141-142
実質賃金（率）　147, 180-182, 198
指導的先進国　293, 296
自発的失業　147
資本主義　50-51, 53, 62, 64-65, 68-70, 72, 74, 76, 78, 84, 86-89, 103, 134, 143, 146, 175, 181, 196-197, 276, 289, 292-293, 312, 315
資本主義社会　161-163, 165-166, 168-169, 191
資本主義的市場経済　1-5, 7, 30, 66, 168, 245, 248
資本主義的商品経済　55-56, 66
資本蓄積　2, 64, 78, 80-82, 87
資本の限界効率　148
（資本の）原始的蓄積（過程）　53-54, 275, 289
資本輸出国　295, 297
資本輸入国　294
社会主義　83-84, 88, 99, 120, 135, 151, 161, 164, 167, 171, 181, 280, 285, 291, 315
社会保障制度　199
シャドウ・ワーク　57
自由競争　110, 124, 143, 162-163, 169, 309
自由主義　62, 65, 165, 200, 279, 285
自由主義段階　294-295, 297
重商主義　3, 25-26, 60-61, 102-105, 279
重商主義段階　293, 295
終身雇用　184, 186, 201, 286
従属学派　182
重農主義　105-106
自由貿易　62, 129-130, 215
自由放任（レッセ・フェール）　106, 109-110, 129, 145, 300
熟練労働　177-179, 183
純粋資本主義　300
商　94
小規模分散処理システム　231
商業革命　24-25, 35, 105
商業ネットワーク　41
譲渡可能預金証書（CD）　252, 257
商人　30-32, 34, 39, 41, 43-44, 46, 48, 64, 99, 101-103, 135, 293
消費者主権　283
商品貨幣　36, 297

商品経済　1, 51-53, 62
情報（通信）技術　→ IT
情報の不完全性　123-124
食糧問題　204, 209, 211-212
序数的効用　117, 119-122
食管制度　213-214, 216-218
進化経済学　127
人口増加　319
新古典派（経済学）　11-12, 116, 122, 126, 135-138, 140, 142-145, 147, 149, 156, 168, 174, 177, 187-188, 196
新古典派総合　150
新自由主義（経済学）　140, 151-152, 207
新食糧法　217
新制度学派　127, 136-138, 191
信用取引　37-38
垂直分業　294
水平分業　294
水力紡績機　55
制度学派　132, 135, 188
セイフティ・ネット　245, 248, 261, 286-287
セイ法則　149, 280
世界システム論　182, 292-293
世界大恐慌　87, 145-146, 245-246, 294, 297
世界の工場　57, 59, 77, 294, 306-307
石油多消費型産業　298
石油多消費型（農業）技術　214
セキュリタイゼーション（証券化）　253
ゼロ・エミッション　324, 327-328, 330-331
総供給関数　148
送金　38-40, 42
総需要関数　148
相対的過剰人口　64
贈与交易　21
贈与交換　14, 21
租税　47-49
村落共同体　51-53

タ　行

第1次オン　228
第1次回線開放　228-229
第1次全銀システム　228
大企業体制　70-71, 73-74, 76-83, 85-87
大恐慌　145, 147
大航海時代　35, 69, 104
第5次全銀システム　231
第3世代大型汎用コンピュータ　227

大衆社会　70, 82-86
第2次回線開放　229
第2次全銀システム　231
大不況　70-75, 77, 143, 297
第4世代大型コンピュータ　233
大量生産＝大量消費　315-317
ダウンサイジング　233
WTO　204, 207-209, 215-217, 219, 299-300, 305
多目的貨幣　28-29
単純労働　69, 78, 177-179, 183, 201
地域市場　18, 22-26
チープ・ガバメント　278
地球温暖化　323-324
中央銀行　63, 86, 147, 245, 248-250, 265-266, 269, 271
中小企業VAN　229
中世都市　102
長期波動　292-293
直接金融　255, 258
貯蓄貸付組合（S&L）　250-251, 253-254
地理上の二大発見　35
沈黙交易　19-21
通貨危機　267, 269-271, 297, 309
通貨統合　269-270
通貨同盟　265
通貨問題　297
帝国主義　61, 69-70, 279, 296-297
帝国主義段階　295, 297
手形　37-40, 63
テクノクラート支配　282
デバイス　227
電気通信事業法　229, 234
投機的動機　147
都市　42-45, 52, 82, 102, 134-135, 159, 167, 204, 288, 299, 320
特許貿易会社　61
トラスト　75
取引動機　147

ナ　行

内部貨幣　27-29
内部労働市場　177, 183-184, 186
NAFTA　291, 298, 301-304
南海会社　103
NIES　199, 304-306, 318
ニクソンショック　87, 257, 264, 308

二酸化炭素排出税　324
二酸化炭素排出量　321-323
日本型の企業統治　197
日本銀行　64, 256, 259, 261-262
日本的経営　184, 197, 201
ニューエコノミー　158, 240, 309, 312
ニュー・エコノミックス　282
ニューディール　87, 246, 248, 251, 281
ネットワークシステム　233
年功賃金　184, 186-187, 201
農業技術革新　204-205, 211, 214
農業保護政策　204, 207, 297
農業問題　297
農産物の自由化　215-216

ハ　行

ハーヴェイ・ロードの前提　281
バイオ・テクノロジー　205, 325-326
排出権市場　322-323
パクス・アメリカーナ　70, 240, 294-296, 312
パクス・ブリタニカ　59-61, 70, 294-296
覇権国　311
発展段階説　130
バブル　103, 184, 186, 197, 201, 241, 258-260, 286, 312
パワー・エリート　282-284
VAN　229, 233-234, 238
藩札　36
BIS基準　260
ビール条例　63-64
東インド会社　60-61, 103, 105
「ビジネスとしての農業」　214-215
ビジネスプロトコル　234
非自発的失業　147, 149, 280
貧困　110, 146, 162, 177, 181-182, 198-200, 204, 209-210
ファランステール　164
フィードバック　224-225, 237-238, 240
フィードフォワード　224-225, 237-240
VLSI　227, 233
フィリップス曲線　152-154
フォーディズム　316
福祉国家　69, 86, 88, 152, 199, 207-208, 280, 284-286, 296
双子の赤字　240, 311-313
不平等化　198-199
富裕化　177, 181-182, 199

プラザ合意　240, 259
プロト工業化　56
ペイオフ　254, 263
ヘッジファンド　267-29, 272, 309
変動（為替）相場制　263-266, 269-270, 298-299, 307-308
封建社会　51-52
法人資本主義　195, 200
法人所有　193
法制貨幣　37
保護貿易　129-130
POS　237
ポトラッチ　15
ホモ・エコノミクス　→経済人
ホワイトカラー　69, 82-83, 85

マ 行

マーストリヒト条約　270-271
マイクロコンピュータ　230-231, 233
マイクロプロセッサ　231
マネタリスト　140, 151-155, 157
「緑の革命」　205, 209-210
身分動機　21, 26
ミュール紡績機　55
無差別曲線　120
メインバンクシステム　255
モラル・エコノミー　210
モラルハザード　249, 255, 268

ヤ 行

約束手形　38, 40

夜警国家　62, 150, 277, 279
有効需要　148-149, 151, 280
有効需要拡大政策　87
ヨーマン　53
予備的動機　147

ラ 行

LAN　233
リサイクル　324
利潤動機　21, 26
利子率　141-142, 147, 149, 157, 270
流動性選好　147-148
両替　38-39, 42
臨時金利調整法　256-257
類型論　5-6
累積的不均衡過程　142
歴史学派　129-133, 135
レギュラシオン　168
連邦準備制度（FRS）　250-251
連邦預金保険公社（FDIC）　247, 251, 254-255
労働市場　55, 177, 183, 186, 201
労働者管理企業　194
労働衰退説　176-179
労働全収権　163, 166
労働地代　52
労働力商品　54, 57, 83, 276
労働力の商品化　26, 29-30, 53, 56, 99, 276
ロジスティックス　234
ロスチャイルド家　41

《編者紹介》
山口重克（やまぐちしげかつ）

現　在　東京大学名誉教授
著　書　『競争と商業資本』（岩波書店，1983年），
　　　　『現代の金融システム』（共著，東洋経済新報社，2001年）ほか多数

《執筆者紹介および執筆分担》

山口重克（編者）序論，I-2　　　　田中章喜（専修大学）III-1
丸山真人（東京大学）I-1, III-5　　植村高久（山口大学）III-2
今東博文（東洋大学）I-3　　　　　福田　豊（電気通信大学）III-3
菅原陽心（新潟大学）I-4　　　　　横内正雄（法政大学）III-4
松尾秀雄（名城大学）II-1, II-3, III-5　杉浦克己（東京大学名誉教授）III-5
渡辺裕一（東京経済大学）II-2, II-4　加藤國彦（和歌山大学名誉教授）III-6
　　　　　　　　　　　　　　　　須藤　修（東京大学）III-7

新版　市場経済

2004年10月20日　初版第1刷発行
2016年3月31日　初版第4刷発行

定価はカバーに
表示しています

編　者　山　口　重　克

発行者　石　井　三　記

発行所　一般財団法人　名古屋大学出版会
〒464-0814　名古屋市千種区不老町1 名古屋大学構内
電話(052)781-5027／FAX(052)781-0697

© Shigekatsu YAMAGUCHI et al. 2004　　　Printed in Japan
印刷・製本 ㈱クイックス　　　　　　　ISBN978-4-8158-0496-1
乱丁・落丁はお取替えいたします。

Ⓡ〈日本複製権センター委託出版物〉
本書の全部または一部を無断で複写複製（コピー）することは，著作権法
上の例外を除き，禁じられています。本書からの複写を希望される場合は，
必ず事前に日本複製権センター（03-3401-2382）の許諾を受けてください。

八木紀一郎著
社会経済学
―資本主義を知る―
A5・256頁
本体2,800円

植村博恭／磯谷明徳／海老塚明著
新版 社会経済システムの制度分析
―マルクスとケインズを超えて―
A5・468頁
本体3,600円

鍋島直樹著
ケインズとカレツキ
―ポスト・ケインズ派経済学の源泉―
A5・320頁
本体5,500円

本郷　亮著
ピグーの思想と経済学
―ケンブリッジの知的展開のなかで―
A5・350頁
本体5,700円

金井雄一著
ポンドの苦闘
―金本位制とは何だったのか―
A5・232頁
本体4,800円

須藤　功著
戦後アメリカ通貨金融政策の形成
―ニューディールから「アコード」へ―
菊版・358頁
本体5,700円

J・A・シュンペーター著　八木紀一郎編訳
資本主義は生きのびるか
―経済社会学論集―
A5・404頁
本体4,800円